스포츠와 체육의
인문학적 이해

스포츠와 체육의 인문학적 이해

송형석 · 박영호 지음

계명대학교 출판부

저자 서문

현대 사회에서 스포츠와 체육은 삶의 한 부분이 되었다. 주말마다 전국 각지에서 개최되는 마라톤대회는 참가자들로 넘쳐나고, 전국의 산과 계곡은 등산객들로 북적이며, 골목골목 들어선 헬스장과 골프연습장은 시간대를 가리지 않고 회원들로 가득하다. 학교에서도 학교폭력 예방 및 청소년 건강 차원에서 정규 교과과정 이외에 '방과 후 스포츠 활동'이나 '토요스포츠데이' 등 각종 스포츠 및 체육 활동의 기회를 적극적으로 제공해 주고 있다. 이렇듯 스포츠와 체육활동은 현대 사회생활에서 따로 떼어 놓을 수 없는 부분이 되었다. 스포츠와 체육에 대한 수요가 꾸준히 증가하면서 이를 적절하게 지도할 수 있는 지도자에 대한 수요 또한 계속해서 늘고 있다. 이런 추세에 힘입어 대학의 체육전공자 수도 매년 꾸준히 증가하는 추세이다.

이 책은 이제 막 체육지도자의 길에 들어선 체육계열학과 신입생들에게 스포츠 및 체육에 관한 인문학적 성찰의 기회를 제공하고자 집필된 것이다. 스포츠와 체육은 물리적으로 고찰될 수 있는 신체 활동일 뿐만 아니라 다양한

저자 서문

의미가 내재된 개인적 및 사회적 행위이기도 하다. 따라서 스포츠 및 체육에 대한 연구는 자연과학적 관점에서 뿐만 아니라 사회과학 및 인문과학적 관점에서도 이루어질 수 있다. 실재로 체육대학에 개설된 교과목들은 「운동생리학」이나 「생체역학」, 「스포츠의학」 같은 자연과학적 내용뿐만 아니라 「스포츠사회학」, 「스포츠교육학」, 「스포츠경영학」 같은 사회과학적 내용, 그리고 「스포츠철학」, 「스포츠역사」, 「스포츠문화론」 같은 인문과학적 내용까지도 포괄하고 있다. 저자들은 본 책에서 특히 스포츠 및 체육과 관련된 인문과학적인 내용들을 중점적으로 다룰 것이다.

이 책은 크게 스포츠론과 체육론, 두 부분으로 이루어져 있다. 송형석이 Ⅰ부 스포츠론을 맡았고, 박영호가 Ⅱ부 체육론을 담당하였다. 사실 스포츠와 체육은 명료하게 구별되는 개념이 아니다. 일상 언어에서 체육은 스포츠, 운동, 경기, 놀이 같은 신체활동을 총 망라하는 매우 포괄적인 의미로 사용될 뿐만 아니라, 학교에서 이루어지는 체육수업 같이 교육활동의 일환으로 축소된 좁은 의미로도 사용되고 있다. 만일 체육을 광의로 사용할 경우 그것은 스포츠를 포괄하는 개념이 된다. 그러나 협의로 사용할 경우에 그것은 스포츠와 다른 의미를 갖게 된다. 협의의 체육과 스포츠의 가장 큰 차이는 전자가 특정 가치(교육적 가치)를 지향하는 활동이라면 후자는 가치중립적 활동이라는 점에서 찾을 수 있다.

저자들은 계명대학교 체육대학에 재직하면서 10년 넘게 스포츠 및 체육 관련 인문학 입문 강좌를 담당해왔다. 이 입문 강좌의 최초 명칭은 「체육원리」였다. 그러나 2004년 교과과정이 개편되면서 수강대상이 체육대학 신입생에서 일반 학생 모두로 변경되었고, 강좌명칭도 「체육의 이해」로 바뀌었다. 2011년 다시금 교과과정 개편이 이루어지면서 강좌명칭은 「스포츠의 인문과학적 기초」로 바뀌었다. 그리고 이 저서는 이 새로운 과목을 위한 교재로서 개발되었다. 교재 내용 가운데 일부는 과거 「체육의 이해」 강좌 교재로 사용했던 『함께 읽는 체육 · 스포츠 이야기』에서 가져왔다.

이 책이 나오기까지 많은 분들이 관심을 가져주셨다. 먼저 계명대학교 출판부의 이은희팀장님께 감사의 말씀을 전하고 싶다. 이팀장님의 강력한 권

저자 서문

고가 없었다면 이 책의 출판은 한참 뒤로 미루어졌을 것이다. 이 책의 작성과 교정에 적지 않은 시간을 할애해준 계명대학교 대학원 나채만선생과 김미경 선생에게도 감사의 말을 전한다. 마지막으로 지난 수년간 체육 및 스포츠 관련 인문학 강의를 경청해주고, 깊은 관심을 보여준 계명대학교 체육대학 학생들에게 감사의 마음을 전한다. 그들의 관심과 성원이 없었다면 이 책의 저술은 불가능했을 것이다.

2012년 7월 23일

저자들을 대표해서 **송형석** 씀

목차

저자 서문 / 005

[스포츠론]

01장 _ 스포츠의 이해 012
02장 _ 올림픽경기의 이해 042
03장 _ 근대 유럽체육의 이해 064
04장 _ 한국 근대 스포츠와 체육의 이해 080
05장 _ 한국 엘리트스포츠의 이해 103
06장 _ 독일의 생활체육 육성정책과 스포츠클럽 131
07장 _ 스포츠와 여성의 이해 148
08장 _ 스포츠와 도핑의 이해 166
09장 _ 스포츠를 통한 사회통합 176
10장 _ 건강스포츠의 이해 200

목차

[체육론]

11장 _ 체육이란 무엇인가? 220
12장 _ 교육계획에 있어서 체육의 위치 228
13장 _ 근대적 체육의 역사적 배경(미국의 체육) 241
14장 _ 체육의 과학적 기초 262
15장 _ 체육의 목적 288
16장 _ 체육의 목표와 방안 296
17장 _ 체육 활동 계획 311
18장 _ 체육을 통한 사회훈련 325
19장 _ 경쟁적 운동경기 337
20장 _ 체육과 여가 350

스포츠론

01장 스포츠의 이해 / 012

02장 올림픽경기의 이해 / 042

03장 근대 유럽체육의 이해 / 064

04장 한국 근대 스포츠와 체육의 이해 / 080

05장 한국 엘리트스포츠의 이해 / 103

06장 독일의 생활체육 육성정책과 스포츠클럽 / 131

07장 스포츠와 여성의 이해 / 148

08장 스포츠와 도핑의 이해 / 166

09장 스포츠를 통한 사회통합 / 176

10장 건강스포츠의 이해 / 200

스포츠의 이해

1장

1 스포츠의 의미

스포츠(sports)는 '~에 몰두하다' 또는 '빠지다'라는 뜻을 지닌 라틴어 disportare에서 기원한 단어이다. 이 단어는 '일에서 떠나서 논다(to leave of work, hence to play)'는 의미를 지닌 중세 프랑스어 desporter가 되었으며, 중세 이후 영국으로 건너가 disports가 되었다. 그리고 19세기 초엽 disports에서 앞의 di가 없어지면서 오늘날 우리들이 쓰고 있는 sports가 된 것이다. 스포츠가 오늘날과 같은 의미로 쓰이기 시작한 때는 19세기이다. 당시 영국인들은 산업(industry)이라는 말과 함께 스포츠란 말을 처음으로 사용하였으며, 이것을 전 세계에로 보급하였다. 이제 이 말의 정확한 의미를 알아보도록 하자.

1) 스포츠의 고전적 정의

우리는 일상생활에서 스포츠란 말을 매우 자주 듣거나 사용하고 있다. 또한, 일상적인 대화에서 스포츠란 말이 의미하는 바를 부연설명하지 않고도 그 뜻하는 바를 쉽게 전달할 수 있고 이해할 수 있다. 그러나 학문적 관점에서는 상황이 매우 달라진다. 체육학, 사회학, 문화학 분야에서 스포츠는 명확하게 규정하기가 매우 어려운 개념 가운데 하나로 알려져 있다. 이 말이 매우 다의적으로 사용되고 있기 때문이다. 여기서는 스포츠의 고전적인 정의를 알아보고, 이와 같은 고전적 정의가 지금도 여전히 통용될 수 있는지 논의하기로 한다.

스포츠사회학 또는 스포츠철학에서 스포츠는 "놀이성과 규칙성, 그리고 경쟁성을 강하게 띠며, 신체활동이 주가 되는 인간의 행위양식"으로 정의되고 있다. 즉 스포츠의 특징은 놀이성, 규칙성, 경제성, 신체활동성이라는 말이다. 그렇다면 이와 같은 특징들은 어떻게 나타났을까? 먼저 놀이적 성격부터 알아보자.

스포츠의 가장 큰 특징을 꼽으라고 한다면 많은 사람들은 주저하지 않고 놀이적 성격을 말할 것이다. 이와 같은 특징은 오래 전부터 여러 학자들에 의해 지지되어 왔으며, 여전히 지지 받고 있다. 일상생활에서도 우리는 "스포츠"하면 우선적으로 '놀이적 분위기'를 떠올린다. 그 이유는 스포츠가 놀이적 특징을 가질 뿐만 아니라 놀이 그 자체이기도 한 것이기 때문이다. "호모 루덴스"의 저자 하위징아도 스포츠가 놀이적 성격을 상실하면 더 이상 스포츠일 수 없다고 말한 바 있다. 그렇다면 놀이성이란 무엇이며, 놀이란 개념은 어디에서 비롯된 것일까? 아리스토텔레스에 따르면 인간의 활동은 크게 두 가지 종류로 나누어질 수 있다. 행위와 노동이 그것이다. 행위란 "목적이 그 자체에 담겨있는 활동"이고, 노동은 "외부로부터 부과된 목적을 지향하는 활동"이다.

아리스토텔레스가 인간 활동의 한 영역으로 언급한 행위의 개념은 놀이의 의미와 부합한다. 쉴러 이후, 그리고 하위징아가 "놀이하는 인간"(homo ludens)을 출간한 이후 지금까지 줄곧 놀이는 인간의 자유로운 활동으로 간주되어 왔다. 놀이가 자유로운 활동일 수 있음은 무엇보다도 어떠한 외적 목적에도 봉사하지 않으며, 오직 활동 자체가 목적인 행위이기 때문이다. 놀이는 그 자체가 목적인 목적적 활동이다. 반면에 노동은 그 자체가 목적인 활동이라기보다는 오히려 외부에서 주어진 목적을 달성하기 위한 수단적 활동이다. 전통적으로 스포츠는 노동의 영역보다는 놀이의 영역에 속한 활동으로 인식되어 왔다. "스포츠는 무목적적 활동이다."라든가 "스포츠는 자유로운 또는 자발적인 활동이다."라는 주장은 이와 같은 전통적 스포츠관에서 출발하고 있다. 여기서 한 가지 유념해야만 할 점은 노동과 놀이의 구분이 특정 활동에 내재되어 있는 속성에 따른 것이 아니라 참가자의 심리적 태도에 따른 것이라는 사실이다. 다음의 이야기는 이 점을 아주 극명하게 보여준다.

> 매일 저녁이면 소년들이 시끄럽게 떠들며 노는 거리에 한 노인이 혼자 살고 있었다. 하루는 너무 소란스러워서 그는 소년들을 그의 집으로 불러들였다. 그는 그들에게 자신은 그들이 노는 것을 좋아하기는 하나, 청력이 쇠하여 더 이상 그들이 노는 것을 듣지 못하겠다고 이야기했다. 그는 아이들에게 매일 와서 그의 집 앞에서 시끄럽게 놀아 달라고 부탁했다. 만일 그렇게 하면 그는 각자에게 25센트씩 주겠다고 했다. 다음날 그 아이들은 다투어 달려와 그의 집 앞에서 매우 큰 소란을 일으켰다. 노인은 아이들에게 돈을 주면서 다음날에도 와 달라고 했다. 다시 아들은

소란을 피웠고 그 노인은 다시 돈을 주었다. 다음날 아이들은 15센트씩 밖에 받지 못했다. 게다가 그 노인은 아이들에게 네 번째 날에는 5센트씩으로 줄이겠다고 했다. 소년들은 화가 나서 노인에게 이제 오지 않겠다고 말했다. 그들은 하루에 5센트만을 위해 소란을 피울 가치가 없다고 말했다.

위의 이야기는 아이들의 자유롭고 자발적인 놀이가 돈을 받기 위한 노동으로 변질되는 과정을 잘 보여주고 있다. 이렇듯 스포츠는 참가자의 심리적 태도에 따라 노동이 될 수도 있고 놀이가 될 수도 있는 것이다. 이러한 맥락에서 칼 딤(Carl Diem)은 외부 목적(경제적인 목적)에 봉사하는 프로스포츠를 스포츠가 아니라고 말하기도 했다.

이제 스포츠의 두 번째 특징인 규칙성에 대하여 알아보자. 놀이에는 두 가지 종류가 존재한다. 즉흥적인 놀이와 규칙에 의해 통제되는 놀이가 그것이다. 아이들의 놀이를 살펴보면 이 점이 분명해진다. 아이들의 놀이 가운데는 아무런 규칙 없이 그냥 즉흥적으로 떠들고 노는 놀이가 있는 반면에 역할분담, 시간 및 공간적 제약, 구체적인 행위방식 등과 같이 사전에 규칙이 부여된 놀이도 있다. 여기서 후자, 즉 사전에 규칙이 부여된 놀이를 게임(game)이라고 한다. 게임에는 소꿉장난, 강강술래, 말타기, 술래잡기, 자치기, 사방치기, 동네축구, 제기차기 등과 같이 다양한 활동들이 포함되어 있다. 분명한 점은 스포츠가 즉흥적인 놀이 보다는 규칙에 의해 통제되는 놀이에 속한다는 사실이다.

스포츠의 세 번째 특징은 경쟁성이다. 게임, 즉 규칙에 의해 통제되는 놀이에는 경쟁성이 없는 것과 경쟁성이 있는 것 두 가지 종류가 존재한다. 역할놀이인 소꿉장난이나 강강술래는 승패를 가리는 게임이 아니다. 즉 경쟁성이 내재되어 있는 활동이 아니라는 말이다. 반면에 술래잡기, 자치기, 사방치기,

고무줄, 제기차기 등과 같은 놀이는 승패를 가리는 활동이다. 여기서 후자를 일컬어 경쟁(Contest) 또는 경기(Athlete)라고 한다. 경기라는 말은 그리스어 경쟁(athlos)과 상(athlon)에서 유래하였다. 즉 경기란 규칙에 의해 통제되는 놀이 활동 가운데 포상을 목적으로 하는 경쟁적 활동인 것이다. 인류학자들의 연구에 따르면 경쟁적인 사회에서는 경쟁적인 게임(경기)이 유행하며, 비경쟁적인 사회에서는 비경쟁적인 게임이 많다고 한다. 대부분의 스포츠는 경쟁적인 성격을 지니고 있다. 경쟁과 성과를 중시했던 19세기 영국에서 스포츠가 활성화될 수 있었던 점도 그것이 지닌 경쟁적 성격과 무관하지 않을 것이다.

마지막으로 스포츠의 네 번째 특징인 신체활동성에 대해서 알아보도록 하자. 경쟁적인 경기에서 승패를 가르는데 주요 역할을 하는 것은 지적 활동이 될 수도 있고, 신체적 활동이 될 수도 있다. 모든 경쟁에서 승리하기 위해서는 대부분 지적 및 신체적 활동이 종합적으로 요구되지만 활동의 종류에 따라 어느 한 쪽의 역할이 더욱 중요시 되는 경우가 많다. 예를 들면 바둑이나 장기와 같은 경기에서 승패를 좌우하는데 중요한 역할을 하는 것은 신체적 활동보다는 지적인 활동이다. 물론 바둑기사에게도 장시간 버틸 수 있는 체력이 요구될 뿐만 아니라 바둑돌을 옮길 수 있는 최소한의 근력이 요구된다. 그러나 승리에 결정적인 영향을 미치는 것은 이러한 신체적 능력 보다 수를 읽고, 전세를 파악하는 지적 능력이다. 반면에 100m 달리기에서 상대방을 이기는데 있어서 중요한 것은 지적 능력 보다는 신체적 능력이다. 이렇듯 우리는 승패를 가르는데 있어서 신체가 중요한 역할을 담당하는 경기를 스포츠라고 부른다. 스포츠는 한 마디로 규칙에 의해 통제되며, 동시에 경쟁적인 활동으로서, 이 경쟁에서 승리하는데 신체적 조건이 지성보다 중요한 역할을 담당하는 놀이라고 정의할 수 있다.

이상에서 스포츠의 고전적 정의에 대하여 알아보았다. 이와 같은 스포츠의 고전적 정의는 오늘날 여러 측면에서 도전받고 있다. 먼저 프로스포츠가 등장하면서 놀이성 또는 자발성이 스포츠의 범주를 결정하는 기준에서 제외되어야만 한다는 견해까지도 등장하고 있다. 프로스포츠선수들은 돈을 벌기 위한 목적으로 스포츠에 참여하기 때문에 그들의 활동은 더 이상 행위 자체가 목적인 놀이라고 할 수 없기 때문이다. 한편 최근에는 바둑이 스포츠냐 아니냐는 논쟁까지 나타나나고 있다. 바둑협회가 대한체육회에 가입하면서 바둑도 스포츠가 될 수 있다는 주장이 나타나게 된 것이다. 이러한 경향은 고전적 스포츠의 정의에서 스포츠를 규정하는 주요 특징 가운데 한 가지인 "경쟁에서 승부를 가리는데 신체활동이 주가 되는"이라는 특성마저도 무시되어야 한다는 결론으로 이끌어간다. 이외에도 지금까지 없었던 새로운 종목들이 등장하여 스포츠의 대열에 끼어들려고 애를 쓰고 있다. 이들 가운데 뚜렷하게 경쟁성이 드러나지 않는 종목들도 있다. 예컨대 번지점프나 조깅이 그 대표적인 예이다. 이러한 활동을 과연 스포츠라고 부를 수 있을까? 복합성과 복잡성을 특징으로 하고 있는 현대사회에서 모든 것이 불분명해져가고 있고 스포츠 역시 그 의미가 점차 애매해져가고 있다. 이러한 상황에서 어떤 학자들은 스포츠를 정의하려는 노력을 '도달할 수 없는 지평선에 도달하기 위한 노력'과 같이 헛된 노력이라고 일축한다. 다음에는 이러한 입장을 견지하고 있는 한 학자의 주장을 알아보도록 하겠다.

2) 스포츠의 정의 불가능성

맥브라이드(F. McBride)는 1975년 출판된 스포츠철학저널 창간호에 "스포츠의 정의 불가능에 대하여(Toward a non-definition of sport)"란 논문을 실었다. 이 글의 서두에서 그는 다음과 같이 썼다. "내가 이 논문을 쓴 목적은 스포츠라는 개념을 정의하려는 불필요한 노력을 단념시키기 위함이다." 왜 그는 스포츠 개념을 정의하려는 노력을 불필요하다고 생각했을까? 그가 그렇게 생각한 이유는 다음 네 가지 명제로 요약될 수 있다.

첫째, 스포츠개념의 내포와 외연 중 어느 것도 간결하지 않다.

둘째, 스포츠개념의 내포를 간략하게 한정시키려는 노력은 실패하거나 조건을 수반한 명문화에 그치고 말 것이다.

셋째, 스포츠 개념은 일상생활에서 너무나도 다양한 의미로 사용되기 때문에 그 의미와 쓰임을 몇 마디로 규정하는 일은 불가능하다.

넷째, 따라서 스포츠철학자는 스포츠를 정의하느라고 시간을 낭비할 필요가 없다.

이하의 논의에서는 맥브라이드가 자신이 제기한 위의 네 가지 명제를 어떻게 논증했는지 살펴보기로 하겠다.

(1) 첫 번째 명제의 논증

개념은 내포(intension)[1]와 외연(extension)으로 이루어진다. 삼각형이란 개념을 예로 들면 '세 변을 가지며 내각의 합이 180도인 도형'이 내포이고, 이러한 특성을 지닌 모든 기하학적 도형, 즉 이등변삼각형, 직각삼각형, 정삼각형 등이 외연이다. 동물 개념의 외연은 원숭이, 호랑이, 개, 고양이 등이고, 학자라는 개념의 외연은 철학자, 수학자, 사회학자, 체육학자 등이다. 이상의 예에

---

1) 내포는 정의(definition)라고도 부른다.

서 삼각형의 내포와 외연은 구분이 명확하며 구성 요인이 확실하다. 즉 어떤 도형이 삼각형인지 아닌지를 쉽게 밝힐 수 있다. 그러나 외연과 내포가 불명확하여 간결하게 한정할 수 없는 경우에 개념은 애매모호해진다. 특정 개념이 애매모호하거나 명확하게 되는 경우는 다음 네 가지로 나누어진다.

첫째, 외연이 명확하고, 내포가 애매한 경우(예: 人間)

둘째, 외연이 애매하고, 내포가 간결한 경우(예: 正義)

셋째, 외연이 명확하고, 내포가 간결한 경우(예: 三角形)

넷째, 외연이 애매하고, 내포도 애매한 경우(예: 게임)

스포츠는 외연과 내포 모두 애매하다. 그 이유는 두 번째 및 세 번째 명제를 논증할 때 설명되어질 것이다. 즉 두 번째 명제를 논증하면서 스포츠개념의 내포가 애매한 이유를 설명할 것이고, 세 번째 명제를 논증하면서 스포츠개념의 외연이 애매한 이유를 설명할 것이다.

(2) 두 번째 명제의 논증

스포츠 개념의 내포가 간결할 수 없는 이유는 스포츠 개념의 정의가 너무 편협하거나 광범위하기 때문이다. 즉 정의가 통상적으로 포함시켜야할 바를 포함시키지 않았다면 편협한 것이고, 포함시키지 말아야 할 바까지 포함하고 있다면 너무 광범위하고 할 수 있다. 예를 들면 게임이란 개념을 볼을 가지고 하는 행위로 정의할 경우에 배드민턴, 등산, 스케이트 등은 볼을 가지고 하지 않기 때문에 게임에 포함될 수 없으므로 그와 같은 게임개념의 정의는 너무 편협하다고 할 수 있다. 두 번째 주장을 검증하기 위해서 먼저 스포츠의 개념 정의(내포)를 제시하고, 그 개념정의의 편협함과 광범위함을 입증할 것이다.

일반적으로 스포츠는 규칙이 지배하는 활동이라고 한다. 이러한 정의는 매우 편협하다. 왜냐하면 구기와 비교할 때 낚시, 스키, 암벽등반 등은 규칙이 지배하는 활동이라고 할 수 없기 때문이다. 또한 이러한 정의는 광범위하다. 왜냐하면 군대, 학교, 병원, 나아가 사회 그 자체도 규칙에 의해 지배되기 때문이다.

그렇다면 자발성의 요인을 부가시키면 어떠할까. 즉 스포츠를 자발성과 규칙의 요소를 지닌 활동으로 정의한다면 어떠할까? 이 정의 역시 편협하다. 이 정의대로라면 타의에 의해 경기에 참여한 선수가 있는 그 경기는 스포츠에서 제외되어야만 하기 때문이다. 또한 너무 광범위하다. 왜냐하면 이 정의대로라면 자발적으로 지원한 군인의 군사훈련 활동도 스포츠에 포함시켜야만 하기 때문이다.

스포츠를 자의성과 규칙의 요소를 지니며, 개인이 발휘할 수 있는 신체적 탁월성을 테스트할 수 있는 활동이라고 정의하면 어떠할까? 언뜻 생각해볼 때 이 정도의 정의라면 대부분의 스포츠에 비교적 무리 없이 적용될 수 있을 것 같다. 그러나 이 정의 역시 편협하다. 예컨대 낚시나 사냥은 스포츠에 포함될 수 있으나 그러한 활동을 통해서는 개인이 발휘할 수 있는 신체적 탁월성을 테스트할 수 없기 때문이다. 또한 이 정의는 광범위하다. 이 정의에 따르면 서커스나 스턴트맨의 활동 역시 스포츠에 포함될 수 있기 때문이다.

(3) 세 번째 명제의 논증

옥스포드 영어사전(Oxford English Dictionary)을 찾아보면 sport의 의미가 다섯 면을 차지하고 있으며, 용법도 127가지나 된다. 이 중에서 일부는 잘 쓰이지 않아 사어(死語)가 되었지만 대부분은 현재까지 쓰이고 있다. 이와 같이 스포츠는 dry, land, subject 등의 단어와 같이 문맥에 따라 그 의미가 달라지므로 그 의미를 몇 마디로 규정한다는 것은 무의미하다.

(4) 네 번째 명제의 논증

첫 번째와 두 번째 주장은 스포츠개념의 애매성을, 세 번째 주장은 다의성(多意性)을 다루었다. 즉 스포츠는 애매성과 다의성 두 속성을 모두 갖추고 있다. 과연 우리는 127가지나 되는 의미를 모두 포괄할 수 있는 스포츠의 정의를 만들 수 있을까? 사실상 그것은 불가능하다. 따라서 스포츠라는 개념은 너무 의미가 다양하기 때문에 정의되어질 수 없다.

3) 스포츠를 정의하려는 또 다른 시도들

앞서 살펴보았듯이 자발적이며, 규칙이 지배하는 경쟁적 신체활동이라는 스포츠의 고전적 정의는 여러 측면에서 도전받을 수 있으며, 실제로 도전받고 있다. 특히 최근 들어 프로스포츠가 활성화되고 있고, 바둑과 체스는 물론 매우 비활동적인 스포츠경기관람까지도 스포츠활동의 범주에 포함시키려는 노력이 나타나면서 스포츠의 고전적 정의는 점차 설득력을 잃어가고 있다.

이런 여러 가지 어려움 때문에 스포츠를 '일종의 가족 유사성을 지닌 활동'으로 파악하려는 시도도 있다. 한 가족을 이루는 구성원들은 모두 서로 닮은 요소를 조금씩 가지고 있다. 아버지와 아들 사이에는 눈이 닮았고 형제간에는 입이 닮았으며 아들과 어머니 사이에는 코가 닮았다는 식으로 말이다. 하지만 그들 모두를 포괄해서 가족의 특징이라고 얘기할 수 있는 어떤 요소를 찾아내기란 쉽지 않다. 이처럼 가족 유사성이란, 개별적인 요소들 사이에서 조금씩 닮은 점들이 있지만 전체에 공통된 어떤 특징을 뽑아내기는 힘든 상황을 묘사할 때 흔히 사용하는 표현이다. 마찬가지로 스포츠 역시 가족 유사성처럼 각각의 종목들 사이에서는 서로 유사한 요소들을 찾을 수 있지만 스포츠 전체를 아우르는 공통된 특징을 찾아내기는 어려운 영역이다.

가족 유사성의 개념은 방대한 스포츠의 세계를 나름대로 정리할 수 있도록 해주고 새로 생겨나는 스포츠를 스포츠의 범주 안에 쉽게 포함할 수 있도록 해준다는 점에서 상당한 유용성을 지닌다. 하지만 스포츠가 가족 유사성을 지닌 활동이라는 것이 곧 스포츠에 대한 정의라고 하기는 어렵다. 가족 유사성을 통해 스포츠가 약간의 유사성과 차이를 지니는 다양한 개별 활동들의 총체라고 얘기할 수는 있지만 그 활동의 성격이 무엇인가에 대해서는 답할 수 없기 때문이다.

이런 맥락에서 예술에 대한 정의처럼 스포츠를 일종의 제도로 보는 시각이 도움이 될 수 있을 것 같다. 스포츠를 제도로 보자는 것은 어떤 사회에서 하나의 제도로 정립되어 스포츠로 널리 인정되고 있는 것들을 스포츠로 간주하자는 것이다. 따라서 축구와 농구, 야구 등은 이론의 여지없이 스포츠다. 반면 숨바꼭질이나 고무줄놀이 등 어린이들이 즐기는 많은 놀이들은 스포츠의 영역에 포함되지 않는다. 후자의 경우에도 경쟁의 요소가 분명히 들어 있으며 나름대로의 규칙도 있지만 스포츠에 포함되는 활동과 달리 이 놀이들은 정형화된 사회적 제도를 갖추고 있지 못해 스포츠로 인식되지 않기 때문이다. 따라서 스포츠의 영역은 결코 고정되어 있는 것이 아니다. 과거 남성들이 즐기는 단순한 오락으로 분류되었던 당구라든지 퇴폐적인 여가 행위로 인식되었던 스포츠 댄스가 오늘날 당당히 스포츠의 일종으로 분류되고 있다는 점이 이를 증명한다. 이외에도 청소년들이 즐기는 스케이트보드나 산악 자전거, 인라인 스케이트 등의 극한 스포츠 extreme sports, x-game들도 규칙 체계를 갖추고 독자적인 조직 기구가 형성되면서 점차 스포츠의 영역으로 들어오고 있다.

한편 제도로서 스포츠를 파악하는 시각은 스포츠 관람 행위를 스포츠 활동의 영역에 무리 없이 포함시킬 수 있다는 이점을 갖는다. 스포츠 제도가 정당한 스포츠 활동이라고 인정한 활동에 참여하는 사람들은 모두 스포츠 활동에 참여하는 것으로 볼 수 있기 때문이다. 당연히 여기에는 직접 스포츠를 하는 활동뿐 아니라 그것을 관람하는 행위까지 포함된다.

마지막으로 스포츠 제도론을 받아들이면 특정 활동만이 스포츠로 분류되고 다른 활동들은 스포츠에서 배제되는 맥락에 대해 고려할 수 있다. 왜 1990년대 말 우리 사회에서 갑자기 스포츠댄스가 스포츠로 분류되기 시작했을까? 중세 시대의 대표적인 스포츠 활동 중 하나였던 마상창시합이나 독일의 사회학자 엘리아스(Norbert Elias)가 스포츠의 특성을 가장 잘 보여주는 스포츠라고 주장했던 여우 사냥은 왜 오늘날 더 이상 스포츠로 간주되지 않는 것일까? 이런 질문은 스포츠 영역 내에만 머물러서는 스포츠 관련 논의를 제대로 펼칠 수 없다는 점을 시사한다. 우선 스포츠에 대한 정의 자체가 사회 집단들 간의 경쟁, 갈등, 타협의 산물이며 스포츠의 변화 과정에는 겉으로 보기에 스포츠와 아무 관련이 없는 다양한 사회적 요인들이 개입해 영향을 미치기 때문이다.

2 스포츠의 가치

스포츠의 핵심은 운동이다. 운동 중에서도 대근을 사용하여 활발하게 움직이는 신체활동이 스포츠이다. 그러나 인간이 스포츠를 할 때 외관적으로 관찰할 수 있는 신체적 움직임만을 행하는 것은 아니다. 동시에 보고, 생각하고, 판단하는 정신활동, 그리고 기쁨과 좌절, 성취감, 긴장감 등과 같은 심리활동도 동시에 이루어진다. 인간이 스포츠를 할 때는 이렇듯 육체의 움직임뿐만 아니라 정신적, 신체적, 심리적 측면도 함께 참여한다. 스포츠의 가치는 이와 같은 다양한 측면에서 찾아져야만 할 것이다.

1) 생리적 가치

인간은 약 삼십만 년 전 오늘날과 같은 신체-생물적 구조를 가진 존재로 진화되어 온 이후 수십만 년 동안 줄곧 신체운동에 크게 의존하면서 살아왔다. 먹을것을 구하기 위하여, 자신의 생명을 위협하는 적으로부터 도망치기 위하여, 또는 다른 어떤 목적을 위하여 부지런히 신체를 움직여야만 했다. 가만히 앉아 있다가는 굶어 죽거나 먹혀 죽기 십상이었다. 그러나 과학과 기술의 발달로 현대인들은 몸을 움직이지 않아도 생존할 수 있게끔 조건이 갖추어진 사회 환경 속에서 살아가고 있으며, 그 결과 일상에서 신체운동의 양은 현저하게 줄고 있다. 이렇게 삶의 방식이 변했다고 해도 거부할 수 없는 사실은 신체를 많이 움직여야 살아남는 인간의 진화론적인 생물학적 구조자체는 변화하지 않은 채 삼십만 년 전과 똑같은 상태로 남아있다는 점이다. 따라서 신체를 건강하고, 적절하게 유지하기 위해서는 어느 정도의 운동량이 필요하다는 결론이 나온다. 그러나 현대사회에서는 신체를 건강하게 유지하는데 필요한 만큼도 움직이지 않고 살아가는 사람들이 늘어가고 있다. 이러한 운동부족은 이미 많은 의학적 연구에 의해 소위 현대병 또는 성인병의 주요원인으로 지적되고 있다. 이 점을 황수관은 다음과 같이 말하고 있다. "오늘날에 살고 있는 우리는 어느 때보다 문화의 혜택을 가장 많이 받고 있으며, 윤택한 삶을 살고 있음을 자부하고 있다. 그런데 오늘날 우리의 건강은 과거 어느 때보다 더 건강한 최상의 컨디션(well-being condition)을 갖고 있는가? 한마디로 그렇지 못하다. 우리 인체의 각 기관은 신체활동을 해야만 제 기능을 충분히 수행할 수 있도록 되어 있다. 즉 근육은 근육대로 적당한 신체활동을 해야 발달되고, 심장은 심장대로 운동을 해야 그 기능이 발달되는 것이다. … (그러나) 과학의 발달로 모든 사회구조가 자동화됨에 따라 우리의 신체활동이 급속히 감소하게 되었다. 자동차, 엘리베이터, 세탁기를 비롯한 모든 기구들이 우리의 신체활동을 대신하고 있기 때문에 우리 인체는 운동부족증을 나타나게 되었다. … 이로 인해 우리 인체는 무기력해 지고 각종 질환에 대한 저항력이 떨어지며, 정서가 불안하고 매사에 의욕이 감소되는 등 건강이 점점 나빠지게 되어, 결국 소위 말하는 현대병인 심장병, 고혈압, 뇌졸증, 당뇨병, 암, 신경통 등의 성인병이 증가하게 되었다."

위의 인용문이 말하고 있듯이 현대사회에서 건강하게 살아가기 위해서는 적절한 신체운동이 필요하다. 그리고 스포츠는 무엇보다도 신체운동을 핵으로 하는 인간의 활동양식이다. 스포츠를 수행하는 동안 신체의 각 부위를 들거나, 뻗고, 지르고, 비틀면서 또는 온 몸을 사용해서 뛰고, 달리고, 뒹굴면서 일상에서 소홀했던 신체운동을 보충할 수 있다. 스포츠를 규칙적으로 수행하게 되면 근육이 굵어지고, 탄력성이 커지며, 수축과 확장의 범위가 커지고 지구력이 강하게 된다. 반복적인 스포츠훈련을 통해 근육이 굵어지면 에너지원이 되는 물질인 글리코겐, 크레아틴인산, 크레아틴, 아데노신 등이 증가되며, 미오글로빈을 증가시켜 지구력을 증대시킨다. 또한 허파의 크기를 증대시켜

폐활량이 커지며 결과적으로 산소섭취량이 증가되어 에너지 발생이 더욱 활발하게 된다. 또한 스포츠활동은 대뇌피질의 지각력, 통합능력을 증대시키며 근지각, 자세지각, 운동지각을 개선하여 신경기능을 향상시켜 동작이 민첩하고 정확해진다. 스포츠는 이상에서 열거한 생리적 효과 외에도 영양의 소화, 흡수능력을 향상시켜 신진대사를 왕성하게 해준다. 따라서 스포츠는 현대사회에서 많은 사람들에게 운동부족으로 쇠약해진 신체의 생리적 기능을 다시 회복시켜주는 치유제로 인식되고 있다.

2) 심리적 가치

스포츠의 심리적 가치는 사회생활에서 오는 심리적 스트레스의 해소라는 측면과 인간의 근원적인 공격충동의 합법적 발현이라는 두 가지 측면에서 살펴 볼 수 있다.

과학과 테크놀로지의 비약적 발달로 표현되어질 수 있는 현대문명은 인간에게 안락하고 편안한 생활을 보장해 주었지만 여러 가지 부작용도 부수하였다. 무절제한 개발로 자연환경이 심각하게 파괴되었고, 사고방식이 합리화되면서 개인과 개인간의 친밀성이 급격하게 감소하고 있으며, 작업이 분화되고 다양화되면서 노동과정이 의미를 잃게 되었다. 현대인은 기계의 부속품처럼 일을 하고 있으며, 대중 속에서 있으면서 외로움과 고독을 느끼고 있고, 예측불가능한 실직과 사고를 염려하면서 불안한 삶을 살아가고 있다. 이러한 현대인의 일상적인 삶은 여러 가지 방식으로 사회구성원 개개인에게 스트레스로 작용한다. 이와 같은 여건 속에 그대로 방치할 경우에 인간은 크나큰 욕구불만이 되어 노이로제에 걸리거나 정신이상이 되거나 신체질환이 생기기 쉽다.

스포츠는 생활 속에서 받게 되는 스트레스를 적절하게 해소시킬 수 있는 매우 좋은 방법이다. 사람들은 스포츠에 직접 또는 간접적으로 참여하면서 복잡다단한 일상적 세계로부터 잠시나마 벗어나 모든 문제를 잊고 행위에 몰두할 수 있다. 일상적 사회생활에서 용납될 수 없는 방식으로 고래고래 소리를 지르거나 달리고, 차고, 때리고, 뛰면서 내면에 뭉쳐있는 스트레스요인들을 마음껏 발산할 수 있는 것이다.

인간은 공격성이라는 근원적 경향을 지닌 존재이다. 공격성이 적절히 표출될 때 개체는 심리적인 안정을 찾을 수 있다. 그러나 사회생활에서 공격성의 무제한적 표출은 용납되지 않는다. 공격성을 표출하게 되면 당연 법적 제재를 받게 된다. 따라서 인간의 공격성은 교육, 도덕, 관습, 법 등 여러 가지 내적 및 외적 통제를 통해 억제되도록 길들여진다. 그런데 인간은 공격성이 과도하게 억제되면 개개인은 욕구불만의 상태가 되어 이유 없는 반사회적 행동을 하게 되고, 이유 없는 반항을 하기도 한다. 이러한 경향은 특히 혈기가 가장 왕성한 시기인 청소년기에 가장 심하게 나타난다. 따라서 이러한 근원적 경향을 합리적으로 표출할 수 있는 기회를 제공해 주어야만 한다.

스포츠는 매우 효과적이고 합리적인 방식으로 근원적 경향인 공격성을 표출할 수 있는 방법이 될 수 있다. 예를 들면 권투는 남을 때리고 싶은 공격 충동을 합법적으로 표출할 수 있게 해주며, 특히 신체의 접촉이 심한 축구나 럭비 같은 스포츠는 투쟁하고 싶은 근원적 경향을 합리적으로 표출할 수 있게 해준다. 제도화된 스포츠 외에도 다양한 어린이의 놀이 활동도 이와 동일한 효과를 나타낼 수 있다. 예를 들면 어린이 놀이인 닭싸움이나 기마전, 말타기 등은 인간의 근원적 경향을 표출할 수 있는 좋은 방법이다.

이와 같이 스포츠는 사회생활에서 결코 나타내서는 안 되고, 나타낼 수 없는 인간의 근원적 경향, 즉 공격성을 합법적이고 합리적인 방식으로 발산시킬 수 있는 기회를 주어 인간으로 하여금 심리적인 안정을 되찾게 해줄 수 있는 것이다. 사회생활과 양립할 수 없는 인간의 본능적 충동, 공격적 충동을 스포츠 활동이라는 가상적 환경을 만들어 거기에서 대상행위를 시킴으로써 욕구불만을 해소시킬 수 있다는 데에 스포츠의 심리적 가치가 있다.

3) 사회적 가치

스포츠는 사람들에게 다양한 방식으로 사회화의 기회를 제공해 준다. 아니 스포츠 활동에 참가하는 것 자체가 사회화의 과정이다. 사회화란 개인이 자신이 속한 사회에 통용되는 있는 가치와 규범을 의식적, 무의식적으로 습득하고 내면화하는 과정이다. 개인은 이러한 과정을 겪은 연후에야 비로소 원만한 사회생활을 할 수 있게 된다. 스포츠는 사회에 통용되고 있는 다양한 가치들을 반영하고 있기 때문에 스포츠에의 참여는 자연스럽게 그러한 가치들을 만나고 체득하는 과정으로 이어진다. 예컨대 질서의식, 규칙준수, 페어니스(fairness), 스포츠맨십(sportsmanship) 등과 같은 스포츠의 내재적 가치는 일반적인 사회규범으로서도 높은 가치를 지니며, 청소년들은 스포츠에 참여함으로써 이러한 가치들을 의식적, 무의식적으로 체득할 수 있고, 그와 같은 기회를 통하여 사회인으로서 모범적인 생활태도를 갖게 된다.

스포츠는 또한 경쟁사회의 다양한 가치들을 학습할 수 있는 기회를 제공한다. 아직 사회에 발을 들이지 않은 청소년은 성인이 되어서나 경험할 수 있는 '진지성의 세계'를 스포츠에 참여함으로써 직접 체험할 수 있다. 스포츠는 승리와 패배, 강함과 약함, 용기와 비겁, 협동과 대립 등과 같은 경쟁사회의 양립된 가치들을 폭 넓게 내포하고 있기 때문이다. 이와 같은 비정한 가치 이외에도 한 팀에 소속됨으로써 다른 팀구성원들로부터 관심과 보호를 받게 되고 그에 따라 신뢰감과 친밀감, 동료의식, 사랑의 가치를 습득할 수도 있다.

청소년의 사회화과정에서 대중매체를 통해 부각되는 스포츠 스타의 역할 역시 무시할 수 없는 부분이다. 가정이라는 좁은 울타리에서 벗어나 성인사회의 문턱에 들어서고 있는 청소년들은 대부분 수없이 산재하고 있는 행위규범의 홍수 속에서 방향을 잡지 못하고 방황한다. 스포츠 스타는 이들에게 확실한 규범적 이정표를 제시해 줌으로써 일정한 행동방식을 정착시키는 역할을 한다. 즉 그들은 청소년들이 일상생활에서 어떻게 처신해야 하는지, 어떤 옷을 입어야 하는지, 어떤 것을 마셔야 하는지를 알려주는 이정표 역할을 한다. 사회가 스포츠스타들에게 직접 및 간접적 방식으로 바르게 행동할 것을 요구하는 이유는 바로 그들의 행동 하나 하나가 청소년들의 사회화에 크나큰 영향을 미칠 수 있기 때문이다.

이와 같이 스포츠는 사회구성원들, 특히 청소년들에게 바람직한 사회화의 기회를 제공해 준다는 점을 설명하였다. 이와 같은 주장은 여러 경험적 연구결과에 의해 뒷받침되고 있다. 독일에서 발표된 여러 편의 논문들은 스포츠에 규칙적으로 참여하는 청소년이 그렇지 않은 청소년보다 친구 사귀는 것을 더 좋아했고, 사교성(친구 사귀는 기술)도 높았으며, 의사소통능력도 뛰어났다고 보고하고 있다. 또한 이들은 일방적으로 현실적응 지향적이지도 않고, 일방적으로 자기중심적이지도 않아서 부모와 갈등이 적고, 동년배와 잘 화합하고 있다고 보고하고 있다.

3 스포츠의 기원

스포츠는 언제부터 시작되었을까? 이 물음은 스포츠를 어떻게 규정하느냐에 따라 그 대답이 달라진다. 앞 장에서 스포츠는 정의하기에 매우 힘든 개념이라고 했다. 그런 이유에서 스포츠의 기원에 대한 설명도 구구각색이다. 역사학자들에게 스포츠의 기원을 물으면 대개 원시 또는 고대사회에서 행해진 사냥이나 전투행위, 제례의식 등이라고 말한다. 예를 들어 베르나르 죄는 스포츠의 근원을 고대의 의식, 즉 장례의식과 입문의식, 결혼의식 등에서 찾았다. 레이몽 토마 역시 스포츠의 탄생을 고대, 특히 고대 그리스의 역사에서 찾았다. 베르나르 질레도 스포츠를 구성하는 3가지 요소로서 유희, 투쟁, 격렬한 육체활동을 들고 있는데, 이것은 고대 로마의 검투사의 사투나 중세기사의 토너먼트를 설명하는 데는 적합하다는 점에서 베르나르 죄나 레이몽 토마의 주장과 일맥상통하는 면이 있다.

그러나 과연 유희, 투쟁, 격렬한 육체활동만으로 스포츠의 특성을 분명하게 드러내 줄 수 있을까? 노베르트 엘리아스는 이러한 설명이 현대적 의미에서의 스포츠에 적용하기에는 너무나 광범위하고 불완전한 척도라고 생각했다. 즉 이러한 설명은 너무 일반적이며 스포츠를 스포츠가 아닌 인간의 활동과 확연하게 구별해주지 못한다는 것이다. 스포츠는 작업이나 전투, 먹이사냥, 생존투쟁 등의 활동과는 분명하게 구별되는 인간의 독특한 행위양식이다. 물론 이러한 활동과 스포츠 간에 어느 정도의 연속성은 인정되어지지만 양자 간에는 분명하게 구별되는 특징이 있다. 이러한 활동들이 민중놀이로서 변형되어 수행되어 오다가 일정한 시점에서 어떤 특징들이 강조되면서 스포츠로 변화하게 되는데 이러한 과정을 엘리아스는 "스포츠화"라고 불렀다.

그렇다면 스포츠를 사냥이나 싸움 또는 전투와 같은 다른 유사활동들로부터 구별해줄 수 있는 특징은 무엇일까? 엘리아스에 따르면 그것은 "공격충동의 억제"이다. 스포츠는 공격충동의 억제를 특징으로 하는 공격적 행동양식이라는 것이다. 이러한 의미에서 콘라드 로렌츠는 스포츠를 "문화적으로 발달된 규칙 중 가장 엄격한 것에 의해 다스려진 비적대적인 전투의 특히 인간적인 형태"라고 정의한 바 있다.(1996, p. 310) 이렇게 볼 때 스포츠는 공격성의 자유로운 발산을 특징으로 하는 싸움이나 전투 또는 쟁투(agon)와 다르며, 또한 고등한 척추동물의 재미있는 놀이와도 차별화된다.[2)] 그럼에도 불구하고 스포츠의 기원에 대한 탐색은 전투 또는 쟁투의 특징인 공격성의 기원에 대한 설명에서 시작해야만 한다. 공격성은 스포츠의 필요충분조건은 아니지만 필요조건임에는 틀림없기 때문이다. 따라서 이 장에서는 먼저 공격성의 기원을 알아보고, 이러한 근원적 경향이 어떤 계기에 의해 강화 또는 억압받게 되었는지, 그리고 억압에 대한 반응으로 어떤 행동양식들이 개발되어왔는지 살펴볼 것이다. 우리는 이러한 일련의 탐색과정을 통해 점차 스포츠의 기원을 이해하게 될 것이다.

---

2) 이 점에 대해 콘라드 로렌츠는 다음과 같이 말한다. "두 마리 개의 재미있는 놀이는 개가 크기나 힘에 있어 다를지라도 모든 경쟁적 요소를 엄격히 제한함으로써만이 가능하다. 한편 스포츠에 있어서는, 스키나 스케이팅에서처럼 기술적인 운동 그 자체의 즐거움이 지배적인 종류에 있어서조차 그것을 잘 해내는 데는 항상 어떤 자부심이 있고, 그리고 경쟁이 없는 스포츠는 없다. 이 점에서 인간의 스포츠는 동물놀이보다 심각한 싸움에 더 가까운 종류이다. : 또한 스포츠는 대부분의 동물(놀이)에서는 증명할 수 있을 정도로 결여되어 있는 공격적 동기를 포함하고 있다는 것도 의심할 나위가 없다.(1996, pp. 310~311)

1) 공격성의 기원

모든 생물(生物)들의 삶은 싸움의 과정이다. 육안으로 식별할 수 없을 정도로 작은 박테리아에서부터 거대한 코끼리에 이르기까지 지구상에 존재하는 모든 생물들의 삶은 싸움과 투쟁의 과정이다. 생물들은 도대체 왜 싸울까? 우리가 통상적으로 생각하고 있듯이 "생존을 위한 방어 또는 먹이사냥"이 싸움을 하는 가장 중요한 이유일까?

생물들의 싸움은 크게 타종(他種)간의 싸움과 동종(同種)간의 싸움으로 나누어진다. 그리고 흥미롭게도 자연계에서 목격되고 있는 대부분의 싸움은 동종 간에 이루어진다. 개는 개끼리, 개미는 개미끼리, 인간은 인간끼리 서로 치열하게 싸운다는 말이다. 이 점을 규명하기 위해서 노벨상을 수상한 바 있는 로렌츠라는 생물학자는 다음과 같은 실험을 하였다. 즉 스물다섯 종의 열대어를 종별로 각각 네 마리씩 백 마리를 비교적 작은 크기의 어항에 넣어 두고 관찰하였다. 여기서 자기와 같은 종의 물고기를 물어뜯을 확률은 3/96이었다. 그러나 몇일 동안 물고기들 간의 물어뜯은 횟수를 살펴보니 자기와 같은 종의 구성원을 물어뜯은 수와 다른 종을 물어뜯은 것에 대한 비율은 대략 85/15였다고 한다. 즉 물고기들간에 이루어진 치열한 싸움은 대개 동종 간에 이루어진다는 것이다.(콘라드 로렌츠, 1996, pp.27~35)

이 관찰결과는 싸움의 주요 동인이 "생존을 위한 방어 또는 먹이사냥"에 있다는 상식에 대한 재고(再考)를 강요한다. 같은 종끼리의 싸움은 생존을 위한 방어나 먹이사냥과는 무관한 싸움이기 때문이다. 그렇다면 왜, 그리고 무슨 목적을 달성하기 위하여 같은 종으로서의 동물은 서로 싸우며 인간들마저 똑같은 행위를 저지를까? 심리학자들에 따르면 싸움이 일어나는 가장 큰 원인은 각 개체의 내면에 존재하는 공격본능에 있으며, 이 공격본능은 생존을 위한 먹이사냥에서 보다는 동종간의 싸움에서 보다 강력하게 표출된다고 한다.

여기서 한 가지 의문이 떠오른다. 공격본능을 과연 본능이라고 부를 수 있을까? 본능이란 본래 개체의 생명과 종을 보존하려는 자연적 성향을 의미한다. 본능 하면 대개 떠올리는 식욕, 수면욕, 성욕 등이 이와 같은 기능과 밀접하게 연관되어 있음은 명백하다. 식욕과 수면욕은 개체의 생명을 유지시키는 기능을 하며, 성욕은 종족을 보존하는 기능을 한다. 하지만 공격욕은 어떠한가? 대개의 경우 동족을 향해 분출되는 공격욕구는 개체의 생존에도 종족의 보존에도 도움이 되지 않는 것처럼 보인다. 그런 욕구를 과연 본능이라고 부를 수 있을까?

정신분석학자 프로이드 역시 공격욕구라는 본능적 욕구를 놓고 적지 않은 고민을 했다. 본능이란 앞서 말했듯이 개체의 생존 또는 종족의 보존과 관련되는데, 겉보기에 공격욕은 개체의 생존에도, 종족의 보존에도 별로 도움이 되기 않기 때문이다. 따라서 그는 공격욕구를 개체의 생명과 종족 보존을 목적으로 하는 생본능(生本能 eros)과 구별해서 죽음의 본능(死本能 tanatos)이라고 불렀다. 프로이드에 의하면 공격성이란 인간 내부에 있는 죽음의 본능이 외부로 표출되어 타인에게 전가시키려는 노력이다. 이 충동이 내부토 향하게 되면 자신을 학대하고 극단적인 경우에는 자살에까지 이르게 되지만, 밖으로 향하게 되면 외부대상에 대해서 공격적인 행동으로 표출된다는 것이다. 여기서 한 가지 의문이 떠오른다. 본능이란 삶을 목적으로 하는 것인데 죽음 또는 죽임을 목적으로 하는 욕구를 과연 본능이라고 부를 수 있을까?

로렌츠는 이 문제를 탐구하기 위해 온갖 종류의 생물들의 공격적 행동을 연구하였다. 그리고 결국 프로이드가 죽음의 본능이라고 부른 공격욕이 종족 보존을 위해 필요한 욕구라는 가설을 제시하였다. 로렌츠에 따르면 공격욕은 세 가지 면에서 종족의 생명을 지속시키는데 도움이 된다. 첫째, 살 수 있는 환경 전반에 걸쳐 같은 종의 동물이 균형 있게 분포할 수 있도록 해준다. 즉 공격욕으로 말미암아 동족의 동물들은 서로를 견제하게 되며, 싸움을 피하기 위해 서로로부터 도망치게 되고, 그 결과 그 종족이 생존할 수 있는 지역의 범위가 확대됨으로서 전반적으로 그 종족은 생존하기에 유리하게 된다. 둘째, 배우자 선택과정에서 라이벌싸움에 의한 최강자 선택을 통해 그 자손이 번성하는 쪽으로 진화하도록 하게 한다. 다시 말해 강한 수컷의 씨를 받고 태어난 2세는 약한 수컷의 씨를 받고 태어난 2세보다 생존확률이 높기 때문에 동종간에 치열한 배우자쟁탈전이 벌여져야만 하며, 이것을 가능하게 하는 것이 바로 공격성이라는 말이다. 셋째, 공동체에 대한 모든 위협에 대처하여 무리 중 약한 짐승들을 보호하게 한다.(콘라드 로렌츠, 1996, pp.36~65) 이상에서 보았듯이 공격성은 분명 종족의 생존에 유리한 성향이라고 말 할 수 있으며, 그러한 이유에서 공격성은 진화의 과정에서 모든 생물들의 본능으로 자리 잡게 되었을 것이다.

2) 공격성의 강화와 공격성 해소기회의 감소

공격적인 성향은 초식동물보다는 육식동물에게서 보다 강하게 나타난다. 인간 역시 원숭이 생활을 청산하고 땅으로 내려와 수렵생활을 시작한 후부터 신체적으로 더욱 강해지고 심리적으로 더욱 공격적이 되었다.

땅위에 내려온 초기의 인간이 짐승을 추적하던 일은 스포츠가 아니라 죽느냐 사느냐의 문제였다. 뛰어난 사냥꾼이 되기 위해서 인류는 육체적으로 정신적으로 필요한 자질을 갖추어야 했다. 육체적으로는 원숭이 시절에는 나무에 오르고 매달리는 기능이 중요했다면 이제는 빨리 달려가는 능력이 요구되었다. 뒷발로 자세를 유지하면서 긴 다리로 바닥을 차고 달려 짐승을 몰아가는 능력은 절대적으로 필요했다. 짐승을 포획하기 위해서는 민첩하고 뛰어난 단거리 주자인 동시에 지구력을 갖춘 장거리 주자로서의 자질도 요구된다. 또한 짐승을 죽이기 위해서는 뛰어난 조준력이 요구되고 무기를 잡거나 던지는데 적합한 양손의 구조가 필요했다.

정신적 능력에도 변화가 요구되었다. 원숭이 시절 나무에 매달려있는 과일을 따는 단순한 행동과 사냥은 근본적으로 달랐다. 지혜, 작전, 용기가 필요했던 것이다. 짐승을 죽이기 전까지 힘을 적절히 분배하고 집중하는 능력, 궁지에 몰려 필사적으로 덤벼드는 짐승 앞에서 기세가 꺾이지 않는 용기도 필요했다. 이리하여 사냥을 생업으로 삼았던 인류의 조상은 늠름한 근육과 높은 지적 수준, 그리고 용맹성을 갖게 되었다. 종족보존을 위해 형성되어 수렵생활 시기에 사냥활동을 통해 더욱 강화된 인간의 공격적 성향은 수십만 년을 살아오면서 자연스럽게 본능으로 굳어졌던 것이다.

수십만 년 이상을 사냥과 채집을 하면서 살아온 인간은 차츰 짐승을 사냥하러 돌아다니는 것보다 짐승을 잡아다 사육하는 것이, 야생 과일이나 곡식을 찾아다니는 것보다 한 곳에 정착하여 곡식을 재배하는 것이 훨씬 유리하다는 점을 깨달게 되었다. 그리하여 약 1만 년 전 토지에 정착하기 시작한 우리의 조상들은 차츰 착실하고 온순한 농경민으로 변해갔다. 그렇지만 1만년은 수십만 년 동안 몸속에 지녀왔던 습성을 바꾸기에는 지나치게 짧은 시간이었다. 평온하고 단조로운 농경생활은 인류가 수십만 년 동안 몸속에 지녀

왔던 공격적인 본능을 충족시켜줄 수가 없었다. 부족 간에 심심치 않게 이루어지던 전쟁으로도 충분하지 않았다. 짐승을 추적하면서 겪게 되는 모험적인 상황과 흥분감, 위기, 그리고 막바지에 이르러 짐승을 잡아 죽일 때 느끼는 그 절정감이 인간들에겐 여전히 필요했던 것이다.

그 본능을 충족시킬 방법은 매우 간단히 얻어졌다. 사냥을 계속하는 것이었다. 그러나 이 사냥은 수렵생활을 하던 시기에 식량조달을 목적으로 하는 사냥과는 근본적으로 달랐다. 그것의 목적은 생존이 아니라 기분전환이었던 것이다. 국가가 생겨나고 도시화가 진행되면서 사냥행위도 여의치 않게 되었다. 사냥할 공간이 점점 줄어들었기 때문이다. 이에 따라 취미활동으로서 사냥의 흥분을 맛볼 기회도 거의 상실되었다. 이때 고대 로마인이 취한 해결책은 콜로세움이라는 거대한 원형투기장을 건설하여 상실된 사냥의 흥분을 사람들의 손에 되돌아오게 한 것이었다. 세계 각지에서 로마 제국으로 야생 짐승이 보내졌으며, 콜로세움에서는 대대적인 유사사냥행위가 자행되었고, 사람들은 이것을 보고 열광했다. 기원후 1세기경 콜로세움 개장기념으로 하루에 5천 마리의 짐승이 살육되었으며, 그 후 이어진 100일 동안 약 9천 마리의 짐승이 죽었다고 한다.

사냥의 흥분을 되살리기 위한 인류의 노력은 이후에도 계속되었다. 그러한 노력의 결실 가운데 한 가지가 투우이다. 투우 역시 고대 로마에서 인기 있는 볼거리였으며 오늘날에도 여전히 인기를 끌고 있다. 고대의 원형경기장과 비슷한 모습의 필드에서 펼쳐지는 투우는 피를 동반한다는 점에서 사냥의 잔재가 여전히 남아있는 경기이다. 중세의 유럽에서는 고양이를 태워죽이거나 황소를 놀리는 행위를 만들어내기도 하였다.

3) 스포츠의 기원[3)]

문명화과정이 근원적 공격충동의 통제와 억압을 동반한다는 사실은 상식에 속한다. 도덕, 의무, 규율, 법 등과 같은 제도는 많은 부분에서 인간의 공격본능을 억제하고 통제하기 위해 개발되었다. 이 과정에서 인류는 억압된 공격성을 다양한 방식으로 해소할 수 있는 방법, 즉 엘리아스의 표현을 빌자면 "분을 삭이는(let off steam)"방법을 개발하였다. 앞서 언급한 사냥 또는 유사사냥이 그 대표적인 방법이다. 그러나 문명화가 진행되면서 이러한 행위는 대중에게 혐오감을 주었으며 그 대안으로 등장한 것이 스포츠이다. 대부분의 스포츠는 공격적인 동기를 포함한다. 따라서 스포츠의 주요기능은 공격적 충동의 카타르시스적 발산에 있다고 할 수 있다. 스포츠는 한 마디로 해롭지 않은 방식으로 공격성을 발산시키는 간단하고 효과적인 방법인 것이다.

스포츠가 처음으로 출현한 때는 19세기 초기이며, 출현 장소는 영국이다. 엘리아스는 이 점을 그의 논문 "사회학적 문제로서 스포츠의 기원(Die Genese des Sports als soziologisches Problem)"에서 상세하게 다루고 있다. 그가 예를 들고 있는 스포츠는 영국 대검귀족들의 여우사냥이다. 여기서 말하는 여우사냥은 단순히 여우를 잡는다는 의미에서의 사냥행위가 아니다. 여우사냥은 사냥꾼이 자신과 자신의 사냥개에게 수많은 제한을 부과한 형태이다. 사냥은 그 자체로 인간 살육을 대치한다는 점에서 문명화의 산물이라고 할 수 있지만 직접적인 동물살육은 문명화된 사회에서 비난받아 마땅한 행위가 된다. 여우

---

3) 이 내용은 이동연 외(1998)가 쓴 『스포츠, 어떻게 읽을 것인가』에 실린 김종엽의 글 "쿠베르탱 남작의 현대 올림픽 창설"을 참고하여 작성한 것이다.

사냥에서 여우살육은 사냥개의 몫이 되고 여우사냥꾼의 쾌락의 원천은 공격적 충동의 직접적 충족에서 추격행위로 이전된다. 즉 사냥꾼과 사냥꾼, 사냥개와 사냥개, 사냥개와 여우라는 3중 경합구조를 지닌 추격행위는 그 자체로 흥분감과 쾌락의 원천으로 작용한다. 그리고 이러한 흥분감과 쾌락을 극대화 화기 위해 수많은 규칙을 부과하여 여우의 추적을 고의적으로 어렵게 만든다.

여우 사냥은 사냥꾼이 자신과 자신의 사냥개에 수많은 제한을 부과한 형태이다. 우선 여우 사냥에서 사냥꾼은 어떤 무기도 쓰지 않는다. 여우를 죽이는 역할을 맡는 것은 사냥개이다. 이런 사냥개들은 사냥꾼의 외재화된 인격이며, 그렇기 때문에 사냥개들은 고유 명사로 불리고, 사냥꾼과 개 사이에는 감정적인 교류가 존재한다. 이런 여우 사냥에서 사냥 행위는 이제 사냥개로 이전되고, 여우 사냥꾼의 쾌락의 원천은 사냥 행위의 추격 행위와 개가 수행하는 사냥 행위에 대한 관람으로 전환된다. 이를 프로이드식으로 표현하자면, 쾌락의 주요한 원천이 잔인한 충동의 직접적 충족에서 선행 쾌락(fore-pleasure)으로 이동한 것이다. 이 선행쾌락이 쾌락의 주요 원천이 되는 한에서, 이제 그것을 확대하기 위해서 여우를 추격하는 것은 고의적으로 어렵게 구성된다.

이런 스포츠로서의 여우 사냥은 우선 공격성을 순치하는 '문명화 과정'이 인간간의 관계뿐 아니라 동물과의 관계로까지 확장되었다는 것을 의미한다. 대검귀족들에게 동물 사냥은 그 자체가 전쟁기의 인간 살육의 대치물이라는 점에서, 사냥 자체가 문명화 과정의 산물이다.[4] 여우 사냥은 이런 공격성이 더욱 억제된 형태라고 할 수 있다. 이런 과정은 공격성의 순수한 발현을 억압

---

4) 엘리아스의 문명화과정론에 대해서는 N.Elias, The Civilizing Process, vols. 1, 2 (Basil Blackwell, 1982) 참조

하는 과정이라는 점에서 프로이트-베버적인 의미의 억압 과정이라고 할 수 있다. 이런 억압은 물론 고통스러운 것이다. 그리고 스포츠는 바로 이 억압이 야기하는 고통에 대한 창조적 반응이라고 할 수 있다. 그것은 쾌락과 그것의 억압 사이의 새로운 균형을 수립하고자 하는 시도이기 때문이다.

여우 사냥에서 보듯이 스포츠는 동물 살육의 즐거움을 억압하고, 살육 주체를 사냥개로 이전함으로써 생기는 쾌락의 상실을 바로 시간적으로 연장된 동물 추격의 즐거움으로 보충한다. 즉 스포츠는 흥분의 연장을 그 특징으로 하며, 규칙에 따르는 경쟁에서의 승리라는 즐거움을 제공한다. 클라이맥스를 지연하는 흥분의 지속과 더불어 이 흥분을 유지하기 위해서 공정하게 배분된 기회가 제공된다. 왜냐하면 만일 한편이 항상 승리할 수 있는 상태라면 게임은 '뻔한' 것이 되어서 모든 흥미가 사라지기 때문이다.

이런 규칙은 당연히 게임에 새로운 긴장을 부여한다. 규칙 준수가 경기자에게 새로운 자기 통제의 차원을 부여하기 때문이다. 이 경우 자기 통제가 과도하면 승리를 향한 추진력이 상실되며, 자기 통제가 약해지면 쾌락의 기반이 되는 균형이 파괴된다. 또한 이런 과정은 매우 복합적인 쾌락을 형성하는 과정이기도 하다. 여우 사냥의 경우, 경합은 여우 대 사냥개, 사냥개 대 사냥개, 사냥꾼 대 사냥꾼이라는 삼중의 경합 구조를 가진다. 살육의 쾌락이 사라진 공간에 다양한 쾌락이 재등장하는 것이다. 그런 의미에서 스포츠는 문명 과정이 야기하는 억압에 대한 가장 뛰어난 보충물의 하나라고 할 수 있다.[5]

---

5) 현대 사회에서 이런 억압의 보충물의 다른 예로 우리는 영화를 들 수 있다. 영화는 현대 문명이 억압하는 공격성과 성적 욕망을 스포츠와는 다른 논리로 풀어 좋은 양식이라고 할 수 있다.

4) 반론에 대하여

앞에서 설명한 스포츠의 기원을 보는 시각에 대해서 두 가지 이견이 제기될 수 있다. 첫째, 스포츠가 현대의 특수한 산물이라는 것이 타당한 견해인가 하는 비판이 있을 수 있다. 잘 알려져 있듯이 현대 올림픽 이전에 이미 고대 올림픽이 있었으며, 게임을 향한 인간의 충동은 하위징아가 지적하였듯이 인간학적인 것이라고 할 수도 있다. 둘째, 스포츠는 공격성을 통제하는 문명화 과정의 산물이라기보다는 공격성을 분출하는 계기가 아닌가 하는 의문이다.

이런 두 질문에 답하기 위해서는 고대 올림픽과 현대 스포츠의 차이를 살펴보는 것이 적당하다.[6] 메사나의 레온티코스는 5세기 중반의 올림픽 레슬링에서 두 번이나 우승했던 사람인데, 그의 승리는 상대의 손바닥을 부러뜨림으로써 얻어진 것이었다. 고대 올림픽의 경기는 아곤(agon), 즉 쟁투였지 스포츠가 아니었다. 그것에는 심판도, 시간제한도 없었다. 또한 긴장과 균형을 유지하려는 관심도 없었다. 그래서 고대 올림픽의 복싱(말이 복싱이지 고대 올림픽의 복싱은 오늘날의 킥복싱과 유사한 경기였다)에서는 체급 구분도 없었고, 엄지 이외의 손가락만 가죽으로 쌌기 때문에, 얼마든지 손바닥을 펴서 공격할 수 있었다. 그뿐만 아니라 대부분의 선수들이 못 같은 것으로 상대를 공격하기도 했다.

고대의 올림픽은 전사적인 가치를 중심으로 한 것이었으며, 그런 점에서 오늘날 군인의 육박전 훈련과 유사한 것이었다. 따라서 풋워크 같은 것도 없

6) 이하의 내용에 대한 더욱 상세한 고찰은 N.Elias & E.Dunning, Quest for Excitement: Sport and Leisure in the Civilizing Process (Blackwell, 1986), 3장 참조

었고, 백 스텝이나 상대의 주먹을 피하려고 하는 일 자체가 수치스러운 것이었다. 따라서 경기 중에 눈을 다치고 뼈가 부러지는 일이 다반사였으며, 심한 경우에는 쓰러진 상대의 옆구리에 못을 찔러 창자를 끄집어 내 죽이는 일도 있었다. 이에 비하면 오늘날 머리를 때리는 야만적인 경기로 비난받는 현대 복싱은 고도의 공격성 통제와 공정한 규칙에 근거한 긴장-균형의 체계이다. 이런 사실은 현대 스포츠가 고대의 올림픽 경기와는 사뭇 다른 것이며, 고도의 공격성 통제를 기반으로 하는, 현대 특유의 산물이라는 것을 보여 준다.

이상에서 알아보았듯이 현대의 스포츠와 고대의 올림픽경기간의 결정적인 차이는 각종 규제 또는 규칙을 통한 공격충동의 억제에 있다고 할 수 있다. 고대 그리스인들은 경기에서의 승리에만 관심이 있었을 뿐 공격충동의 억제에는 별관심이 없었다. 반면에 근대 스포츠에서는 다양한 규칙제정을 통하여 최대한 공격충동을 억제하려고 시도한다. 한 마디로 스포츠는 합법적인 방식으로 공격충동을 발산하는 카타르시스기제라고 할 수 있다.

2장 올림픽경기의 이해

1 올림픽경기의 기원

학자들에 따라 의견이 분분하지만 신화에 나타난 올림픽의 기원은 대개 4가지 정도로 압축될 수 있다. 첫째는 신들의 왕인 제우스가 그의 아버지 크로노스와 벌인 레슬링 경기에서 승리한 후 이를 축하하는 대회를 만든 것이 올림픽 경기의 시초라는 이야기이다. 둘째는 헤라클레스가 엘리스를 정복한 후 승리를 기념하기 위해 연 행사가 발단이 되어 올림픽이 생겨났다는 이야기이다. 셋째는 펠롭스가 피사의 왕 오이노마이오스와의 전차경주에서 이긴 후 승리를 기념하기 위해 시작한 경기가 올림픽이 되었다는 이야기이며[7], 넷째는

7) 전쟁의 신 아레스(Ares)의 아들인 오이노마오스(Oinomaos)왕은 전차를 모는데 있어서 누구에게도 뒤지지 않는 사람이었다. 그에게는 히포다메이아라는 아름다운 딸이 있었는데 그는 전차경주에서 자기를 이기는 사람에게 딸을 줄 것이며, 패할 경우에는 자신

테베의 헤라클레스가 펠롭스를 위해 개최한 경기가 그 시초라는 설명이다.[8]

기원이야 어찌되었든 고대 그리스에서는 오래 전부터 신들을 위한 제례경기가 있어왔는데 그것은 잦은 전쟁으로 인하여 오랫동안 단절되었다. 결국 전쟁에 지친 엘리스의 왕 이피토스는 신탁을 청하였으며, 다음과 같은 예언을 듣게 된다. "그대들은 조국을 살찌게 하고 전쟁을 일으키지 않을 것이며, 해마다 제전을 개최하여 서로 우정을 두텁게 하라." 이 예언을 중단된 경기를 재개하라는 뜻으로 해석한 이피토스는 스파르타의 왕 리쿠르고스와 신성한 휴전에 대한 조약을 맺기에 이른다. "올림피아는 성지이다. 이 성지에 무력으로 발을 들여놓은 자는 신성을 모독하는 것이며, 신을 배반하는 행위로 간주한다."[9] 이 조약에 따라 피사의 마지막 왕 클레오스테네스와 엘리스의 왕 이피토스는 휴전을 선언하고 축제를 부활시켰다. 최초의 경기는 기원전 776년에 열렸는데 엘리스 출신의 요리사 코로에부스가 200야드 경주에서 우승했

의 손에 죽게 될 것이라고 공언한다. 딸의 미색에 반한 젊은이들이 그에게 도전하였지만 결국 그들은 모두 경주에서 패하여 죽임을 당하게 된다. 오이노마오스왕은 도전자를 먼저 출발시킨 후에 나중에 쫓아가 창으로 경쟁자의 등을 찔러 죽였다. 그의 딸도 이 청년들에게 별다른 관심을 보이지 않았지만 새로운 도전자 펠롭스에게는 각별한 관심을 갖게 된다. 결국 그녀는 아버지의 전차관리인에게 전차바퀴를 헐렁하게 해주면 하룻밤을 같이 자 주겠다고 유혹한다. 경기가 시작된 후 펠롭스의 전차가 먼저 출발하고 한참 후에 오이노마오스왕이 출발하였다. 펠롭스의 전차는 빨랐지만 오이노마오스왕의 전차는 더욱 빨랐다. 펠롭스에게 바짝 다가간 오이노마오스왕이 창을 들어 그를 찌르려는 순간 전차바퀴가 빠지면서 왕은 낙마하고 결국 죽는다. 펠롭스가 경주의 승자가 된 것이다. 결국은 전차 관리인도 증거인멸 차원에서 낭떠러지에 밀어서 죽인다. 이 일이 있은 후에 새 왕은 자기가 다스리는 엘리스(Elis) 지방에 장례경기를 개최하게 된 것이 올림픽의 시초라는 설이다.

8) 이 외에도 시인 호머는 풍요의 신 펠롭스가 기원전 1370년 올림픽을 개최했다는 시를 남겼고, 전쟁 영웅 아킬레스가 기원전 1250년에 트로이전쟁에서 개선한 파트로클레스 장군의 승전을 기리기 위해 올림픽을 열었다는 설도 있다.

9) 파우사니아스는 청동원반에 새겨진 이 조약문이 그것이 만들어진지 천 년 후에 올림피아의 헤라신전에서 온전하게 보존된 상태로 발견되었다고 썼다.

다는 기록이 남아있다. 이때부터 4년을 주기로 열린 올림픽경기는 393년 로마의 황제 테오도시우스에 의해 폐지되기까지 1200년 가까운 세월동안 단 한 차례의 중단도 없이 지속되었다.

2 올림픽경기의 일정

초기에는 경기 종목이 단순했던 관계로 하루 만에 모든 일정이 끝났다. 그러나 종목이 점점 추가되고 참가 인원 및 참가 도시국가의 수가 많아지면서 자연히 행사일정도 길어졌다. 기원전 3세기 말엽이 되자 전체 올림픽 일정은 5~7일간에 걸쳐 진행되었다. 올림픽은 늘 8월로 추정되는 한 여름의 보름날이 전체 프로그램의 한 가운데에 오도록 일정이 짜였으며, 그 대강의 순서는 다음과 같았다.

먼저 경기 참가자들은 각자의 고향에서 9개월 동안 트레이닝을 했다는 것을 증명한 다음, 다시 올림피아에서 약 60킬로미터 떨어진 엘리스(Elis)에서 한 달 동안 진행되는 훈련프로그램에 의무적으로 참여해야만 했다. 이 기간이 끝나면 심판들과 함께 도보로 올림피아까지 갔다. 그곳에 도착 후에는 충분히 휴식을 취한 후 여유를 가지고 또 한 번의 적응훈련 기회를 가졌다.

첫째 날에는 모든 경기 관련자들이 참가한 가운데 일종의 정결예식이 벌어졌는데, 중죄를 범한 자는 경기 참가는 물론이고 참관과 이 지역에서의 체류조차 허락되지 않았다. 예식이 끝난 후 올림픽선서가 이어졌으며, 오후부터는 어린이들의 경기가 시작되었다.

둘째 날 오전에는 전차경기와 경마가 열렸고, 오후에는 5종 경기가 시작되었다. 경기가 끝나면 풍작을 기원하는 제사를 지내는데, 이 때 펠롭스(Pelops)의 화신이라고 믿었던 검은 산양을 제물로 바쳤다. 제사는 펠롭스의 무덤에서 행해졌으며, 다음날 아침 일찍 열리는 제우스제사로 이어졌다. 당시 그리스시간으로 하루의 시작은 저녁이었으므로 이 두 제사는 사실상 같은 날, 즉 셋째 날에 배당이 된 셈이었다.

셋째 날은 주로 보름에 해당하며, 이날은 천상의 제우스에게 100마리의 황소를 제물로 바쳤다. 먼저 축제 분위기 속에서 이 소들을 제우스 선전으로 몰고 간 다음 도살하는데, 도살된 소들의 가장 좋은 부위들을 골라내어 제우스를 위해서 태우고 나머지는 운집한 사람들에게 골고루 나누어주었다. 오후에는 달리기 종목들이 개최되었고, 저녁에는 만찬이 벌어졌다.

넷째 날에는 제례의식 없이 순수하게 경기만 진행되었는데 전날 끝나지 못한 종목을 먼저 시작했고, 다음으로 레슬링, 권투, 격투기 등의 투기 경기를 열었다. 모든 경기의 마지막은 앞서 언급했듯이 창 들고 달리기였다.

다섯째 날에는 승자의 시상식이 열렸는데, 승자들은 올리브 가지로 만든 관을 하사받았으며, 제우스에게 드리는 합동 제사로 모든 행사가 마감되었다.

3 올림픽경기의 종목

고대 올림픽의 경기종목에는 달리기, 권투, 레슬링, 격투기, 전차경기, 창던지기 등이 있었다. 이 중에서 올림픽 경기의 첫 정식 종목은 달리기였다. 달리기 구간의 길이는 당시 그리스의 측정 단위로 600피트, 현대적 미터법으로 환산하면 191.78미터에 해당하는 거리이다. 기록에 의하면 52년 동안 이 한 종목만으로 경기를 진행했다. 기원전 724년 위의 거리를 왕복으로 달리는 경기 디아울로스(Diaulos)가 도입되었고, 이어서 720년에 위의 거리를 7~24번 달리는 장거리경기 돌리코스(Dolichos)가 도입되었다. 708년에는 레슬링과 5종 경기(Pentathlon)가 도입되었는데, 5종 경기는 근대 5종과 마찬가지로 군사훈련을 염두에 둔 경기였다.[10)] 여기에는 투원반, 멀리뛰기, 투창, 달리기, 레슬링이 포함되어 있다. 688년에는 권투, 680년에는 4두 전차경기, 648년에는 경마와 격투기, 632년에는 달리기와 레슬링의 어린이 경기가 도입되었다. 616년에는 어린이 권투, 520년에는 몸에 투구와 갑옷을 입은 채 한 손에는 방패와 다른 손에는 창을 들고 스타디움을 왕복으로 달리는 무장구보(Hoplites), 408년에는 2두 전차경기, 200년에는 어린이 격투기 등이 도입되었다. 명칭에서

---

10) 5종 경기는 고대올림픽의 최고 인기 종목이었다. 단거리달리기, 멀리뛰기, 투장, 투원반, 레슬링 등으로 이루어진 이 경기는 전투에서의 백병전을 상정하고 벌이는 병사들의 훈련 프로그램이었기 때문에 이 경기에서의 우승자는 전 그리스를 통틀어 가장 뛰어난 전사로 칭송되었다. 근대 5종 경기는 쿠베르탱이 20여 년간 연구하여 1912년 스톡홀름대회에서 처음으로 선보였다. 고대 5종 경기의 컨셉이 전투였다면 근대 5종 경기의 컨셉은 메시지 전달이라고 할 수 있다. 위기에 빠진 아군을 구하기 위해 비밀지령을 휴대한 채 적의 포위를 뚫고 나가는 필사의 탈출이 그 줄거리인 것이다. 따라서 승마, 펜싱, 사격, 수영, 3000m 크로스컨트리 등으로 이루어진 근대 5종 경기의 각 종목에는 별도의 독특한 규칙이 있다. 승마에서는 말이 중요한데 말은 추첨을 통해 주최 측이 제공한 말 가운데 아무 말이나 타고 나가야 한다. 여기에는 전쟁 상황에서 모든 조건이 갖춰지기를 기대하는 것은 무리하는 생각이 깔려 있다. 일단 말을 타고 1차 포위망을 빠져나오면 칼을 들고 달려드는 적병과 맞서야 하는 상황이 발생한다. 펜싱에서는 단 한 번의 공격으로 승부가 종료되며, 1분 이내에 유효공격 없으면 양 선수 모두 점수를 받지 못한다. 다음으로 원거리 매복병을 상대하는 사격에서는 10m 밖의 표적을 향해 20발의 공기총을 발사한다. 수영에서는 200m를 무조건 빨리 헤엄치는 것이 최상의 미덕인데, 여기서는 영법에 제한이 없고 바닥에 발이 닿아도 실격이 아니다. 마지막으로 3000m 크로스컨트리에는 적진을 무사히 통과한 후 산과 들을 가로질러 메시지 전달사명을 완수한다는 의미가 깔려 있다. 경기시작 전까지 미공개인 코스는 흙과 잔디길이다. 근대 5종 수상자는 월계관과 함께 반드시 IOC위원장의 포옹을 받게 되어있다. 현재 근대 5종은 퇴출의 기로에 서 있는데 그 이유는 중계방송의 어려움에 있다. 하루에 한 경기씩 5일 걸렸던 경기는 1996년부터 남녀 각 10명만 참가하고 하루에 끝난다.

알 수 있듯이 대부분의 경기는 군사적 성격을 띠고 있었다. 특히 5종경기와 무장구보경기는 이에 대한 대표적인 예라고 할 수 있다. 마라톤이 근대올림픽의 마지막을 장식하고 있다면, 무장구보는 고대올림픽의 마지막을 장식한 종목이었다. 고대올림픽의 경기종목은 처음에는 달리기 하나 뿐이었으나, 시간이 흐르면서 다른 종목들이 추가되었다. 이 중에는 계속 되었던 것도 있었고, 한시적인 것도 있었다.

1) 달리기

고고학자들에 의해 복구된 스타디움의 전체 길이는 212,54미터이고, 순수 달리기코스는 191,78미터, 경기장의 폭은 30,74~31,26미터였다. 단거리 달리기 구간은 동서방향으로 뻗어있었으며, 트랙의 동쪽 편에 출발점이 서쪽에 결승점이 있는데 한 번 달릴 때 최대한 20명까지 뛰었다고 한다. 전체 경기장의 폭이 약 30미터라는 점을 감안하면 1인당 약 1.5미터의 공간이 주어졌던 셈이다. 기원전 724년에 도입된 왕복달리기(Diaulos)에서는 10명씩 달렸는데, 참가자가 많을 때는 제비뽑기를 하여 4인1조씩 예선전을 치렀다. 예선전에서 선발된 선수가 10명이 되면 결승전을 치렀다. 선수들은 자신에게 배정된 트랙의 끝 지점에 세워진 말뚝을 돌아 출발점까지 달려와야 했는데, 트랙의 한쪽에는 심판석이 별도로 마련되어 있었다. 심판의 수는 고정되어 있지 않았으나, 기원전 368년에는 12명의 심판이 참관했다는 기록이 남아있다. 장거리 달리기에서는 몇 명이 한 조가 되어 뛰었는지 기록이 남아있지 않으며, 요즘처럼 트랙을 타원으로 달리는 방식이 아니라 양쪽 끝을 왔다 갔다 하는 경기였다. 선수들은 단거리에서처럼 각자 반환점을 하나씩 배당받지 않고 트랙의 양 끝에 세워진 공동의 말뚝을 돌아서 뛰었다고 한다. 따라서 경기 중에는 밀치고 잡아당기는 소동이 자주 발생했다고 한다.

2) 레슬링

시칠리섬 출신의 그리스인 레온티코스(Leontikos)는 작은 체구의 레슬링선수였다. 기원전 5세기 중엽 올림픽에 참가한 그는 거구의 상대편을 모두 이기고 우승자가 되었다. 그의 승리비결은 자신을 잡는 상대의 손가락을 모조리 부러뜨리는 것이었다. 그래서 그는 손가락절단기라는 별명을 얻기도 했다.

레슬링은 기원전 708년에 올림픽 종목이 되었는데, 이때 대체적인 경기규칙이 생겼다. 초기 경기는 그다지 잔인하지 않았으며 오히려 신사적이었다. 경기 중 신체접촉은 머리부터 발끝까지 모두 허용되었다고 하니, 허리 윗부분에만 공격이 허용되는 현재의 그레꼬로만형 레슬링보다는 오히려 자유형 레슬링에 가까웠을 것이다. 때리기, 조르기, 관절꺾기 등은 금지되었으며 순수한 기술과 힘만이 경기의 승패를 결정짓는 요소였다. 그러나 이러한 금지사항도 시간이 흐르면서 무시되거나 수정되었으며, 어떤 시기에는 공식적으로 허용되기도 하였다. 고고학자들에 따르면 초창기 올림픽에서는 손가락꺾기와 같이 위험한 기술을 시도하는 선수들에게 심판들이 벌로서 매질을 하였으나 레온티스코스의 기록에서 알 수 있듯이 이러한 금기사항은 몇 세기가 지나는 동안 효력을 상실하였다.

경기는 서로 떨어진 채 시작되었으며, 상대를 바닥에 세 번 던지는 사람에게 승리가 주어졌다. 요즘 레슬링에서처럼 넘어져서 계속 뒹굴지 않았다는 말이다. 결승까지 한 번도 넘어지지 않은 사람에게는 올리브관과 함께 '넘어지지 않은 자(aptos)'라는 명예로운 칭호가 주어졌다. 이 외에도 경기장 바깥으로 상대를 집어던지면 요즘 유도에서의 한판승과 같이 승부가 결정되었다. 경기가 점점 위험해 진 것은 기원전 5세기 경 직업선수들이 생겨나면서부터였다. 요즘 같으면 체중에 따라서 상대가 정해지지만 당시에는 어른과 어린이로 나누어서 겨루었다. 몸무게는 문제가 되지 않았기 때문에 일단은 체구가 큰 사람이 유리했다. 따라서 시간이 흐름에 따라 레슬링은 기술보다는 힘을 겨루는 경기가 되었다.

3) 권투

권투가 언제부터 시작되었는지는 알 수 없다. 다만 레슬링과 더불어 가장 오래된 투기 중의 한 종목으로 알려져 있다. 고대 그리스에서는 권투가 널리 보급되어 있었는데 올림픽 경기에 도입된 것은 기원전 688년 개최된 제23회 올림픽 경기에서부터이다. 당시에도 이미 연습도구로서 샌드백이 있었고, 펀칭볼 같은 것도 있었다. 요즘과 다른 점은 체급구분이 없고 경기시간이 정해지지 않았다는 점이다. 경기가 시작되면 상대가 기권하거나 서 있을 수 없을 때까지 계속 진행되었다. 당시 그리스인들은 기권하는 것을 큰 수치로 알았기 때문에 많은 선수들은 죽기를 각오하고 싸웠고, 그로인해 부상자가 속출했다고 한다. 권투선수의 시합도구는 약 10피트 정도 길이의 소가죽으로 만든 줄이었다. 선수들은 이 줄에 기름을 먹인 후 손가락과 주먹에 촘촘히 감았으며, 이것으로 자신의 손가락과 주먹을 보호하였다. 로마인들은 이 줄에 둥근 쇠못을 박아 넣어 경기를 더욱 살벌하게 만들었다. 호머의 일리아스(Ilias)를 읽어 보면 권투경기장면에 대한 상세한 기록을 찾을 수 있다. 아킬레스가 트로이 성이 보이는 곳에서 친구 파트로클로스(Patroklos)의 장례식을 치루면서 예식의 일환으로 권투경기를 열었던 것이다.[11)]

4) 판크라티온(Pankration)

가장 늦게 올림픽 종목으로 채택된 판크라티온은 요즘 유행하고 있는 이종격투기와 비슷한 경기였다. 이 경기에서는 특별한 규칙이 없이 거의 모든 공격이 허용되었다. 이 경기는 기원전 648년(33회 올림픽)에 채택되었고, 소년부경기는 기원전 200년(145회 올림픽)에 시작되었다. 손에 가죽끈을 감는 권투와는 달리 판크라티온 선수들은 대부분 맨손으로 겨루었으나, 때때로 가죽

---

11) 그러자 권투에 있어서는 당할 자가 없다고 하는 파노페우스(Panopeus)의 장사 같은 아들 에페이오스(Epeios)가 일어나서, 상품으로 걸린 노새위에 손을 올려놓으며 대갈일성한다. (패자에게 돌아가는) 이 잔을 받을 사람은 어서 나오너라. 그러나 내가 이 분야에서 이름을 날리는 만큼, 이 노새는 그 누구도 갖지 못한다. 내가 전쟁터에서 공을 세우지 못할지는 모르지만, 과연 그 누가 모든 분야에서 공을 세우겠는가. 따라서 내가 여기에서 말 하노니, 그대로 이루어질 것이다. 나는 내 대적 상대를 때려눕히고 그의 뼈를 분질러 줄 것이다. 장의사는 여기에 그대로 머물러서 내 주먹에 나가떨어지는 사람을 치울 준비를 하게. 그가 이렇게 이야기하자 주위는 조용한데, 언젠가 테베(Thebe)로 와서 오이디푸스(Oidipus)왕의 장례경기에서 모든 대적자를 물리친 탈라오스(Talaos)의 왕 메키스테우스 (Mekisteus)의 아들인 멋진 전사 에우리알로스(Euryalos)가 일어난다. 그러자 용감한 티데우스의 아들이 일어나서 에우리알로스의 용기를 북돋아주고 이길 것을 당부한다. 먼저 그의 허리에 앞가리개를 채워주고, 들소가죽으로 만든, 날카롭게 홈이 파인 끈을 건네준다. 양 선수 모두 앞가리개를 한 채로 한 가운데로 나왔다. 서로 힘껏 주먹을 휘둘러서 치기 시작하자 턱에서는 소름끼치는 소리가 울려왔으며, 온 몸에서 땀이 흘러 내렸다. 그러다가 멋진 에페이오스가 달려들더니 탐색하는 상대의 볼을 위에서부터 내려치자 그는 더 이상 서 있지 못하고 뼈가 부서지면서 무너져 내렸다. 이는 마치 북풍이 몰고 온 소나기에 물고기가 뛰어 올라 바닷가에 떨어졌다가 다시 물속으로 사라지는 것과 같았다. 그렇게 맞은 선수는 그렇게 튀어 올랐었다. 에페이오스가 그를 일으켜 세우자 그를 따르는 친구들이 그를 바깥으로 끌고 나갔다. 그는 한족 발을 거의 끌다시피 하였고 입에서는 피를 토했으며, 그의 머리는 한쪽으로 제껴져 있었다.(일리아스 23장)

끈이 허용된 때도 있었다. 올림피아의 판크라티온 연습장소는 김나지온(Gymnasion)건물의 코리케이온(Korykeion)이었다. 여기에서 선수들은 모래나 곡식으로 채운 샌드백을 때리면서 연습했다고 한다. 시합은 대개 젖은 모래나 진흙위에서 이루어졌다. 기술로는 주먹으로 치기, 던지기, 발차기, 꺾기, 조르기 등이 있었으며, 경기 중에 다치는 사람들이 많았다고 한다. 물기와 눈 찌르기는 금지되었지만 이러한 행위가 허용된 때도 있었는데, 어떤 경우에는 손가락이나 관절 꺾기, 심지어는 귀 찢기까지 있었다고 한다. 이런 이유에서 이 종목은 가장 거친 스포츠로 취급을 받았다. 그러나 한편으로는 그 거칠음으로 인하여 가장 멋진 운동으로 격찬되기도 했다. 당시 사람들의 표현을 빌자면 이 운동은 '사자의 힘과 여우의 지혜'를 필요로 하는 종목이었다. 승부는 다른 투기종목에서와 마찬가지로 회전 구분이 없이 어느 한 편이 더 이상 싸울 수 없을 때까지 계속되었다.

5) 5종 경기(Pentathlon)

근대 5종 경기처럼 점수로 승부를 가리는 것이 아니라 토너먼트방식으로 승부를 가리는 경기였다. 두 명의 선수가 경쟁할 경우에 세 종목에서 우세를 보인 선수가 이기게 된다. 어느 한 편이 첫 세 종목에서 우세를 확보했다면 다음 경기를 치르지 않고도 승자가 되었다. 패한 선수는 다음 회전에 진출하지 못했다. 대부분의 시합은 다섯 종목을 모두 치르기 전에 끝이 났고, 네 번째 종목인 달리기에서도 승부가 나지 않으면 마지막으로 레슬링에서 승부를 가렸다. 각 종목의 경기방식은 다음과 같다.

투원반 경기는 요즘과 변함없이 던진 거리를 재서 승부를 정하는 것이었다. 원반이 떨어진 곳에는 조그마한 말뚝을 박아서 표시를 해두었다. 원반의 재질은 고전 그리스시대를 지나면서 주로 청동이 쓰였는데, 이의 크기와 무게는 시대마다 그리고 지역마다 크게 차이가 있다. 그동안 발굴된 유물들을 보면 대체로 크기는 17~34cm, 두께는 5~17mm, 무게는 1.3~6.6kg이다. 던지는 기술은 요즘과 큰 차이가 없었을 것으로 추정되지만, 학자들에 따라 견해 차이가 있다. 요아힘 에버트(Joachim Ebert)는 고대의 투척 기술에는 현재 쓰이는 기술처럼 온몸을 여러 번 회전시켜서 그 회전력을 이용하는 방식이 아닌 그저 상체를 굽힌 채로 몸을 앞뒤로 흔들면서 원반을 몸의 반동에 실어서 던지는 기술을 택했을 것이라고 주장했다. 그는 그 근거로서 많은 그림에 나타난 투원반자세를 제시한 바 있다. 그러나 호머의 서사시 오디세이 8장에 보면 "몸을 소용돌이치듯이" 던졌다는 표현이 나오는데, 여기서 "소용돌이치듯이"라는 표현에는 '몸을 팽이 돌리듯이 빙빙 돌려서'라는 의미가 내포되어있다. 이로 미루어볼 때 요즘의 투원반 기술과 유사했으리라는 점도 배제할 수 없다. 한편 이탈리아남부의 그리스 식민도시 크로톤(Kroton) 출신의 파일로스(Phayllos)는 기원전 500년경에 약 95피트(Delphi feet)를 던졌다고 기록되어 있는데, 요즘의 거리로 환산하면 대략 28.12m가 나온다. 그러나 그가 던진 원반의 무게를 알지 못하기 때문에 현대 선수들의 기량과 비교할 수 없다.

두 번째 종목인 멀리뛰기는 고대 그리스에서 유일하게 알려진 도약 경기이다. 간간이 연습시간에 선수들이 높이뛰기를 했다는 기록은 있으나, 경기로서 행해진 것에는 멀리뛰기 외에는 없다. 고대 그리스의 멀리뛰기는 현대의 멀리뛰기와는 많이 다르다. 우선 당시에는 도움닫기 멀리뛰기가 아니라 제자리 멀리뛰기였으며, 항상 할테레스(halteres)라는 무게추를 손에 들고 뛰었다는 점이 요즘과 아주 다르다. 이 멀리뛰기는 독자 경기로서는 행해지지 않았으며 5종 경기의 일부로만 치러졌고, 시합 진행시에는 옆에서 누군가가 피리를 불었다. 무게추는 대부분이 납으로 만들어졌으며, 그 외에도 돌과 다른 쇠붙이 등이 사용되기도 하였으며, 그 크기와 무게는 일정하지 않았다. 발견된 무게추들의 길이는 12~29cm, 무게는 약1~4.5kg이었고, 선수들이 자신의 신체에 맞게끔 스스로 무게를 선택할 수 있었다. 언뜻 생각하기에 이 무게추는 멀리 뛰는데 장애가 될 것 같은데, 오히려 도움이 되었다고 한다. 팔을 앞뒤로 흔들다가 땅을 박차는 순간에 무게추를 든 두 팔을 앞으로 뻗어서 추진력을 이용했으며, 착지하는 순간에는 팔을 뒤로 흔들어 그 반동을 이용한 것으로 추정된다. 경기방식에 대해서는 논란이 여지가 많다. 혹자는 그것이 단일도약이라고 하고 어떤 이는 삼중 도약이라고 말하기도 했다. 고대의 멀리뛰기 기록은 현재까지 확인된 바로는 두 개만 남아있을 뿐이다. 스파르트타 출신의 키오노스(Chionos)는 52올림픽피트(Olympic feet)를 뛰었다고 기록되어 있고, 크로톤(Kroton) 출신의 파일로스(Phayllos)는 55솔론피트(Solon feet)[12)]를 뛰었다고 되어있다. 이는 각각 16.66미터와 16.28미터에 해당하는 거리인데, 오늘날의 삼단뛰기 거리와 비슷하기 때문에 고대의 멀리뛰기는 삼단뛰기였을 것이라고 짐작했다. 1896년에 첫 근대올림픽에서 삼단뛰기가 도입된 것도 이러한 생각에서였다. 그러나 이 추측은 근거가 없는 것으로 드러났는데, 먼저 어느 그림에서도 삼단뛰기 형태의 운동시합이 보이지 않고 있으며, 양손에 평균 2.5kg의 무게를 들고 이렇게 뛸 수가 없다는 것이 전문가들의 견해였다. 일단은 도움닫기 달리기를 제대로 할 수가 없을 뿐 아니라, 16미터를 뛴다는 것은 거의 불가능한 일이기 때문이다. 1970년대에 들어서야 이에 대한 의문이

12) 아테네의 정치가 솔론이 그의 개혁정치를 실시하면서 도량형을 새로 반포한 것.

풀렸다. 스포츠사학자들과 고고학자들이 여러 문헌을 분석한 후 다음과 같은 결론은 내렸다. 당시의 멀리뛰기는 출발선에서 여러 번을 계속해서 뛰돼, 매번마다 정지시간이 있었다. 이렇게 다섯 차례를 뛴 후에 전체 거리를 합산한 거리가 기록이었다는 것이다. 이 거리는 1900년, 1904년 그리고 1908년에 제자리멀리뛰기 종목에서 3연승을 한 미국인 유리의 기록(각 3.21m, 3.45m, 3.33m)에서도 그 근거를 찾을 수 있다. 이것을 다섯 번 더하면 키오노스와 파일로스의 기록과 대략 비슷한 수치가 나온다. 투창과 투원반에서도 다섯 번의 기회가 주어졌다고 하는데 이로 미루어 멀리뛰기 역시 다섯 차례 뛰었을 것으로 추정된다.

5종 경기의 세 번째 시합인 투창은 사냥이나 전쟁의 흔적이 가장 강하게 남아있는 종목이다. 그러나 이 시합은 실전과는 판이하게 달랐다. 우선 창이 실전용보다 가늘고 짧았으며 가벼웠는데, 그 이유는 이들의 목표가 꿰뚫기보다는 멀리 던지는 것이었기 때문이다. 창의 크기는 일정하지 않았으나, 어른 키보다 큰 경우는 거의 없었다. 시합에서 측정되었던 것은 창이 날아간 거리였으며, 던질 때와 그 직후에는 그어진 선을 넘지 말아야 했다. 선수들은 창자루의 중간에 가죽줄을 감아서 사용했다. 창을 던지면 줄이 풀려서, 소총자루 속에 파여 있는 나선형 홈과 같은 효과를 낸다. 그 때문에 창이 회전하게 되며, 더 안정되게 날아간다. 현대의 실험에서도 그런 가죽줄을 사용하면 목표 지점을 맞출 가능성이 더 커진다는 것이 입증되었지만 거리 면에서는 거의 아무런 영향을 주지 못했다. 당시 사람들은 일반적으로 기록에는 별 관심이 없었던 것으로 보인다. 따라서 창던지기 기록이 전혀 남아있지 않다.

네 번째 시합인 달리기에 대해서는 이미 앞에서 설명하였다. 그러나 여러 달리기 중에서 어떤 종목으로 승부를 냈는지는 명확하지 않다. 추측컨대 창을 들고 뛰는 무장구보는 아닌 듯하고 단거리와 중거리의 종목에서 행해졌을 가능성이 크다.

달리기로도 승부가 가려지지 않으면 마지막으로 레슬링 경기를 하게 된다. 레슬링도 앞에서 다루었는데, 오종경기의 레슬링은 단일종목으로서의 레슬링과는 성격이 다른 것으로 짐작된다. 단일종목 레슬링에서는 체급 구분이 없었던 관계로 시간이 지나면서 무거운 사람들이 승리를 거둔 반면에, 5종 경기의 레슬링은 모든 육상종목을 골고루 연습한 비교적 날쌘 사람들이 하였기 때문에 경기가 박진감 있었을 것으로 추측된다.

6) 전차 경기

말달리기 경기에는 4두 전차 경기, 2두 전차 경기, 성장한 말 타고 달리기, 망아지 타고 달리기 등 모두 네 종류가 있었다. 이 중에서 가장 오래된 경기는 2두 전차 경기이다. 2두 전차 경기는 25회 올림픽(기원전 680년)부터, 4두 전차 경기는 33회 올림픽(기원전 648년)부터 시작되었다. 이 경기에는 말을 기를 수 있고 전차를 소유할 수 있는 부유층만이 참가하였으며, 기수는 주로 하인들이 담당하였다. 그러나 주인이 직접 모는 경우도 있었다. 때로는 한 주인이 여러 전차를 출전시키기도 하였으며 우승을 하면 전차 주인이 모든 영광을 차지하였다. 여성도 부유하면 자기 소유의 전차를 출전시킬 수 있었다. 여성이 올림픽에 참가할 수 있는 유일한 경기였다.

전차 경기가 올림픽이 시작된 지 약 100년이나 지난 후에야 도입된 데는 특별한 이유가 있다. 대부분 산악지대인 그리스는 지형상 기병이 활약하기에 어려웠기 때문에 주력부대는 보병이었다. 말이 있어도 탈 수 없는 곳이 많았다. 따라서 말은 사람들의 생활도구라기 보다는 왕족이나 귀족의 부를 상징하는 수단이었다. 전차 경기도 부유계층사람들이 그들의 부를 과시하기 위한 수단으로 행해졌다. 바로 이 점 때문에 올림픽 행사가 도입되고도 100년이 지난 후에야 이 시합을 치를 수가 있었다. 이 점을 조금 더 자세하게 알아보자.

그리스 각지에서 올림픽 행사가 열리는 올림피아까지 말과 마차를 운반하는 일은 결코 쉽지 않았다. 산을 넘고 바다를 건너 이곳에 당도하려면 막대한 비용이 드는 것은 물론이고 위험부담도 컸다. 당시에는 모든 도시국가들이 전쟁 상황에 있었기 때문이다. 학자들은 이러한 위험요소가 사라지는데 100년 정도가 걸렸을 것으로 추측한다. 즉 올림픽이 열리는 기간 중에 휴전을 하는 새로운 관습이 정착되는 데는 약 100년 정도가 걸렸다는 말이다.

전차경기에 대한 상세한 기록은 호머의 서사시 일리아스에 잘 나타나 있다. 벤허라는 영화에서도 전차 경기의 스펙타클을 볼 수 있다. 전차를 모는 일은 고도의 기술을 요구하는 것이었다. 하나의 기둥으로 이루어진 반환점을 돌 때 특히 고도의 기술과 균형 감각이 요구되었다. 적지 않은 전차가 경기 중에 서로 충돌하여 파손되었고 기수는 부상을 당했다.

4 근대 올림픽경기

1) 올림픽경기의 종말

올림픽 경기는 제우스를 찬미하기 위한 종교 행사로서 시작되었다. 그러나 시간이 흐름에 따라 전통 종교에 대한 믿음은 흐려지고 경기에서도 종교적인 의미가 퇴색하였다. 운동선수들은 점차 승리를 제우스 덕분이 아니라 자신의 공으로 돌렸다. 경기가 상업화되면서 승리에 집착하는 경향이 강하게 나타났으며 부정한 방법으로 승리를 얻으려는 풍조가 생겨났다. 로마시대에 접어들면서 이러한 경향은 더욱 강화되었다. 올림픽 경기의 주최국인 그리스가 주체성을 상실하였으며 로마의 정치인들은 올림픽을 정치적으로 이용하였고 돈벌이 수단으로 만들었다.

393년 최초의 그리스도교도 황제인 테오도시우스(Thedosius) 1세가 모든 이교도 숭배를 금지하면서 이 행사도 종말을 맞게 되었다. 혹자는 대략 426년에 제우스 신전이 소실될 때까지 경기가 계속 열렸다고 한다. 이 화재는 테오도시우스 2세가 내린 포고령, 즉 동부 지중해에 있는 모든 이교도의 신전을 무너뜨리라는 명령에 의해 일어난 것으로 추정된다. 그 후 수 세기 동안 이어진 외부세력(비시고트족, 아바르족, 반달족, 슬라브족 등)의 침략과 지진, 홍수 등의 자연재해로 이 지역은 폐허로 변해버렸고, 올림피아 일대는 진흙 속에 묻혀버렸다.

2) 올림픽경기의 부활

올림픽 경기가 중단된 후 1,500여년이 경과한 19세기에 프랑스인 피에르 데 쿠베르탱(Pierre de Coubertin, 1863~1937)이 이에 대한 관심을 가지고 부활을 위해 노력했다. 프랑스 귀족 출신인 쿠베르탱은 젊은 시절 장교가 되고자 생시르 군사학교에 입교한 적이 있었다. 훌륭한 군인이 되기를 희망했던 그는 학교에서 오로지 독일에 대한 적개심과 보복만을 강조하는데 실망하여 군인의 길을 포기한다. 당시 프랑스는 보불전쟁에서 참패하고 굴욕적인 항복을 하였던 경험 때문에 독일과의 화해를 모색하기 보다는 오로지 독일 타도를 지상과업으로 삼고 있었다. 이러한 독일-프랑스간의 골 깊은 감정은 제1차 세계대전의 원인이 되기도 하였다.

쿠베르탱은 이후 영국의 공립학교 교육에서 스포츠가 중추적인 역할을 한다는 사실에 공감한 후 자국 교육부장관에게 스포츠의 교육적 중요성을 건의하였고, 1887년 올림피아 발굴을 계기로 올림픽경기부활운동을 시작하여 1894년 국제올림픽위원회(IOC: International Olympic Committee)를 창설한다. 특히, 그는 고대 올림픽 기간 중 폴리스들이 전쟁을 중지 하였다는데 감명 받아 전운이 감돌던 당시 세계정세에 이만큼 평화에 기여할 수 있는 수단이 없다고 생각하고, 전쟁이 발발하더라도 이 기간만큼은 온 인류가 무기를 손에서 내려놓기를 소망하였다.

쿠베르탱의 끊임없는 노력에 의해 1894년 6월 23일 파리의 소르본느대학(Universite de Sorbonne)에서 열린 국제스포츠대회에서 올림픽의 부활이 제의되었다. 국제올림픽위원회의 초기 위원들은 1500년 만에 부활한 이 대회의 초대 개최지를 쿠베르탱의 고향인 파리로 해야 한다고 주장하였다. 그러나 쿠베르탱은 그리스의 고도 아테네를 강력하게 추천하였다. 그 이유는 아테네가 고대 올림픽의 중심지이기도 하였지만 당시는 물론이고 현재까지도 이 지역이 인종적, 민족적, 이념적, 종교적으로 복잡하게 얽혀있어 충돌이 끊이지 않던 세계의 화약고인 발칸반도에 위치하고 있었기 때문이다. 그는 부활한 평화의 제전을 바로 이곳에서 여는 것이 세계인에게 평화의 공감대를 얻을 수 있을 것이라 판단하였다.

결국 1896년 그리스의 수도 아테네에서 제 1회 올림픽 대회를 개최하기로 결정하였으며, 대회 주관은 15명의 위원으로 구성된 국제올림픽위원회가 맡기로 하였다. 이렇게 하여 올림픽은 부활되었으며, 근대 올림픽이 창설된 6월 23일을 올림픽의 날로 제정하였다. 제1회 올림픽 대회는 1896년 그리스 아테네에서 13개국이 참가한 가운데 성공적으로 치러졌다.

3) 근대 올림픽경기의 정신

쿠베르탱은 심신의 건전한 육성과 공명정대한 스포츠맨십의 육성을 중요시하였다. 그는 물질주의를 부정하는 아마추어 정신을 높게 평가하였으며, 스포츠는 즐거움을 바탕으로 한 유희라는 점을 강조했고, 올림픽 운동에 의해 국제친선과 인류평화가 실현될 것을 기대하였다. 그가 내세운 올림픽 경기의 이상은 다음과 같은 다섯 가지로 요약될 수 있다. 첫째, 신체단련과 경쟁적 스포츠는 청소년을 건강하게 발달시킬 뿐만 아니라 성격 도야를 통해서 보다 훌륭하고, 행복한 시민을 형성한다는 사실에 주목해야 한다. 둘째, 공정과 훌륭한 스포츠맨십의 원칙을 보여 주어야 한다. 이러한 운동정신이 사회 각 방면에 널리 활용된다면 반드시 커다란 이익을 가져다 줄 것이며, 사회적으로도 많은 공헌을 할 것으로 생각한다. 셋째, 각종 문화의 전시와 공개 연기로 예술에 대한 흥미를 높임으로써 보다 넓고 원만한 생활에 기여하도록 한다. 넷째, 스포츠는 재미있고 즐거운 유희이며 돈을 벌기 위한 것이 아니라는 것을 가르쳐야 한다. 그리고 친밀하게 대화함으로써 보상은 그것만을 목표로 할 것이며, 기타의 것을 목적으로 하지 않아야 한다. 이것이 바로 물질주의 철학과 전혀 다른 아마추어 철학이란 것을 가르쳐야 한다. 다섯째, 국제적 친선과 선의를 창조함으로써 보다 행복하고, 평화로운 세계를 실현하도록 해야 한다.

이상과 같은 올림픽 경기의 이상을 바탕으로 다음과 같은 올림픽 정신이 만들어졌다. "올림픽 경기에서 가장 중요한 것은 승리하는 것이 아니라 참가하는 것이다. 왜냐하면 인생에 있어서 중요한 것은 정복하는 것이 아니며 훌륭하게 잘 싸우는 것이기 때문이다."[13)]

근대 올림픽 경기에는 선서, 깃발, 표어, 성화 등과 같은 전통이 수립되어 있다. 이에 대해 간략하게 소개하겠다.

선서는 쿠베르탱이 올림픽의 부활과 함께 제안했고, 쿠베르탱에 의해 작성되었으며, 올림픽 개회식에서 모든 선수를 대표하는 주최국 선수에 의해 선언되어 진다. 선수 선서는 1920년 제 7회 앤트워프(Antwerp) 대회 때 IOC가 채택하였으며, 그 내용은 '나는 올림픽 대회에 관한 규칙을 존중하고 이를 준수하면서 스포츠의 영광과 팀의 명예를 위하여 진정한 스포츠맨십의 정신으로 대회에 참가한 모든 선수의 이름으로 서약합니다.'이다. 1968년부터 선수와 함께 심판과 임원들도 선서를 하고 있다.

올림픽을 상징하는 오륜기는 전 세계 5개 대륙을 의미한다. 올림픽기를 처음 고안한 사람은 쿠베르탱으로서 1914년 올림픽경기 창립 24주년 기념식 전 프랑스 파리에서 처음 공개되어 IOC가 이를 채택하였다. 오륜기의 최초 사용은 1920년 벨기에 앤트워프의 제 7회 올림픽 대회 때였다.

올림픽 표어는 Citius(보다 빠르게), Altius(보다 높게), Fortius(보다 힘차게)라는 라틴어로서 본래 쿠베르탱 남작의 친구인 프랑스의 헨리 디동 신부가 고등학교 교장으로 있을 때 럭비 선수들에게 스포츠정신을 고취시키기 위해 지은 강령에서 따왔다고 한다. 쿠베르탱의 비서였던 영국인 하다씨가 올림픽

---

13) The most important thing in the Olympic Games is not to win but to take part just as the most important thing is life in not the triumph but the struggle. The essential thing is not to have fought well.

표지 밑에 이것을 새겨 놓은 것이 계기가 되었는데, 1926년 IOC 총회에서 공인을 받아 올림픽 표어로 제정되었다.

현재 올림픽경기의 성화는 그리스 올림피아에서 엄숙한 의식을 거쳐 태양빛으로 점화된 뒤 개최도시까지 릴레이 형식으로 봉송되고 있다. 여기에는 고대와 근대 올림픽의 연결이라는 상징적 의미가 담겨있다. 성화의 첫 등장은 1928년 제 9회 암스테르담 대회이고, 독일인 IOC위원 테오도레 레발트가 고안하였다. 1936년 제 11회 베를린대회 때부터 행사의 한 부분이 되었고, 1952년 제 15회 헬싱키 대회 때는 비행기로 운반되기도 하였으며, 1964년 제 18회 동경 대회 때에는 그리스로부터 동경까지 약 26,000km를 10만이 넘는 주자들에 의해 성화가 운반되었다. 1972년 제 21회 몬트리올 대회 때에는 처음으로 남녀 선수가 나란히 성화를 잡고 점화하는 형식을 취하였다.

5 마라톤의 유래

BC 490년 페르시아군 이만오천명이 그리스 침공을 위해 배를 타고 아테네와 에레트리아(Eretria)로 향했고, 이 소식을 접한 아테네인들은 스파르타에 원군을 요청하기로 결정했다. 그러나 스파르타군은 종교의식을 이유로 6일 후에나 출동이 가능하다는 소식을 보내왔다. 대책을 고민하던 아테네인들은 밀티아데스(Miltiades)의 제안을 받아들여 성곽 안에서 수동적으로 대처할 것이 아니라 출동하여 들판에서 밀려오는 적과 맞서 싸우기로 결정한다. 9월의 어느 새벽녘에 마라톤벌판에서 페르시아대군과 격돌한 그리스군은 수적 열세에도 불구하고 동맹도시 플라타이아이(Plataiai)가 보내준 원군에 힘입어 대승을 거둔다. 이 전투에서 페르시아군은 6500명 정도의 병력을 잃었고, 아테네는 192명의 군인을 잃었다. 전투가 끝난 직후 밀티아데스장군은 페이디피데스(Pheidippides)라는 군인을 40킬로미터 떨어진 아테네로 보냈고, 이 병사는 단숨에 들판을 달려가 "Nenikekamen!"(우리가 이겼다)이라는 말을 남기고 절명하였다.

이상이 우리가 알고 있는 마라톤의 기원이다. 기원전 490년에 마라톤벌판에서 소수의 그리스연합군과 페르시아대군이 격돌하였고, 이 전투에서 예상을 뒤엎고 그리스연합군이 대승을 거둔 것까지는 역사적 사실이다. 그러나 그 다음 이야기, 즉 밀티아데스장군이 페이디피데스를 도보로 40km 떨어진 아테네로 보냈다는 이야기는 꾸며냈을 가능성이 크다.

이 영웅적인 이야기는 마라톤전투가 끝나고 560년이 지난 후에 플루타르크에 의해 작성된 역사서에 처음으로 등장하는데 그것을 뒷받침할 만한 자료가 전혀 제시되어 있지 않다는 점에서 그 사실성이 의심된다. 또한 당시 그리스군의 주력부대는 비록 보병이었지만, 당시 기마병도 분명히 존재했었기 때문에 이런 급보를 전하는데 기마병이 아닌 보병을 보냈다는 점 역시 이해되지 않는 대목이다.

이런 전설이 퍼지게 된 데는 18세기 유럽의 낭만주의가 한 몫을 했다는 주장도 있다. 400년 가까이 지속된 오스만-투르크의 지배에서 벗어나려는 그리스, 그리고 그리스의 저항세력을 도와 터키의 세력을 약화시키려는 유럽 국가들에게 이런 마라톤전설은 매우 매력적으로 비춰졌을 것이다. 이 대회를 주창한 사람은 프랑스의 그리스전문고고학자이며 신학자였던 미쉘 브레알(Michel Breal)이었다. 쿠베르탱(Coubertin)의 절친한 친구이기도 했던 그는 이 언덕에 서서 당시의 일을 상상해본 후 감격에 겨운 나머지 쿠베르탱에게 이

코스를 달리는 경기를 제안하였다. 결국 쿠베르탱은 이 제안을 받아들여 1896년 4월 10일에 역사적인 마라톤경기를 시작하였다. 이 경기는 2386년 전에 있었던 그리스연합군의 승전을 축하함과 동시에 당시 숨을 거두었다고 믿었던 그리스병사를 추모하기 위한 것이었다. 이라크와 이란 사람들은 마라톤을 하지 않는다. 그 지역의 날씨가 덥고 습하여 달리기에 적합하지 않은 측면이 있지만 페르시아제국의 역사적 법통을 계승했다는 인식을 갖고 있는 국가들이기에 패전의 기억을 되살리고 싶어 하지 않는 심리도 작용했을 것이다.

초기 마라톤대회 참가자들은 대부분 그리스인이었다. 제 1회 마라톤대회가 열리던 당시 주경기장에는 약 7만의 관중이 모였던 것으로 전해진다. 어느 순간 호주사람 플랙(Flack)이 선두라는 근거 없는 소문이 전해지자 관중들 사이에는 실망의 빛과 함께 무거운 침묵이 돌았다. 그러나 잠시 후 4시간가량을 말을 탄 채로 마라톤경기를 참관하던 전령이 경기장으로 들어와 국왕에게 그리스인 루이스(Spyridon Louis)가 선두라고 알리자 관중들은 환호하기 시작했다. 잠시 후 경기장으로 진입한 루이스는 다소 지쳐있었지만 기진맥진 하지는 않았다. 왕자 둘이서 그에게로 달려가 양 옆에서 나란히 뛰어 국왕 앞을 지나면서 고개를 가볍게 숙이며 인사를 하자, 국왕은 기립하여 첫 마라톤 우승자에게 경의를 표했다고 한다. 23세의 이 청년이 양치기라는 말도 있고, 우편배달부 또는 귀한 집 아들이라는 소문도 있다. 그러나 실제로는 옹기에 물을 담아 아테네의 각 가정에 배달해주는 물장수였다. 당시 IOC는 그에게 염소 한 마리를 선물했고, 왕은 말과 마차를 하사했으며, 국가는 연금을 약속했다. 그의 고향마을에서도 땅을 1 에이커 제공해주었으며, 이발사 한 사람과 구두닦이 한 사람은 그에게 평생 무료로 면도와 구두 손질을 해주겠다고 약속했다.

3장 근대 유럽체육의 이해

1 서론

체육은 오늘날 교육의 한 분야로 자명하게 인식되고 있다. 초등학교, 중학교, 고등학교, 심지어는 대학교에서까지 체육교과를 개설하여 학생들에게 제공하고 있다. 학교는 교육의 주무기관이기 때문에 이곳에서 제공하는 모든 교과목은 피교육자의 교육에 나름대로의 기여를 하고 있다고 간주된다. 체육 역시 교육기관에서 제공하는 교과목의 하나이기 때문에 분명 인간의 교육에 일조한다고 말 할 수 있다.

오늘날 교육기관에서 체육이 차지하고 있는 자명한 위상은 불과 백여 년 전까지만 해도 그다지 자명한 현상이 아니었다. 조선시대의 대표적인 교육기관인 서당에서 체육이라는 과목은 없었다. 서양 중세시대의 대표적 교육기관인 수도원에서도 체육을 가르치지는 않았다. 그렇다면 언제부터 체육이 하나의 교과로서 공식적으로 인정받게 되었을까?

체육이 교육기관의 공식적 교과목으로 정착될 수 있었던 것은 전적으로 근대 유럽인들의 노력에 의해서이다. 그들의 노력이 없었다면 여전히 체육이라는 교과는 학교에서 생소한 분야로 남아있었을지도 모른다. 그렇다면 어떤 이유에서 근대 유럽인들은 체육에 관심을 기울였고, 급기야는 그것을 인간교육의 필수 요인으로 정착시켰으며, 그 과정에서 어떤 어려움이 있었을까? 먼저 근대 유럽 체육이 의미하는 바를 분명하게 규정하고 이 물음에 답을 찾도록 하자.

근대 유럽 체육이란 한 마디로 근대라는 시대에 유럽이라는 지역에서 행해진 체육을 말한다. 그렇다면 언제부터 언제까지를 근대로 보아야 할까? 이러한 의문은 우리를 시대구분의 문제로 이끌어간다.

서양 역사학에서 시대는 다양한 방식으로 구분되어왔다. 헤시오도스(Hesiodos: B.C. 700년경에 활동한 고대 그리스의 시인)는 인간의 시대를 금의 시대, 은의 시대, 철의 시대로 삼분하였다. 이러한 시대구분에는 역사가 퇴보한다는 사관이 전제되어 있다. 금에 비유할 수 있는 먼 과거, 은에 비유할 수 있는 과거, 그리고 철에 비유할 수 있는 현재로 역사를 분류하는 방식은 고대 중국에서도 찾아 볼 수 있다. 고대 중국인들은 늘 과거 시대, 과거 왕들의 치적을 이야기하며 현재의 타락을 비판하였다. 공자의 논어에서 이러한 관점을 찾아 볼 수 있다. 한편 기독교에서는 예수의 탄생을 기점으로 하여 예수 탄생 이전인 기원전(Before of Christ)과 이후인 기원후(Anno Domini: in the year of our Lord)로 이분하고 있다. 르네상스 초기에 활동했던 역사가 빈도(Bindo, 1388~1463)는 역사를 고대와 중세로 이분하였으며, 세라리우스(Cellarius, 1634~1717)는 오늘날 가장 많이 사용하고 있는 고대, 중세, 근대의 삼분법을 이용하여 역사를 시대 구분하였다.

그렇다면 근대 유럽 체육이란 중세이후 유럽의 체육을 말하는 것일까? 물론 그렇게 볼 수도 있다. 이러한 시대구분에 따라 스포츠의 역사를 논하고 있는 대표적인 인물로서 알랜 거트만(Allen Guttmann)을 들 수 있다. 그는 시대를 선사시대와 역사시대로 구분하고, 역사시대를 다시 고대(그리스와 로마시대), 중세, 근대로 삼분하였다. 거트만의 시대구분에 따른다면 근대 유럽 체육은 중세 이후 유럽에서 전개되어온 체육을 말하는 것이 된다. 그러나 여기서는 거트만의 입장을 수용할 수 없다. 보편사와 특수사는 반드시 동일하게 전개되지는 않기 때문이다. 거트만의 근대는 보편사적 근대 또는 광의의 근대라고 말할 수 있다. 특수사에는 보편사와는 다른 또 하나의 근대가 존재한다. 근대 유럽 체육에서 근대가 지칭하는 시기는 바로 아래의 도표에 나타난 근대, 좁은 의미에서의 근대라고 할 수 있다.

광의의 근대(14C부터 현재까지)				
르네상스시대 (14~15C)	종교개혁기 (15~16C)	계몽주의시대 (16~18C)	근대(협의) (18C말~1945)	현대 (1945~현재)

2 근대유럽체육의 전개

1) 근대유럽체육의 출현배경

근대에 유럽에서 체육은 주로 독일을 중심으로 전개되었다. 먼저 근대 유럽 체육의 출현배경을 개인적 관점과 사회적 관점으로 나누어 살펴보겠다.

(1) 체육의 출현에 대한 개인적 요청

유럽의 중세사회는 대개 교회를 중심으로 한 소규모 생활공동체들로 이루어져 있었으며, 교회와 교회에서 제공하는 교리는 중세 사람들이 어떻게 살아야하는지에 대한 확실한 규범을 제공해 주었다. 신의 피조물로서 인간은 내가(인간이) 누구이며, 어떻게 살아야 되는지 스스로 자문할 필요가 없었다. 자신의 존재규정 및 행위설정과 관련하여 단지 자신을 창조해 낸 신의 의도와 목적을 알려고 노력하는 자세만이 필요할 뿐이었다. 이러한 시도를 이론적으로 체계화시킨 것을 우리는 신학이라고 부른다. 신학은 중세 유럽인의 실천적 원리였을 뿐만 아니라 중세 유럽사회를 유지시켜주는 사상적 지주이기도 하였다.

르네상스 이후 중세 신학이 몰락하면서 유럽사회는 큰 혼란에 빠진다. Martin Buber는 중세 신학의 몰락을 기점으로 인간의 역사를 "주거의 시대"와 "주거부정의 시대"로 양분하고 있다. "주거의 시대에 인간은 마치 집속에 거주하듯이 세계 내에서 살아왔다. 그러나 주거부정의 시대에 인간은 마치 지붕도 벽도 없는 낯선 벌판에 서 있듯이 세계 내에서 살아가고 있다. 주거의 시대에 인간학적 물음은 세계론적 물음의 일부였다. 그러나 주거부정의 시대에 들어서면서 인간학적 물음은 점차로 심도 있게 제기되었으며, 종국에는 독자적인 분야를 형성하기에 이른다. … 인간의 역사에 있어 인간 자신에 관한 물음이 진지하고 심도 있게 제기되었던 시기는 대개 인간이 낯설고, 피하기 힘든 외로운 기분을 느꼈을 때였다."[14)]

---

14) M.Buber, Das Problem des Menschen. In: 『Werke. Erster Band. Schriften zur Philosophie』. München/Heidelberg 1962, 352쪽

삶의 이정표였던 중세신학이 붕괴된 이후 방황하던 유럽인들은 결국 신이 아닌 자기 자신에 의존하는 사상을 발전시키게 된다. 소위 시민철학의 시대가 시작된 것이다. 근대 시민철학에서 인간은 더 이상 신에 의해 타율적으로 규정되는 존재가 아니라, 스스로 자기 자신을 규정할 수 있는 자율적 존재로 인식된다. 근대인들은 이러한 자율성이 무엇보다도 선천적으로 주어진 이성적 능력에 의해 가능하다고 생각했다. 이성은 수학 및 역사적 세계관과의 협력 하에 자신의 권능을 입증하였다. 수학 및 역사적 세계관이란 인간이 세계를 더 이상 경외의 대상으로 보지 않고 계측가능하고, 변화 가능한 것으로 보는 태도를 의미한다. 인간은 자신에게 생득적으로 주어진 이성의 의지에 따라 자유롭게 자연을 정복하고 자신의 존재와 미래를 스스로 규정해 나아갔다.

이와 같이 이성의 발견을 통해 중세의 붕괴라는 위기를 극복하려고 시도했던 초기 근대인들은 삶과 교육에서 그 어느 때보다도 합리성과 이성을 강조하기 시작했다. 인간교육은 이성의 능력을 더욱 강화하고 확대시키는 방향으로 나아가게 된 것이었다. 이 과정에서 신체와 정신 활동이 조화를 상실하게 되는 것은 당연한 결과였다. 삶과 교육에서 감성에 대해 이성을, 신체에 대해 정신을, 자연에 대해 문화를 지나치게 강조하다보니 균형과 조화가 급격하게 상실되었다.

이러한 사회적 배경 하에서 사람들은 체육을 새롭게 인식하게 되었다. 조화를 상실한 근대인은 균형을 회복하기 위해 감성, 신체, 자연에 관심을 기울이기 시작한 것이다. 이러한 균형 회복 노력의 선수에 섰던 이가 자연주의철학자로 알려진 장자크 루소이다. 그는 "자연으로 돌아가자"는 구호 아래 신체교육과 감성교육을 강조하는 자연주의 교육을 제창하였다. 그의 뒤를 이어 범애주의자들이 등장하여 루소의 이론을 다양한 방식으로 실현하려고 노력하였다. 이들의 노력으로 사회에서 체육활동이 확대되었고, 학교에서 체육교과가 정착되었던 것이다.

(2) 체육의 출현에 대한 국가적 요청

1797년 시작된 나폴레옹의 유럽정복은 19C초에 이르러 절정에 달했다. 나폴레옹에 의해 정복당한 유럽의 제 국가들은 국권을 회복하기 위해 다양한 노력을 기울이기 시작했다. 정복국인 프랑스 역시 피정복국가들의 보복위협으로 인하여 위기의식을 느끼고 있었다. 이러한 분위기 속에서 유럽 각국에서 민족주의(Nationalism)가 대두되기 시작했다.

국권을 회복하려는 유럽의 각 국가들은 무엇보다도 문약에 흐르는 이성 중심적 교육을 지양하고 강한 국민 양성을 위한 노력을 기울이기 시작했다. 이러한 노력은 무엇보다도 국민들이 정신적으로 나약하고 신체적으로 허약했기 때문에 국권을 상실했다는 진단에 근거한 것이다. 이제 유럽 사회는 정신을 담금질하고 신체를 강화하는 교육을 절실히 원하게 된 것이다. 이러한 과정에서 체육의 가치가 재발견되었다. 체육은 국민을 통합시키고 국민의 체력을 향상시키는 유용한 교육 수단이 될 수 있다는 인식이 싹트게 된 것이다. 이러한 인식은 특히 독일을 중심으로 전 유럽으로 확산되었다.

2) 근대유럽체육의 전개

(1) 루소(J. J. Rousseau, 1712~1776)의 자연주의

프랑스의 사상가 루소는 자연주의 교육을 제창한 철학자로 잘 알려져 있다. 자연주의란 "자연에 따라서"를 원칙으로 삼는 교육사상이다. "자연에 따라서" 교육한다는 의미는 인간의 자연성, 즉 아동의 자발성, 흥미, 본능 등을 인정하고, 그 기초 위에서 교육을 시행한다는 말이다. 루소가 제창한 자연주의 교육의 목적은 한 마디로 "자연인"의 양성이다.

루소가 길러내기를 원했던 자연인이란 기존 문명사회의 인위적 허세와 지적 귀족주의, 이기주의에서 벗어난 상태의 인간을 말한다. 또한 지적 능력뿐만 아니라 감성 및 신체 능력도 조화롭게 발달한 인간을 뜻한다. 여기서 인간교육의 일환으로서 체육의 필요성이 부각되었다.

루소는 자신의 자연주의 교육을 구체화기 위하여 에밀(Emile)이라는 교육관련 책자를 저술하였다. 이 책자에서 루소는 인간의 발달 단계에 따른 교육내용을 다음과 같은 네 단계로 나누어 제시하였다. 제 1단계인 유년기(1~5세)에는 신체단련을, 제 2단계인 소년기(5~12세)에는 감각기관의 훈련을, 제 3단계인 청년기(12~15세)에는 지식교육중심의 이성 훈련을, 제 4단계인 청년후기(15~20)에는 감성, 성, 사회관계 교육을 강조해야만 한다는 것이 루소의 생각이었다.

루소가 에밀에서 제시한 단계별 교육내용에서 확인할 수 있듯이 체육은 자연주의교육의 중심적인 부분이라고 할 수 있다. 루소는 유년기과 소년기, 그리고 청년후기의 교육에서까지 체육을 강조하고 있음을 알 수 있다. 그러나 루소는 이론가였지 실천가가 아니었다. 루소이론의 실천은 소위 "범애주의자(Philanthropist)"라고 불리는 일단의 독일 개혁교육자들에 의해 시도되었다.

(2) 범애주의(Philanthropism)

범애주의란 종교, 국가, 계급에 상관없이 인간에 대한 넓은 사랑을 기반으로, 보편 교육을 통하여 행복한 시민을 만드는 데 일차적 관심을 지닌 교육사조이다. 이 교육사조의 대표 인물에는 바세도우, 잘쯔만, 구츠무스, 비스 등이 있다.

바세도우(Johann Bernard Basedow, 1723~1790)는 루소의 교육이론을 최초로 실천에 옮긴 사람으로서, 소위 "근대체육의 시조"라고 일컬어지는 인물이다. 그는 1774년 데사우(Dessau)에 사범학교를 설립하고, 이 학교를 범애학교(Philanthropium)라 칭하였으며, 루소의 이상에 따라 주지과목을 줄이고 춤, 자전거 타기, 뛰기, 수영 등과 같이 놀이지도를 중심으로 하는 비주지과목을 개설하였다. 바세도우가 남긴 주요 저서로는 "지도법교재(Das Methoden Buch)"와 "기초기술론(Das Elementar Werk)"이다. 그의 학교는 운영난에 시달리다 결국에는 폐교되고 말았다.

잘쯔만(Christian G. Salzmann, 1744~1811)은 바세도우의 뜻을 이어받아 범애주의교육을 성공시킨 인물이다. 그는 바세도우 학교의 종교교사로 재직하다가 바세도우 학교가 폐교된 이후 슈네펜탈(Schnepfental)에 제 2의 범애학교를 세웠다. 바세도우의 학교에서보다 체육교육을 더욱 강조했던 슈네텐탈 범애학교에서는 체육수업이 매일 오전 11시부터 12시까지 규칙적으로 시행되었다. 짤쯔만은 보다 효율적인 체육수업을 위해 체육의 교육적 효과, 교육내용, 교수방법 등을 연구하였으며, 도약대, 평균대, 게임, 오락, 하이킹 등을 체육수업내용에 포함시켰다.

구츠무츠(J. F. Guts Muths, 1759~1839)는 슈네펜탈의 범애학교 교사로서 50년 동안 재직했던 인물로서 흔히 근대체육의 아버지로 일컬어지고 있다. 그가 저술한 "청소년을 위한 체조(Gymnastik für die Jugend)"(1793)는 당시 베스트셀러가 되었으며 이후에도 40개 국어 이상으로 번역되어 체육교육론의 고전서적이 되었다.

구츠무츠는 전인개념을 도입하여 신체운동을 인간학 및 교육학적으로 정당화함으로써 체육을 체계적으로 이론화한 인물이다. 그의 체육이론은 통렬한 시대 비판에서 출발하고 있다. 그에 따르면 자연과 괴리된 당시의 일상생활은 운동부족이라는 문제를 야기 시켰으며, 이로 인해 인간은 신체적으로뿐만 아니라 도덕적으로 허약하게 되었다는 것이다. 이러한 시대 비판에 근거하여 구츠무츠는 인간을 완전하게 발달시키기 위해서는 정신과 신체를 조화롭게 유지할 수 있도록 모든 힘을 발현시켜주어야만 한다고 하였다. 모든 힘들의 발현에 적합한 내용을 선정하기 위하여 고대의 고전을 연구한 구츠무츠는 기존의 체육교과내용에 그리스 5종 경기, 즉 달리기, 멀리뛰기, 창던지기, 원반던지기, 레슬링 등을 포함시켰다. 또한 그는 체조연습을 준비운동, 주운동, 체조운동으로 삼분함으로써 체조훈련의 체계화에 기여하였다.

비스(G. Vieth, 1763~1836)는 "체육백과사전(Versuch einer Enzyklopädie der Leibesübungen)"(1795)을 출판하여 유명해진 인물이다. 그는 체육의 이론을 자연과학의 단계, 역학의 단계, 수학의 단계로 나누어 체계적으로 정리하였다. 또한 체조가 과학을 토대로 성립된 인간의 움직임이라는 점을 입증하려고 노력했다. 그는 자신이 저술한 "체육백과사전"에 체조를 종류별로 그리고 난이도별로 분류해 놓았으며, 유럽의 체육사를 정리하기도 하였다.

이상에서 살펴보았듯이 범애주의자들은 체육의 발달에 큰 기여를 하였다. 그들은 루소가 제창한 자연주의 교육이념을 직접 실천하였으며, 교사교육을 강조하였다. 또한 정신과 신체의 상호연관성을 인식하고, 인간교육에서 체육의 중요성을 강조하였으며, 범애학교 교육과정에 체육교과를 도입하였다. 이들은 교육 및 체육을 대중화시키기 위하여 힘썼으나 이러한 노력은 구호에만 그치고 말았다. 범애학교는 주로 소수의 상류층 자제를 위한 학교였기 때문이다. 체육교육의 대중화는 페스탈로찌에 의해 실현되었다.

(3) 페스탈로찌(J.H. Pestalozzi, 1764~1827)

페스탈로찌는 교육사상가이자 교육이론가, 그리고 교육실천가로서 유럽의 교육사에서 가장 위대한 공적을 남긴 인물이다. 유럽인들은 그를 교육의 성인으로 칭송하고 있다. 그가 세운 업적 가운데 가장 괄목할 만한 것은 교육과 학교의 자율성 획득에 대한 기여이다.

페스탈로찌의 교육사상은 그의 일반 인간학(Allgemeine Anthropologie)을 기반으로 하고 있다. 그에 따르면 인간은 자연의 작품이자, 사회의 작품이며, 또한 자기 자신의 작품이다. 자연의 작품이란 생물학적으로 탄생한 존재를 뜻하고, 사회의 작품은 주변 환경과 상호작용하면서 사회화과정을 겪게 되는 존재를 의미하며, 자기 자신의 작품이란 자신이 바라는 인간이 되기 위해 스스로 노력하는 존재라는 뜻이다. 페스탈로찌는 이러한 인간이해를 토대로 인간을 세 가지 힘의 총체, 즉 신체적, 사회적, 도덕적 힘의 총체로 규정한다.

이상에서 설명한 일반 인간학을 기반으로 하여 페스탈로찌의 도야이론(Bildungstheorie)이 생겨났다. 도야이론에서 교육의 목적은 인간의 모든 능력을 조화롭게 발달시키는 것이다. 여기서 말하는 인간의 모든 능력이란 머리(지)와 가슴(덕), 그리고 손(체)의 능력이다. 참된 인간은 지육, 덕육, 체육의 조화를 통해서만 길러질 수 있다는 것이 페스탈로찌의 생각이었다. 우리가 전인교육의 핵심내용으로 곧 잘 이야기하고 있는 지덕체라는 개념을 처음으로 체계화시킨 이가 바로 페스탈로찌였던 것이다. 페스탈로찌는 19세기 초부터 1918년까지 체육이 독일어권의 공교육기관에 정규교과로 정착하는 데 크게 기여하였다.

(4) 체조운동(Turnbewegung)

체조운동은 19C 초 얀에 의해 전개된 독일 민족주의운동의 일환이다. 이 운동은 1840년 경 독일어권 민족주의 형성에 큰 기여를 하였으며, 체육이 군사 및 정치적 목적 달성을 위해 도구로 이용되는데도 일조하였다. 체조운동을 계기로 체육은 외세에 대항할 강한 신체를 육성한다는 군사적 목적과 애국심 및 민족의식을 고취시킨다는 정치적 목적에 종속되기 시작하였다. 체조운동은 제 1기와 제 2기로 나누어져 전개되었으며, 이 운동을 주도했던 대표적인 인물에는 얀과 슈피스가 있다.

1800년부터 시작되었던 제 1기 체조운동은 1820년까지 약 20년간 지속되었는데, 특히 1811년 얀이 베를린근교의 하젠하이데(Hasenheide)에 체조장을 건립하면서부터 본격화하였다. 당시 프로이센정부는 독립전쟁(1813~1815)이 종결될 때가지 이 운동을 무제한으로 지원하였지만, 1814과 1815년 비엔나 회담 이후부터 체조 추종자들과 정치가들 사이에 갈등이 생겨났다. 1817년 제 1기 체조운동은 정점에 이르렀으며, 당시 하젠하이데 한 곳에 등록한 회원만 해도 천명이 넘었다. 1818년 보수주의자였던 오스트리아의 수상 메테르니히(Metternich)는 체조금지를 요청했다. 그 이유는 체조가 젊은이를 자유방임적으로 만든다고 여겼기 때문이었다. 결국 1820년 프로이센정부에 의해 공식적으로 체조금지령(1820~1840)이 선포되었다.

1837년 프로이센정부는 고등교육기관에 체조과목을 다시 설치하였으며, 1842년 "체조금지령"이 공식적으로 해제되면서 제 2기 체조운동이 본격화되었다. 북부의 프로이센을 중심으로 전개되었던 제 1기 체조운동과는 달리 제 2기 체조운동은 서부 및 남부로도 넓게 확산되었다. 또한 구심점 역시 체조장 중심에서 체조클럽과 학교체조 중심으로 변화하였다. 1848년에서 1949년 사이에 발발한 시민혁명 이후 체조운동은 조직화된 형태를 띠기 시작했다. 이때 체조클럽회원들이 대거 미국으로 이민을 가서 미국체육의 발전에 크게 기여하였다. 1856년에는 체조신문(Deutschen Turnzeitung)이 발간되었으며, 1860년에는 제 1회 독일 청소년 체조제가 개최되었고, 이를 계기로 독일체조협회가 결성되었다.

얀(F. L. Jahn, 1787~1852)은 독일 체조운동의 선구자이며, 독일 체조의 아버지로 알려진 인물이다. 그는 1811년 베를린 근교의 하젠하이데(Hesenheide)에 고대 그리스의 훈련장인 팔레스트라를 모방한 체조장을 설립하여 체조보급에 힘썼다. 얀이 저술한 "체조장 설립을 위한 독일 체조술(Deutsche Turnkunst zur Einrichtung der Turnplätze)"(1816)은 오늘날까지도 체조서적의 고전으로 평가받고 있다. 얀은 이 책자에서 체조의 목적을 향토애 및 애국심 고취와 정신적 및 신체적 강건으로 규정하고 있다.

슈피스(Adolf Spieß, 1810~1858)는 근대 독일 체조의 체계와 방법을 정립한 인물로 알려져 있다. 그는 소년 및 소녀를 위한 학교체조의 기틀을 마련하여 "근대 학교체조의 아버지"라고 불리기도 한다. 그가 1840년에 출판한 "체조기술지도법(Die Lehre der Turnkunst)"은 한 학과로서 체조의 합법성을 일목요연하게 제시하고 있다. 슈피스는 또한 전문적 체육교사를 양성하는 지도자교육의 기틀을 마련하였으며, 효율적인 체조연습을 위한 자연과학적 지식을 제공해주기도 하였다. 그가 제시하고 있는 체조의 목적은 전투력과 관련된 건강, 규율, 질서, 복종에 근거한 품성형성, 조국애 함양 등이다. 이러한 그의 생각은 다음과 같은 말에 잘 드러나 있다.

"체조가 행해지는 어느 곳에서나 수업의 중요한 정신으로서 진지함과 엄격함이 유지되어야 한다. … 평화 시에는 국가의 질서와 안녕을 위한 충실한 시민을, 전시를 위하여 강인한 남성을 양성한다."

(5) 국가사회주와 체육

국가사회주의(Nationalsozialismus)란 자본주의 사회의 모순을 국가의 힘으로 해결하려는 사상과 운동을 말한다. 이 사상은 당시 만연했던 마르크스주의적 해법, 즉 계급투쟁에 의한 사회문제 해결을 부정하고, 국가가 전폭적으로 개입하여 힘으로 사회문제를 해결해야 한다는 논리를 전개하였다. 이들이 생각하는 국가는 사회와 개인이 유기적으로 결합하고 있는 상태를 뜻한다. 이러한 사상은 19C말 독일서 발전하여, 비스마르크의 사회정책으로 표현되었으며, 히틀러의 나찌즘에서 극단화되었다. 신생국가였던 독일은 20C초반 정치, 경제적으로 매우 불안한 상황에 처해있었다. 이때 히틀러를 수반으로 한 국가사회주의정부가 등장하였다. 국가사회주의의 정치이념은 국민 협동정신, 국가 방어능력, 민족의식, 지도자정신 등으로 요약될 수 있다.

교육은 이러한 국가사회주의의 정치이념을 이루기 위한 주요 수단이었다. 당시 국가사회주의당의 수반이었던 아돌프 히틀러(A.Hitler, 1889~1945)는 자신의 저서 "나의 투쟁"(451~452쪽)에서 다음과 같이 자신의 교육관을 피력하고 있다. "민족국가는 전 교육 작업에서 일차적으로 순수한 지식을 가르쳐 주입시키는 것이 아니라 강건한 신체의 발달에 힘을 기울여야 하며, 이차적으로 정신력을 향상시켜야 한다. 여기에서 정신력은 의지력, 결단력, 책임감을 의미한다. 마지막으로 과학적 지식과 기술향상에 전력을 다해야 한다." 이 인용구에서 확인할 수 있듯이 체육은 국가사회주의교육의 핵심이었다. 즉 청소년은 체육활동을 통해 신체적으로뿐만 아니라 정신적으로도 강하게 단련되어야만 한다는 것이다.

히틀러는 1933년 정권을 획득한 후에 청소년교육에서 체육의 중요성을 한층 강조했다. "나의 교육학은 강함을 표방한다. 약자는 담금질되어야 한다. … 나는 강력하고, 당당하고, 그리고 담대한 청소년을 원한다. 나는 우리의 청소년을 다양한 체육활동을 통해서 강하게 교육시키고자 한다." 히틀러가 생각하는 교육은 곧 체육이었던 것이다. 히틀러는 이러한 교육을 가장 잘 받은 청소년들을 선발하여 소위 "히틀러 유겐트"라는 단체를 조직하기도 하였다. 이러한 과정을 통해 체육은 국가사회주의 교육의 핵심 부분으로 정착하게 되었다.

3 결 론

1) 근대유럽체육의 평가

근대 유럽 체육의 전개 과정은 다음과 같은 긍정적인 결과를 가져왔다. 첫째, 이 과정에서 신체활동의 인간학 및 교육학적 가치를 다시 발견할 수 있게 되었다. 둘째, 이성, 정신, 문화 중심적 사회 분위기에서 감성, 신체, 자연의 가치를 부각시킬 수 있었다. 셋째, 이러한 부각을 통해 교육에서 인간의 조화로운 발달을 추구하려는 노력들이 나타나게 되었다. 넷째, 이러한 노력의 과정에서 체육이 학교의 정식교과로 정착할 수 있게 되었으며, 이를 계기로 대중체육이 활성화할 수 있는 사회체육의 기틀이 마련되었다.

한편 근대 체육이 전개되는 과정에서 다음과 같은 부정적인 면이 노출되기도 하였다. 첫째, 체육이 민족주의와 결탁함으로써 정치적으로 도구화하게 되었으며, 이 과정에서 규율과 질서를 강요하는 권위주의적 체육이 정착하게 되었다. 또한 정치적 도구화로 인하여 체육은 더욱더 합리화 및 합목적화 되었고, 이 과정에서 체육활동의 놀이적 성격이 상실되었고, 진지성, 노동성, 수단성만이 부각되었다. 결국 이러한 체육활동의 성격변화로 말미암아 사람들은 체육에 대해 부정적 인식을 갖게 되었다.

2) 근대유럽체육사연구로부터 얻을 수 있는 교훈

우리가 근대 유럽 체육의 역사로부터 얻을 수 있는 교훈은 크게 두 가지로 나누어 생각할 수 있다. 한편으로 미래 체육의 전망과 관련해서 체육은 정치, 경제, 사회, 교육, 문화, 학문적으로 무한한 가능성을 갖고 있지만 체육 그 자체가 관건이 아니라는 점이다. 체육을 누가 어떤 목적, 어떤 방식으로 운영하느냐가 보다 중요하다. 구성 및 운영 방식에 따라 체육은 인간의 삶에 이롭게도, 또한 해롭게도 작용할 수 있기 때문이다. 한국 체육 역시 우리의 태도 및 행동 여하에 따라 바람직한 방향으로도, 바람직하지 않은 방향으로도 발전할 수도 있다

다른 한편으로 보편적인 삶의 태도와 관련해서 조화와 균형을 유지하려는 자세가 중요하다는 점이다. 체육이 태동하던 근대의 유럽사회는 삶에서 이성, 정신, 합리성 등이 일방적으로 강조되던 시기였다. 이와 같은 편향된 경향으로 인하여 삶의 조화와 균형이 상실되었다. 삶에서 조화와 균형이 상실되면서 개인은 건강의 문제에 직면하게 되었고, 사회는 질서의 혼란을 겪게 되었으며, 국가는 주권을 빼앗기는 위기를 맞게 되었다.

근대체육의 등장은 상실된 조화와 균형을 회복하려는 근대 유럽사회의 움

직임과 깊이 관련되어 있다. 그러나 이성, 정신, 합리성의 자리를 감성, 신체, 비합리성이 대신하면서 조화와 균형을 넘어서 또 다른 극단으로 치우치는 경향이 나타났다. 삶과 교육에서 감성, 신체, 비합리성이 과도하게 강조되면서 낭만주의운동, 체조운동, 국수주의 및 반유태주의의 물결이 전 유럽을 휩쓸고 지나갔다. 그로 인하여 유럽사회는 두 차례의 세계대전이라는 큰 고통을 겪게 되었다.

어떤 것이든 극단적 형태는 바람직하지 않다. 이성과 감성, 정신과 신체, 합리성과 비합리성, 인간과 자연이 조화와 균형을 유지하는 일은 결코 쉽지 않다. 조화와 균형은 한쪽에 치우치지 않으려는 부단한 노력을 통해서만 비로소 달성할 수 있다.

4장 한국 근대 스포츠와 체육의 이해

1 서론

우리나라에서 근대 스포츠와 체육이 시작된 때는 통상 개화기로 시대구분하는 19세기 말엽이다. 당시 기독교를 포교하기 위하여 내한한 서양의 선교사들은 근대 학교를 통하여 스포츠와 체육의 보급을 꾀하였다. 근대 학교를 통한 스포츠와 체육의 보급은 두 경로를 통해 이루어졌는데 그 첫째는 근대 학교의 정규교과였던 체육수업을 통해서였으며, 그 둘째는 수업시간 이외에 행해졌던 과외(체육)활동을 통해서였다. 당시 정규 체육수업은 그 내용에 있어서 주로 일본을 거쳐 도입된 서유럽의 체조와 병식체조로 이루어져 있었던 반면에 과외체육활동은 놀이적 성격과 경쟁적 성격을 동시에 지닌 스포츠로 이루어져 있었다(나현성, 1985: 12~13).

이와 같이 근대 학교에서 교육적 목적을 위해 보급되던 서양의 스포츠와 체육은 시간이 지남에 따라 학교라는 협소한 울타리 안에 안주하지 않고 한국 사회 전반으로 급속하게 확산되었다. 체육 및 스포츠의 사회적 확산은 무엇보다도 학교운동회라는 계기를 통해 이루어졌다. 학교운동회란 과외(체육)활동이 활성화되고 체계화됨에 따라 대규모화 된 것으로서 학생 및 학교 간의 운동경기대회의 형식을 띄고 있었다. 한국 최초의 운동회는 영어학교가 1896년 5월 2일 삼선교에서 개최한 화류회 행사에서 치러졌는데 독립신문은 당시의 상황을 다음과 같이 보고하고 있다.

> "영어학교 교사와 학도들이 이 달 이튿날 동소문 밖으로 화류를 갔더니 오래 학교 속에서 공부하다가 좋은 일기에 경치 좋은 데 가서 맑은 공기를 마시고 장부에 운동을 하는 것은 진실로 마땅한 일이니, 다만 마음과 지각만 배양하는 것도 매우 소중한 일이니, 몸 배양하는 데는 맑은 공기에 운동하는 것이 제일이요, 목욕을 자주 하여 몸을 깨끗하게 하는 것이 제일이다"(곽형기 외, 1994: 158).

영어학교의 두 번째 운동회는 1897년 6월 16일 훈련원(현 서울운동장)에서 개최되었는데 당시 독립신문은 운동회 개최장소의 주변 분위기와 경기 종목에 대해 다음과 같이 보도하고 있다.

> "16일 오후 4시 30분 영어학교학생들이 훈련원 안에서 대운동회를 열었는데 각국 공영사와 정부 국무대신 및 그 외 고관들과 외국 신사들을 청첩하였다. 훈련원 주위에는 울타리를 치고 그 울타리 위에는 붉은 기를 많이 꽂아 관람자가 무단히 출장 못하게 하고 대청은 많은 의자와 탁상이 놓여 있어서 거기에는 다수의 내빈들이 착석케 하고 입구와 대청 앞은 태극기, 미 · 영 등의 국기로 다채롭게 장식되었고 총을 멘 학생들이 연병장에서 행진이 있은 후 각종 경기가 전개되었는데, 영국공사관

서기관 일닉스 씨가 경기자를 사정하고 영국인 교사 허치슨과 터너가 심판원이 되고 헬리팩스가 기록원이 되어 경기를 질서 있게 진행하였다. 대청에 임석한 내빈은 서울에 있는 각국 공영사 및 그의 부인들과 우리 관인들이 많이 참석한 가운데 대성황을 이루었으며 이날의 경기종목은 300보 경주, 600보 경주, 1350보 경주, 공던지기, 대포알던지기, 멀리뛰기, 높이뛰기, 사람 둘이 세 다리 달리기, 당나귀 달리기(20필 참가), 동아줄 끌기(12인조)로 되어 있고 시상은 1, 2, 3 등으로 되어 있다"(나현성, 1985: 131).

위의 인용문이 보여주듯이 영어학교 운동회 규모는 오늘날 우리들이 생각하는 그런 운동회의 차원을 훨씬 넘어서고 있다. 각국 영사 및 대사들이 참석하고, 국가의 대신들도 참관하고 있는 상황으로 짐작할 때 그것은 국가적으로 큰 의미를 지닌 정치 행사이자 많은 주민이 참여하는 국민적 축제행사로 이해할 수 있다.

영어학교에 의해서만 개최되었던 운동회는 최초의 개최 이후 다른 학교로 급속하게 퍼져나갔으며, 나중에는 여러 학교가 경합을 벌이는 연합경기대회의 형태로까지 발전하였다. 1898년 5월 28일 모든 관립 외국어학교가 참여한 연합운동회가 훈련원에서 개최되었는데, 이 대회의 경기 종목은 100보 경주, 200보 경주, 400보 경주, 멀리뛰기, 높이뛰기, 철구, 씨름, 당나귀경주였다(나현성, 1985: 132). 또한 1907년에는 관 · 공 · 사립학교 모두가 동시에 참여하는 대규모의 학교운동회가 개최되기도 하였다.

운동회의 규모는 참여 학교의 수가 늘어남에 따라 더욱 커졌는데 그 이유는 학생선수와 학생응원단의 수가 늘어났을 뿐만 아니라 일반 관람객의 수도 크게 늘었기 때문이다. 당시의 관련 문헌을 살펴보면 운동회장 주변은 경기를 관전하러온 관람객이 인산인해를 이루었으며, 그야말로 큰 축제를 연상시킬 정도로 많은 사람들이 북적대었다고 한다. 이와 같은 상황을 미루어 짐작할 때 당시의 운동회는 더 이상 학교 및 학생들만의 행사가 아니었으며 사회적, 국가 정치적으로도 큰 의미를 지닌 행사였음을 간파할 수 있겠다.

운동회가 대규모화되고 활성화되면서 나타난 또 다른 특징은 유희적 성격의 감퇴와 경쟁적 성격의 부각이다. 당시의 문헌들을 살펴보면 심판들의 판정을 두고 종종 학교 간 또는 관중 간에 격한 시비가 발생하였다고 한다. 이와 같이 비약적으로 발전하면서 개화기 한국사회에 스포츠를 보급하는데 결정적인 역할을 했던 한국의 학교운동회는 한일합방 이후 일제에 의해 폐지되었다.

지금까지 19세기말엽 서양의 체육 및 스포츠가 어떤 계기를 통해 한국에 수용되었고, 어떤 특수성을 띄며 전개되어왔는지 대략적으로 살펴보았다. 이제 이와 같은 서양 근대 체육 및 스포츠의 한국적 토착화과정에 대하여 한 가지 물음을 던짐으로써 논의를 시작하고자 한다. 그 물음은 서양에서 건너온 근대 체육 및 스포츠가 큰 갈등 없이 한국사회에 수용될 수 있었을 뿐만 아니라 그토록 짧은 시간에 한국사회 전체로 확산될 수 있었던 이유는 무엇일까라는 점이다. 근대 체육 및 스포츠라는 하위문화는 사실 한국과는 전혀 다른 문화풍토를 가진 서구 문화권에서 싹이 트고 자라난 인간의 독특한 행위양식이다. 그럼에도 불구하고 그것은 큰 갈등 없이 한국이라는 이질적 토양으로 이식되었으며 부분적으로 한국적 특성(경쟁성의 부각)을 띄며 급속하게 성장할 수 있었다. 19세기 말엽의 한국이라는 토양은 과연 어떤 비료성분을 함유하고 있었기에 근대 체육 및 스포츠라는 서양의 묘목은 그리도 잘 성장할 수 있었을까? 인간의 행위양식으로서 체육 및 스포츠가 갖는 보편적 특성이외에 19세기 말엽 한국이라는 토양이 갖는 특수한 자양분을 분석함으로써 당시의 서양 근대 체육 및 스포츠의 한국적 토착화과정을 보다 잘 이해할 수 있을 것이다. 이하의 논의에서는 19세기 말엽 서양 근대 체육 및 스포츠의 유입과 토착화과정을 보다 잘 이해할 수 있기 위하여 당시 체육 및 스포츠의 발달과정에 영향을 주었을 것으로 사료되는 당시 한국의 역사-문화적 요인과 사회-정치적 요인을 살펴보고자 한다.

2 근대 스포츠 및 체육에 영향을 미친 역사-문화적 배경

역사적으로 살펴 볼 때 한국의 문화는 근본적으로 샤머니즘적 세계관을 삶의 기반으로 하는 농경문화에 속한다. 이 고대 농경문화에 중국으로부터 불교 및 유교 문화가 유입되었다. 불교와 유교 문화는 개항 이전까지 한국의 사회 및 정치 제도에 유래를 찾아보기 어려울 만큼 큰 영향을 끼쳤다. 이렇게 볼 때 샤머니즘, 불교, 유교가 한국의 전통문화를 규정하는 핵심적 요소임을 부인할 사람은 아마도 없을 것이다. 그러나 한국문화의 특이한 점은 이 세 가지 세계관이 서로 고립된 채로 한국인들의 삶에 영향력을 행사하지는 않았다는 사실이다. 한국인들의 생활에서 이 세 요소는 서로 뒤섞인 채로 혼란스럽게 그 모습을 나타낸다. 20세기 초에 한국문화를 연구했던 문화학자 G. Herber Jones는 이 점을 다음과 같이 쓰고 있다.

> "한국인들은 유교, 불교, 샤머니즘 세 가지 문화의 이질성을 이론적으로는 수긍하고 있으나, 그들의 일상생활을 살펴보면 이 세 가지 요인이 서로 뒤범벅이 되어 복합적으로 나타나고 있음을 쉽게 깨달을 수 있다. 한국인들은 일반적으로 이 세 가지 종교를 모두 신봉하고 있다. 평균적

인 한국인 남성은 유교적 분위기에서 자라고 교육받았기 때문에 유교적 윤리관을 갖고 있으나, 자손의 잉태나 번성을 기원하도록 하기 위해서 자신의 부인을 절에 보내며, 삶에 위기가 닥쳤을 때에는 기꺼이 무당을 찾기도 한다"(Adami, 1983: 112).

이 인용문이 보여 주듯이 전통적 한국문화는 그 핵심에 있어 불교, 유교, 샤머니즘 세 세계관 모두에 의해 골고루 영향을 받았을 것이며 하위문화로서 운동문화도 예외 없이 개항 이전까지 이 세 가지 세계관에 의해 직 · 간접으로 영향을 받았을 것으로 사료된다. 이와 같은 역사적, 문화적 토양 위에 서양으로부터 유입된 근대 스포츠와 체육이 뿌리를 내리고 줄기와 잎사귀를 피울 수 있었을 것이다. 그러나 구체적으로 어떤 문화적 요인이 근대 체육 및 스포츠의 발달에 결정적인 영향력을 행사하였는지는 아직 명확하지 않다. 사태를 명확하게 이해하기 위하여 한국의 전통문화를 불교, 유교, 샤머니즘으로 나누어 각각의 기본 입장과 근대 체육 및 스포츠가 갖는 특성과의 부합성(符合性)을 추론해 보기로 한다.

1) 불교의 영향

불교는 끊임없는 수행을 통하여 붓다가 된 싯타르타(B.C. 560~480)의 가르침에 근거하여 탄생한 무신론적 종교이다. 불교가 무신론적 종교인 이유는 신의 존재를 인정하지 않기 때문이다. 불교에서는 영원히 변하지 않는 존재를 인정하지 않는다. 이 세상에 존재하는 모든 것은 끊임없이 변화하며 그렇기 때문에 무상하다고 가르친다. 그러나 사람들은 이 무상한 실상을 인정하지 않고 오히려 세계는 고정되어 있다고 착각할 뿐만 아니라 무상하고 헛된 것에 집착한다. 여기서 인간의 괴로움이 생겨난다(Kunzmann, 1993: 21).

불교는 특히 금욕적 윤리관의 발달에 크게 기여하였다. 불가에서는 욕망과 욕망된 바의 충족이 일치할 때 인간의 삶은 행복해질 수 있다고 말한다. 반면에 이 양자가 괴리될 때 삶이 불행해진다고 설파한다. 따라서 불행을 피하고 영원한 행복을 얻는 방법은 오직 욕망을 억누르는 길, 금욕의 길이다. 붓다는 수행을 통해 깨달은 바를 4가지 거룩한 진리로 체계화하였다. 이 4가지 진리는 인간에게 왜 괴로움이 발생하며, 그 괴로움을 없앨 수 있는 길은 무엇인가 하는 불교의 가장 체계적인 이론이다. 그것은 고성제(우리가 살아가는 인생은 괴로움으로 가득 차 있다), 집성제(괴로움의 원인은 마음의 번뇌와 애타게 바라는 욕망이다), 멸성제(괴로움을 없애고 열반에 들기 위해서는 근본 무지에서 벗어나고, 욕망을 버려야 한다), 도성제(열반에 이르기 위한 실천의 방법이다) 등이다(Edsman, 1957: 1477).

네 번째 진리에서 팔정도가 뜻하는 바란 올바른 견해(正見), 올바른 생각(正思惟), 올바른 언어생활(正語), 올바른 행위(正業), 올바른 삶(正命), 올바른 노력(正精進), 올바른 상념(正念), 올바른 진리의 명상(正定) 등이다(Kunzmann, 1993: 23). 붓다는 4가지 진리를 제시함으로써 삶의 괴로움을 없애고 열반에 이를 수 있는 가능성을 보여주었다. 여기서 가장 중요한 실천규범은 무욕이다. 불교가 한국인들의 삶에 끼친 영향 가운데 가장 큰 것이 바로 금욕주의이다. 다시 말해 불교의 영향을 받은 전통사회의 한국인들은 대개 금욕적인 생활태도를 내면화하고 있었다. 금욕적 생활태도가 내면화되어 한국인들은 대체로 수동적인 삶을 영위하였으며 그만큼 적극적이고 능동적인 생활태도를 결여하고 있었다.

이제 불교적 세계관의 입장에서 근대 스포츠와 체육을 생각해 보자. 근대 스포츠와 체육은 무엇보다도 적극적이고 능동적인 삶의 표현이며, 과정으로 이해할 수 있다. 근대 체육 및 스포츠의 주요 특징이라고 할 수 있는 신체 강조성, 경쟁 및 투쟁성, 유희 및 놀이성 등은 모두 능동적이고 적극적인 삶의 표현에 다름이 아니기 때문이다(Gerhardt, 1991). 따라서 불교의 영향을 받았던 전통 사회의 한국인들은 체육 및 스포츠에 부정적인 태도를 가졌을 것으로 추론된다. 물론 불가에서도 신체수행이 없는 것은 아니다. 불교를 나누는 방식이 여럿 있지만 수행방식에 따라 경불교와 선불교로 나누기도 한다. 경불교가 예로부터 내려오는 경전의 학습을 통한 수행을 강조한다면 선불교는 좌선과 명상을 통한 수행을 강조한다. 선불교에는 체육활동과 유사한 신체적 수행기술들이 여럿 있다. 그러나 선불교의 신체적 수행은 근대 체육이나 스포츠처럼 놀이적이지도, 경쟁적이지도 않다. 대개 신체활동량이 매우 적으며 오히려 명상적인 성격을 갖는다. 그것은 근대의 체육이나 스포츠 활동과는 매우 다른 신체활동인 셈이다. 결론적으로 말해서 전통적인 불교문화는 개화기 근대 체육 및 스포츠의 발달에 그다지 큰 영향을 끼치지 않았을 것으로 사료된다.

2) 유교의 영향

유교는 인간의 올바른 삶을 목적으로 삼고 있는 동양의 실천 사상이다. 유교가 경전으로 삼고 있는 “논어”는 공자의 가르침을 그의 제자들이 한 권의 책자로 편집한 것이다. 유교에서 가장 기본이 되는 덕목은 仁 · 義 · 禮 · 智 · 信이다. 이 덕목들로부터 인간 사이의 근본적인 관계, 즉 인륜이 도출된다(Kunzmann, 1993: 23).

유교는 특정 개인에게 부과된 권위를 정당화시켜주었으며, 이 권위에 대한 존중심은 한국인들의 의식 속에 깊숙이 각인되었다. 특히 왕의 권위, 조상의 권위, 연장자의 권위, 남자의 권위는 아무런 의심 없이 받아들여져야만 할 권위로 여겨졌다. 이 가운데 왕의 권위는 거의 절대적이었다. 유교에 따르면 왕은 하늘의 아들로서 하늘과 인간의 사이를 중재하는 역할을 맡고 있기 때문이다. 임금은 하늘의 질서에 따라 자신의 자식으로 치부되는 신하와 백성을 통치하였으며, 통치 원리는 법이 아니라 자기 자신의 의지였다. 다시 말해 왕의 의지가 곧 법인 셈이었다. 이와 같은 유교 사상의 통치원리를 근간으로 한국은 20세기 초까지 절대군대국가를 유지할 수 있었다.

또한 유교사상의 권위주의는 한국적 카스트제도를 성립시키는데 결정적인 역할을 하였다. 이 제도는 왕을 정점으로 하여 4개의 신분계층으로 이루어져 있었다. 통상 사농공상(士農工商)이라고 일컫는 4개의 신분계층의 가장 상위 계급은 사에 해당하는 지식인(유생) 및 관료(관직 종사자) 계급이며, 그 아래 농부계급, 수공업자 계급, 그리고 상인 계급 순으로 이어졌다. 이 네 개의 계급은 다시 귀족층과 평민층 두 계층으로 나뉘어졌는데 지식인 및 관료 계급만이 귀족층에 속하였으며, 나머지는 모두 평민층에 속하였다. 귀족층은 양반이라고 불렸으며 매우 권위적이었고, 유교는 이들의 권위를 보장해 주는 사상적 밑받침으로 작용하였다(이상운, 1967).

유교의 도덕은 인간 개개인, 특히 가족구성원 및 자손들에게 공동체에 대한 일련의 엄격한 의무를 부과하였다. 따라서 한국에서는 오래전부터 집단주의적이고 가족주의적 사고방식이 팽배하게 되었다. 한국의 전통적 가족제도는 가부장적 대가족제도이다. 이 제도의 근간을 이루는 덕목은 孝 개념이었다. 자식은 부모에게 식솔들은 가부장을 존중하고 복종해야만 한다. 또한 세상을 떠난 조상님들께도 공경심을 표하는 뜻에서 제사를 지내야만 했으며, 전통적인 관습은 절대적인 규범력을 갖고 있었기 때문에 사회분위기는 대체로 보수적으로 흘렀다. 따라서 전통적 한국인들은 새로움과 변화에 매우 소극적인 성향을 보였다. 나이 역시 개인의 위광을 가름하는 중요한 요인이었기 때문에 연장자와 노인은 효도와 공경의 대상이었다. 이와 같이 한국의 종교적, 윤리적 태도 속에서 평등, 관용, 민주적 상호존중 등과 같은 이념은 발달하기가 매우 힘이 들었다.

유교가 남긴 또 다른 유산은 반개인주의적 전통이다. 유교의 영향을 강하게 받은 한국인들은 대개 자신의 일을 처리함에 있어 개인적 관심을 고려하지 않고 가족의 관점에서 고려한다. 이와 같은 개인주의적 사고의 결핍은 불교가 남겨준 금욕주의적 사고와 더불어 한국인들이 능동적이고, 주체적이며, 욕구충족적인 생활태도 형성을 형성하는 데 심각한 방해요인으로 작용하였다. 만일 한국의 전통사회에 오늘날의 스포츠와 유사한 놀이형식이 존재하였다면 유교의 영향을 고려할 때 개인종목보다는 집단종목이 보다 발달하였을 것으로 추측해 볼 수 있다. 그러나 유교적 입장에서 볼 때 적극적인 신체활동을 핵심으로 하는 스포츠는 결코 권장할 만한 행위 양식은 아니었던 것 같다. 이러한 경향은 양반을 이루고 있는 문관뿐만 아니라 무관들에게도 마찬가지였을 것으로 생각된다. 문관의 경우 대체로 유교경전을 학습하는 일이 하루 일과의 대부분을 차지하고 있었다. 따라서 조선시대의 유생들 가운데는 운동부족으로 일직 늙거나 만성 위염, 디스크, 척추만곡으로 고생했던 사람들이 많았다는 보고도 있다. 이 점을 정범모(1993: 13) 는 다음과 같이 기술하고 있다. "옛날 사랑방 양반처럼 손 하나 까딱 안하고 운동이라곤 책상다리 틀고 앉아서 꺼떡거리는 것뿐이라면, 소화불량, 수면불량, 동맥 경화, 관절 경화는 거의 필지일 것이다. 실지로 옛 양반들에게는 그런 조로 퇴화의 증상이 있는 사람들이 많았다." 이러한 상황은 군사업무를 관장했던 무관들도 크게 다르지 않았다. 그들은 직업적인 이유에서 신체단련을 해야만 했겠지만 본질적으로 지휘관급에 속하는 무관계급은 직접적인 무예연마 보다는 독서와 사색을 요구하는 병법연구에 치중했을 것으로 사료된다.

3) 샤머니즘의 영향

양반계층과는 달리 평민계층은 오늘날의 스포츠와 유사한 활동을 매우 즐겼다. 따라서 전통적 한국사회에는 매우 다양한 스포츠유사활동들이 존재했었으며, 그 중 몇몇은 오늘날까지 이어져 내려오고 있다. 1884년 7월에 한국은 방문했던 미국인 Allen은 자신이 목격한 한국의 전통적 스포츠유사활동(石戰)에 대하여 다음과 같이 기록하고 있다.

> "어른들끼리 행하는 이 격렬한 싸움은 간단히 언급할만한 가치가 있다. 이른 봄이 되면 적수가 되는 두 마을 사람들은 아직 얼어붙어 있는 평야에 모여 힘을 겨루는데, 그들은 머리를 보호하기 위해 새끼로 헬멧 같은 것을 만들어 쓴다. 싸움전개는 먼저 몽둥이로 무장한 선두가 서로 중립선을 넘어서 상대방 쪽으로 돌진한다. 그러면 선두를 보호하는 후방세력이 산등성이를 달려 내려오면서 상대방을 향해 돌을 던진다. 돌을 던지는 행위가 돌싸움에서 가장 중요한 대목이다. 한국 사람들은 돌을 던지는데 매우 익숙하다"(이진수, 1990: 106).

위의 인용에서 한국의 전통 경기인 석전의 몇 가지 특징을 발췌해낼 수 있다. 첫째, 경기가 열리는 시기가 이른 봄이라는 점이다. 이 시기는 차전놀이나 고싸움의 경우도 마찬가지이다. 이진수에 따르면 차전놀이는 대개 음력 1월 14일과 15일 다시 말해 양력으로 3월 전후에 실시되며, 고싸움 역시 음력 1월 15일을 전후해서 시작되었다고 한다(1990: 107~108). 둘째, 승부를 결정하는 경기이며, 승부욕을 강하게 표출하고 있다는 점이다. 석전에서 나타나는 강한 승부욕은 다음의 인용에서 보다 뚜렷하게 나타난다. "며칠 전 격렬한 돌싸움을 했던 한 사람이 병원에 찾아온 일이 있었는데, 그의 앞머리 양쪽 뼈 밑에는 금이 가 있었고 깨진 틈새로 뇌가 들여다보일 정도였다. 이 싸움을 목격한 군인들은 이 같은 경기에서 사력을 다하는 사람이야말로 훌륭한 군인이 될 자격이 있다고 생각하는 것 같았다"(이진수, 1990: 106). 셋째, 오락적 유희라는 점이다. 즉 이 경기는 표면적으로 보기에 보상이 없는 행위 자체가 목적인 놀이적 특성을 갖는다. 따라서 직접적으로 생산물을 얻는 노동행위와는 다른 오락적 유희로 볼 수 있다. 넷째, 돌을 던지는 신체적 기능과 체력이 요구되는 활동이라는 점이다. 마지막으로 대중적이고 집단적 게임이며 수많은 관람객을 동반하는 경기라는 점이다. 다음의 인용문은 이 점을 명확하게 보여준다. 돌싸움이 벌어져서 "어느 한쪽이 우세하여 상대방이 달아나게 되면 천지가 진동하는 듯이 소란한 싸움이 벌어지고, 근처 산등성이에 있는 수천 명의 구경꾼들은 승리한 쪽에서 던지는 빗발 같은 돌멩이 세례를 피해 도망가며, 잠시 동안 공포감에 휩싸인다"(이진수, 1990: 106).

이상에서 살펴보았듯이 한국의 전통경기인 석전은 여러 면에서 오늘날의 스포츠와 유사점을 갖는다. 이 점을 Van Dalen 등은 다음과 같이 기술하고 있다.

"한국의 전통적인 게임 가운데에는 돌싸움같이 대중적이고 집단적인 게임이 많다. 예를 들면 축국, 차전놀이, 고싸움 등이 대표적이다. 축국은 6세기에 이미 한국에서 실시되고 있었다. 이는 공을 발로 차는 경기로서, 승부를 결정하는 방법상에는 차이가 있기는 하지만 현재의 축구와 대단히 유사한 경기이다"(이진수, 1990: 106~107).

이와 같이 한국의 전통사회에서 서민계층에 의해 수행되었던 전통 경기는 현대의 단체스포츠와 매우 유사한 모습을 띄고 있었음을 알게 되었다. 승부에 대한 집착, 집단적인 경기 운영방식, 강한 경쟁적 특성, 높은 신체기술과 강한 체력의 요구 등은 분명 현대 스포츠와 공유하는 특성이기도 하다. 도대체 이와 같은 한국의 전통 경기가 갖는 특성은 어디에서 연유한 것일까? 어떤 문화적 요인으로부터 비롯한 것일까? 앞서 살펴보았던 불교나 유교로부터 어느 정도 영향을 받았겠지만 불교나 유교적 문화 전통으로부터 설명할 수 없는 부분이 아직 많이 있다. 이제 마지막으로 샤머니즘과의 연관선상에서 이 특성들의 유래를 살펴보기로 하자.

한국의 자연환경은 농경문화를 건설하는데 유리한 조건을 제공하고 있다. 따라서 한국에서는 오래 전부터 농경문화가 발달하였으며, 19세기 말엽 서구 문물이 대폭적으로 이입되기 이전까지 농업은 한국인들의 주요 생활수단이었다. 농작물의 수확은 농경사회의 중요한 사건이다. 수확량이 좋고 나쁨에 따라 사회의 체제가 지속적으로 유지될 수도 있고 몰락할 수도 있기 때문이다. 따라서 농경사회의 구성원들은 모두 성공적인 경작에 큰 관심을 갖는다. 성공적인 수확은 농작물의 성장리듬과 일기의 변화 간에 적절한 관계가 유지될 때 가능하다. 인위적인 작업에 속하는 시기적절한 파종과 함께 땅과 하늘 간의 적절한 관계유지는 고대 농경사회가 지속적으로 생존하기 위한 필수적 조건이었다.

고대 농경사회의 믿음체계는 인위적 생산노동(파종 및 수확)과 초월적 자연현상 간의 관계와 밀접한 연관이 있다. 이 생산노동과 자연현상의 조화로운 관계는 고대 농경사회인들의 행위방식을 파악하는 기본 틀이 될 수 있다. 즉 고대 농경민족들의 행위는 "우주적인 조화"를 생성해내려는 의도의 표현으로 파악되어야만 한다. 한국의 고대 사회에서 우주적인 조화에 대한 바램은 샤머니즘적 행위에서 보다 구체화되어진다. 이와 같이 샤머니즘은 하나의 믿음체계로써 한국인들의 사회적인 삶에서 중요한 위치를 점유하고 있었다 (Kim, 1982: 161).

샤머니즘적 세계관에 따르면 우주란 세 개의 영역으로 나뉘어져 있다. 즉 하늘, 땅, 그리고 지하계가 그것이다. 이 세 개의 영역은 하나의 중간통로를 통해 서로 연결되어 있다. 하늘에는 신들이 거주하고 있으며, 지하세계에는 악귀들이 몰려 있고, 땅에는 인간들이 살고 있다. 중간통로는 우주를 연결하는 도로의 역할을 한다. 신들은 이 중간통로를 통하여 땅으로 내려올 수도 있고, 지하계로 내려갈 수도 있다. 사람이 죽으면 그 영혼이 이 중간통로를 통하여 하늘로 올라갈 수도 있고, 땅으로 내려갈 수도 있다. 또한 지하세계에 살고 있는 악귀들은 이 중간통로를 통하여 악한 기를 지상으로 올려 보낼 수도 있다. 신들은 이 악귀들의 악한 기를 지하세계에만 머물도록 제한함으로써 땅 위에는 우주적 조화가 지속되게 한다. 만일 인간이 금기를 깨뜨리거나 우주적 조화를 방해하는 행위를 했을 때 우주적 질서가 무너지면서 악귀들은 중간통로를 타고 지상으로 올라오며, 그 결과 홍수, 가뭄, 흉작, 질병 등과 같은 재해 현상이 발생한다. 이러한 재해가 발생하면 깨진 우주의 조화와 질서를 다시 회복시키기 위해 샤먼(무당)이 동원된다. 샤먼은 깨뜨린 금기를 보상하는 의미에서 하늘의 신들께 제물을 바치거나 각종 제례행위(춤이나 운동경기)를 통하여 우주의 조화가 다시 회복될 수 있도록 빈다. 이러한 샤먼의 염원은 신들께 전달되고, 감동한 신은 지상으로 내려와 악귀를 다시 지하계로 축출한다. 그리고 우주의 조화는 다시 원래대로 회복된다(Eliade, 1975: 250).

샤먼에 의한 제례행사는 우주적 조화의 상실 이후뿐만 아니라 파종 또는 추수 이전에 풍작을 기원하는 의미에서, 그리고 추수 이후에 풍작을 감사하는 의미에서 행해지기도 하였다. 따라서 신께 제례를 드리는 축일은 보통 파종이나 추수 전후인 3월이나 9월에 있었다. 샤머니즘적 세계관에 따르면 제례와 같은 인간의 특정 행위는 자연현상과 인과적 연관성을 갖는다. 이러한 사고는 전통 사회의 한국인들에게도 무시할 수 없는 영향력을 행사하였다. 앞서 서술한 석전 같은 전통 경기에서 나타나는 강한 승부욕은 지금까지 설명한 샤머니즘적 관점에서 이해하여야만 할 것이다. 이 점을 이진수(1990: 108)는 다음과 같이 말하고 있다.

> "과연 돌싸움, 차전놀이, 고싸움 등에서 보이는 승부에 대한 격렬성은 어디에서 나오는 것일까? 그것은 이 승부가 농경사회에서 가장 중요한 수확과 직접적인 관계를 맺고 있기 때문일 것이다. 한국인들은 이러한 대중적이고 대규모적인 신체운동에서 승리한 마을 쪽에 풍년이 든다는 신앙을 가지고 있었던 것이다. 농경사회에 있어 그 해의 경작물의 수확이 많으냐 적으냐 하는 문제는 그 사회의 경제, 정치 등에 상당히 큰 영향을 끼쳤고, 이러한 이유로 한국인의 민속놀이는 격렬한 승부성을 표출하게 되었던 것이다."

지금까지 한국인들의 운동문화에 대한 일반문화의 영향, 즉 불교, 유교, 샤머니즘의 영향을 살펴보았다. 고찰 결과 불교나 유교는 한국인들의 운동문화에 그다지 큰 영향을 끼치지 않은 것으로 사료된다. 반면에 샤머니즘의 영향이 매우 컸을 것으로 추측된다. 예컨대 석전, 고싸움, 차전놀이 등과 같은 한국의 전통적 경기에서 보이는 특성들은 샤머니즘의 영향아래에서 발달한 것으로 추측된다. 특히 이 경기들이 보여주는 강한 경쟁성과 승부에 대한 집착은 샤머니즘적 사고와 밀접한 연관이 있는 것으로 여겨진다. 개항 이후 서양의 스포츠와 체육이 도입되어 발전하면서 특히 경쟁적 특성이 두드러졌던 이유도 샤머니즘적 문화풍토 속에서 싹터서 습성화 되어버린 한국인들의 승부에 대한 강한 집착과 무관하지 않았을 것이다.

3 근대 체육 및 스포츠의 토착화에 영향을 미친 한국의 사회-정치적 배경

1) 근대화운동

스포츠가 유입되었던 19세기말은 한국에서 왕권에 기반을 둔 봉건적 사회질서가 와해되고 근대적 사회질서의 정착을 목표로 하는 근대화 운동이 적극적으로 전개되던 때였다. 한국사회의 근대화 요청은 이미 16세기 말엽 일본과의 힘겨운 전쟁을 겪은 후부터 서서히 나타나기 시작하였다. 임진왜란에서 쓰라린 패배를 맛 본 조선조의 지식인들은 이상만을 앞세우는 비현실적 유교를 의혹과 회의의 눈으로 바라보기 시작했으며, 급진적인 이들은 격렬하게 비판하기까지 하였다. 정치, 경제, 사회의 제 영역에서 유교가 내세우는 이상주의적 요청과 조선조의 현실 사이에는 뛰어 넘을 수 없는 간격이 존재했기 때문이었다. 따라서 전통적인 유교의 이념은 근본적으로 변화되어야 하며,

혁신되어야만 한다는 요청이 강력하게 제기되었다.

한편 17세기부터 한국사회에도 서서히 서양문명이 유입되기 시작하였는데, 특히 한자로 번역된 서양의 지도와 과학서적, 그리고 기독교 교리를 적은 신학서적들이 중국을 통해 대량으로 흘러들어 오면서 서양문물의 유입은 가속화되었다. 새롭게 유입된 서양의 기술과 과학, 그리고 기독교 사상은 조선의 지식인층에 큰 영향을 끼쳤는데, 그 결과 한국에서도 합리적인 사고가 싹틀 수 있었으며, 학문연구의 방법이 획기적으로 변화하였고, 조선조의 봉건적 계급질서에 반대되는 평등의 이념이 널리 알려지게 되었다. 이와 같은 당시의 사회-문화적 경향을 실학운동이라고 부른다. 실학이란 말 그대로 이론지향이 아닌 실천지향의 학문을 뜻하며, 실학운동이란 서양의 기술과 과학과 같이 실천지향적인 이론체계를 적극적으로 수용하고자 했던 사상적 노력이었다. 실학운동가들은 서양문물의 적극적 수용을 위해 문호를 개방하고 외국과의 상거래를 활성화할 것을 끊임없이 요청하였다. 그러나 그들의 요청은 여전히 유교를 신봉하는 집권 보수 세력의 견해와 부딪혀 좌절되곤 하였다. 근대화의 요청이 보수 세력의 벽을 극복하고 현실화되기 시작한 것은 19세기에 이르러서이다.

1876년 일본 전함의 위협을 통해 타의적으로 부산항을 개항하면서 서양문명과 접촉이 활발해졌고, 이로 말미암아 조선사회의 근대화는 새로운 국면을 맞게 되었다. 1881년부터 1886년까지 5년간 조선왕조는 미국, 영국, 독일, 이태리, 러시아, 프랑스 그리고 일본 등의 국가들과 공식적인 외교 관계를 수립하였다. 조선의 개방은 한국의 개화세력들에게 근대화라는 그들의 이상을 실현시키기에 유리한 조건을 만들어 주었다. 당시 근대화의 개념은 산업의 근대화, 인간 의식의 근대화, 그리고 계몽과 교육을 통한 과학의 근대화를 의미하였다.

개화세력들은 교육의 근대화와 관련하여 유교의 정치 이념 실현을 최상의 목표로 삼고 있던 기존 교육을 철저히 거부하고 그 대안으로 실용주의적 교육을 제창하였다. 그리고 서양 선교사들의 도움으로 실용주의 교육을 수행할 수 있는 근대식 학교를 설립하였다.

1885년 최초의 근대식 학교인 한성학교가 설립됐고, 1886년 미국의 선교사가 그곳의 교사로 초빙되었으며, 자연과학과 외국어가 학교의 정규 교과과정에 삽입되었다. 1894년부터 1897년까지 각급 수준의 공립학교가 기반을 마련하였고 이조의 군사전문학교와 같은 특수학교도 새롭게 설치되었다. 중급 및 고급 수준의 학교 가운데는 미국 선교사의 지원을 받아 사비로 설립된 곳도 있었다. 서양의 근대 스포츠와 체조는 이 기간 동안 근대학교의 교육내용으로 채택되어 한국에 유입되었으며, 그 이후 근대학교의 정규교과로 자리 잡게 되었다. 여기서 근대적 스포츠와 체육이 교육개혁을 추진하던 개화파 세력들에 의해 적극적으로 수용되어 근대학교의 주요 교과로 자리 잡을 수 있었던 이유를 추론해 보자.

스포츠와 체육은 무엇보다도 다양한 신체활동을 통해 이루어지는 적극적이고 능동적인 삶의 표현이다. 따라서 실용주의적 교육을 지향했던 개화파 세력들이 스포츠와 체육에 깊은 매력을 느꼈을 것으로 사료된다. 그들은 특히 스포츠를 학교의 교육내용으로만 국한하지 않고 한국 사회 전반에 보급하려고 노력하였다. 이러한 노력으로 말미암아 학교운동회가 활성화되었으며, 그 결과 근대 체육 및 스포츠가 한층 손쉽게 한국사회 전반으로 확산될 수 있었다. 그 이외에도 이들의 노력으로 다양한 스포츠단체들이 결성되었으며 각종 활동을 통하여 스포츠 보급에 힘썼다. 1906년부터 1910년 사이에 무려 10

개의 스포츠단체가 결성되었다(나현성, 1985: 151~154). 이상에서 살펴 본 바와 같이 서양의 근대 스포츠와 체육은 개화파 및 서양 선교사들에 의해 개화기 한국사회의 근대화 방편으로 인식되어 적극적으로 지원되었으며, 그와 같은 지원에 힘입어 비약적인 발전을 거듭할 수 있었던 것이다.

2) 민족주의 운동

앞서 개화기에 근대 체육 및 스포츠가 비약적으로 발전할 수 있었던 정치-사회적 배경을 근대화 운동과 연관시켜 설명해 보았다. 근대 체육 및 스포츠의 전개에 영향을 준 또 하나의 정치-사회적 배경은 민족주의 운동의 전개이다. 이하의 논의에서는 민족주의 운동의 전개가 근대 체육 및 스포츠의 발달에 어떻게 영향을 주었는지 알아보기로 한다.

개항은 한국사회에서 근대화 운동을 촉진시키는 계기로 작용했을 뿐만 아니라 외세(특히 일본)에 대항한 "한국적 민족주의"를 탄생시키는 결과를 가져왔다. 개항으로 인해 국가의 주권이 크게 위협받았기 때문이다. 개항 이후 일본, 러시아 그리고 영국을 포함한 세계 각국의 제국주의 세력들이 진출함으로써 조선왕조는 체제 유지와 안정에 큰 위협을 느끼게 되었다. 국가가 이러한 위기 상황에 처함에 따라 근대화 운동은 독립협회와 같이 국권신장을 목표로 결성된 정치 세력에 의해 이끌어지게 되었다. 그에 따라 한국 사회의 근대화 운동은 일제에 의한 주권침탈에 항거하는 애국적 계몽운동의 형태를 띠게 되었다. 이와 같은 주권신장 운동 세력들은 교육을 자신들의 이념을 현실화하는 발판으로 삼았으며, 한국 국민들에게 보다 많은 교육 기회를 제공하고 올바른 지식을 전달하는 일을 일차적 과제로 설정하였다(송건호, 1979: 15).

국가의 주권을 신장하기 위하여 산업을 육성하는 일 이외에 청소년 교육에 많은 노력이 기울여 졌다. 청소년 교육은 새로운 개혁 운동을 발판으로 한 각급 학교의 신설로 이어졌으며 신설된 학교에서 청소년 교육을 통해 국가에 대한 애국심과 민족의식을 일깨울 수 있었다. 청소년 교육을 통한 민족주의 운동의 전개를 목표로 삼았던 당시 학교 교육에서 체육과 운동회는 매우 중요한 역할을 담당하였다. 현실적 삶과는 무관한 유교 경전의 이론적 지식을 단순히 암기함을 목적으로 하며, 그 결과 한국인들을 문약으로 흐르게 했던 봉건적 유교 교육과는 달리 새로 도입된 근대적 체육교육은 학생들에게 신체를 단련하고, 그를 통해 건강하고 강한 신체와 정신을 형성할 수 있는 가능성을 열어 주었다. 또한 학교 운동회는 무엇보다도 국민들을 계몽시킬 수 있는 계기를 마련해 주었다. 운동회에 참여하는 선수들은 대개 학생들이었으나 그 경기대회를 적극적으로 지지했던 관람자들 중에는 일반 대중이 다수를 차지하였다. 운동회가 열리는 동안 운동회장 주변에서는 여러 행사들이 함께 열렸는데 그 가운데는 국민 계몽을 위한 연설회도 포함되어 있었다. 이 연설회는 대개 운동회를 관전하기 위해 모여든 사람들을 정치적으로 계몽시키기 위한 행사였다. 개항 이후 봉건적 사회질서가 해체되면서 전통적 지역공동체 역시 급격하게 붕괴되었다. 지역공동체는 다른 무엇으로 손쉽게 대치할 수 없는 공통체구성원들 사이의 의사소통 기능을 담당하고 있었다. 그러나 개항에 따른 지역공동체의 붕괴로 당시 한국 사회는 정보를 대중에게 전달하는데 큰 어려움이 있었으며, 그 결과 자유로운 의사소통이 불가능하였고 대중의 여론을 수렴하기도 수월치 않았다. 이와 같은 상황에서 학교 운동회는 중요한 의사소통 기제로 기능할 수 있었다. 학교운동회장 주변에서 개최된 연설집회에서는 국가에 대한 애국적 태도, 교육개혁의 필요성, 그리고 외세의 침투에 직면한 민족적 주체성의 확립 등이 특히 강조되었다. 그밖에도 운동회장 주변에는 수많은 태극기가 게양되었고, 운동회가 끝난 다음에는 학생선수들과 일반 관람객 모두가 단합하여 국가와 왕에 대한 만세를 세 번 외치기도 하였다(이학래, 1990: 59~70). 이와 같이 학교운동회는 해를 거듭하면서 민족주의적 특성을 보다 강하게 띄게 되었으며, 그와 같은 계기를 통하여 민족의식이 보다 강하게 고취되었고 종국에는 일제를 규탄하는 반일 운동의 산실이 되었다. 따라서 일제는 한일합병 이후에 학교운동회를 전면적으로 금지하게 되었던 것이다.

4 결론

이 장에서는 19세기 말엽 서양 근대 체육 및 스포츠가 한국에 유입되어 토착화되어가는 과정을 역사-문화적 관점과 사회-정치적 관점 두 입장에서 이해하려고 시도하였다. 개항으로 특징 지워질 수 있는 19세기 말엽은 서양문물이 급작스럽게 들이닥치기 시작한 시기였다. 서양의 근대 체육 및 스포츠도 이 시기에 도입되었다. 교육의 일환으로 도입된 근대 스포츠와 체육은 학교운동회라는 계기를 통해 사회 전역으로까지 폭넓게 확산되었다. 당시 근대 체육 및 스포츠의 토착화과정이 보여주고 있는 특징은 다음과 같이 요약되어 질 수 있다. 첫째, 문화적 이질성에 불구하고 한국사회에 큰 갈등 없이 수용되었다. 둘째, 급속한 속도로 한국사회에 전파되었다. 셋째, 여러 특성 중에서 특히 경쟁성이 크게 부각되면서 발전하였다. 넷째, 근대 체육 및 스포츠를 사회 전반으로 확산시키는데 결정적인 역할을 하였던 학교운동회는 한일합방 이후 일제에 의해 강제적으로 폐지되었다.

이상에서 언급한 개화기 한국에서 서양 근대 체육 및 스포츠의 토착화과정이 갖는 특성을 이해하기 위하여 당시 한국 사회의 역사-문화적 배경과 사회-정치적 상황을 분석한 결과 다음과 같은 결론에 도달할 수 있었다.

불교, 유교, 샤머니즘은 당시 한국 사회의 역사-문화적 배경을 형성하는 복합적인 요인이다. 전통사회의 한국인들은 불교로부터 금욕주의적 생활태도를, 유교로부터 반개인주의적 사고방식을 습득하였다. 이와 같은 특성은 한국의 전통경기에도 그대로 반영되어 있었다. 한국의 전통경기에 내재해 있는 미래의 승리를 쟁취하기 위하여 현재의 희생을 감수하는 금욕주의적 태도와 경기방식의 집단적 특성이 바로 그 증거이다. 한국의 전통경기는 이러한 특성들 외에도 근대 체육 및 스포츠에서 발견할 수 있는 특성들, 예컨대 오락성, 승부를 결정하는 경기, 능숙한 신체기량의 요구, 관중의 동반 등과 같은 특성들을 포함하고 있었다. 한국의 전통경기에서 특이할만한 점은 승부에 대한 강한 집착이다. 이러한 성향은 무엇보다도 샤머니즘의 영향 하에서 발달되었을 것으로 사료된다. 경기에서의 승리가 풍작을 가져다준다는 샤머니즘적 사고는 당연히 승부에 대한 강한 집착으로 표출될 수 있기 때문이다. 이상에서 살펴 본 바와 같이 불교, 유교, 샤머니즘이라는 역사-문화적 배경 위에서 발달한 한국의 전통 경기는 근대 체육 및 스포츠가 갖는 특성과 유사한 특성을 갖고 있었다. 이러한 동질성은 서양의 근대 체육 및 스포츠의 무리 없는 수용에 중요한 변수로 작용했을 것으로 사료된다. 또한 전통 경기에서 나타나는 승부에 대한 강한 집착은 근대 체육 및 스포츠의 전개에서 나타나는 경쟁성을 설명해 주는 주요 요인이다.

개화기의 사회-정치적 상황과 근대 체육 및 스포츠의 전개가 갖는 연관성은 외래문물의 유입에 대한 적극적 수용과 반발이라는 두 가지 차원으로 나누어 생각할 때 보다 잘 이해되어질 수 있다. 외래문물의 적극적 수용은 근대화 운동으로, 반발은 민족주의 운동으로 표출되었다. 이 두 가지 사회-정치적 경향은 당시 근대 체육 및 스포츠의 전개에 매우 큰 영향을 미쳤다. 봉건적 사회질서가 와해되던 구한말 근대적 사회질서의 정착을 목표로 했던 근대화 운동은 산업의 근대화, 의식의 근대화, 계몽과 교육을 통한 근대화로 구체화되었다. 교육의 근대화와 관련하여 유교의 정치이념실현을 최상의 목표로 삼고 있던 전통적 교육이 거부되었고, 그 대안으로서 적극적이고 능동적인 삶을 표방하는 실용주의적 교육이 대두되었다. 근대 체육 및 스포츠는 무엇보다도 다양한 신체활동을 통해 이루어지는 적극적이고 능동적인 삶의 표현이었다. 따라서 개화세력들이 근대 스포츠와 체육의 수용과 발달을 적극적으로 지원하였다. 다른 한편으로 개항은 외세의 진출을 허용함으로써 국가의 주권을 위협하는 결과를 초래하였다. 이와 같은 상황에 직면하여 외세에 저항하는 민족주의 운동이 대두되었으며, 민족주의 운동을 전개하던 사람들은 모든 계기를 동원하여 국민을 정치적으로 계몽하려고 노력하였다. 그리고 당시 운동회장 주변에는 수많은 대중이 모여들었기 때문에 대중을 계몽하기에 좋은 기회가 아닐 수 없었다. 이와 같은 이유에서 민족주의자들 또한 학교운동회를 적극적으로 지지했을 것으로 사료된다. 그리고 동일한 이유에서 일제는 한일합방 이후 운동회를 강압적으로 폐지하였던 것이다.

5장 한국 엘리트스포츠의 이해

1 엘리트스포츠의 발달 현황

한국의 스포츠가 세계무대에서 두각을 나타내기 시작한 때는 70년대이다. 1976년 몬트리올에서 개최된 하계올림픽경기를 시발점으로 한국의 엘리트스포츠선수들은 하나 둘씩 세계를 제패해 나가기 시작하였다. 이 경기에서 한국선수는 정부수립 이후 최초의 금메달을 획득한다. 일제 시대에 손기정 선수가 베를린 올림픽경기에 참가하여 금메달을 획득하였지만 그 때 그의 가슴에는 태극마크 대신 일장기가 그려져 있었다. 우리 선수가 가슴에 태극마크를 달고 올림픽경기에 출전하여 금메달을 획득한 것은 이때가 처음이다. 이 경기에서 한국은 금메달 1개 외에 은메달 1개, 동메달 4개를 획득함으로서 "스포츠 신흥강국"으로서의 면모를 과시할 수 있었다. 한국의 성적은 해를 거듭할수록 향상되어 80년대에 들어서면서 괄목할 만한 성장을 이루게 된다.

1982년 인도의 뉴델리에서 개최된 아시안게임에 참가한 한국은 메달집게에서 3위를 차지하였고, 1986년 서울 경기에서는 중국에 이어 2위를 기록하였다. 1984년 LA에서 개최된 올림픽경기에서는 금메달 6개, 은메달 6개, 동메달 7개 등 총 19개의 메달을 획득하여 세계 10위에 마크된다. 한국 엘리트스포츠의 정점은 뭐니 뭐니 해도 1988년 서울에서 개최된 하계올림픽경기이다. 이 경기에서 한국은 12개의 금메달, 10개의 은메달, 7개의 동메달을 획득하여 세계 4위라는 신화를 창조하였다.

이상에서 살펴보았듯이 한국의 엘리트스포츠는 비교적 짧은 시간 내에 매우 급속한 성장을 기록하였다. 그렇다면 이와 같은 급속한 성장은 어떻게 가능했을까? 한 사회에서 스포츠의 발달을 설명하는데 가장 빈번하게 적용되고 있는 이론은 피라미드 이론모형이다. 이 모형에 따르면 한 사회에서 엘리트스포츠의 발달은 대중스포츠라는 저변을 토대로 해야만 가능하다. 다시 말해 먼저 대중스포츠가 충분하게 발달하여 스포츠저변층이 두텁게 형성된 연후에야 그 저변을 토대로 엘리트스포츠가 발달할 수 있다는 설명논리이다. 한국 엘리트스포츠의 발달을 설명하는데 이 모형을 적용하는 것이 과연 타당할까?

피라미드모델은 한국 엘리트스포츠의 발달을 설명하기 위한 논리로서 적당하지 못하다. 그 이유는 피라미드모델에서 엘리트스포츠가 발달하기 위한 전제로 상정된 저변이 한국의 경우에는 존재하지 않기 때문이다. 엘리트스포츠가 급속하게 성장하던 80년대 중반의 대중스포츠 발달상황을 살펴보면 열악하기 그지없다. 한국의 스포츠구조는 피라미드구조가 아니라 역피라미드구조를 이루고 있다. 과도하게 발달한 엘리트스포츠가 빈약한 대중스포츠를 짓누르고 있는 형상이다. 80년대까지 스포츠는 어린이나 청소년 활동이라는 인식이 강하였으며, 학교를 졸업하면 접해보기 힘든 그 무엇이었다. 대다수 한국인들의 삶에서 스포츠는 큰 의미를 갖지 못하였다. 그 이유는 무엇보다도 대다수의 한국인들이 적극적으로 스포츠에 참여할 수 있을 정도의 시간적, 물질적, 관습적 조건을 갖추지 못하였기 때문이다. 그렇다면 한국의 엘리트스포츠는 어떻게 그렇게 빠르게 성장할 수 있었을까? 한국 엘리트스포츠가 급격하게 발달할 수 있었던 비결은 정부의 조직적이고, 체계적인 엘리트스포츠육성정책에 있다. 한국정부는 60년대부터 스포츠의 운영권을 거머쥐고 경제개발계획일정과 유사하게 스포츠발전계획을 수립하여 엘리트스포츠육성에 법적, 행정적, 조직적, 재정적인 지원을 아끼지 않았다. 그리고 이와 같은 정부의 정책은 일방적으로 엘리트스포츠의 육성에만 치우치게 된다. 이 점을 구체적인 사례를 들어 확인해 보도록 하자.

한국의 스포츠정책 행정주무부서는 80년대까지 체육부였다. 체육부의 과제는 엘리트스포츠의 육성뿐만 아니라 대중스포츠의 육성이기도 하다. 정부의 엘리트스포츠중심적 스포츠육성정책은 엘리트스포츠와 대중스포츠의 불균등한 재정지원에서 확인해 볼 수 있다. 1983년부터 1987년까지 체육부 총예산중 대중스포츠육성을 위하여 투자한 비율은 2.4%에 불과하였다. 1988년 서울 올림픽이후에 대중스포츠육성을 위한 투자비율이 다소 늘기는 했으나 여전히 미미한 수준에 그치고 있다(3%~15%). 이와 같은 대중스포츠에 대한 정부의 미흡한 재정지원으로 인하여 대중이 쉽게 접근할 수 있는 공공스포츠시설은 매우 열악한 실정에 있다. 스포츠시설은 공공시설, 학교시설, 산업체시설, 개인소유시설 등으로 나눌 수 있는데 체육부는 1990년도 전국 스포츠시설의 비율을 다음과 같이 보고하고 있다.

- 공공스포츠시설 982 곳 (2.2%)
- 학교스포츠시설 22,230 곳 (50.7%)
- 산업체스포츠시설 10,864 곳 (24.8%)
- 사설스포츠시설 9,787 곳 (22.3%)
- 합계 43,867 곳 (100%)

공공스포츠시설은 수적으로 부족할 뿐만 아니라 대중이 접근하기에도 매우 어렵다. 학교스포츠시설은 절반 이상이 학교운동장이고, 체육관은 15.3%, 수영장은 0.9%에 불과하며, 그나마 운동선수학생들의 독차지가 되고 있다. 사설스포츠시설은 절반 이상이 당구장이며, 그나마 대도시에 집중해 있다. 이와 같이 스포츠시설에 대한 투자의 미흡은 스포츠시설의 미흡으로 이어졌으며, 스포츠시설의 미흡은 대중스포츠발달을 저해하는 가장 결정적인 요인으로 작용하였다. 따라서 한국에는 80년대까지 피라미드의 하부구조인 대중스포츠가 존재하지 않았었다고 말할 수 있겠다. 오직 과도하게 비대해진 상부구조(엘리트스포츠)만이 존재했었을 뿐이다.

이상에서 살펴보았듯이 한국 엘리트스포츠의 급속한 발달은 전통적인 피라미드 모형으로는 결코 설명할 수 없다. 그것은 엘리트스포츠를 중점적으로 육성하려했던 한국정부의 스포츠정책의 결과로 보아야만 한다. 이하의 논의에서는 이 점을 엘리트스포츠발달과 연관된 사건, 제도, 기대 등과 관련지어 알아볼 것이다.

2 엘리트스포츠발달에 영향을 미친 스포츠정책

한국의 스포츠역사에서 엘리트스포츠의 발달에 결정적인 영향을 미친 사건이 두 가지 있다. 국민체육진흥법 제정과 88하계올림픽 서울유치이다. 이 두 가지 사건이 엘리트스포츠발달에 어떻게 영향을 미쳤는지 알아보자.

1) 국민체육진흥법제정

국민체육진흥법은 1962년 9월 17일 혁명정부에 의해 공포된 체육관련특별법이다. 이때부터 정부는 스포츠의 주도권을 잡게되었으며, 스포츠, 특히 엘리트스포츠를 국가정치체계 속으로 통합하기 시작하였다. 이 점에 대하여 나현성은 다음과 같이 쓰고 있다. "5 · 16혁명이 軍事革命이 일어나 體育界도 모든 腐敗가 제거되어 새로운 希望속에 탄탄한 大路가 그 앞에 놓이게 되었다."(나현성 1985, 278).

스포츠가 국가정치체계로 통합된 사건이 한국 스포츠의 건강한 발전을 위하여 바람직했는지는 의문의 여지가 있지만 양적인 측면만 고려할 때 그 사건은 한국 스포츠의 발전에 크나큰 영향을 미쳤다. 먼저 스포츠관련법규에 미친 영향을 알아보도록 하자.

1962년까지 스포츠와 관련된 법규는 교육법시행령의 학교설치기준령에 따른 체육관 및 운동장에 관한 규정이 고작이었다. 1962년 국민체육진흥법이 다음과 같은 목적하에 공포되었다. "본법은 국민체육을 진흥하여 국민의 체력을 증진하고 건전한 정신을 함양하여 명랑한 국민생활을 영위하게 함을 목적으로 한다."(곽형기 외, 1994, 322). "국민체육"이란 국가스포츠정책의 총체

개념으로서 "경기체육"(엘리트스포츠)과 "건민체육"(대중스포츠)이라는 두 가지 하위개념으로 이루어진다. 그에 따라 정부의 체육진흥정책도 경기체육 진흥과 건민체육진흥으로 나뉘어지게 되었다. 국민체육진흥법에는 "체육의 날과 체육주간의 설정, 지방체육의 진흥, 학교 및 직장 체육의 진흥, 특히 직장운동경기부의 설치, 지도자의 양성 특히 경기지도자의 자격기준 설정, 체육시설의 정비, 국립 종합경기장의 설치, 선수의 보호 및 육성, 체육용기의 생산 장려 및 면세조치, 체육행사를 주관하는 지방자치단체에 대한 보조 등"(이학래, 1990, 224)의 내용이 포함되어 있다.

정부는 위에 열거한 과제를 현실화시키기 위하여 체육담당 행정기구를 대폭 확대하였다. 당시 체육업무를 담당하던 정부부서는 문교부문화국 소속 체육과였으며, 업무를 담당하는 직원 수는 4, 5명에 불과하였다. 그러나 정부는 문화국에 소속해 있던 체육과를 체육국으로 승격시켰고, 그 아래에 국민체육과와 학생체육과를 두었으며, 직원 수도 20명으로 대폭 증원하였다(곽형기 외 1994, 317~319).

그외에도 서로 독립해 있던 경기스포츠단체들이 1968년 3월 1일 효율적인 경기운영을 이유로 대한체육회로 흡수, 통합되었다. 이때부터 애초 대중스포츠의 보급을 관장하던 대한 체육회는 엘리트스포츠육성단체의 성격을 강하게 띠게 되었다. 대한체육회의 주요 업무를 살펴보면 다음과 같다: 1) 아마추어 경기단체의 통괄 지도, 2) 우수선수 훈련 및 양성, 3) 코치, 심판원의 육성, 4) 국내 각종 경기대회 개최, 5) 국제경기의 개최 및 참가, 6) 각종 국제회의 대표 파견, 7) 선수 훈련시설의 관리와 운영(이학래, 1990, 226).

또한 정부는 1970년 3월 3일 국무총리를 위원장으로 하는 국민체육심의위원회를 구성하여 국민체육, 학교체육, 체육시설, 체육기금, 운동용구 및 기타 체육진흥에 필요한 사항을 심의, 분석케 하였으며, 그 결과를 체육정책에 반영하였다(이학래, 1990, 224).

정부와 정부산하기관은 60~70년대에 엘리트스포츠를 중점적으로 육성하기 위하여 다음과 같은 조치를 취하였다.

- 선수들의 동기유발을 목적으로 각종 특별법을 시행하였다. 예컨대 기량이 뛰어난 선수들에게 병역특혜, 입학혜택, 연금지급 등의 특혜를 부여할 수 있는 법적 근거를 마련하였다.
- 우수한 선수를 조직적으로 양성하기 위하여 각종 체육전문학교를 설립하였다. 예컨데 체육중학교, 체육고등학교, 한국체육대학교, 태릉선수촌 등이 설립되었다.
- 국가대표선수들의 체력관리 및 기량향상을 과학적으로 도울 목적으로 스포츠과학(스포츠의학 및 역학, 심리학)분야를 적극적으로 지원하였다.
- 유능한 체육지도자를 길러내기 위하여 코치아카데미를 개원하였다.
- 재능있는 선수(꿈나무)들을 조기에 선발하기 위하여 1972년부터 소년체전을 전국체전으로부터 분리시켜 개최하였다.

이상에서 언급한 한국정부의 법적, 행정적, 재정적 지원에 힘입어 대한체육회는 엘리트스포츠관련업무를 큰 어려움 없이 수행할 수 있었으며, 그 결과 한국의 엘리트스포츠는 세계무대로의 도약을 준비할 수 있었고, 결국 1976년 몬트리올에서 한국인 레슬러 양정모는 대한민국 정부수립 이후 최초의 올림픽 금메달을 획득하였다.

2) 1988년 하계올림픽 서울 유치

80년대에 들어서면서 정부는 6, 70년대 보다 강력하게 엘리트스포츠를 지원, 육성하였다. 정부가 엘리트스포츠를 보다 강력하게 지원, 육성한데에는 88하계올림픽 서울유치가 중요한 변수로 작용하였다. 이와 같은 엘리트스포츠육성을 중심으로 하는 정부의 체육정책으로 말미암아 한국의 엘리트스포츠분야는 한층 더 발전하였다.

사실 80년대는 국민소득증대 및 노동시간의 감소로 대중의 스포츠수요가 크게 증가하던 시기였다. 그렇지만 정부는 급증하는 대중의 스포츠수요를 외면하고 오직 엘리트스포츠만을 중점적으로 지원, 육성함으로서 한국스포츠의 건전한 발달을 저해하는 결과를 가져왔다. 당시에 5공화국 정부는 엘리트스포츠를 중점적으로 육성하기 위하여 다음과 같은 2가지 기초 작업을 추진하였다. 첫째, 국민체육진흥법을 개정하였다. 둘째, 정부조직법을 개정하여 체육부를 발족하였다. 그 외에도 과학적으로 국가대표선수들의 체력을 관리하고 운동기량을 향상시키기 위하여 태릉에 스포츠과학연구소를 설치하였다.

국민체육진흥법 개정의 핵심은 국가스포츠정책의 최종목적이 "국민의 명랑한 생활영위"에서 "국위선양"으로 바뀐데 있다(체육부, 1986, 382). 국위선양은 3공화국 때에도 정부가 스포츠를 육성, 지원하는 가장 중요한 목적이었지만 그것이 공식적으로 표면에 드러나지는 않았었다. 그러나 80년대 들어서면서 국민체육진흥법개정을 통하여 국위선양이 국가스포츠정책의 최종목적으로서 표면에 드러나게 된다. 이학래는 이점을 "체육의 수단적 가치를 강조하게 되었다"(1990, 231)고 말한다.

개정된 국민체육진흥법에는 대중스포츠육성에 관한 조항도 포함되어 있다. 예컨대 100인 이상을 고용하고 있는 정부기관이나 공공기관 또는 사설 기관에는 최소한 한 종목이상의 스포츠시설을 갖추고 있어야하며, 연 2회 운동회를 개최해야만 한다는 규정이 있다(체육부 1986, 385). 그러나 법적 요청과 그 요청의 현실화 간에는 뛰어넘을 수 없는 간격이 존재한다. 그 법규가 상기 규정의 실현을 의무화하는 것이 아니라 단지 권장만하고 있기 때문이다.

개정된 법규의 내용은 주로 아시안게임(1986)과 올림픽게임(1988)의 개최와 관련된 업무들이다. 이때부터 정부의 스포츠관련업무는 크게 증가하였다. 증가하는 업무를 착오 없이 처리하기 위해서는 보다 큰 스포츠전담 행정기구가 필요했다. 따라서 정부는 1982년 초 정부조직법을 개정한 후인 3월1일 체육부를 발족하였다. 체육부를 발족한 후에는 각 지방에 독자적인 스포츠업무 전담 행정기구를 설치하였다.

체육부의 발족은 무엇보다도 정부예산의 일부가 정기적으로 스포츠진흥에 책정되어졌음을 의미한다. 해방이후 한국 스포츠의 발전을 저해하는 가장 큰 요인은 체육예산의 절대적 부족이었다. 50년대까지 스포츠조직들은 재정적으로 얼마 되지 않는 정부의 불규칙적인 지원에 의존했었다. 60년대에 제3공화국이 들어서면서 정부의 보조가 다소 증가하였고, 1972년 국민체육진흥기금을 조성하기 위한 조직이 만들어지면서 사정이 조금 나아지긴 하였으나 여전히 미흡한 실정이었다. 그러나 체육부가 발족되고 난 후에 이러한 재정적 어려움은 일소에 해소되었다. 체육부예산이 매년 큰 폭으로 증가하였기 때문이다(체육부 1986, 692쪽 참고).

정부가 체육부를 발족한 이유는 두 가지로 요약될 수 있다. 첫째는 86년 아시안게임 및 88년 올림픽게임의 조직적인 준비이고, 둘째는 엘리트스포츠의 체계적인 육성이다. 이 점은 체육부예산의 지출현황을 살펴봄으로써 쉽게 확인해 볼 수 있다. 체육부의 공식적인 업무내용은 다음과 같다(체육부, 1986, 114~119).

1. 국민체육진흥: 국민체육진흥을 위한 단기 및 장기계획 구상, 학교 및 대중체육육성, 지역체육시설확장, 우수선수 발굴 및 육성, 아시안게임 및 올림픽게임 준비.
2. 스포츠과학육성
3. 국제스포츠교류촉진
4. 행정기구운영

위에 열거한 체육부의 업무내용은 엘리트스포츠뿐만 아니라 대중스포츠의 육성도 포함하고 있다. 그러나 실질적인 예산지출현황을 살펴보면 대다수가 엘리트스포츠육성에 할당되어 있음을 확인할 수 있다. 예컨데 87년에 엘리트스포츠육성을 위하여 지출된 체육부예산은 대중스포츠육성을 위한 예산보다 훨씬 높다. 체육부는 엘리트스포츠중점육성정책에 따라 스포츠과학연구사업에 12억 1천 5백만원, 신인선수 발굴육성과 훈련비 37억 7천 9백만원, 외국인 코치 초빙 및 대표선수 해외전지훈련비 68억 9천 9백만원, 대표선수를 위한 훈련장 시설비 등으로 18억 6천 1백만원이나 지출했다. 그러나 대중스포츠육성을 위해서 지출한 예산은 지나치게 적다. 엘리트스포츠육성에 투입된 총액이 1백 37억 5천 4백만원임에 비해 대중스포츠육성을 위해서는 학교체육진흥비 5억 5천 1백만원과 사회체육육성비 6억 5천 3백만원 등 체육부 총예산의 4%만이 투자되었을 뿐이다(경제기획원, 1988, 101~102). 체육부가 엘리트스포츠를 집중적으로 육성하기 위하여 설립되었다는 가설은 이상과 같은 사실로부터 입증될 수 있는 것이다.

3 엘리트스포츠 육성을 위한 각종 제도

우리나라에서 엘리트스포츠를 육성하고자 시행하고 있는 제도로는 각종 특별법, 선수선발제도, 체육계열학교 운영, 국립선수훈련원 운영 그리고 한국체육과학연구원의 설치 운영 등을 들 수 있다. 엘리트스포츠에 대한 국가적 지원과 관리 양상을 알아보기 위하여 각 제도별 세부내용을 살펴보면 다음과 같다.

1) 특별법

특별법은 국가에서 엘리트 선수들을 육성, 관리하기 위한 법적 조처로서 크게 체육인 연금제도, 체육특기자 제도 그리고 병역특례법 등으로 구분할 수 있다.

체육인 연금제도는 정부의 유공 체육인 보호 · 육성정책에 기반을 두고 있는 국민체육진흥법 및 동법 시형령에 의한 선수관리제도인 경기력향상 연구연금지급, 대한민국체육상 시상, 체육장학금 지급, 국민주택 특별분양, 보험가입 등 6가지의 제도 중 하나이다.

수혜대상은 우수선수로서 은퇴한 자 또는 체육지도자인데, 이들의 복지향상을 위한 생활보조금 및 현역 우수선수의 경기력을 향상시키기 위한 연구비 등을 1975년부터 국민체육진흥기금에서 지급해왔으며, 1983년에는 경기력

향상연구 연금지급제도를 대폭 개선하였다.

기존의 올림픽대회 이외의 대회에서 은, 동메달을 획득 선수에 대하여는 연금지급 대상에서 제외하였던 것을 각 대회에서 획득한 금, 은, 동메달에 각각 평가수치를 부여하여 연금을 지급하도록 한 것이다. 또한 수령액은 금메달 획득의 경우 월 24만원에서 월 60만원으로 150%, 은메달의 경우 월 12만6천원에서 30만원으로 138%, 동메달의 경우 월 9만원에서 20만원으로 122%를 각각 인상하였다. 또한 메달획득에 공을 세운 경기지도자에게는 일시금으로 지급토록 하였고, 세계학생경기대회와 아시아경기대회에서 금메달 1개를 획득한 자로서 연금에 해당되지 않는 자에게는 300만원의 장려금을 지급토록 제도를 개선하였다. 1983년도 연금수혜자는 총 79명으로 연금지급액은 2억 3,400만원이며, 경기지도자 8명에게도 일시금 8,250만원이 지급되었다(체육부, 1984, 222~224).

특기자제도의 대표적 사례는 대학입학 특기자제도인데, 이는 1981년에 문교부훈령 제344호로 공포된 대학입학학력고사 특기자 심사규정에 의한 것이다. 이 훈령은 대학입학학력고사령 제16조 제 2항의 규정에 의하여 예능 및 체육특기자로 대학에 입학이 허용되는 특기자는 교육부장관이 결정하게 되어있다. 또한, 교육부장관이 예능 및 체육특기자를 결정함에 있어 대학입학학력고사위원회의 심의에 필요한 특기자 심사대상 및 심사기준 등에 관한 사항을 규정하고 있다.

체육특기자의 경우, 심사대상은 심사년도 10월 20일을 기준으로 하여 고등학교 3학년의 재학기간에 해당하는 기간의 고등학교 재학 중 입상실적을 가진 자로 하는데 단, 국제대회에서 입상한 경우에는 졸업 후의 실적도 심사대상으로 하고 있다. 입상성적은 1위~3위까지만 인정하되, 단체경기종목의 특별수상자와 육상의 계주와 역전 경주대회 구간 1위자 및 신기록 수립자도 대상자로 한다.

심사기준은 대한체육회에서 추천한 고등학교 국가대표선수(고교상비군, 청소년대표 포함) 및 단체경기종목에서 개인 · 특별상 수상자, 심사년도의 전국규모대회에서 1~3위로 입상한 자, 심사년도의 각 연맹주최 종목별 대회에서 1~3위로 입상한 자(육상계주와 역전대회의 구간 1위자 및 신기록 수립자 포함), 심사년도의 국제대회에 출전한 국가대표선수, 심사전년도의 전국규모대회에서 1위 및 2위 입상한 자와 3위에 2회이상 입상한 자, 심사년도의 단체경기 특별상 수상자(감투, 타격, 모범 등), 단체경기는 대한체육회의 경기종목별 참가인원수 범위 이내인 자, 심사전년도 전국규모대회 1위 입상자 및 2위 2회이상, 3위 및 특별상 3회이상 입상자 등이다(체육부, 1984, 437~440).

2) 선수선발제도

선수선발제도에 있어, 가장 중요한 역할을 하는 것은 전국규모의 체육대회인 전국체전, 소년체전 그리고 각종 종별선수권대회 등이다. 이들 체육대회는 많은 선수들이 서로의 기량을 겨루는 행사임과 동시에 우수한 기량을 가진 선수들을 선발하는 기능을 수행한다.

전국적 규모의 체육대회는 1920년 11월에 개최된 제1회 전 조선야구대회에서부터 비롯된다. 1920년 창립된 조선체육회는 그동안 산발적으로 기준 없이 행해져 오던 모든 경기를 조직적으로 지도하고 육성할 수 있는 획기적인 계기를 마련하였으며, 그 첫 사업이 전 조선야구대회였던 것이다.

이후 다른 종목의 전국대회도 1933년까지 다양하게 개최되어 오늘날의 전국체육대회규모로 발전하였다. 광복 후 46년 제27회 대회에서는 육상, 농구, 야구, 럭비, 배구, 테니스, 복싱, 역도, 사이클, 수영 등의 16개 종목이 실시되었고, 이 때 대회명칭이 조선올림픽대회로 개칭되었다.

1948년의 제29회 대회부터는 전국체육대회로 다시 명칭이 바뀌었고 경기운영방식을 시 · 도 대항으로 전환하여 실시하였다. 1957년 제38회 대회부터는 지방체육의 균형적인 발전을 도모한다는 취지아래 지방순회개최를 원칙으로 각 시 · 도에서 번갈아 개최하도록 하여 체육의 전국적인 보급을 도모하였다. 1966년 제47회 서울 전국체육대회부터는 매년 대회 표어를 채택하도록 하였는데, 1970년 제51회 대회에 이르러서는 '굳센 체력, 알찬 단결, 빛나는 전진'이라는 고정 표어를 제정하여 계속 사용하기로 하였다. 1972년 제53회 대회부터는 소년체육대회를 스포츠소년체육대회라 명명하여 분리 개최하게 되었다. 또 이 대회부터 해외동포선수들의 참가가 이루어졌다.

전국체육대회는 개폐회식, 시 · 도선수단 입장, 공개행사, 성화 점화, 선수대표 선서, 카드섹션 연출, 경기 진행 등으로 구성된다.

경기종목은 제 64회 대회 때의 경우, 고등 · 대학 · 일반으로 나누어 각각 26개, 26개, 28개 종목으로 구성된다. 종목은 육상, 수영, 축구, 야구, 테니스, 연식정구, 농구, 배구, 탁구, 핸드볼, 럭비, 사이클, 복싱, 레슬링, 역도, 씨름, 유도, 검도, 국궁, 양궁, 사격, 승마, 체조, 하키, 펜싱, 배드민턴, 태권도, 조정, 롤러스케이팅, 요트, 볼링, 근대5종 등이다. 이들 종목은 올림픽의 종목편성과 유사한 특징을 갖는다(체육부, 1984, 98~116).

전국소년체육대회는 '몸도 튼튼, 마음도 튼튼, 나라도 튼튼'이라는 대회표어아래 1972년부터 전국체육대회와 분리 운영되어 발전하였으며, 이제는 우수선수의 선발 및 육성을 위한 꿈나무 발굴의 산실일 뿐만 아니라 경기력의 향상으로 한국신기록을 수립하는 등의 성장을 이루었다.

초기의 전국소년체육대회는 '자라나는 소년 · 소녀에게 기초적인 스포츠를 보급하고 스포츠정신을 고취하며 학생체위를 향상시키고 체육인구의 저변확대로 신인선수를 선발하며 나아가 학원체육의 진흥으로 이 나라 체육발전에 이바지 한다'라는 목적을 가지고 소년소녀스포오츠대회라 칭하다가 1974년 제3회 대회 때부터 전국소년체육대회라 칭하기 시작하였다. 또한, 1980년대에 이르러 목적도 86아시안게임과 88올림픽대회에 출전할 선수양성이라는 미래지향적인 의미를 담는 것으로 변천되었다.

경기방법은 1972년 제1회 대회부터 1987년 제16회 대회까지 시 · 도 대항으로 기록경기를 제외한 모든 경기는 토너먼트방식으로 진행하고 시드제를 적용하여 종목별시드는 2개팀을 배정하였다.

참가자격은 제1회 대회때부터 다음과 같이 규정하였다. 1) 대한민국국민으로서 아마추어 임원 · 선수에 한함. 2) 대한체육회 가맹경기단체의 등록 규정에 의하여 선수등록을 한 자. 다만 국민학교부에 있어서 등록규정을 적용할 수 없는 경우에는 시 · 도 교육감의 확인서를 제출하도록 하고 대한체육회의 사전승인을 받은 후 참가토록 한다. 3) 국민학교부 참가자는 5~6학년에 재학중인 자에 한한다. 6) 특수한 경우에는 해당 시 · 도 지부장의 추천에 의하여 참가하고 대한체육회의 사전승인을 받아야 한다.

경기의 규모는 1972년 제1회 대회에 6,652명이 참가한 것을 시작으로 제16회 대회에는 12,927명이 참가하는 규모로 성장하였으며 종목은 19개 종목에서 26개 종목으로 늘어났다.

3) 체육계열학교

체육계열학교는 일반학교와는 달리 선수양성을 목적으로 설립되었는데, 여기에는 체육중학교, 체육고등학교, 체육대학교가 포함된다. 이들 학교들은 모두 기숙전일제, 개인스포츠종목의 선수 양성 등을 특징으로 한다.

체육중학교는 1971년 서울체육중학교가 처음으로 개교하였다. 원래는 교육법 85조에 의해 특수목적학교인 체육학교로 설립인가를 받았는데, 73년 교육법 85조 1항의 규정에 의하여 서울체육중학교로 명칭이 바뀌었다.

서울체육중학교의 설립목적은 "장차 우리나라 체육진흥에 앞장설 수 있는 유능한 체육지도자와 우수선수로서의 기본 자질을 함양"하는 것에서 알 수 있듯이 지 · 덕 · 체를 겸비한 모범적인 체육지도자를 양성하는데 있었다. 따라서 교육목표도 "21세기 주역이 될 민주시민 육성에 중점을 두고 근면하여 협동하는 참다운 체육인을 육성"하는 것으로 되어 있다.

서울체육중학교는 전교생이 기숙사 생활을 하며 전교생에게 숙식과 의복이 무상으로 제공된다. 교육과정은 주당 정규수업 33시간과 특별활동 2시간 등 모두 35시간으로 짜여져 있다. 교과는 크게 일반교과와 체육필수, 체육전문으로 나누어지는데 국어, 수학, 외국어 등의 일반교과시간이 22시간이고 육상, 구기 등의 체육필수교과와 체육전문교과시간이 11시간으로 배당되어있다. 학교수업은 대개 오전에는 일반교과, 오후에는 체육시간으로 짜여있다.

전국에는 서울체육중학교를 비롯하여 전남체육중학교, 경북체육중학교 등 모두 3개의 체육중학교가 있는데 서울체육중학교의 경우 80명 정원의 1학급이고, 나머지 2학교는 120명의 2학급으로 입학생을 받고 있다. 입학시험과목은 수영, 양궁, 유도, 육상 등 조기교육이 필요한 종목만 치루는데 수영에는 다이빙도 포함되어 있다. 입학시험을 보는 수험생들은 누구나 기초체력테스트와 전문기능검사를 받아야 하며 합격이 되더라도 건강진단에서 결격사유가 있으면 탈락한다. 그리고 지능검사에도 80이상을 받아야 한다.

체육고등학교로서는 1971년 서울체육고등학교가 처음으로 개교하였으며 전국에는 6개교가 더 있다. 체육고등학교도 체육중학교와 마찬가지로 기숙사 생활, 숙식과 의복 무료제공, 수업료 면제 등을 특징으로 하며, 서울체육고등학교의 경우 9개 교실과 480명을 수용하는 기숙사, 전교생 480명이 동시에 식사할 수 있는 식당을 구비하고 있으며 부대시설로는 체조와 구기를 할 수 있는 체육관과 역도, 레슬링, 유도, 복싱, 태권도는 물론 사격까지 할 수 있는 종합체육관, 축구뿐만 아니라 육상의 투척과 양궁훈련까지 할 수 있는 넓은 운동장을 갖추고 있다.

학생선발은 체육중학교와 마찬가지로 개인종목만 선발한다. 육상, 체조, 수영, 태권도, 유도, 복싱, 사격, 양궁, 역도, 사이클, 레슬링, 배드민턴의 12종목에서 2학급에 해당하는 120명을 뽑는다. 학생의 남녀비율은 대략 7:3 내지 8:2 정도 된다. 입학시험은 1989년 당시 연합고사, 전문체력검사, 전문기능검사의 시험을 치르고 신체검사를 통과하여야 입학이 가능하다.

교육과정은 일반교과 17시간, 전문교과 17시간으로 구성된다. 그리고 전문교과의 경우 전공종목 시간이 13시간이 된다. 체육고등학교가 단체종목 선수를 뽑지 않는 이유는 구기종목의 경우 다른 일반 학교에서도 많이 양성할 수 있으며, 단체종목을 뽑을 경우 한 종목에 너무 많은 학생들을 뽑아야 하므로 다양한 종목의 지도자를 양성하고자 하는 체육고등학교의 취지에 맞지 않기 때문이며 국가에서 정책적으로 체육전문학교를 통하여 비인기종목을 양성하여야 한다는 점에 근거를 두고 있다.

마지막으로 한국체육대학에 대해 살펴본다. 한국체육대학의 역사는 그리 길지 않다. 1976년 12월 30일 설립인가를 받아 1977년 개교하였다. 이후 두 번의 이전과 시설확장을 통해 학사과정 학생수가 960명인 규모로 성장하였다. 입학정원 240명 가운데 160명은 특기자전형이며 나머지 80명은 각각 40명씩 일반전형과 사회체육과로 나누어진다. 입학 시 특기자 160명은 올림픽이나 세계선수권대회 입상자가 우선권을 갖고, 그 다음에는 각종대회 입상자가 해당된다. 어느 경우라도 고3때 전국대회 3위 이내 입상경력이 있어야 한다. 특기자들은 일반학생이 치루는 학력고사를 봐야하지만 그 결과가 합격의 결정적인 요인은 아니다.

전공은 대학에 들어와서 선택하며 일단 선택을 하면 그 종목을 바꿀 수 없다. 학생들은 수업료를 면제받으며 숙식과 함께 운동용품도 무상으로 제공받고 있다.

4) 국립선수훈련원(태릉선수촌)

전국체전 및 소년체전을 비롯한 엘리트 스포츠의 과학화를 위해 태릉선수촌이 대한체육회에 의해 설립되었다. 이후 태릉선수촌은 한국 엘리트 스포츠의 메카로 자리 잡는다.

태릉선수촌은 1964년도 도쿄올림픽대회에 대비한 '우수선수 강화 훈련단'이 1963년 1월 31일 국민회당에서 결성되면서부터 시작되었다. 당시 종로구 동숭동에 있는 건물 하나를 매입하여 합숙훈련을 시작하였는데 바로 이것이 태릉선수촌의 전신이다. 도쿄올림픽대회 이후 대한체육회는 우수선수의 지속적 강화훈련을 위하여 서울 공릉동에 대지 9,786평과 건평 540평을 확보하여 1966년 6월 28일 태릉선수촌의 준공식을 갖게 되었다. 그 후 계속적인 대지와 시설 확충으로 현재 전진관(前進館)을 비롯한 7개 숙소와 개선관(凱旋館)을 비롯한 10개 실내체육관 그리고 국제스케이트장을 비롯한 7개의 옥외경기장, 이외 실내수영장, 실내빙상경기장, 옥외아이스링크 등의 세계적 체육시설을 갖추게 되었다.

대한체육회는 이외 동계 전지훈련에 필요한 선수촌인 진해분촌(1984년 9월 30일 준공)과 온양온천수영장(1986년 12월 준공)을 열어 국가대표선수들의 체계적인 훈련을 실시하고 있다(곽형기 외, 1994, 334~335).

5) 한국체육과학연구원

한국체육과학연구원의 전신이었던 대한체육회 산하 스포츠과학연구소는 1980년 12월 29일에 대한체육회 정칙 제61조를 근거로 설립되었는데, 스포츠과학의 개발 및 국민체력 향상 연구, 훈련프로그램의 개발, 연구결과의 현장적용 등을 목적으로 하였다. 당시 조직은 연구부와 행정부서로 구성되었으며 연구부는 스포츠생리학실, 스포츠역학실, 심리 · 사회 · 철학실, 트레이닝 및 처방실, 운동기술분석실 등으로 이루어져 있었다.

스포츠과학연구소의 발족은 우리나라의 대표 및 우수선수들의 경기력 향상을 위한 체계적 연구와 국민체력 향상, 그리고 전국의 스포츠과학 연구수준의 향상이라는 측면에서 큰 의의를 가진다. 1981년에는 '86 아시안게임'과 '88 서울올림픽대회'에 대비한 한국운동선수의 적정연령을 산출하고 종래의 체력측정항목을 운동종목별로 필수와 선택항목으로 구분하였으며 이러한 항목에 의거 대표선수의 체력측정을 실시한 바 있다. 또한 1982년에는 선천적 자질을 가진 우수한 신인을 발굴하기 위한 기준치설정에 관한 연구를 수행하였으며, 그들을 선발하는 사업을 지원하여 4,359명의 신인선수를 선발하였다.

국민체력 향상을 위해 국민체력의 평가기준치를 설정한 바 있고, 과학적 이론의 개발과 현장적용을 위해 각 대학 연구소와 연계체제를 확립하였으며, 스포츠과학의 활성화를 위한 세미나를 개최하여 이론연구자와 현장실천가들이 협동으로 한국체육의 발전에 기여할 수 있는 계기를 마련하였다.

1983년에 접어들어서는 스포츠과학기자재를 이용한 실험 · 실습 및 운동처방에 관한 연구와 각종 외국서적을 번역 보급, 각종 정보자료의 수집 및 전산화에 착수하였다.

4 정부주도적 엘리트스포츠 육성의 정치적 배경

앞에서 살펴본 바와 같이 한국 엘리트스포츠의 급속한 발전은 다양한 국가제도적 뒷받침을 바탕으로 한 것이었다. 이제 왜 한국에서 엘리트스포츠의 발전에 국가적인 뒷받침이 있을 수 있었으며, 있어야 했는가를 밝히는 것이 문제로 떠오른다. 이 문제의 해명을 위하여, 우선 엘리트스포츠와 정치의 관계에 대한 이론적 논의를 살펴보고, 이를 바탕으로 하여 60년대에서 80년대에 이르는 한국 엘리트스포츠의 발전과 정치권력의 변천 양상을 서로 연관지어서 살펴보자.

1) 엘리트스포츠와 정치

엘리트스포츠에 대한 국가적 지원과 관리, 즉 엘리트스포츠정책은 말 그대로 엘리트스포츠가 정책의 대상이라는 것을 의미하며, 정책이란 정치적 의도의 실현을 위한 구체적 노력이라고 할 때, 엘리트스포츠정책은 정치적 의도와 불가분의 관계에 있을 수밖에 없다.

정치와 스포츠의 관계는 일반적으로 스포츠의 정치도구화라는 말로 표현된다. 즉, 정치와 스포츠는 서로 밀접한 연관성을 가지고 있지만, 정치가 주도적인 위치에 있으며 스포츠는 정치적 의도의 실현을 위한 수단으로 활용된다. 그렇다면 스포츠의 정치도구화는 어떻게 성립하는가? 스포츠의 정치도구화는 스포츠가 가지고 있는 상징적 선전성에 바탕을 둔다. 국제무대에서 스포츠는 국위선양의 효과적 수단으로 여겨진다. 즉, 자국의 선수가 국제경기에서 우수한 성적을 거두거나, 자국에서 국제스포츠행사를 성공적으로 개최한 경우 이를 자국의 국가적 위상을 대변하는 것으로 받아들인다. 스포츠의 정치도구화 현상의 대표적 사례는 스포츠의 영역이 여타의 사회제도 영역에 비해 특이하게 발달한 국가에서 발견할 수 있다. 특히, 정치 · 경제 영역의 성장에 비해 엘리트스포츠가 급속하게 성장하는 제3세계의 국가들이 대표적인 사례라고 할 수 있다.

스포츠를 통한 국위선양은 국민통합과 밀접한 관련을 맺는다. 디겔(H. Digel)에 따르면 스포츠를 통한 국민통합은 다음의 두 가지 양상과 관련지어 이해할 수 있다고 한다(1988, 245). 첫째, 아래에서 위로의 통합이다. 이는 교육학적 시도라고 규정할 수 있는데, 학교교육을 통한 국민의식의 변화를 주요 과제로 삼는다. 둘째, 위에서 아래로의 통합이다. 이는 정치적 시도라고 규정할 수 있다. 즉, 엘리트스포츠를 통하여 국민을 통합시키고자 하는 시도이다. 그러나 엘리트스포츠가 필연적으로 국민적 통합을 가져오지는 않는다. 즉, 엘리트스포츠는 때에 따라서는 오히려 분열을 촉진할 가능성도 갖는다. 이러한 점에서 엘리트스포츠는 국민적 통합과 단지 개연적 관련성이 있을 뿐이다.

그러면, 단지 개연적인 엘리트스포츠와 국민통합이 어떠한 과정 속에서 현실화되는가? 엘리트스포츠가 국민통합과 연관되는 과정은 상징화와 동일화의 개념으로 설명할 수 있다. 첫째, 상징화(symbolization) 단계는 엘리트스포츠의 표현(representation) 기능과 연관된다. 여기서 상징화는 어떤 것이 '다른 것을 대신하여 표현해 주는 것'을 의미한다. 즉, 엘리트스포츠가 경제력이나 사회정치체제를 대신 나타내는 것과 같다. 이러한 관점은 엘리트스포츠의 상징적 의미는 선수개인의 우수한 성취는 그가 속한 팀, 집단, 지역사회, 국가의 우수함을 표현한다는 논리에 바탕을 두고 있다. 둘째, 동일화(identification) 단계이다. 대다수의 일반 국민들이 우수한 성취를 거둔 자국 선수와 자신들을 동일시함으로써 우리 의식 또는 공동체의식을 형성, 강화하고, 결국에는 국가 전체사회로의 통합을 가져온다.

일제시의 운동회(運動會)에서 스포츠행사를 통하여 민족 · 국민의식을 고취한 예를 발견할 수 있다. 당시 운동회는 민족운동의 일환으로 민족의식의 고양을 목적으로 행하여졌다. 일제하의 운동회는 대중동원을 위한 가장 효과적인 수단이었으며, 다양한 스포츠행사의 진행 속에서 민족의 동질의식과 국권회복의지를 확인하고 강화하는데 중요한 일익을 담당하였다. 운동회는 민족지도자들의 대중계몽을 가능하게 하는 매체였으며 참석한 대다수의 군중들은 공간적 일체감 속에서 심리적 동질감을 경험하는 계기였다. 이러한 맥락에서, 하이네만(Heineman)은 스포츠가 국민의 국가동일화 감정을 고조시킴으로써 국민통합의 기능을 수행하는데, 이는 정치 수준에서의 스포츠의 통합 기능을 보여준다고 보고 있다.

결국, 정치와 스포츠의 관계는 양자의 상호작용을 밑바탕으로 하며, 스포츠의 정치도구화는 정치적 의도에 의해 스포츠의 전개양상이 규정된다는 것을 의미한다. 스포츠의 정치도구화는 정치적 의도의 실현을 위하여 스포츠가 가지고 있는 속성인 재현기능을 극대화시킨 것이다. 스포츠의 재현기능은 국가적 위상을 상징적으로 드러내는데 매우 효과적이며, 국가적 위상에 대한 긍정적 인식의 확대재생산은 국민통합을 유도하고, 이는 곧 정권 안정화를 공고하게 하는 것이다.

스포츠와 정치의 관계에 대한 이상의 논의를 바탕으로 우리나라에서 스포츠정책과 정치논리는 어떠한 관계양상을 보여주는지에 대하여 살펴보자. '국민체육진흥법의 제정'과 '88년 서울올림픽의 개최'는 근대 한국의 엘리트스포츠 역사에서 가장 중요한 계기를 이룬다. 특히, 한국에서 엘리트스포츠의 정치도구화를 설명하는데 있어 주목하여야 하는 대표적 사례라고 할 수 있다. 한국 엘리트스포츠의 정치도구화에 있어, 국민체육진흥법의 제정은 1960년대의 상황을, 서울올림픽의 개최가 1980년대의 상황을 잘 드러낸다. 이러한 한국 엘리트스포츠의 정치도구화를 이해하기 위해서 당시의 정치 · 사회적 배경에 대한 검토를 바탕으로 엘리트스포츠의 전개 양상을 살펴본다.

2) 제3공화국의 성립과 국민체육진흥법의 제정

제1공화국의 이승만정권은 시간이 흐름에 따라 정권에 대한 국민적 불신과 사회적 혼란이 심화되는 양상으로 나타난다. 독립정부의 수립은 많은 국민들에게 새로운 희망에 부풀게 하였으나, 정치적 불안정과 경제적 어려움 속에서 이루어진 지배권력의 정권유지욕은 정치에 대한 국민적 불신과 저항을 유발하였다. 이승만정권에 대한 불신은 4 · 19혁명으로 이어져 의원내각제의 제2공화국을 성립시키게 되었다. 그러나 의원내각제의 제2공화국은 민주화와 경제발전에 대한 국민적 열망을 현실화시키기도 전에 한계를 드러내고 말았다. 이에 정치적 혼란은 계속되었으며, 경제적 어려움은 해결의 기미를 보이지 않았다. 이러한 정치 · 경제적 혼란은 5 · 16군사혁명과 국가재건위원회의 발족(1961)의 빌미가 되었다. 국가재건위원회의 해산과 함께 1963년 8월 박정희가 대통령으로 취임함으로써 제3공화국과 장기 군사독재의 서막이 올랐다.

박정희정권의 등장은 정치와 스포츠의 관계, 즉 스포츠의 정치도구화를 가져오는 계기가 되었다. 스포츠의 정치도구화는 정치이념이 스포츠의 향배를 규정하게 된다. 1960년대 이후 정치이념에 대한 검토를 바탕으로 스포츠의 전개양상을 살펴보자. 제3공화국 정부의 기본 통치이념이 된 박정희대통령의 역사의식과 시대의식은 그의 저서인 『우리 겨레가 나갈 길(1962)』에 잘 나타나 있다. 그의 저서 첫 번째 장의 내용을 살펴보면, 당시를 민족적 위기로 규정하고 그 위기의 근원을 파당성, 경제난, 수입된 민주주의로 꼽았으며, 국민적 통합이 필요함을 역설하고 있다. 그는 민족적 위기를 극복하기 위해서는 공동체의식의 부족, 당파간의 분열을 해소해야 하며, 이를 위하여 국민통합과 연대를 강조하고 애국심을 고취시켜야 한다고 주장하였다. 이에 따라 단일국가, 단일민족과 같은 용어의 사용을 통하여 애국심의 고취와 국민통합을 꾀하고자 하였다. 이러한 박정희대통령의 국민통합의 열망과 논리에서 집단주의적 성격을 발견할 수 있다. 포퍼(K. Popper)는 집단주의를 '집단, 무더기, 국가, 민족의 가치가 개인의 가치보다 높다'는 사고방식을 바탕에 두고 있다고 본다. 즉, 집단없이 개인은 어떠한 가치를 가질 수 없다는 것을 가정하고 있는 것이다. 이러한 집단주의는 결국 속성적으로 반개인주의적일 수밖에 없다.

박정희정권의 집단화정책은 필연적으로 스포츠정책에 영향을 미쳤는데, 그 영향은 바로 「국민체육진흥법」의 제정에서 집약되어 나타난다. 1945년 민족의 광복 이후, 한국체육은 교육법시행령에 의한 대학설치기준령, 중 · 고 · 사범학교 설치기준령, 국민학교 설치기준안 등에 의해 체육관, 운동장에 관한 규정을 하고 있었으나 국민체육 전반에 걸친 법규는 없었다(곽형기 외, 1994, 322). 이러한 현실에서 1962년 9월 19일 공포된 국민체육진흥법은 체육이 정책의 대상으로 총체적인 접근이 필요하다는 인식과 실천이 이루어지기 시작한 계기가 되었다고 할 수 있다. 법의 제안이유에서 나타나듯이 국민체육진흥법은 "국민의 체위향상은 국가 백년의 대계"로 보아, 당시의 혁명정부는 과감한 시책을 추진하였으나, 이를 뒷받침하는 법적 근거가 없음을 이유로, 시책의 근원을 찾기 힘든 처지에 있다는 현실적인 문제를 해결하기 위해 국민체육진흥법이 탄생하였다.

박정희정권의 스포츠정책은 국민체육의 이념과 국민통합의 관계 속에서 이중적인 양상으로 나타난다. 이는 앞에서 스포츠의 통합적 기능에 대한 디겔(Diegel)의 관점에서 설명할 수 있다. 박정희정권의 스포츠정책은 경기체육과 건민체육을 이념하고 있다. 이 두 가지의 이념은 국민통합과 연결되어, 전자는 위에서 아래로의 통합과 후자는 아래에서 위로의 통합과 연관된다. 경기체육, 즉 엘리트스포츠는 각종 국제대회에서 우수한 성적을 거두도록 함으로써 국가적 위상을 높이고 국민들로 하여금 동질의식과 우월감을 동시에 경험하게 하는 효과적 수단이 되었다. 이는 엘리트스포츠의 재현기능이 국민의 동질의식과 우월감을 고취하여 국민통합과 정권안정화에 긍정적으로 작용한다는 점에서 불안정 속에 있었던 박정희정권의 입장에서는 매우 매력적인 정권안정화 수단이 아닐 수 없었던 것이다.

3) 신군부의 등장과 1988년 서울올림픽대회의 유치

1970년대 말에 이르러 박정희정권의 군사독재에 대한 국민적 반감은 고조되었으며, 실업률과 물가의 상승으로 국민경제는 어려움을 겪고 있었다. 일방적인 수출지향적 정책의 한계가 노출되고, 중국의 경제적 성장이 이루어지면서 개발도상국의 선두에 서 있던 한국을 추격하기 시작하였다. 이러한 상황은 경제성장을 위해 독재가 불가피하다는 정치논리의 한계로 이어졌다. 극대화된 정치 · 경제 불안정은 박정희대통령의 사망을 가져오고 '서울의 봄'으로 일컬어지는 새로운 시대의 개막이 이어졌다. 장기적으로 유지해오던 군사독재가 무너짐에 따라 새로운 희망 속에서 민주화에 대한 낙관론이 확대되었다. 그러나 정권공백기의 사회적 혼란은 신군부 세력의 등장으로 이어진다. 새로이 등장한 신군부 세력은 위기에 있는 국가를 회생시켜야 한다는 논리를 바탕으로 1980년 8월 전두환대통령의 취임을 이끌어낸다.

전두환정권은 정권의 획득과 안정을 위하여 박정희정권의 통치논리를 더욱 강화시킨 방식을 취한다. 정의사회구현과 반공주의를 통치이념으로 표방했으나 국민적 설득력은 얻지 못했다. 국민들은 정권 획득방식에 대한 비판적 태도를 견지하였으며 냉전체제의 종식, 미 · 중 화해, 북 · 일 수교, 북한의 무력통일정책 포기의 국제적 공개선언 등의 국제정세의 변화는 반공주의의 설득력 상실하게 하였다. 결국, 전두환정권은 국내정치를 위한 반공주의를 이용하였으나 오히려 정권에 대한 불신을 유발하였으며 정권의 정당성 문제의 심화를 야기하였다.

정권 획득의 정당성과 국민적 지지를 확보하지 못한 전두환정권은 국민의 비판적 관심을 돌리고 정권의 정당화를 위한 획기적인 계기 마련이 시급한 과제였다. 이에 아시안게임과 올림픽의 유치에 모든 역량을 결집시켰다. 1981년 바덴바덴에서 서울올림픽의 개최가 확정되고, 국내의 유력 일간지는 물론 모든 언론들은 이를 톱기사로 대서특필하였다. 서울올림픽은 국민적 고통을 치유할 수 있을 것으로 기대되었다. 정부 통제 하에 있었던 당시 신문의 주요기사는, "1988년은 한국 역사의 대전환점이 될 것이며, 개발도상국에서 선진국으로 발돋움할 것이다"라고 쓰고 있다. 또한, 독일의 한 일간지는 1982년 10월 14일 제63회 전국체육대회에서 전두환대통령이 행한 기조연설을 인용하여 "한국은 올림픽을 위해 5,000년을 기다렸다"고 쓰고 있다.

올림픽 유치에서 나타난 전두환정권의 정치적 의도는 국민체육진흥법의 전면 개정에도 명백하게 드러난다. 박정희정권에서 제정된 국민체육진흥법은 스포츠를 통한 국민통합을 강화하는 방향으로 개정되어 왔으며, 그 양상은 1982년 전두환정권에 의해서 이루어진 전면개정에서 첨예하게 나타난다. 공포 당시 국민체육진흥법은 "국민체육을 진흥하여 국민의 체력을 증진하고 건전한 정신을 함양하여 명랑한 국민생활을 영위하게 함을 목적으로 한다"고 되어 있다. 그러나 1982년 12월 31일 전면 개정되면서 "국민체육을 진흥함으로써 국민의 체력을 증진하고 건전한 정신을 함양하여 명랑한 국민생활을 영위하게 하며, 나아가 체육을 통하여 국위선양에 이바지함을 목적으로 한다."(체육부, 1986, 382)로 되었다. 근대 한국스포츠정책의 기본방향을 규정하고 있는 국민체육진흥법의 제정 상황과 내용에는 정치적 배경이 자리하였다는 것을 발견할 수 있다. 또한 1982년 전면 개정된 법령의 목적에서 "국위선양에 이바지 한다"는 내용이 첨가된 것은 전두환정권의 등장과 '86년 아시안게임'과 '88년 서울올림픽 유치'라는 당시의 정치적 상황과 밀접한 관련이 있다고 할 수 있다.

디겔(Diegel)은 억압과 정당성 부족의 정권은 스포츠축제를 선호하고 이는 정권의 부정적 이미지를 제고하는 효율적 수단이기 때문이라고 본다. 특히, 우리나라의 올림픽 유치를 예로 들어, 한국이 올림픽유치에 열광적으로 노력한 것에서 알 수 있다고 하고 있다. 이러한 맥락에서 우리는 왜 전두환정권이 올림픽유치를 위해 노력하고 엘리트스포츠 육성에 매진하였는가의 이유를 유추할 수 있다. 올림픽은 최대의 국제스포츠행사로서 국민적 관심을 불러일으키기 충분하였다. 또한, 올림픽 개최가 선진국의 상징으로 여겨졌다는 점에서 전두환정권은 올림픽 유치가 그들의 정권획득이 한국의 선진화를 가져온 것이라는 논리를 펼 수 있는 근거를 마련할 수 있을 것으로 여겼던 것이다.

6장 독일의 생활체육 육성정책과 스포츠클럽

1 생활체육의 천국 독일

우리는 흔히 독일을 일컬어 '생활체육의 선진국' 또는 '생활체육의 천국'이라고 말한다. 독일에서 살아 본 사람이라면 이 말이 결코 과장이 아님을 알 것이다. 끝없이 펼쳐진 도심의 숲에는 거미줄처럼 뻗어있는 산책로가 마련되어 있으며, 이곳에서는 다양한 연령층의 남녀가 노르딕 워킹이나 조깅에 열중하고 있다. 숲 중간 중간에 있는 축구장, 테니스장, 하키장 등의 체육 시설에서는 이리 저리로 공을 패스하는 사람들, 라켓으로 공을 치는 사람들, 스틱을 들고 뛰어 다니는 사람들이 제 각기의 활동에 몰두하고 있다. 도심의 숲 가장자리로는 자전거 도로가 곧게 뻗어 있고 여기에는 삼삼오오 무리를 이루어 하이킹을 즐기는 사람들이 가득하다. 독일에서 이런 생활체육 광경을 만나기란 결코 어렵지 않다.

독일 생활체육의 중심에는 스포츠클럽이 있다. 독일의 생활체육이 스포츠클럽을 중심으로 이루어지고 있다는 점은 이와 관련된 통계 수치에서 확인할 수 있다. 독일연방스포츠과학연구소, 쾰른독일체육대학 스포츠경영연구소, 독일올림픽체육회가 2008년 공동으로 발표한 자료에 따르면, 2006년 현재 독일에는 90,467개에 달하는 스포츠클럽이 있고, 여기에 등록된 회원의 수는 2,700만 명을 넘어섰다고 한다. 독일의 전체 인구가 8,300만 명임을 감안하면 독일인 세 사람 가운데 한 사람은 스포츠클럽 회원인 셈이다. 사설 스포츠센터나 비공식적으로 조직된 모임에서 또는 개별적으로 스포츠를 즐기는 이들까지 포함할 경우에 생활체육 참여 비율은 전 국민의 70%를 상회한다. 독일인 세 사람 가운데 두 사람이 규칙적으로 스포츠에 참여하고 있다는 말이다. 독일에서 생활체육이 이렇게 활성화될 수 있었던 이유는 무엇일까? 그리고 독일의 생활체육이 스포츠클럽을 중심으로 이루어지게 된 배경은 무엇일까? 이 글의 목적은 이 두 가지 물음에 대한 답을 찾는 것이다.

2 생활체육 활성화를 위한 정책들

독일의 생활체육이 오늘날처럼 활성화될 수 있었던 것은 무엇보다도 1950년대 후반부터 지속적으로 시행되어 온 독일 연방 및 주정부, 지방자치단체, 그리고 체육단체의 체계적인 생활체육 활성화 정책 덕택이었다. 1959년 독일체육회와 그 산하단체, 그리고 스포츠클럽들은 스포츠가 경쟁과 성취를 지향하는 선수들만의 전유물이 아니라 건강과 휴양을 목적으로 하며 남녀노소 누구나 즐길 수 있는 여가 활동이 될 수 있음을 알리기 위해 '스포츠의 제2의 길'

을 결의한다. 그 이후 생활체육은 우수선수 육성을 목표로 하는 엘리트 체육과 더불어 독일체육회의 주요 과제가 되었다. 1966년 독일체육회는 생활체육 활성화 의지를 독일스포츠헌장에 명문화하여 발표하였고, 1970년 관할업무 전담원칙에 따라 의결 기구 내에 생활체육연방위원회를 설치하기에 이른다.

사실 생활체육을 뜻하는 독일어 Breitensport는 원래 최상의 경기 기량을 지닌 엘리트 선수들을 길러내기 위한 넓은 토대에 기반하고 있는 스포츠 발달 피라미드 모형에서 따온 말이다. 그러나 점차 전문화하는 현대사회에서 여러 학자들은 스포츠 발달 모형에 대해 의문을 품어 왔다. 우수한 선수들은 넓은 토대에서 걸러지는 것이 아니라 처음부터 전문적이고 집중적인 훈련을 통해 길러진다는 주장이 설득력을 얻게 된 것이다. 대중 역시 우수 선수가 되는 것이 목적이 아니라 건강, 즐거움, 친교를 위해 스포츠에 참여하는 경향이 강해짐에 따라 생활체육은 우수한 선수를 길러내기 위한 토대가 아니라 대중의 체력과 건강에 대한 욕구 충족이라는 독자적 목적을 추구하는 독립 영역으로 분화하게 되었다.

독일에서 생활체육의 분화 및 발달은 앞서 언급한 '스포츠의 제2의 길(Zweiter Weg des Sports)', 1961년부터 실행한 '건강, 놀이, 기분 전환을 위한 황금 계획'(Goldener Plan für Gesundheit, Spiel und Erholung: 이하 '황금 계획'), 그리고 1970년부터 전개된 '트림 캠페인' 등과 같은 일련의 생활체육 육성 정책을 통해 가속화되었다.

1) 스포츠의 제2의 길

'스포츠의 제2의 길'이란 독일체육회(DSB)가 1959년 뒤스부르크에서 결의

한 생활체육활성화 운동이다. 독일체육회는 어떤 이유에서 이 운동을 '제2의 길'로 명명했을까? 독일에서 스포츠란 전통적으로 경기, 경쟁, 성공 등을 특징으로 하는 성취 지향적 활동이었다. 따라서 노약자나 여성, 장애인은 물론이고 신체적 능력이 떨어지는 일반인조차도 경쟁 위주의 스포츠 활동에 참여하기가 어려웠다. 스포츠는 오직 젊고 왕성한 체력을 지닌 남성들만의 전유물이었던 셈이다. 독일체육회는 이와 같은 전통적인 성취 지향적 스포츠 인식에서 탈피하여 스포츠가 건강, 체력, 친교, 즐거움 등과 같은 가치를 추구할 수 있으며, 그런 의미에서 원칙적으로 모든 이가 참여할 수 있는 활동이라는 점을 강조하기 위하여 이 운동을 '제2의 길'로 명명하였다. 이러한 의식개혁 운동이 일어나게 된 이유를 알기 위해서는 당시 독일의 사회상황을 간략하게나마 이해할 필요가 있다.

2차 세계대전 이후 폐허 더미 위에서 좌절하고 있던 독일인들은 1954년 스위스 베른에서 날아든 월드컵 승전보를 접하고 다시 희망을 갖게 된다. 이듬해부터 의욕적으로 추진된 산업화와 함께 소위 라인강의 기적이 시작되었다. 급격하게 전개된 산업화는 한편으로 비약적인 경제발전을 가져왔지만 다른 한편으로 운동 부족의 만연에 따른 문명 질병 발생 빈도를 크게 증가시켰다. 한편 경제 부흥으로 대중의 여가 시간이 크게 늘면서 건강과 휴양에 대한 관심이 높아졌고, 놀이와 스포츠 활동에 대한 참여 욕구가 강해지기 시작했다.

독일체육회는 문명 질병의 증가와 놀이 및 스포츠 활동에 대한 참여 욕구의 대두라는 두 가지 도전적 상황에 직면하여, 생활체육의 활성화만이 이 두 가지 문제를 적절하게 해소시켜 줄 수 있을 것이라는 판단 하에 '제2의 길'을 결의한 것이다.

이 운동의 구체적인 실행 목표는 새로운 체조와 스포츠클럽의 결성을 장려하고, 독일체육회 내에 생활체육 전담 분과를 설치하며, 스포츠클럽 활동에 소극적인 회원들을 다시 적극적으로 만들고, 아직 스포츠클럽에 가입하지 않은 사람들을 위해 생활체육 프로그램을 제공하는 일 등이다. 또한 산업체, 군부대, 경찰서, 교회 등의 공공 단체 내에 스포츠 동호회를 구축하고, 40세 이상의 중장년층, 여성, 가족 단위의 참가자에게 적합한 프로그램을 개발하는 일도 주요 과제로 설정되었다.

'제2의 길'이 결의된 이후 스포츠클럽들도 연습, 훈련, 경기 등과 같은 전통적인 경쟁 및 성취 지향적 경기스포츠 업무 외에 대중의 건강, 놀이, 친교를 목적으로 하는 생활체육 업무에 적극적으로 관심을 기울였다. 이들은 경쟁성이 배제된 프로그램과 참가자의 수준에 맞는 다양한 난이도의 프로그램을 개발하여 참여 대상의 확대를 꾀하였으며, 이와 같은 노력의 결과 독일의 생활체육 인구는 급격하게 증가하기 시작했다.

2) 황금 계획

황금 계획이란 독일올림픽위원회가 1959년에 발표하고, 1961년부터 시행에 들어간 스포츠 인프라 구축을 골자로 하는 생활체육 활성화 정책을 말한다. 당시 독일올림픽위원회 위원장이었던 게오르그 폰 오펠은 1959년 10월 2일 하노버에서 열린 제5차 연례 총회에서 독일 국민의 열악한 건강 상태와 빈약한 놀이 및 생활체육 시설 상황을 설명한 후, 이의 타개를 위해 연방정부, 주정부, 지방자치단체가 공동으로 여가와 생활체육 시설의 계획 및 재정 지원의 법제화를 위해 힘을 모아야 한다고 호소하였다. 그는 이 연설에서 이것을 황금 계획으로 명명한 이유를 다음과 같이 말하고 있다. "나는 이것을 '황금 계획'이라고 명명하고 싶다. 그 이유는 이것이 막대한 재원을 필요로 하기 때문이 아니라, 건강은 인간의 최고 자산 가운데 하나이기 때문이다."

황금 계획은 놀이 및 생활체육 시설 확충을 통해 독일 국민이면 누구나 그리고 전국 어디에서나 육상, 수영, 체조 같은 스포츠 기본 종목들을 위한 시설을 이용할 수 있게 하는 것을 목적으로 한다. 이 계획을 주도한 게르드 아벨벡은 1956년부터 이 계획을 구상하기 시작하여 4년여에 걸쳐 수정, 보완하였고, 1959년 최종적인 계획안을 발표하였다.

1961년 계획을 현실화하기 위한 실질적인 조처들이 취해졌다. 독일 연방정부, 주정부, 지방자치단체는 이 계획의 실현을 위해 1961년부터 1975년까지 약 170억 마르크[15)]를 투입하였으며, 그 결과 독일 전역에 걸쳐 어린이 놀이터, 운동장, 체육관, 실내 및 실외 수영장 등 각종 스포츠 시설이 약 1억 2700만 ㎡ 확장되었다. 목표 달성 비율을 보면, 체육관은 181%, 실내 수영장은 172%, 어린이 놀이터는 190%로 전 분야에 걸쳐 목표치를 크게 상회하였다.

황금 계획을 통해 독일의 스포츠 시설은 양적으로 크게 증가하였다. 그러나 기본 종목을 위한 시설 건립에만 치중한 나머지 새롭게 생겨난 스포츠 수요를 충족시켜 줄 시설은 매우 부족했고, 이런 이유에서 2차 황금 계획의 필요성이 대두되었다. 1978년 독일올림픽위원회에서 황금 계획의 주도권을 이어 받은 독일체육회는 골프, 배드민턴, 테니스, 스키처럼 특정 시설을 필요로 하는 종목에 대한 참여도가 점차로 증가하고 있음을 이유로 2차 황금 계획의 필요성을 제기했다. 2차 황금계획의 필요성은 1990년 통독 이후 구동독의 5개 주가 통일된 독일에 새롭게 편입되면서 더욱 강력하게 제기되었다. 새롭

15) 당시 환율로 환산하면 약 7조 원, 현재 화폐 가치로 환산하면 약 200조 원

게 편입된 5개 주의 스포츠 시설은 양적인 면에서 매우 부족할 뿐만 아니라 특정 지역에 편중되어 있었고, 질적인 면에서도 매우 낙후되어 있었다. 시설의 용도 역시 생활체육이 아닌 경기 선수의 훈련 및 육성에 적합한 것들이 대부분이었다.

연방정부로부터 구동독 지역에 대한 2차 황금 계획의 실현을 위해 예산을 할당 받는 일은 쉽지 않았다. 이 지역에 대한 사회 각 분야의 재건과 발전에 우선권이 주어졌기 때문이다. 그럼에도 불구하고 독일체육회의 지속적인 노력에 힘입어 1992년 "동부 황금 계획(Goldener Plan Ost)" 15개년 계획이 발표되었다. 당시의 슬로건은 "황금 메달에서 황금 계획으로"였다. 이 슬로건에는 지금까지 구동독의 스포츠 정책이 국제 경기에서 금메달 획득만을 목표로 했다면 이제는 대중을 위한 스포츠 시설 확충을 목표로 한다는 의미가 함축되어 있다.

동부 황금 계획을 통해 구동독 지역의 청소년을 위한 체육관과 수영장 등 스포츠 시설이 크게 확장, 개조되었다. 또한 연방정부의 재정 지원으로 베를린 올림픽 경기장이 현대화되고, 라이프치히 경기장이 개조되어 2006년 독일 월드컵 경기가 구동독 지역에서도 치러질 수 있었다.

3) 트림 캠페인(Trimm-Aktion)

트림 캠페인은 '신체를 단련 한다'는 의미를 지닌 동사 trimmen과 캠페인을 뜻하는 명사 Aktion의 합성어이다. 독일체육회는 독일올림픽위원회가 1959년 결의한 '스포츠의 제2의 길' 운동에 고무되고, 1967년 노르웨이에서 전개된 'Sport for All' 운동에 자극 받아 1970년부터 대대적으로 트림 캠페인을 벌였다. 당시 이 캠페인에 동원된 구호는 “스포츠를 통해 당신의 체력을 단련하라!”, “다시 달리자!”, “다시 체육을!”, “스포츠는 남성만의 전유물이 아니다!”, “당신의 심장 박동수를 130에 맞춰라!”, “함께 능동적으로”, “클럽에서 하는 스포츠가 가장 좋다!” 등 이었다.

신문, 잡지, 라디오, 텔레비전 같은 대중매체가 이 캠페인에 적극 동참하였으며, 여러 산업체가 재정 후원을 하였다. 1970년부터 1980년 사이에 신문과 잡지는 70회, 텔레비전 방송국들은 50회에 걸쳐 트림 캠페인 광고를 무상으로 게재하거나 방송했다. 이를 돈으로 환산하면 연간 1200만 마르크에 해당한다. 의료보험회사들도 약 80만 마르크 상당의 선전 수단을 제공했다. 이외에도 독일 전역에는 생활체육 참여를 독려하는 각종 현수막이 내걸렸으며, 홍보를 위한 정기간행물이 간행, 배포되기도 했다.

이러한 노력의 결과 캠페인이 시작된 지 불과 8개월 만에 전 독일 국민의 60%가, 31개월 후에는 93%가 이 운동에 대해 알게 되는 성과를 거둔다. 다음은 독일체육회가 1980년에 발표한 트림캠페인 10년의 중간보고 내용을 요약한 것이다.

- 전 국민의 90% 이상이 트림 캠페인을 알게 되었다.
- 전 국민의 49%가 이 운동에 참가했다.
- 사이클, 수영, 조깅 같은 지구력 종목들이 선호되고 있다.
- 청소년의 참여도가 높으며, 이러한 추세가 지속적으로 이어지고 있다.
- 자연 환경에서 행해지는 종목들이 점점 더 인기를 얻고 있다.

트림 캠페인은 한편으로 유기적이고 지속적인 홍보를 통해 대중에게 생활체육의 유용성을 알렸다는 점에서, 다른 한편으로 지속적이고 체계적인 계몽을 통해 대중의 무의식 속에 잠재해 있던 안녕, 건강, 체력, 친교, 즐거움 등에 대한 욕구를 일깨웠다는 점에서 성공적인 생활체육 활성화 정책으로 평가된다. 이와 같은 성공에 힘입어 트림 캠페인은 전 유럽국가와 아르헨티나, 오스트레일리아, 브라질, 이스라엘, 일본, 캐나다, 미국 등 세계 여러 국가들로 확산되었으며, 현재 2년에 한 번씩 국제 트림 및 체력 컨퍼런스가 개최되고 있다.

이상에서 언급한 생활체육 활성화 정책에 힘입어 독일의 생활체육 인구는 비약적으로 증가하였다. 1959년 510만 명에 불과했던 독일체육회 회원 수는 이 정책들이 시행된 지 12년 후인 1971년 1,080만 명으로 두 배 이상 늘었고, 1981년에는 1,760만 명으로, 1991년에는 2,310만 명으로, 1998년에는 2,600만 명으로, 2006년에는 2,700만 명으로 계속해서 증가해 왔다. 이러한 생활체육 인구의 증가는 전적으로 '스포츠의 제2의 길', '황금 계획', '트림 캠페인' 같은 생활체육 활성화 정책의 결과이다. 그러나 생활체육의 최전선에서 정책 실현을 위해 직접 뛰었던 스포츠클럽이 없었다면 이와 같은 성공은 불가능했다. 이제 독일의 생활체육이 스포츠클럽을 중심으로 이루어지게 된 배경에 대해 알아보도록 하자.

3 생활체육의 견인차로서 스포츠클럽

독일의 생활체육은 스포츠클럽을 중심으로 발달해 왔다. 이러한 사실은 생활체육 참여 인구의 증가가 스포츠클럽의 증가와 맥을 같이하고 있다는 점에서 확인할 수 있다. 1960년 29,500개에 불과했던 스포츠클럽은 1970년 40,000

개, 1980년 53,000개, 1989년 66,500개, 2006년 현재 90,467개로 지속적으로 늘고 있다.

1) 스포츠클럽의 강점

생활체육 활동과 관련하여 독일인들이 스포츠클럽을 선호하는 이유는 무엇일까? 하이네만(K. Heinemann)은 그 이유를 저렴한 회비, 접근의 용이성, 다양한 프로그램 제공 세 가지로 설명한다. 이에 대해 조금 더 자세하게 알아보자.

첫째, 스포츠클럽 회비는 상업 스포츠 시설 이용료보다 훨씬 저렴하다. 상업 스포츠시설 이용료는 지역별로 차이가 있는데 대도시에 소재한 피트니스 스튜디오의 경우 월 80~100유로 정도이다. 그러나 스포츠클럽의 경우 성인의 평균 월 회비는 약 7.5유로(약 1,3000원)로, 이 액수는 노동자들이 1시간 동안 일하고 받는 최저 비용 8유로보다 적다. 청소년은 약 4.5유로, 어린이는 약 3.5유로, 가족 단위는 14유로를 월 회비로 지불한다. 클럽에서는 월 회비 이외에도 신규 회원에게 가입비를 요구하지만 절반 이상의 클럽에서는 가입비를 받지 않는다. 클럽 가입비는 어린이와 청소년은 10유로, 성인은 16.5유로, 가족은 25유로 정도이다. 최근 들어 스포츠클럽의 회비와 가입비가 점차 올라가는 추세지만 다른 생활체육 공급업체들에 비해 여전히 그 액수가 적다.

둘째, 상업적 스포츠 시설은 대개 회원 확보가 용이한 대도시 지역에 밀집되어 있는 반면, 스포츠클럽은 대 · 중 · 소 도시뿐만 아니라 도회지나 시골 어디에나 있다.

표. 주민의 수와 지역에 따른 스포츠클럽의 분포 비율(단위: %)

주민의 수	지역			합계
	북부	중부	남부	
5,000명 이하	34.4	21.8	35.1	27.1
20,000명 이하	22.8	24.2	34.9	25.8
100,000명 이하	18.0	28.6	21.9	24.9
100,000명 이상	24.8	25.5	8.1	22.2
계	100.0	100.0	100.0	100.0

위 표에서 확인할 수 있듯이 스포츠클럽은 거주 인구가 5,000명에도 못 미치는 소규모 지역부터 10만 명 이상의 대규모 지역에 이르기까지 균등하게 분포되어 있다. 이러한 이유에서 스포츠에 관심 있는 사람이라면 어디에 거주하든 스포츠클럽에 쉽게 접근할 수 있다.

셋째, 스포츠클럽에서 제공하는 프로그램은 그 종류가 매우 다양하다. 스포츠와 연관된 거의 모든 신체 운동 형식을 제공해 주고 있다. 독일의 전체 스포츠클럽 가운데 5% 이상이 제공하는 종목만을 간추리면 12개가 남는다. 아래 그림은 이 12가지 종목들의 우선순위를 나타낸 것이다. 아래 그림에 나타난 수치는 전체 스포츠클럽 가운데 해당 종목을 제공하고 있는 스포츠클럽의 비율이다.

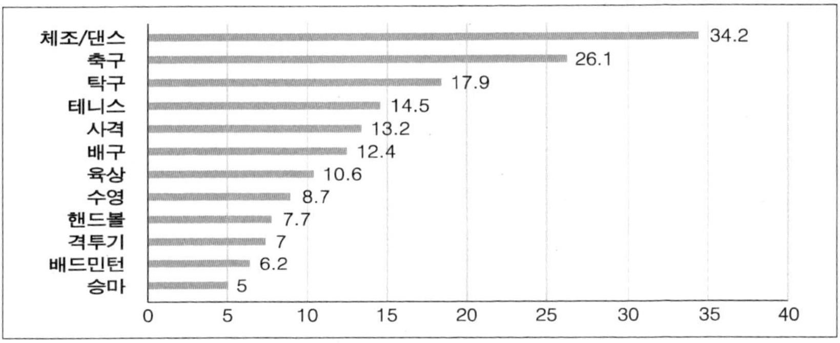

그림에서 확인할 수 있듯이 스포츠클럽은 축구, 배구, 핸드볼처럼 상업적 스포츠 시설에서는 제공하기 어려운 단체 종목들도 제공하고 있다. 스포츠클럽은 스포츠 이외의 여러 가지 활동들도 부수적으로 제공하고 있다. 스포츠와 관련된 부수적인 행사로는 게임을 포함한 파티, 하이킹 여행, 스포츠 자격증 취득 기회 등이 있으며, 스포츠와 무관한 행사로는 축하 행사, 사교 모임, 야유회 등이 있다. 이처럼 다양한 프로그램을 제공하기 때문에 다양한 욕구를 지닌 사람들이 스포츠클럽을 찾는다.

2) 스포츠클럽의 재정 운영

그렇다면 스포츠클럽은 어떻게 운영되고 있을까? 회원들이 내는 가입비와 회비만으로 클럽 운영이 가능할까? 그것만으로 시설사용료, 지도자 및 운영자 인건비, 보험료, 용구 구입비 등의 비용을 충당할 수 있을까? 그렇지 않다. 가입비와 회비만으로 클럽을 운영하기는 불가능하다. 스포츠클럽의 전체 예산 가운데 회원이 내는 가입비와 회비가 차지하는 비율은 16.6%에 불과하다. 그렇다면 예산의 나머지 부분은 어떻게 충당되는가?

스포츠클럽은 가입비와 월 회비 이외에 체육단체, 연방 및 주정부, 지방자치단체가 지원하는 공적 보조금, 자체 사업 수익, 기부금, 각종 광고 수익 등을 통해 운영 예산을 마련한다. 이외에도 스포츠클럽은 국가로부터 각종 세금 면제 혜택을 받는다. 납세자가 클럽에 기부금을 낼 경우에도 그에 해당하는 만큼의 세금 환급을 받을 수 있다.

스포츠클럽이 이와 같이 국가에서 직 · 간접적으로 재정 지원을 받는 이유는 무엇일까? 스포츠클럽이 상업적 스포츠 공급자들과 달리 이러한 혜택을 받는 이유는 이것이 공익 추구를 목적(공익추구권)으로 할 뿐 아니라 원칙적으로 모든 이가 참여할 수 있도록 개방성이 보장된 비영리 조직이라는 법적 위상을 지니기 때문이다.

독일정부는 국가 차원의 재정 지원 시 보조의 원칙을 적용하고 있는데, 이것은 국고는 보조 수혜자 자신의 재정과 잠재력이 과제를 극복하는데 충분치 않을 때만 보조한다는 자립을 위한 보조의 원칙이다. 피트니스 스튜디오나 상업적 스포츠 시설은 이윤 창출을 통해 재정적으로 자립할 수 있는 가능성이 높다. 이들은 회원들에게 질 좋은 시설 및 서비스를 제공하는 대신 높은 회비를 요구한다. 따라서 경제적으로 여유가 없거나 회비를 내기 어려운 사람들은 이들이 제공하는 스포츠 활동에 참가하기가 어렵다. 한 마디로 세제 혜택의 전제 조건인 참여의 개방성이 보장되어 있지 않다는 말이다. 그러나 앞서 설명하였듯이 스포츠클럽은 저렴한 회비를 통해 참여의 개방성을 보장해 주고 있으며, 이윤이 아닌 공익을 목적으로 하기 때문에 각종 혜택을 받을 수 있다.

한편, 스포츠클럽이 지출하는 인건비와 시설 사용료의 비율 역시 피트니스 스튜디오나 상업적 스포츠 시설과 비교할 때 월등히 적다. 인건비는 대개 사무담당 임직원과 생활체육 지도자에게 지불되는데, 스포츠클럽은 대부분의 사무담당 임직원이 자원봉사 요원이므로 이들에게 인건비를 지불할 필요가 없다. 독일의 스포츠클럽 회원 가운데 실제로 스포츠 활동에 참여하는 사람의 비율은 50%를 넘지 못한다. 나머지는 대개 자원 봉사나 친교 활동을 목적으로 클럽에 가입한다. 2006년 현재 독일의 스포츠클럽에서 활동하고 있는 자원 봉사 요원은 450만 명으로 추산된다. 이를 비용으로 환산하자면 연간 수십조 유로의 인건비가 절감되고 있는 셈이다. 시설 임대에 들어가는 비용 역시 그다지 많지 않다. 전체 90,467개의 스포츠클럽 가운데 42,3%인 38,300개의 클럽이 자체의 스포츠 시설을 보유하고 있기 때문이다. 이 클럽들은 자체 시설의 유지 및 관리를 위해서만 어느 정도의 비용만을 투입할 뿐이다. 한편, 스포츠 시설을 갖추고 있지 않은 클럽들은 대개 공공 체육시설을 이용하는데 이 경우에도 사용료를 내지 않거나 매우 적게 낸다.

4 독일 생활체육의 당면 문제

최근 독일의 스포츠클럽들은 내부와 외부 환경의 변화로 많은 어려움을 겪고 있다. 저출산 및 고령화에 따른 인구통계학적 변화는 스포츠 수요자의 인적 구조를 변화시켰으며, 다양화 및 개인화에 따른 사회구조 변화는 대중의 스포츠 욕구 구조를 대폭적으로 바꾸어 버렸다. 이제 생활체육의 견인차로서 스포츠클럽은 점차 늘어나는 노인층 회원들에게 적합한 프로그램과 시설을 제공하고, 새롭게 유행하는 스포츠 종목들에 대한 회원들의 욕구를 충족시켜 주기 위하여 새로운 시설을 건립해야만 한다. 1975년 1차 황금 계획 종결 이후 기존 시설의 유지 및 보수에 대한 정부 지원도 거의 없어 대부분의 시설이 노후하여 이에 대한 대책도 시급하다. 이 외에도 지속적으로 상승하고 있는 생활체육 지도자 인건비와 물가로 인해 발생하는 운영 예산의 초과 비용도 클럽 운영에 적지 않은 부담으로 작용하고 있다.

지금까지의 관행에 비추어 볼 때, 독일올림픽체육회와 스포츠클럽들은 새로운 스포츠 인프라 구축과 기존 시설의 보수, 그리고 클럽 운영과 관련하여 물가 상승에 따른 추가 비용을 정부로부터 지원받아야 한다. 하지만 현재 독일의 국가 재정을 종합적으로 고려할 때, 정부가 이러한 비용을 계속해서 지원하는 일은 결코 쉽지 않아 보인다. 독일정부는 유럽연합의 주도 국가로서 새롭게 EU에 편입한 동유럽 국가들에 대한 지속적인 재정 지원과 통독 이후 구동독 지역의 사회 인프라 구축을 위한 비용 지출로 인해 재정 형편이 그다지 여유롭지 못하다. 또한 20세기 후반에 몰아닥친 신자유주의 열풍은 분배보다는 경쟁을 강조함으로써 필연적으로 정부가 담당해 왔던 공적 기능을 축소시켰고, 적지 않은 공익사업을 이윤 추구 사업으로 변화시키는 결과를 가져왔다. 엎친 데 덮친 격으로 2008년 몰아닥친 미국 발 금융위기는 공익사업에 대한 지원을 더욱 어렵게 만들고 있다.

현재 독일의 스포츠클럽들은 물가 상승에 따른 추가 비용을 충당하기 위해 회비를 인상하고 있는 것으로 나타났다. 2005년과 2006년 2년간 스포츠클럽의 지출 및 수입의 추이를 조사한 연구 결과 보고서가 이러한 경향을 잘 보여주고 있다. 급격한 인건비 및 물가 상승으로 인해 스포츠클럽의 지출 예산 가운데 생활체육 지도자에게 지급되는 인건비와 회원 및 시설을 위한 보험 비용이 꾸준히 증가하고 있으며, 수입예산 가운데 공적 지원금의 비중은 그대로인 반면에 회비의 비중은 점차 늘고 있는 것으로 나타났다. 이는 스포츠클럽이 지도자 인건비 및 물가 상승에 따른 추가 비용을 회비 인상을 통해 충당하고 있음을 말해준다. 공익성과 개방성을 내세움으로서 공적 지원의 근거를 마련했던 스포츠클럽이 공적 지원의 동결로 말미암아 물가 상승에 따른 추가 비용을 회원에게 떠넘기고 있는 것이다. 이러한 경향이 지속될 경우에 공익 기능의 약화로 스포츠클럽은 국가로부터 공적 지원을 받기가 더욱 어려워질 것으로 예상된다.

최근 독일올림픽체육회는 위에서 언급한 난국을 타개하고 아울러 지속가능한 생활체육 발전을 도모하기 위해 스포츠를 국가 목표로 만들려고 노력하고 있다. 스포츠가 국가 목표로 설정될 경우 체육단체와 스포츠클럽은 국가와 국민들로부터 더 많은 지원과 관심을 받을 가능성이 높다. 현재 독일 기본법에 명시된 국가 목표에는 사회국가 원칙, 남녀평등, 유럽통합 실현, 자연적 생활토대 보호 등의 내용이 포함되어 있다. 기본법에 명기된 국가 목표는 국가 기구로 하여금 특정한 정책 결정을 내리도록 의무로 규정하지는 않지만 여기에 나타난 가치를 늘 염두에 두도록 촉구한다는 점에서 매우 중요한 의미를 갖는다. 따라서 독일올림픽체육회는 독일기본법 20a조 2항에 "국가는 문화와 스포츠를 보호하고 육성한다."는 항목을 추가할 것을 요구하는 성명서를 발표하였다. 그리고 그 이유로 열두 가지 내용을 언급하였는데 이 가운데 생활체육 논의와 직접적으로 관련이 있는 것만을 간추리면 다음과 같다.

첫째, 스포츠는 독일 최대의 시민운동이다.

둘째, 스포츠는 사회 통합에 기여한다.

셋째, 스포츠는 어린이와 청소년에게 사회의 가치를 전달하는 사회화 기제이다.

넷째, 스포츠는 평등 이념의 실현에 기여한다.

다섯째, 스포츠는 재현과 동일시를 통해 국민 화합에 기여한다.

여섯째, 스포츠는 국가 경제의 중요한 부분을 차지하고 있다.

일곱째, 스포츠는 다양한 공적 과제를 떠맡고 있다.

여덟째, 스포츠는 국민의 건강 증진 및 유지에 기여하고 있다.

아홉째, 스포츠는 독일인들의 삶의 현실을 반영하고 있다.

비판적인 학자들의 시각에서 볼 때, 사실 이 내용들은 스포츠가 담당해 왔던 실제 기능이라기보다는 바람의 성격이 강한 내용들이다. 따라서 어떤 학자들은 각각의 기능에 대해 조목조목 반론을 제기하는 경우도 있다. 그렇지만 이 내용들은 독일 사회에서 다수의 동의를 얻고 있으며, 나아가 앞으로 스포츠가 추구해야 할 이정표로서의 역할을 할 수 있다는 점에서 설득력을 얻고 있다.

한편, 학계에서는 스포츠 인프라의 건립, 보수, 유지에 요구되는 공적 자금을 절약할 수 있는 방안으로서 이 사업의 민영화 또는 상업화를 적극 제안하고 있다. 민영화 또는 상업화란 공공사업을 시행할 때 사적 자금으로 공적 자금을 대치하는 방법을 의미한다. 그렇다고 이들이 스포츠 인프라 구축 사업을 전적으로 사기업에 위임하라고 주장하지는 않는다. 이들의 제안은 공기업과 사기업의 협력관계 형성을 모색하는 데 초점이 맞추어지고 있다. 이러한 방법을 적용할 경우에 국가와 관련 기업들은 제 각기 투자에 따른 위험 부담을 최소화할 수 있고, 재원을 다양화함으로써 자금 동원을 쉽게 할 수 있으며, 재정 운영과 관련하여 각 참여 기관의 장점을 최대로 살릴 수 있다는 것이다. 그러나 1990년대 중반에 단행한 공공 체육시설 매각의 부정적 경험[16]으로 인해 이러한 견해에 대한 반론도 만만치 않다. 개방적 공익추구 의상의 고수냐 아니면 시장의 논리에 편승할 것이냐 하는 독일생활체육단체들의 고민에는 전통적으로 표방해 왔던 사회시장주의와 새롭게 압박을 가하고 있는 신자유주의 사이에서 갈등하고 있는 독일사회의 깊은 고뇌가 고스란히 반영되어 있다.

16) 독일정부는 노후 시설에 대한 투자를 이끌어낼 것으로 기대하고 다수의 공공 체육시설을 미국계 기업에 매각하였다. 그러나 이를 매입한 미국계 기업들은 시설투자를 통한 임대 및 사용 수입 증진 보다는 부동산의 시세차익에만 관심이 있어 기존 시설에 거의 투자를 하지 않았다.

7장 스포츠와 여성의 이해

지난 세월동안 스포츠는 철저하게 남성의 영역에 속해왔으며 이러한 경향은 지금까지 계속되고 있다. 그러나 최근 들어 이러한 스포츠의 이미지가 점차 변화하고 있다. 변화는 남성우월주의, 가부장적 이데올로기, 빅토리아시대의 여성상 등과 같은 각종 장벽으로 둘러싸인 금녀(禁女)의 제국 스포츠에 여성의 출입이 잦아지면서 시작되었다.

오늘날 스포츠는 여성에게 소극적이고 수동적이며 나약한 존재라는 이미지를 떨쳐버릴 수 있는 기회를 제공해 주고 있다. '단거리의 여왕' 매리언 존스, '마라톤 여제' 폴라 래드클리프와 캐서린 은데레바, '골프 여제' 애니카 소랜스탐 등과 같은 여성스포츠스타들은 신체 및 정신면에서 여성도 남성만큼 강인할 수 있음을 보여주고 있다. 이는 현대사회가 여성차별을 당연시하는 분위기에서 양성평등을 추구하는 분위기로 바뀌어가고 있음을 시사한다.

그럼에도 불구하고 여성을 차별하는 요소들은 오늘날에도 여전히 스포츠에 잔존하고 있다. 이러한 요소들을 찾아내어 공론화하고 시정하는 작업은 스포츠페미니즘의 입장에서 볼 때 매우 의미 있는 일이라 할 수 있다. 스포츠페미니즘이란 스포츠분야에서 여성의 자율성과 위상이 향상되기를 바라는 이론적 입장이라고 할 수 있기 때문이다.

본 장에서는 스포츠에서 여성이 단지 여성이라는 이유 때문에 받았던 부당한 대우에는 어떤 것들이 있었으며, 이러한 부당한 대우는 어떤 논리에 의해 정당화되어졌고, 이러한 논리는 여전히 타당성을 지닐 수 있는지 비판적으로 검토하고, 아울러 향후 여성스포츠가 나가야할 방향을 모색해보고자 한다.

1 스포츠에서 여성차별의 역사

1) 고대

고대 그리스인들은 올림피아경기에 여성의 참가는 물론이고 관람까지도 금지했다. 타우사니아스는 2세기경 『그리스 이야기』에서 다음과 같이 쓰고 있다. "올림피아로 가는 길에는 깍아지른듯한 높은 절벽이 있는 산이 있다. 이산의 이름은 티파에움이다. 올림픽경기에서 발각된 여성은 모조리 이 산에서 거꾸로 내던지는 것이 엘리스의 법이다."

이 인용구에서 확인할 수 있듯이 여성은 올림픽경기에 참가는 물론이고 관참조차도 허용되지 않았다. 여성을 철저하게 차별했던 것이다. 그러나 예외적인 경우도 존재했었다. 키니스카(Cynisca)라는 여성은 기원적 396년에 열렸던 4두 전차경주에서 우승을 거두었다. 그러나 그녀가 올림피아, 네미아, 피티아, 이스트미아 등과 같은 고대 그리스의 범헬렌 축제에 참가하여 시합을 벌일 수 있었던 적은 한 번도 없었다.

고대그리스의 올림픽경기에 대한 기록을 보면 올림픽경기를 참관했던 유일한 기혼여성의 이야기가 나온다. 그녀의 이름은 칼리파테이라 혹은 페레니케로 기록되어 있다. 지도자복장을 갖추고 투구를 쓴 그녀는 누가 보아도 여지없는 남성이었다. 그러나 그녀가 훈련시킨 선수가 올림픽 경기에서 우승했을 때 너무 기뻐 어쩔 줄 몰라 하면서 몸을 흔드는 통에 투구가 벗겨지면서 아름다운 그녀의 머리카락이 흘러내렸다. 기혼 여성임이 밝혀진 그녀는 당장 체포되어 재판을 받게 되었다. 그러나 재판과정에서 그녀는 로도스 출신의 유명한 권투 선수이자 올림픽 우승자였던 디아고라스의 딸이었으며, 그녀의 오빠도 올림픽 우승자였고, 이번에 우승한 선수 역시 그녀의 아들임이 밝혀지면서 법정은 또 다시 소란스러워졌다. 신이 내린 가정이 아니고서야 그러한 대기록을 세울 수 없다고 판단한 재판관들은 그녀의 가정에 대한 존경의 의미로 사형대신 무죄를 선고하였다. 그러나 그 이후 지도자들도 등록하러 올 때 선수들과 마찬가지로 알몸으로 와야 한다는 새로운 조항이 생겨났다.

올림픽 경기에서 여성이 배제되었지만 여성들만의 축제도 올림피아에서 열렸다. 헤라이아(Heraia)라고 불리던, 헤라 여신을 찬양하여 열린 경기였다. 이 대회도 4년마다 열렸지만, 경기는 달리기 한 가지밖에 없었다. 주경기장에 있는 트랙은 특별히 이 경기를 위해 6분의 1만큼 짧아져서, 길이가 160미터를 약간 넘을 뿐이었다. 이에 대해 의문이 생겨날 수 있다. 왜 길이를 줄였을까? 160미터를 달릴 수 있는 여성이라면 당연히 180미터도 똑같이 달릴 수 있었을 것인데 말이다. 추측컨대 이 차이는 신체적 능력의 차이라기보다는 여성은 남성보다 신체적으로 열등하다는 그리스 남성들의 사고방식이 반영된 것으로 보인다.

2) 중세

중세시대에 여성은 남성에 의해 보호받고 숭배 받아야할 대상으로 여겨졌다. 중세의 역사를 기록한 서적에는 여성을 위해 전쟁이나 결투를 불사한 기사들의 이야기가 심심치 않게 등장하고 있다. 이러한 여성관으로 인하여 여성의 능동적 스포츠참가는 엄두조차 내지 못할 일이었다. 여성은 언제나 부드럽고 섬세하며 복종적인 태도를 보여야만 했다. 그러나 예외적인 경우도 있었다. 유럽의 일부지역에서 귀족출신의 여성이 마상창시합뿐만 아니라 곤봉을 가지고 남성과 싸웠던 예도 있었다.

한편 거트만(Guttmann)은 그의 저서 『스포츠에서의 에로틱』(1996)에서 "나체의 두 여인이 물레로 무장한 채 한 사람은 염소, 다른 사람은 양 위에서 자극적인 시합을 벌였다"고 썼다. 그리고 13세기의 유럽 일부지역에서는 여성들 사이에서 경주가 많은 인기를 끌었으며, 참가선수의 자격은 반드시 매춘부여야만 했다고 썼다. 이 경주는 대개 남성의 궁술시합 후에 벌어졌는데 오늘날의 다트와 유사하게 약 45cm 정도의 손무기를 통을 향해 던지는 경기였다고 한다.

18세기 영국에서는 매우 과격한 여성 프로권투가 존재했었다. 여기에 참가하는 여성들은 때로 얼굴이 피범벅이 되고 가슴이 노출되었으며, 옷이 몸에서 거의 벗겨지기도 했다. 그러나 이러한 여성스포츠는 일반적인 현상이라기보다는 예외적인 현상에 속했다.

3) 근대

고대올림픽에서의 여성차별관습은 근대올림픽에로까지 이어진다. 근대올림픽의 창시자 쿠베르탱은 여성의 올림픽참가를 원하지 않았다. 1회 올림픽에는 여성종목이 포함되어있지 않았다. 1912년 수영에 여성의 참가가 공식화되기까지 여성은 테니스(1900), 궁술(1904) 등에만 예외적으로 참가하였을 뿐이다. 여성육상경기는 올림픽경기가 시작되고 32년이나 지난 1928년 암스테르담대회 때부터 용인되었으며 종목은 100m 및 800m 달리기, 높이뛰기, 원반던지기, 400m 릴레이 등 5개에 불과했다. 그러나 800m 결승에서 여자선수 9명이 쓰러지자 "여자들에게 중장거리는 가혹하다"는 의견이 제기되어 '여자달리기는 200m까지만'으로 결정되었다. 여성이 800m 달리기에 참가할 수 있게 된 때는 그로부터 32년이 지난 로마올림픽 때부터이다. 3000m 달리기는 1980년부터, 마라톤은 1984년부터 여성의 참가가 허용되었다.

4) 현재

최근 들어 여권신장운동이 본격화되면서 스포츠에서의 여성차별도 많이 약화되었다. 그럼에도 불구하고 차별적인 경향은 여전히 잔존하고 있다. 스포츠에서 관찰될 수 있는 여성차별은 크게 네 가지 정도로 요약될 수 있다.

첫째, 여가 및 경기스포츠의 직접 및 간접 참가자 수에 있어서 남녀 간에 차이가 나타나고 있다. 이 차이는 해를 거듭할수록 줄어들고 있으나 그럼에도 불구하고 여전히 여성의 수가 적게 나타나고 있다. 이러한 차이는 복지혜택에서의 성차이로 해석될 수 있다. 오늘날 스포츠는 사람들에게 건강과 만족감을 가져다줌으로써 삶의 질을 향상시켜주는 복지활동의 한 영역으로 인식되고 있기 때문이다. 스포츠에 참여하는 여성의 수가 남성의 수 보다 적다는 것은 복지혜택을 받는 여성의 수가 남성의 수 보다 적음을 의미한다.

둘째, 경기지도자 및 행정관료직 종사자의 수에 있어서 남녀 간에 차이가 난다. 위에서 말한 활동참여자의 남녀비율은 점차 줄어들고 있지만 경기지도자나 스포츠행정관료직 종사자의 수에 있어서 남녀차이는 여전히 남성중심적이다. 이러한 경향은 스포츠의사결정에 있어서 차별이 존재할 수 있음을 시사한다.

셋째, 스포츠시설 및 재정 지원 정도에 있어서 남녀 간에 차이가 있다. 한 대학의 스포츠재정을 분석한 결과 남학생들을 위한 스포츠재정은 액수 면에서 여학생들을 위한 스포츠재정 보다 무려 50배가 많았다. 이러한 시설 및 재정 지원에서의 차별화는 기회 균등에서의 차별화로 이어질 수 있다.

넷째, 대중매체의 편향적 스포츠보도에서도 여전히 존재하는 남녀차별을 확인할 수 있다. 스포츠잡지표지모델로 등장하는 운동선수를 분석해 보면 대부분이 남성임을 알 수 있다. 또한 여자선수의 경우는 경기기량에 포커스를 두는 사진이 아니라 성적 매력에 포커스를 두는 사진이 게재되는 경우가 많다. 이러한 잡지사진을 통해 기존의 성차이와 성차별이 재생산될 것은 너무나도 자명하다.

5) 여성에게만 차별적으로 장려되었거나 억제되었던 스포츠유형

역사적으로 여성에게 모든 스포츠종목이 금지되었던 것은 아니다. 고대 그리스와 로마에서 여성은 사냥과 승마, 수영, 달리기를 했다고 한다. 19세기 이

전에도 유럽의 여성은 춤이나 승마, 볼링, 그리고 가끔 라크로스 게임 등에 참가했다고 한다. 이렇듯 어떤 스포츠는 여성들에게 허락되었으나 다른 것들은 철저하게 금지했다. 금지되었던 종목과 용인되었던 종목은 다음과 같다.

여성에게 범주적으로 용인할 수 없었던 스포츠 종목에는 네 가지 부류가 있었다. 첫째, 격투스포츠와 몇몇 필드경기, 둘째, 신체접촉을 통해 육체적으로 상대를 복종시키려고 하는 스포츠, 셋째, 무거운 물체에 직접 힘을 작용시키는 스포츠, 그리고 넷째, 신체접촉이 일어날 수 있는 대면 대립 스포츠 등이 그것이다. 일반적으로 용인되지 않는 경쟁의 형태들로는 대부분의 필드경기와 단거리경주, 그리고 멀리뛰기 등이었다. 여성에게 일반적으로 용인될 수 있었던 스포츠는 신체를 아름답게 공중으로 던지거나 가벼운 도구를 사용하는 스포츠 또는 수영, 체조, 피겨스케이팅, 테니스 등과 같이 신체 접촉 없이도 이루어질 수 있는 스포츠였다.

2 스포츠에서 여성차별의 이유

1) 종교적 이유

그리스인들이 올림픽에서 여성을 차별했던 이유를 해명하는 문헌적 증거는 남아있지 않다. 그렇지만 역사가들은 그 이유가 종교상의 관습과 관련이 있었던 것으로 추정하고 있다. 올림픽경기는 제우스신에게 드리는 제전행사였다. 종교적인 이유에서 경기자들은 나체로 경기를 치렀다. 아마도 신이 주신 몸의 아름다움을 마음껏 과시하는 동시에 신성한 제례행사에서 인간이 만든 "조잡한" 의복을 걸치는 것이 불경스러운 짓이라고 생각했기 때문일 것이다. 여성의 관람금지도 동일한 맥락에서 그 이유를 추정해 볼 수 있다.

여성 가운데 관람이 금지된 사람은 노예와 결혼한 유부녀뿐이었다. 아직 결혼하지 않은 "순결한" 처녀는 관람이 허락되었다. 아마도 순수성을 상실한 유부녀나 노예는 신성한 제례행사에 적합하지 않다고 생각했기 때문일 것이다. 반면에 처녀들에게 올림픽경기는 미래의 배우자를 선택하는 최고의 기회였다. 전 그리스에서 가장 용맹한 남성들이 경연을 벌이는 광경을 지켜보면서 이상적인 남성관을 갖게 되었을 것이다.

인간의 삶에서 중요한 역할을 담당하던 종교가 점차 그 의미를 잃어가면서 삶은 세속화되고 있다. 오늘날 현대화된 사회에서 종교적인 이유를 근거로 여성의 스포츠참여를 금지하는 경우는 거의 없다. 그러나 여전히 종교가 인간의 삶에 중요한 역할을 담당하고 있는 인도나 중동지역 국가에서는 여전히 여성의 완전한 스포츠참여가 제한받고 있다.

2) 생리학적 이유

근대올림픽의 창시자 쿠베르탱은 여성의 스포츠참여를 적극적으로 반대했던 인물이었다. 그 이유가 무엇일까? "여성은 아무리 강해지더라도 그녀의 유기체는 특정한 충격에 계속해서 견딜 수 있도록 만들어지지 않았다."는 것이 그의 답변이었다. 이와 같은 생각은 당시에 발표된 의학적 연구의 결과들에 근거하고 있다. 당시 의학적 연구들은 지속적인 스포츠참여가 임신과 출산에 악영향을 미치며, 연약한 여성의 골격조직을 손상시킨다는 점을 강조했다. 또한 여성은 남성보다 생물학적으로 열등하며, 운동수행능력 면에서도 뒤떨어진다고 주장했다. 과연 이러한 주장은 여전히 타당성을 지닐 수 있을까?

먼저 지속적인 스포츠참여는 임신과 출산에 악영향을 미친다는 주장을 검토해 보자. 최근의 의학적 연구에 따르면 자궁은 인체 내에서 충격을 가장 적게 받고 가장 안전하게 보호받는 부위이다. 따라서 스포츠참여로 인해 자궁이 손상될 가능성은 매우 희박하다. 오히려 스포츠는 복근을 단련시켜주어 분만을 빠르고 용이하게 해줄 수 있으며, 동시에 출산의 고통을 반감시켜줄 수 있으며, 생리의 부정적 측면을 감소시켜준다고 한다. 물론 과다한 운동은 생리불순의 원인이 되기도 하지만 적당한 운동은 생리불순을 해소시켜준다는 것이다.

스포츠가 연약한 여성의 골격조직을 손상시킨다는 주장은 어떤가? 여성의 뼈는 남자의 것보다 작지만 충격을 견디는 힘과 내구력은 결코 약하지 않다. 또한 여성은 남성에 비해 근육질이 적고 지방층이 두꺼워 골절위험이 훨씬 적다. 따라서 격한 운동으로 여성의 골격조직이 상할 가능성은 남성에 비해 결코 높지 않다고 할 수 있다. 그리고 여성은 남성에 비해 지방질이 많기 때문에 신체구조가 쉽게 근육질화 되지 않는다.

한편 여성의 운동수행능력은 남성에게 미치지 못한다거나 생물학적으로 열등하다는 발상 역시 위험한 생각이다. 이러한 생각의 이면에는 인간의 신체가 불변적 사물이라는 고정관념이 숨어있다. 신체는 사물이 아니라 하나의 과정이다. 이러한 사실은 최근 보고 되고 있는 한국인의 체형변화에서 확인할 수 있다. 사회 및 문화적 조건에 따라 신체의 형태 및 구성성분은 변할 수 있다. 여성은 오랜 세월동안 신체능력을 개발하는데 제한받았다. 중국의 전족과 조선시대 여성의 걸음걸이를 생각해보면 이 점이 분명해진다. 작은 발의 여성을 선호한 중국의 남성은 어린 시절부터 여성의 발을 가죽으로 싸매어 기형적으로 발을 작게 만들었다. 한편 조선의 여성은 관습적 이유에서 보폭을 자신의 발바닥 길이보다 짧게 유지해야만 했다. 이러한 상황에서 여성이 자신의 운동능력을 충분히 개발하지 못할 것이라는 점은 너무나도 명백하다.

여성의 신체활동을 제한하는 경향은 여전히 우리들의 일상생활에 잔존하고 있다. 몇 가지 예를 들어보자. 먼저 유아의 옷차림을 살펴보자. 옷차림에 있어서도 남아와 여아는 서로 다른 취급을 받는다. 남아는 차갑게 길러야 한다는 통념 때문에 옷을 헐겁게 입히는 반면에, 여아는 따듯하게 길러야 한다는 통념 때문에 여러 겹의 옷을 입힌다. 옷을 헐겁게 입은 남아는 옷을 여러 겹 껴입은 여아보다 몸을 움직이기가 수월하기 때문에 자연히 신체운동에 제약을 받지 않지만, 여아는 여러 겹의 옷 때문에 신생아 시기부터 신체활동에 제약을 받게 된다. 그에 따라 남아는 여아보다 운동신경과 근육을 발달시키기에 좋은 조건을 갖게 된다. 아이들의 장난감도 운동능력의 개발에 영향을 미치는 요인이다. 아이가 혼자 거동할 수 있게 되면 장난감을 찾는다. 장난감 가게에 가면 가게주인이 통상적으로 던지는 질문이 있다. "따님께 주실 겁니까? 아드님께 주실 겁니까?" 우리의 의식에는 이미 남자아이가 가지고 놀아야할 장난감과 여자아이가 가지고 놀아야할 장난감이 서로 달라야 한다는 고정관념이 자리 잡고 있다. 남아에게는 자동차, 기차, 총, 칼, 로봇 등 활동적이고, 능동적인 장난감이, 여아에게는 인형, 유모차, 소꿉놀이기구 등 정적이고, 수동인 장난감이 어울린다고 생각한다. 따라서 남아에게는 활동적이고, 공격적인 장난감이, 여아에게는 정적이고, 수동적인 장난감이 제공된다. 이로부터 남아는 활동적이고 능동적으로 성장하면서 운동능력을 향상시킬 기회를 많이 갖게 되고, 여아는 정적이고 수동적으로 성장하면서 신체활동을 제한당할 가능성이 높아진다. 학교에서의 생활 역시 신체능력을 개발하는 것과 관련하여 여학생에게 불리한 조건을 제공한다. 성별에 따라 각기 다른 수업내용을 제공하는 체육시간에 남학생들에게는 축구, 농구, 배구, 태권도 등 운동량이 많고, 공격적이며, 작전을 짜야하고, 넓은 공간을 요하는 활동을, 여학생들에게는 매스게임, 피구, 발야구, 무용, 체조 등 운동량이 적고, 조화를 강조하며, 심미적이고, 좁은 공간을 요하는 활동들을 제공하는 경향이 있다.

이상에서 간략하게 살펴보았듯이 남녀가 신체 및 체력적으로 동등하지 않은 이유는 생물학적으로 달라서가 아니라 사회적으로 다른 대접을 받았기 때문일 것이다. 여성에게는 오랜 세월동안 적절한 신체활동프로그램이 제공되지 못하였다. 남성이 우수한 기록을 낼 수 있었던 중요한 이유는 오랜 경기 경험, 빈번한 경기 참여, 많은 선수의 수 등에서 찾을 수 있다. 처음부터 공개경쟁이 있었다면 여성은 가장 원초적인 근력을 요구하는 아주 소수의 시합을 제외하면 거의 모든 시합에서 남성과 동등한 수준을 달성했을 것이다.

늦게 출발했지만 남성을 따라잡고 있는 여성의 추적속도는 놀라울 정도이다. 지난 60년간 100m경기에서 남자는 단지 최고기록을 4.5% 단축시킨 반면 여자는 17.3%나 단축시켰다. 지난 2005년 9월 30일자 과학 잡지 '네이처'에 스포츠에서의 성대결을 과학적으로 분석하고 예상한 짧은 보고서가 실렸었다. 이 보고서에 따르면 올림픽 100m달리기 남녀기록차이는 점점 좁아지고 있으며 2156년에 이르면 여자의 기록이 남자의 기록을 앞지르게 된다고 한다. 이러한 추월경향은 마라톤기록에서도 나타난다. 여성마라톤 공식기록이 시작된 1964년부터 34년간 여성의 기록은 연평균 1분 57초 향상되었는데 비해 같은 시기 남성은 연평균 9.1초 향상되었을 뿐이다.

1980년대에 이미 올림픽경기 수영종목의 여성기록은 남성기록을 능가하기에 충분하였다는 사실은 지금까지 자주 언급되는 내용 가운데 하나이다.

여성농구선수들 역시 이제 근력을 충분하게 단련한 결과 그들 중 몇몇은 덩크슛까지 할 수 있게 되었다. 또한 가까운 미래에 여성의 생리에 적합한 울트라마라톤과 같은 몇몇 종목에서 여성의 기록은 남성의 기록을 능가하게 될 것이라는 예측까지 나오고 있다. 지금까지 언급한 이 모든 내용은 '오랜 세월 동안 여성은 스포츠 활동에 본성적으로 적합한 존재가 아니라는 이유에서 기록갱신과 능력개발에 요구되는 훈련 및 교육기회로부터 체계적으로 배척당해왔다'는 주장을 입증해주고 있다. 이제 여성도 훈련하고 배울 수 있는 기회를 많이 갖게 되었으며 그 결과 그 동안 남성에 비해 현격하게 저조하게 나타났던 여성의 기록도 빠른 속도로 향상되고 있는 것이다.

3) 심리학적 이유

청소년은 스포츠참여를 통해 규율, 경쟁심, 용기, "사내다움"과 같은 가치들은 체득한다. 이러한 가치들은 남성 청소년에게는 필요한 덕목이지만 여성 청소년에게는 불필요하며 어떤 면에서는 오히려 여성적인 본성에 손상을 줄 수도 있는 덕목이기 때문에 여성의 스포츠참여는 바람직하지 않다고 주장하는 사람들이 있다. 두 가지 예를 들어보도록 하겠다.

첫 번째 예는 1970년대 초반에 북미의 코넥티컷(Connecticut)주에서 실제로 일어났던 일이다. 운동기량이 월등하게 뛰어난 여고 육상선수가 있었다. 기량면에서 다른 여고생들과는 비교가 되지 않았다. 진정한 상대를 물색하던 그녀는 남고 육상선수들과의 시합을 원했다. 그러나 남고 육상팀으로부터 시합을 거절당했다. 거절에 불만을 품은 이 선수는 법원에 이의를 제기했다. 그러나 담당판사는 "운동경기의 경쟁은 우리 소년들의 성격형성에 매우 중요하다. 그러나 그런 성격은 소녀들에게는 불필요하다."고 판결했다. 불과 40여 년전에 내려졌던 이 판결의 이면에는 스포츠에서의 여성차별을 정당화하는 논리, 즉 남녀 간에는 신체적 차이뿐만 아니라 지적, 도덕적 또는 영혼적인 차이가 있다는 논리가 숨겨져 있다.

두 번째 예는 유명한 미국의 철학자 폴 바이스(Paul Weiss)의 주장이다. 그 역시 방식은 다르지만 여전히 남성과 여성의 본성 간에 차이가 있다는 가정에 근거하여 스포츠에서의 여성차별을 당연시하였다. 그는 스포츠가 대부분의 남성이 분리된 것으로 경험하는 마음과 몸을 통합된 것으로 경험하게 만들어주기 때문에 남성에게 적합한 활동이라고 말한다. 스포츠는 신체 및 정신 활동 모두를 요구하기 때문에, 그리고 사람들은 스포츠수행 시에 자신의 존재를 총체적으로 쏟아 넣기 때문에, 그것은 남성에게 전형적인 경험이라고 할 수 있는 마음과 몸의 분리의식을 극복할 수 있는 좋은 기회를 제공해 준다는 것이다. 그러나 바이스는 오직 남성들만이 이러한 심신분리를 경험한다고 주장한다. 반면에 여성은 출산과 월경주기 덕분에 훨씬 더 감성적인 본성을 지니고 있으며, 그런 이유에서 마음과 몸 간의 분리를 경험하지 않고서도 몸을 훨씬 자연스럽게 대하게 된다. 따라서 여성은 구태여 스포츠를 통해서 몸과 마음의 분리를 극복할 필요가 없다는 것이다. 이러한 이유에서 스포츠는 남성에게 매력적이고 가치 있는 활동이지만 여성에게는 불필요한 활동이라는 것이다.

여성과 남성의 본성은 다르다는 논리에 근거하고 있는 이러한 주장들은 여성이 스포츠에서 남성에 필적할 기록을 달성하지 못하고 있는 이유 또는 남성에 비해 스포츠에 대한 관심이 더 적은 이유에 대한 설명의 근거가 될 수 있으며, 나아가 스포츠에서 자행되고 있는 여성 차별을 정당화하는 논리적 근거가 될 수 있다. 그러나 이러한 주장들은 여러 학자들에 의해 강력하게 비판받아왔다. 이 중 두 가지만을 소개하겠다.

대부분의 경기스포츠는 남성에 의해 남성의 신체조건에 적합하게 개발되었다. 이러한 스포츠에서 여성의 기량이 남성만큼 뛰어나지 못하게 나타나는 것은 너무나도 당연하다. 스포츠는 여성의 신체조건에 적합하게 개발된 것이 아니기 때문이다. 베씨 포스토우(Betsy Postow)는 대부분의 스포츠에는 이와 같은 구조적 편중이 일상화되어 있기 때문에 여성이 남성에 비해 열등하게 보일 수밖에 없고, 그런 이유에서 스포츠 활동에 적극적으로 참여하는 것은 여성들에게 그다지 현명한 일이 아니라고 주장하였다. 예컨대 여성은 키, 스피드, 힘과 같은 남성적 특질을 강조하기 위해 개발된 농구 같은 스포츠에 참여할 필요가 없다는 것이다. 대신에 체조나 다이빙 또는 울트라마라톤 같이 여성의 생리적 특성에 적합한 종목에 관심을 기울여야만 한다는 것이다.

두 번째 비판은 이리스 마리온 영(Iris Marion Young)에 의해 시도되었다. 그녀는 스포츠에서 여성배척의 부당성을 직접적으로 공격하였다. 영은 "신체-주체"와 "신체-객체"로서 자신 또는 타인 경험을 구별하는 것으로부터 논의를 시작한다. 신체-주체로서 자신을 경험한다는 것은 자신을 활동, 에너지, 그리고 힘의 근원으로 경험하는 것이다. 신체-객체로서 자신과 타인을 경험한다는 것은 사람을 사물로서, 수동적인 것으로서, 보여지는 어떤 것으로서, 핵심적으로 말하면 "타자"로서 경험하는 것이다. 영은 이러한 구별의 정당성을 논증한 후에 다음과 같이 논의를 전개하였다.

첫째, 스포츠는 전형적인 신체-주체의 영역이다. 신체와 능동적 주체성의 아이덴티티는 스포츠에서 그 패러다임에 도달한다. 운동선수의 자세, 근육, 운동, 지향성은 직접적으로 그녀 혹은 그의 의도와 기획을 드러내준다. … 스포츠는 단순히 그들이 성취할 수 있는 것을 결정할 목적으로 신체의 능력과 기술을 소집한다. 이때 그것의 본성에 의해 스포츠는 본질적인 신체-주체를 드러내준다.

둘째, 남성에 의해 지배되고 있는 우리 문화는 에너지, 활동, 힘의 원천인 신체주체를 남성의 영역과 동일시하며, 여성적인 것의 본질을 보여지는 실체이자 수동적이고, 타자적인 신체 객체와 동일시하고 있다. 이와 같은 영의 주장은 매우 설득력이 있다. 우리는 소년들이 운동장에서 능동적이고, 생동적이며, 자신을 주장하도록 배우고 있는 반면에, 소녀들은 집안에서 "치장하거나", "예뻐지려고 노력하는" 태도를 학습하고 있다는 사실을 일상적 경험을 통해 잘 알고 있다.

셋째, 스포츠는 신체주체적 특성을 지니고 있고, 우리 문화는 남성과 신체주체성을, 여성과 신체객체를 결부시키고 있기 때문에 여성은 스포츠로부터 실존적으로뿐만 아니라 개념적으로도 배척당하고 있다. 즉 우리가 여성이라고 규정하고 있는 바로 그 개념 속에서 우리는 본질적으로 여성을 스포츠의 영역으로부터 배척하고 있는 것이다. 이것은 또한 본질적인 인간성의 영역으로부터 여성을 배척하는 것이기도 하다.

영(Young)의 논변은 매우 설득력이 있다. 스포츠는 실로 우리가 우리 자신을 에너지와 힘, 창의적 및 자기 창조적 활동의 근원으로 경험할 수 있는 매우 소중한 영역 가운데 하나이다. 그런 의미에서 스포츠는 청소년에게 특히 중요한 활동 영역이다. 이러한 가능성으로부터 여성을 배척한다는 것은 매우 소중하고 결정적인 발달의 가능성으로부터 그네들을 배척하는 것이다. 이러한 배척이 여성의 정체성 형성, 특히 영이 지적하였듯이 "성적 대상"으로서 그네들의 자아정체성 형성에도 영향을 미치게 된다는 점은 너무나도 명백하다.

3 스포츠에서 여성차별을 극복하려는 시도들

여성은 남성에 비해 신체적으로 그다지 열등하지 않으며 운동수행능력에 있어서도 결코 뒤지지 않는다. 그렇다면 스포츠에서 여성운동은 앞으로 어떤 방향으로 나가야만 할까? 이에 대해 세 가지 입장이 존재한다. 동화주의, 분리주의, 중도주의가 그것이다. 동화주의는 여성이 남성영역으로 적극 진입해야만 한다는 자유주의 페미니즘의 노선을 추구한다. 분리주의는 여성스포츠를 남성스포츠로부터 분리하자는 입장으로서 급진주의 페미니즘과 맥을 같이 한다. 한편 중도주의는 남성과 협동하여 남녀차별 없는 스포츠제도를 새롭게 세우자는 전략이다. 각각의 기본입장과 평가에 대해서 알아보도록 하자.

1) 동화주의

기본입장: 동화주의에 따르면 현존하는 스포츠에서의 불평등은 생물학적 차이로 설명되거나 정당화될 수 없으며 공정한 조건만 주어진다면 여성도 남성과 마찬가지로 다양한 스포츠를 할 수 있다고 한다. 따라서 이 입장을 옹호하는 사람들은 남녀간 동등한 경쟁을 저해하는 모든 귀속적, 사회적 장애요인을 제거하고 보완하자고 주장하며, 특히 의사결정, 경기참여, 시설확보, 재정지원에서의 평등을 강조한다.

평가: 동화주의는 스포츠가 남성영역이란 점을 인정하고 여성도 그쪽으로 방향을 잡아야 한다는 입장이다. 이러한 동화주의의 입장에서 구조적으로 일상화된 남성우월주의가 과소평가되고 있다. 남성이 오랜 세월에 걸쳐 구축해 놓은 기존 스포츠체계 속에서 남성적 잣대를 기준으로 남성과 우열을 가린다

면 과연 여성이 앞설 가능성이 얼마나 있을까?

2) 분리주의

기본입장: 분리주의는 기존 남성스포츠로의 진입을 포기하고 여성들만의 독자적인 스포츠시스템을 구축하자는 입장이다. 남성이 오랜 세월동안 스포츠를 지배해왔기 때문에 그 안에는 남녀차별문화가 구조적으로 일상화되어 있으며, 이러한 구조 내에서 평등화시책을 시행해도 그 성과는 한정적일 수밖에 없다고 믿기 때문이다. 따라서 기존 남성스포츠와 독립된 새로운 여성스포츠를 구축해야만 한다고 주장한다.

평가: 분리주의는 양성 간에 분열을 야기 시킬 소지를 안고 있으며, 스포츠에서 남성지배정도를 과장하고 있고, 지배구조를 불변적인 것으로 이해하고 있다. 또한 지배의 반대는 역지배가 아니라 공유라는 점에서 여성적 가치의 우월성을 주장하는 분리주의는 보수적이기까지 하다. 또한 분리주의는 역설적이게도 남성의 신체적 우월성을 인정하고 있으며, 사회, 문화적 요인의 중요성을 간과하고 있다는 비판을 받기도 했다.

3) 중도주의

기본입장: 중도주의는 기존의 남성중심스포츠도 새로운 여성중심스포츠도 아닌 남녀 모두에게 새로운 스포츠가치와 구조가 필요하다고 보는 입장이며, 남녀가 협동하여 성차별 없는 스포츠제도를 세우자는 전략이다. 즉 긍정적인 면을 살리고 파괴적 요소를 제거하기 위해 남녀 공동으로 스포츠경쟁을

통제하고 규제하자는 입장이다. 이러한 관점에서 중도주의는 스포츠경쟁을 레크리에이션을 통한 건강, 다양한 운동, 운동을 통한 감각의 세련화 등으로 유도하려고 시도한다.

평가: 현재 사회 곳곳에서 이와 같은 변화의 조짐이 나타나고 있지만 남성우월주의자들의 세력이 여전히 막강하여 장래를 낙관할 수만도 없다고 비판론자들은 말한다.

이상에서 보았듯이 오늘날 스포츠에서 여성운동은 세 가지 선택의 기로에 있다. 여성이 남성영역으로의 진입하는 전략, 여성스포츠를 분리하는 전략, 그리고 남성과 협동하여 남녀차별 없는 스포츠제도를 세우는 전략이 그것이다. 이 세 가지 전략을 동시에 진행하는 것도 하나의 방법이다. 이러한 전략은 상황변화에 따라 유효한 방법을 선택할 수 있다는 장점을 지니며 실질적으로 다른 개개의 전략보다 더 큰 효과를 기대할 수 있다.

8장 스포츠와 도핑의 이해

"참가하는데 의의가 있다"는 올림픽경기의 이상은 점차 그 의미를 잃어가고 있다. 국제경기에서뿐만 아니라 국내경기에서 조차도 승리는 단순히 승자 자신의 명예나 기쁨일 뿐만 아니라 그가 속한 국가나 단체의 위상을 대변하는 것이 되었으며 자신의 경제적 이득까지를 의미하게 되었다. 이러한 경향은 특히 페레스트로이카 이후 자본주의 경제체제가 전 세계의 시장을 움직이는 원리가 되고 그에 따라 스포츠 역시 상업화의 소용돌이 속에 깊숙이 빠져들면서 더욱 가속화되기 시작하였다. 이제 스포츠는 신분상승과 경제적인 성공을 이루기 위해 절치부심(切齒腐心)하는 선수들의 각축장이 되었으며, 각 단체들의 위상과 권위를 드높이는 전쟁터가 되었다. 그래서 각 선수들은 자신이 경기에서 승리하기 위해서, 그리고 학교, 시, 도, 국가, 기업 등과 같은 단체들은 그 대표팀이 대회에서 우승하도록 하기 위해서 가능한 모든 수단을 사용하기에 이르렀다. 도핑은 이러한 과정에서 나타난 대표적인 경기력향상수단 가운데 한 가지이다.

1 도핑의 정의

도핑(doping)이란 말은 남아프리카 원주민 카필스(Kaffirs)족이 제례에 사용한 흥분제를 “dope”라고 부르는 것에서 유래하였다. 영어단어 “doping”은 1869년 영국에서 출간된 사전에 처음으로 나타났는데 여기에 “경마에 이용하기 위한 아편과 마약의 혼합제”(eine Mischung von Opium und Narkotika fuer die Anwendung bei Pferderennen)로 정의되어져 있다(Rothig u. a., 1992, 126~127).

한 체육저널은 도핑을 “운동선수의 경기력향상을 위하여 외부로부터 이물질(약물, 혈액 등)을 선수체내에 넣는 과정”(김건열, 1992, 21)으로 정의하고 있다. 그러나 이러한 정의는 매우 편협하다. 오늘날 도핑은 이물질의 투입뿐만 아니라 최면술과 같은 심리적 조작까지도 포괄하기 때문이다. 1960년대부터 최근의 로잔선언에 이르기까지 도핑이냐 아니냐를 규정하는 준거로 가장 자주 제시되었던 사안은 스포츠에서의 성취를 인위적이거나 자연적이지 않은 방법을 통해 향상시켰느냐 그렇지 않은가의 여부였다. 이와 같은 자연성 또는 인위성을 근거로 한 도핑의 정의는 지금까지도 스포츠의학문헌에 자주 나타나고 있다. 예컨대 몇몇 스포츠의학문헌에는 도핑이 “자연적인 장벽, 한계치, 문턱을 인위적으로 넘어서는 것”(Sehling et. al., 1989, 104; Feiden/Blasius, 2002, 3)으로 정의되어 있다. 이러한 정의에 등장하는 “자연적인 장벽” 또는 “인위적”이라는 개념은 그 의미가 명료하지 못하여 많은 비판을 받아왔다.

IOC는 여러 차례의 회의를 통해 도핑을 실용주의적으로 정의하기로 결정하고, 금지 물질과 방법 목록을 제시하기에 이른다. 이러한 실용주의적 도핑 정의의 예로서 대표적인 것은 국제올림픽위원회 의학분과위원회(1996)가 제정한 규정에 나타나 있는 도핑정의이다. 이 규정에 따르면 “도핑은 금지된 작용물질(효소, 호르몬, 비타민 따위의 총칭)군의 사용이나 금지된 방법의 적용"이라고 정의할 수 있다. 당시에 제시된 작용물질군에는 각성제군, 마취제군, 아나볼릭 계열, 이뇨제군, Peptid- and Glykoprotein 호르몬 등이며, 금지된 방법은 혈액도핑과 약물학적, 화학적, 물리적 조작 등이다. 제한적으로 허용된 작용물질은 알콜, 마리화나, 국부마취제, 부신피질호르몬과 베타수용체차단제(Betablocker) 등이며, 최근 유전자도핑이 IOC 금지목록에 추가되었다.

도핑을 금지목록의 제시를 통해 정의할 경우 복잡한 문제가 발생할 수 있다. Gerstmeyer는 "만일 법적으로 독살을 독살에 사용되는 독극물질들을 목록으로 작성하여 그것을 기준으로 정의한다면 이 목록에 명기되지 않은 독극물을 이용한 독살사건이 발생했을 경우 행위자에게 그 행위에 대한 책임을 물을 수 없게 된다."(1995, 293)고 우려를 표명한 바 있다. 이러한 이유에서 통상적으로 재판관은 독극물목록작성을 통해서가 아니라 살해라는 행위 자체에 초점을 맞추어 독살여부를 판단하기 때문에 독살자에게 행위에 대한 책임을 물을 수 있다. IOC 역시 이러한 실용주의적 도핑정의가 갖는 문제점을 인식하고 기존의 도핑정의를 대폭 수정, 보완하였다. IOC가 1999년 발표한 로잔선언에 "도핑은 … 그것이 물질이든 방법이든 잠재적으로 선수의 건강과 운동수행능력에 해가될 수 있는 인위적인 것의 사용 또는 선수의 몸에서 올림픽운동 반도핑헌장에 열거된 목록상의 물질이나 방법을 사용한 흔적이 발견된 경우"(http://www.wada-ama.org)라고 정의되어 있다.

IOC의 금지목록에 명시된 것이든 아니든 운동수행능력을 향상시키기 위해 적용된 어떤 물질이나 방법이 자연적이냐 아니냐는 점이 도핑 여부를 결정하는 핵심적인 준거라는 점은 분명해졌다. 이러한 이유에서 Pawlenka는 다시금 자연성의 개념에 근거하여 도핑을 "스포츠적 성취향상을 목적으로 하는 자연적, 유전적으로 조건 지워진 신체의 한계 및 특성에 가해진 인위적 영향"이라고 보다 상세하게 정의하였다(2004, 294).

2 도핑의 역사와 현황

스포츠에서 처음으로 보고 된 도핑사례는 '1865년 암스테르담 운하에서 열린 수영대회에 참가한 선수들이 caffeine이 함유된 약물을 복용'했다는 것이다. 20세기에 들어서면서 사이클, 마라톤, 축구, 권투 등과 같은 종목의 선수들이 도핑을 했다는 사례들이 자주 보고 되었으며, 1933년에는 'doping'이란 단어가 일반화되기도 하였다. 1950년 이후 스포츠선수들의 도핑사례는 급격하게 증가한다. 1952년 동계올림픽경기가 열렸던 오슬로의 선수대기실에서 많은 양의 빈 약병과 주사기가 발견되기도 하였다.

도핑을 하는 선수들의 수가 증가하면서 도핑으로 인한 피해 역시 적지 않게 보고되었다. 1956년 amphetamine을 복용한 선수가 정신착란을 일으켰다는 보고가 있었으며, 1960년에는 사이클, 육상, 권투에서 상습적인 도핑이 원인이 되어 사망한 선수들이 속출하였고, 이와 같이 도핑에 의한 피해사례가 증가하면서 도핑을 금지하고자하는 움직임이 나타났다. 1959년 프랑스에서 첫 도핑위원회가 발족되었고, 1962년에는 이탈리아에서 도핑조사위원회가 결성되었다. 같은 해 국제올림픽위원회(이하 IOC 표기)는 모스크바 정기회의에서 도핑반대안을 채택하였으며, 1963년 스트라스부르크(Straß burg)에서 공식적으로 도핑반대를 시작하였고, 1968년 멕시코시티(Mexico-city)에서 개최된 올림픽경기에서 첫 도핑검사를 실시하였다.

1960년대에 도핑을 한 선수들에 대한 반응은 매우 동정적인 것이었다. 그러나 1980년대부터 도핑테스트에 적발된 선수들에게 가혹한 비난이 퍼부어지기 시작하였다. 1988년 서울올림픽경기에서 벤 존슨이 적발된 이후 도핑검사에 적발된 선수들은 모두 속임수를 썼다고 비난받게 되었으며, 벌금에서 종신 출전정지에 이르는 벌칙도 부과 받았다. 이제 도핑은 '좋지 못한 행위', '비난받아야 마땅한 비도덕적인 행위'라는 인식이 일반화되었으며, 이러한 입장은 일종의 공리가 되었다. 공리란 매우 기본적이고 당연한 것이어서 "왜?"라고 물음을 던질 필요가 없는 원칙을 말한다. 스포츠에서 도핑은 나쁜 것, 그래서 그것의 금지는 당연한 것이라는 주장에 대하여 그 누구도 의문을 제기하지 않는다. 그렇기 때문에 국제올림픽위원회와 같은 스포츠단체는 물론이고 여기에 대중매체까지 가세하여 도핑을 적발하고, 추방하기 위해 온갖 노력을 경주하고 있다. 바야흐로 도핑과의 전쟁이 시작된 것이다.[17)]

도핑과의 전쟁은 세계반도핑기구(World Anti-Doping Agency: 이하 WADA로 표기)의 발족을 통해 구체적으로 가시화된다. 1999년 여름 사이클 세계를

---

17) 권오찬(1989), pp. 32~22와 김건열(1996), pp. 26~31을 참고할 것. 대중매체에 등장하는 도핑관련 기사들은 최소한 다음과 같은 세 가지의 정보를 우리에게 제공해 주고 있다. 첫째, 도핑은 '해서는 안 되는 행위', '좋지 못한 행위', 보다 적극적으로 표현하자면 '비난받아야 마땅한 비도덕적인 행위'라는 가치판단적 정보가 그 기사들에 함축되어 있다. "도핑문제로 얼룩진 동계올림픽"(김건열, 2002, 36), "비열한 속임수"(남수영, 1988, 108), "스포츠무대의 불공정행위"(황렬, 2000, 52) 등과 같은 도핑관련 기사의 제목에서 이러한 정보를 쉽게 읽어낼 수 있다. 둘째, 위의 가치판단적 정보에 근거하여 도핑은 추방되어야 마땅하며, 이를 위해 다양한 조처들이 시행되어져 오고 있다는 정보가 함축되어져 있다. "IOC "약물 두 번 걸리면 퇴출" 반도핑규약 제정"(연합뉴스, 2003. 3. 6), "세계도핑금지국제기구(WADA)발족"(김건열, 1999, 50), "철저한 반도핑 활동 결의"(권오찬, 1989, 32), "새로운 도전, 도핑과의 전쟁은 안전한가?"(김건열, 1996, 26) 등과 같은 기사의 제목이 이를 말해준다. 셋째, 지속적이고 다양한 도핑금지조처에도 불구하고 도핑은 줄지 않고 계속적으로 자행되고 있으며, 매년 적발 건수는 오히려 늘고 있다는 정보가 나타나있다.

뒤흔든 사건이 발생한 이후 IOC는 도핑에 대항해서 싸우는 모든 단체들이 동참하는 세계도핑회의를 소집하기로 결정한다. 1999년 2월 2일부터 4일까지 2박 3일간 스위스 로잔(Lausanne)에서 개최된 스포츠에서의 도핑에 관한 세계회의는 "스포츠에서의 도핑에 관한 로잔 선언"을 만들어냈다. 이 문서는 2000년 시드니에서 개최된 제 27회 올림픽경기부터 완벽하게 기능할 수 있는 독립적인 국제 반도핑기구의 설립을 규정하고 있다. 1999년 11월 10일 로잔 선언의 약정에 준하여 로잔에서 WADA가 발족되었다. 이 기구는 스포츠에서의 도핑에 대항한 투쟁을 국제적 차원에서 증진하고 협력함을 목적으로 한다(Richard W. Pound in: http://www.wada-ama.org).

WADA가 설립된 이후에도 도핑에 대한 비난의 여론이 끊임없이 이어져왔고, 도핑 선수에 대한 처벌 역시 한층 강화되었다. 도핑은 비도덕적인 것, 나쁜 것, 따라서 당연히 금지되어야만 하는 범죄행위라는 인식이 만연되어 있으며, 도핑에 적발된 선수들의 경우 스포츠세계에서는 물론이고 스포츠를 떠난 일상세계에서도 많은 비난과 불이익을 받게 되었다. 경기출전정지라든가 심한 경우 선수자격을 박탈당하는 경우도 있고, 사회적으로 '사기꾼' 내지는 '범죄자'라는 비난을 받게 되었고, 그간 쌓아 올렸던 모든 경력과 노력이 백지화되는 경우도 생겨나고 있다. 그러나 이와 같은 강도 높은 통제와 처벌에도 불구하고 도핑적발건수는 오히려 해를 거듭할수록 늘어나고 있다. WADA에 따르면 2000년 2500명 수준이었던 도핑적발건수는 2001년 3409명, 2002년에는 4092명으로 늘어났다. 금세기 들어 IOC가 '약물과의 전쟁'을 선포했음에도 도핑적발건수가 이처럼 폭발적인 증가추세를 보이고 있는 것이다.[18)]

---

18) 금세기 들어 국제올림픽위원회(IOC)가 '약물과의 전쟁'을 선포했음에도 도핑적발건

3 도핑 반대이유의 비판적 검토

IOC를 비롯한 각종 스포츠단체에서 도핑을 금지하는 이유로서 공정, 건강, 강요, 타자피해, 역할모형, 자연성 여섯 가지를 제시하고 있다. 즉 도핑은 공정의 원리에 위배되며, 선수들의 건강에 해롭고, 부당한 강요이며, 타자에게 피해를 주고, 청소년들에게 바람직하지 않은 역할모형의 선례를 남길 수 있으며, 스포츠의 구성요소인 자연성을 훼손하기 때문에 금지되어야만 한다는 것이다. 각각의 논지를 비판적으로 검토해보자.

먼저 도핑은 공정한 경기의 이념에 위배되기 때문에 금지되어야한다는 주장에 대해 태어난 국가의 지리 및 경제적 조건, 가정환경, 체력 및 체격조건 등에서 발생하는 불공정은 왜 문제 삼지 않느냐는 반론을 제기할 수 있다. 이러한 반론에 대해 도핑반대론자들은 개인의 자유로운 선택과는 무관하게 발생하는 불공정한 상황과 개인의 자유로운 선택에 의해 발생하는 불공정한 상황을 구분해야한다고 제안한다. 즉 도핑은 개인의 자유로운 선택에 의해 발생하는 불공정한 상황이기 때문에 금지되어야만 한다는 것이다. 그렇다면 규

수는 지속적으로 증가추세를 보이고 있다. 최근 몇 년 동안 일간지에 보고된 도핑적발 사례 몇 가지를 살펴보자. 2002년 2월 이탈리아 세계선수권대회 크로스컨트리 20km 계주에서 은메달을 획득했던 핀란드의 여자 크로스컨트리 스키 선수 카이사 바리스가 도핑 테스트에 걸려 2년간 출전정지처분을 받았으며(연합뉴스, 2003. 5. 11), 2002년 솔트레이크시티 동계올림픽에서 스키 3관왕에 올랐던 스페인출신의 스키선수 요한 뮤에레그도 도핑 테스트에 걸려 금메달 박탈과 함께 2년간 출전 금지처분을 받았다(연합뉴스, 2003. 1. 25). 또한 시드니올림픽에서 약물검사에 걸려 금메달 박탈과 함께 1년간 출장 정지 징계를 받았던 독일의 레슬러 알렉산더 레이폴트가 우즈베키스탄 전지훈련 중 갑자기 쓰러져 중태에 빠졌다는 보고가 있었다(연합뉴스, 2003. 8. 9). 시드니 올림픽 체조부분에서 개인종합우승을 하여 금메달을 받았던 루마니아의 체조 여왕 라두칸도 도핑테스트에 걸려 금메달을 박탈당하였다.

제를 통한 공정한 조건의 보장보다는 자유로운 허용에 의한 공정한 조건의 보장이 좋지 않으냐는 의미에서 도핑을 전면적으로 허용하는 것은 어떨지 반론을 제기할 수 있다.

이러한 반론에 대해 도핑반대론자들은 건강이 훼손될 우려가 있기 때문에 도핑의 전면적 허용은 안 된다고 말한다. 그러나 스포츠에 선수들의 건강을 훼손시킬 소지가 있는 요인들은 수 없이 많이 존재한다. 권투나 미식축구, 암벽등반 같은 위험한 스포츠 자체나 장기간 지속되는 과도한 훈련도 선수의 건강에 큰 피해를 줄 수 있다. 건강 때문에 도핑을 금지해야만 한다면 이러한 스포츠나 부담을 동반하는 트레이닝 자체도 금지해야 되는 것은 아니냐고 반론을 제기할 수 있다.

또한 도핑이 선수들의 건강에 해가된다고 할지라도 그것을 법적으로 금지하는 것이 옳은가라는 의문이 생겨날 수 있다. 선수보호차원에서 행해지는 금지조처가 오히려 선수의 자유와 자율권을 침해할 수도 있기 때문이다. 이에 대하여 도핑반대론자들은 선수들이 충분한 정보에 근거하여 자발적으로 승낙한 것이 아니라(주전선수로서 자격을 유지하기 위해서는 불가피한 상황이라는 의미에서) 도핑을 강요당한 것이기 때문에 선수보호차원에서 도핑을 금지해야만 한다고 말한다. 그러나 과연 여기서 강요당했다는 표현이 적절한 것일까? 경쟁력 있는 선수로 남기 위하여, 세계최정상선수가 되기 위하여 약물을 복용한 것을 강요당했다고 말할 수 있을까? 그는 스스로 선택한 것이지 강요당한 것이 아니다.

도핑반대론자들은 한 선수의 도핑은 그에게 뒤지지 않으려는 상대 선수에게 도핑을 강요함으로써 그의 건강에 해를 끼칠 수 있기 때문에 금지되어야 한다고 말한다. 이 또한 이치에 맞지 않는다. 그러한 사태는 도핑뿐만 아니라

트레이닝 상황에서도 똑같이 일어날 수 있다. 한 선수가 최정상이 되기 위해 고된 훈련에 몰두하고 있고, 이를 본 그의 라이벌이 뒤질 새라 자신도 열심히 훈련하다가 과로로 쓰러졌다고 상상해 보자. 위의 논리대로라면 열심히 훈련하는 것 또한 타자에 피해를 줄 수 있기 때문에 금지되어야 한다는 결론이 나온다. 그러나 그럴 수는 없는 일이다.

도핑은 부정적인 역할모형으로서 약물오남용을 사회적으로 확산시키고, 젊은 선수들에게 나쁜 선례를 남기기 때문에 금지되어야한다는 논리도 모순이다. 도핑 말고도 젊은이들에 나쁜 선례가 될 만한 일은 많다. 거친 언어사용, 복잡한 여자관계, 음주와 흡연 등등. 그러나 아무도 선수들의 그러한 행위를 강제적으로 제재하지는 않는다.

마지막으로 도핑은 스포츠의 구성적 요건이라고 할 수 있는 자연성을 훼손하기 때문에 금지되어야한다는 도핑반대론자들의 주장 역시 자연성이라는 개념이 갖는 애매성으로 인하여 비판에서 자유로울 수 없다. 세계적인 선수들은 물론이고 요즘은 아마추어선수들까지 식생활과 훈련에 있어서 결코 자연적이라고 할 수 없는 방식을 따르고 있다. 장거리선수들의 글리코겐로딩이나 보디빌더들의 고단백식품섭취 등과 같은 식이요법이 과연 자연스러운 방법인가? 과학적으로 뒷받침된, 고도로 계산적인 스케줄에 따라 최첨단 장비를 이용하여 진행되는 훈련프로그램이 과연 자연적인 것인가? 현대스포츠에서 자연적인 것과 인위적의 것의 경계는 갈수록 불투명해져만 가고 있다.

이상에서 살펴보았듯이 도핑반대이유로 제시된 기준들이 너무나 애매하고, 그 기준의 적용이 너무나 임의적이다. 이런 의미에서 이상에서 소개한 도핑반대논변들은 설득력이 매우 약하다. 어떤 사람들은 현대스포츠와 도핑, 이 양자는 떼려야 뗄 수 없는 동전의 양면과 같은 것이라고 말한다. 따라서 스포츠를 긍정하면서 도핑을 부정하는 IOC의 태도에 의구심을 표명하는 학자도 있다. 예컨대 사회학자 Cashmore는 IOC가 도핑금지를 위해 노력하는 이유를 윤리적인데서 찾지 않고 상업적인 데서 찾는다. 그에 따르면 IOC위원장이었던 사마란치는 올림픽경기를 시장논리에 종속시켰다. 그 결과 IOC는 해를 거듭할수록 재정적인 면에서 방송사 및 상업적 회사들에 의존도가 높아져가고 있다. 한편 상업적 회사들이 IOC를 재정적으로 지원하는 이유는 그들의 사업을 확장하기 위함이다. 그들은 수십억의 잠재적 구매자들의 존경과 사랑을 받는 "깨끗하고 건전한(?)" 선수들과 그들이 판매하고자 하는 상품의 이미지를 연결시키길 원한다. 한편 "뇌물과 불법적 행위로 부패한 IOC"는 이러한 깨끗하고 건전한 이미지를 만들어내기 위해 도핑을 희생양으로 만들었다는 것이 Cashmore(2000)의 주장이다. 이러한 주장은 아직 명료하게 입증되지는 않았지만 스포츠와 도핑의 관계를 새롭게 조망하고 있다는 점에서 우리에게 주는 시사점이 적지 않다.

"멀지 않은 미래에 우리는 도핑문제를 수반하지 않는 고도수행스포츠(Hochleistungssport)를 결코 볼 수 없게 될 것이다."(1985)라고 진술한 도핑전문가 Hollmann박사의 말 역시 현대스포츠에서 도핑의 추방이 원천적으로 불가능하다는 점을 다시 한 번 입증해주고 있다. 과학기술이 지배하는 현대사회는 보다 크고, 보다 빠르고, 보다 강한 선수들을 요구하고 있다. 도핑을 통해 최고기록, 최고수행을 추구하는 스포츠는 이러한 기술문명의 예찬에 다름 아니다(Hoberman, 1988, 324).

스포츠를 통한 사회통합

9장

1 서론

사회분화, 개인화, 세계화에 따라 사회구조가 급격하게 변동하고 있으며, 이로부터 다양한 갈등이 양산되고 있다. 예컨대 한국의 경우 급격한 성장 중심의 산업화와 이주자의 급증, 민주화 등으로 양극화, 문화갈등, 국론분열, 지역갈등, 세대갈등 등과 같은 다양한 양상의 갈등이 나타나고 있다. 이러한 사회변동과 사회갈등 심화는 전체 사회는 물론이고 사회구성원 개개인의 삶에서 불안감의 원인으로 작용하여 안정적인 것에 대한 기대욕구를 강화시킨다. 이러한 상황에서 해결책은 구성원 개개인이 혼자가 아니라 더불어 사는 존재임을 깨닫게 해주는 것이다. 이런 이유에서 통합은 정치 및 학문 담론의 주된 주제로 부각되고 있다. 이 장의 목적은 스포츠가 사회통합의 적절한 매개가 될 수 있는지의 여부를 검토하는 일이다.

우리말 통합은 모두 합쳐 하나로 모아짐, 개별요소들이 하나의 단위를 형성함, 공통의 가치와 규범에 기반을 둔 요소들의 결속유지, 구성원들이 하나의 통합된 전체로 결합해 가는 과정 등과 같이 다양한 정도로 통합된 혹은 분리된 사회적 단위들 간의 관계를 나타내는 표현이다. 따라서 통합의 최종 목표인 통합된 상태는 균형, 안정성, 질서, 모순과 갈등의 부재 등의 특징을 지니는 상태라고 말할 수 있다. 영어 integration과 독일어 Integration도 '동요가 없는', '손대지 않은', '온전한' 등의 의미를 지닌 라틴어 integer와 희랍어 entagros에서 파생된 단어이다. 어원적으로 볼 때도 통합은 요소들이 하나의 전체로 융합되어 모순과 갈등이 없는 상태를 나타낸다고 할 수 있다. 이와 같은 통합은 적용영역과 학문적 관점에 따라 다양한 방식으로 분류되기도 한다.

다문화담론에서는 정주문화에 초점을 맞춘 동화로서의 통합 개념과 정주 및 이주 문화의 동시적 고려에 초점을 맞춘 상호작용적 통합 개념이 대립하고 있다. 또한 통합되어야 할 대상의 특성에 따라 물리적 통합, 기능적 통합, 정서적 통합으로 또는 구조적 통합, 신분적 통합, 개인적 통합, 언어적 통합, 사회적 통합으로 분류되기도 한다. 통합 개념은 그 적용범위에 따라 사회통합과 체계통합으로 나누어진다. 이 장의 주제는 사회통합이다.

사회통합은 서로 다른 가치를 지향했던 집단들이 공통의 가치를 중심으로 병합하거나 다양한 이유에서 서로 배척 관계에 있었거나 관련이 없던 개인들이 융합하여 하나의 공동체를 이루는 과정과 그 결과를 의미한다. 사회통합은 개인적 차원과 집단의 차원으로 그 의미가 세분화될 수 있는데, 여기서 개인적 차원의 통합은 개별 사회성원들이 사회의 일원으로서 타인들과 함께 사회생활에 적극 참여하고 물리적 통합, 기능적 통합, 정서적 통합의 다차원적인 융화를 통해 복된 삶을 구현하는 것을 뜻하며, 집단 차원의 통합은 다양한 사회집단의 조화로운 관계나 안정된 관계의 형성을 의미한다.

본 장에서는 먼저 스포츠가 사회통합에 기여할 수 있을 것이라는 국제 및 국내 정치 및 스포츠 단체들의 기대를 소개하겠다(2장). 다음으로 이러한 기대를 뒷받침해 줄 수 있는 역사 및 실증적 사례들을 소개할 것이다(3장). 다음 단계에서는 스포츠가 사회통합에 기여할 수 있는 이유에 대한 학자들의 설명을 여섯 가지로 요약해서 제시할 것이다(4장). 이어지는 장에서는 스포츠가 사회통합에 기여할 수 있다는 주장에 대한 반대증거와 반박논리를 소개하고 이를 비판적으로 검토할 것이다(5장). 마지막 장에서는 스포츠를 통해 이룩될 수 있는 사회통합이 어떤 한계와 가능성을 지닐 수 있는지 알아 볼 것이다(6장).

2 스포츠를 통한 사회통합의 기대

우리는 스포츠가 사회통합에 기여할 수 있을 것이라는 기대를 도처에서 만날 수 있다. 세계가 하나가 된다는 구호 아래 4년마다 개최되는 올림픽경기에서부터 친목도모를 목적으로 치러지는 사교단체나 지역단체의 체육대회에 이르기까지 대부분의 스포츠행사는 개인적 차원은 물론이고, 집단의 차원, 나아가 국제적 차원의 단결, 화합, 통합을 구호로 내세우고 있다. 먼저 국제 및 국내의 정치 및 스포츠 단체의 기대들을 살펴보자.

1) 정치 및 스포츠 단체들의 기대

전 유엔 사무총장 Kofi Annan은 스포츠의 사회통합기능을 철저하게 신뢰하던 사람이었다. 이와 같은 그의 생각은 유엔홈페이지에 다음과 같이 잘 나타나 있다(http://www.un.org/sport2005/a_year/s_peace.html).

> 스포츠가 세계의 보편적인 언어로서 평화, 관용 그리고 상호 이해를 증진시켜주는 아주 강력한 도구가 될 수 있다. 스포츠의 힘을 통해서 사람들은 국경을 초월하고 문화와 종교를 초월해서 결집하며 또 서로 관용을 베풀고 화해할 수 있도록 돕는다. 스포츠맨십의 핵심 가치라고 할 수 있는 융합은 스포츠가 특정 지역에서부터 국제적인 차원에 이르기까지 평화를 증진시킬 수 있는 귀한 도구라는 것을 의미 한다.

세계 최대 스포츠단체인 IOC 역시 스포츠의 통합기능에 기반하고 있는 조직이라고 할 수 있다. 올림픽헌장에는 이와 같은 IOC의 입장이 잘 나타나 있다(Olympic Charter, 2004년 9월 1일).

> 올림픽 정신(Olympic spirit)은 우정, 연대성, 공정한 경기를 통해 (전 세계인의) 상호이해(mutual understanding with a spirit of friendship, solidarity and fair play)를 촉진시켜주는 데 그 본질이 있다.

스포츠선진국으로 꼽히고 있는 독일에서도 스포츠는 사회통합기제로 적극 활용되고 있다. 독일국회에 제출된 백서의 내용은 스포츠의 통합기능에 대한 독일정부의 기대감이 잘 반영되어 있다(Deutscher Bundestag, 2006).

> 스포츠는 개인 간의 적극적인 만남을 통해 사회 통합에 중요한 공헌을 할 수 있다. 스포츠는 말이 필요하거나 경계를 긋는 분야가 아니다. 서로 다른 집단이 함께 활동함으로써 적개심이 해소되며, 소외받는 사람들을 공동체로 쉽게 통합시킬 수 있다. 이주자나 사회에서 삶의 여건

이 어려운 많은 사람들은 스포츠클럽에서 동일한 권리를 가진 회원으로서 인정받는다. 스포츠클럽에서는 국적, 언어, 사회 · 문화적 배경에 관계없이 능력이 중심이 된다. 공명정대함, 관용, 팀 정신은 빈 말이 아니라 살아 있는 현실이며, 이는 팀 종목에만 국한된 것이 아니다.

스포츠의 통합기능에 대한 기대는 우리나라의 경우에도 예외가 아니다. 국민총화단결을 강조했던 박정희는 스포츠의 통합기능에 대한 기대를 다음과 같이 피력하였다. "우리들의 체육정신은 민족중흥의 영광된 새 역사창조를 위한 추진력이 되어, 국민총화(국민의 화합과 단결)의 공고화와 국력배양의 가속화에 직결되고 있습니다"(박정희, 1977년 10월 10일). 최근 개최된 영호남 친선축구대회에서도 이 대회의 주최 측인 장수군의 부 군수는 다음과 같은 기대감을 나타냈다. "영호남 친선축구대회가 축구동호인간의 친목도모뿐만 아니라 지역화합과 국민대통합을 이루는 의미 있는 행사가 되길 바랍니다"(윤재삼, 2010년 6월 13일).

이상의 사례에서 볼 수 있듯이 스포츠는 다양한 차원의 사회통합에 기여할 것으로 기대되고 있다. 개인과 개인의 친교 및 사교는 물론이고, 집단과 집단, 나아가 국가와 국가 간의 화합과 통합에 기여할 수 있을 것이라는 기대가 위의 사례들에 잘 나타나 있다. 그리고 이러한 기대에 대하여 학교, 교회, 직장, 지역사회, 국가, 대륙, 세계 등 다양한 차원에서 수많은 스포츠행사들이 주기적으로 개최되고 있다.

2) 학자들의 기대

스포츠의 통합잠재력에 우호적인 관심을 나타내고 있는 학자들도 적지 않다. Stüwe와 Peters(1984)는 스포츠가 참가자들 상호간의 이질감 생성을 차단해준다고 하였다. 이들에 따르면 이러한 통합효과는 스포츠 이외의 영역에서도 나타날 수 있지만 스포츠에서 그리고 스포츠를 통해서 더욱 분명하고 강력하게 나타난다는 것이다. Heinemann(1990: 136)은 스포츠가 사회 · 정치적 통합을 성취하고 갈등을 극복하는 과정에서 상당히 큰 역할을 할 수 있음을 다음과 같이 설명하고 있다.

> 스포츠는 정치적 간극을 메우거나 정치적 목적을 달성하기도 하며 국제적인 긴장을 이완시키는 방법이기도 하다. 서로 적대적인 국가들이 스포츠를 통해 가까워진 경우도 있는데, 예를 들면 미국과 중국 간의 탁구경기를 통한 '핑퐁' 외교가 바로 그것이다. 양국 간의 탁구경기는 그 이후 정부차원에서의 관계개선을 추진하는 발판이 되었다. … 19세기에 독일에서 전개되었던 체조운동은 스포츠를 통해 이러한 정치적 목적을 달성한 경우이다. 당시 독일 체조인구의 증가는 애국심과 국익 옹호와 매우 밀접히 연관되어 있었다.

정동성(1998)도 분단국가간의 스포츠교류는 다음과 같은 세 가지 기능을 수행한다고 하였다. 첫째, 민족의식, 동포애, 민족의 정체성을 정립 · 고취시키는 기능을 한다. 둘째, 선수와 임원단의 접촉, 관중들의 교류, 체육교류의 언론 보도 및 중계 등을 통해 상호 이해 증진과 불신을 해소한다. 셋째, 체육교류와 함께 이루어지는 다양한 분야의 교류는 양국 간의 기능적 통합의 가능성을 증가시킨다. 이처럼 분단국가의 체육교류는 단순한 체육교류에 그치는 것이 아니라 양국 간의 대결의식을 누그러뜨리고 화합 분위기를 조성하며 통일의욕을 자극하는 기능까지 수행하는 것이다. Yallop(1999)도 스포츠종목의 하나인 축구가 국경, 피부색, 언어, 종교 등의 차이에도 불구하고 사람간의 소통을 가능하게 해주고, 이를 통해 상호간의 이해를 증진시켜주는 보편 언어의 역할을 하고 있다고 말하였다. 이외에도 스포츠는 남북 간의 이념 및 문화적 이질성을 극복할 수 있는 적절한 수단이 될 수 있으며(안민석, 1998), 영호남의 지역감정을 해소시켜주는 기제가 될 수 있고(임수원, 송은주, 2007; 임수원, 이근모, 2003), 연령, 성, 사회계층의 장벽을 넘어 온 국민을 하나로 묶어줄 수 있는 통합 기제라는 주장이 여러 학자들에 의해 제기되어왔다(이윤희, 2003; Heinemann, 1990). 그러나 이들은 스포츠가 사회통합에 기여할 수 있다고 단순히 주장만 할 뿐 이에 대한 실증적 증거를 제시하지 않고 있다는 점에서, 이들의 주장은 기대 이상의 의미를 지니지 못한다.

3 스포츠를 통한 사회통합의 사례

앞에서 소개한 기대들처럼 스포츠는 실제로 사회통합에 긍정적인 영향을 미칠 수 있을까? 이 물음에 답하는 일은 결코 단순하지 않다. 그것이 단순하지 않은 이유는 사회통합이라는 현상 자체가 단순논리로 밝혀낼 수 있는 성질의 사건이 아니기 때문이다. 또한 통합을 다양한 차원으로 세분화하여 고려할 때 통합에 대한 단순논리는 자기모순에 빠질 우려가 있다. 예컨대 단기적, 감정적 통합은 장기적 이성적 통합에 부정적 결과를 야기 시킬 수 있으며, 월드컵과 같은 스포츠이벤트에의 과잉통합은 정치체계의 입장에서 볼 때 정치적 무관심이라는 부정적 결과를 유발시킬 우려가 있다. 사회통합에의 기여가 결국에는 사회해체를 촉진시키는 모순적 상황이 발생하게 되는 것이다. 따라서 스포츠가 통합의 계기가 될 수 있음을 입증해 줄 수 있는 역사적 및 실증적 사례들을 알아 볼 필요가 있다. 역사적 사례들은 실증하기가 어려운 거시적 차원의 통합기능(국가 간의 관계개선이나 극단적 갈등의 중지)에 대한 간접적 증거자료가 될 수 있으며, 실증적 사례들은 미시적 차원의 통합기능에 직접적 증거자료가 될 수 있다.

1) 역사적 사례

스포츠의 사회통합기능에 대한 첫 번째 역사적 사례로 1914년 12월 24일 크리스마스휴전협정 후 벌어진 독일군과 영국군의 축구경기를 꼽을 수 있다. 제1차 세계 대전이 한창이던 1914년 12월 영국군과 독일군은 크리스마스이브를 맞이하여 휴정협정을 체결하고 함께 축구경기를 하였다. 두 나라 군대는 불과 몇 일전까지만 해도 총격과 포격을 가하며 서로를 죽였던 바로 그곳에서 축구시합을 가졌던 것이다. 물론 심판은 없었지만 경기규칙은 양쪽 선수 모두에게 잘 알려져 있었기에 큰 문제없이 경기가 치러질 수 있었고, 독일군이 영국군에게 3대2로 승리를 거두었다. 이곳에서는 권투시합이 열리기도 했으며, 당시의 화해분위기는 한 달 이상 지속되었다(김수은 역, 2005).

두 번째 사례로 1954년 스위스월드컵축구경기를 들 수 있다. 2004년 개봉된 영화 베른의 기적은 당시의 상황을 잘 재현해 주고 있다. 이 영화의 주제는 1954년 스위스의 베른에서 개최된 월드컵축구경기이다. 당시 2차 세계대전의 패전국이었던 독일은 경제적 침체와 정치적 혼란으로 심각한 국론분열상황에 처해 있었다. 그러나 월드컵축구경기에서 거둔 극적인 승리는 흩어진 국론을 한데 모으고, 실의에 빠졌던 독일국민들에게 용기와 희망을 심어줌으로써 라인 강의 기적을 일으키는 계기로 작용하였다. 영화는 이와 같은 독일의 국가적 상황을 한 가정의 반목과 갈등으로 표현하고 있다(쇤케 보르트만, 2003).

세 번째 사례로 1970년 나이지리아와 비아프라 간의 휴정협정체결을 언급할 수 있다. 1970년 아프리카에서 개최될 축구경기에 참가하려던 펠레는 나이지리아와 비아프라 간에 벌어진 전쟁으로 인해 아프리카 행을 포기해야했고, 이 사실을 알게 된 두 나라는 펠레의 안전한 아프리카방문을 보장하기 위해 그의 방문 일정에 맞추어 몇 일간 휴전협정을 체결한 바 있다(Stormer, 2006). 이 사례는 고대 그리스인들이 올림픽경기 참가자 및 관람자의 안전한 여행을 보장하기 위해 경기기간 전후로 약 3개월간 평화협정을 체결한 예에 비견될 수 있다.

네 번째 사례로 1988년 서울에서 개최된 제24회 하계올림픽을 들 수 있다. 1970년대 말 동서간의 냉전이 심화되면서 1980년 모스크바올림픽과 1984년 LA올림픽은 각각 동구권과 서구권 국가들만의 반쪽짜리 경기로 치러질 수밖에 없었다. 그러나 분단국가인 한국에서 개최된 서울올림픽은 당시 대립관계에 있던 서구권과 동구권을 화합시켜 냉전체제를 무너뜨리는 계기로 작용하였다. 이듬해 페레스트로이카가 이루어졌고, 그 뒤를 이어 동서독이 통일되었다. 냉전의 종식과 독일통일은 다양한 원인이 복합적으로 작용한 결과이지만 88올림픽이 주요한 계기가 되었다는 점에는 이견이 없다(최동철, 2001).

다섯 째 사례로 1990년대 남북체육 회담을 꼽을 수 있다. 남북한 단일팀인 코리아 팀의 구성과 이를 상징하는 깃발인 한반도기, 그리고 노래 아리랑은 남북한의 동질감 회복에 크게 기여하였다. 특히 단일 탁구팀이 중국 팀을 맞이하여 거둔 극적인 승리는 선수들은 물론이고 이를 응원하던 이들 모두에게 민족의식과 공동체의식을 일깨워주었다. 이후 남북 간에 다양한 경제적, 인적, 인도적 교류가 이어질 수 있었다(최동철, 2001).

여섯 번째 사례로 2006년 독일월드컵 본선진출 확정 후 코트디부아르(아이보리코스트)의 정부군과 반군이 체결한 휴전협정을 들 수 있다. 코트디브아르대표축구팀이 건국 이후 처음으로 월드컵 본선경기에 진출하면서 수년간 내전상태에 있던 정부군과 반군은 자국 팀을 응원하기 위해 휴전협정을 체결한 바 있다. 코트디부아르는 전 세계 코코아 생산량의 40%를 생산하는 세계 최대의 코코아 생산국이었지만 계속된 내전으로 수만 명이 숨지는 죽음의 땅이 됐다. 하지만 내전은 2005년 10월 잠시 중단됐다. 코트디부아르가 독일 월드컵 본선 티켓을 따내자 당시 영국 프리미어리그 첼시에서 뛰고 있던 디디에 드록바가 TV를 통해 "1주일만이라도 무기를 내려놓고 전쟁을 멈추자"고 호소한 영향이었다. 그의 호소가 정부군과 반군 모두를 감동시켰고 그 후 일주일 동안 총성은 울리지 않았다. 그리고 2년 후인 2007년, 10년 이상 계속돼온 내전은 마침내 종식됐다(Stormer, July 4, 2006).

일곱 번째 사례로 2006년 이스라엘과 팔레스타인 혼성팀 구성을 들 수 있다. 2006년 양국은 단일 올스타축구팀을 구성하여 스페인 팀과 경기를 가졌다. 이 게임은 이스라엘과 팔레스타인간의 평화를 정착시키고, 스포츠를 통해 이해와 동질성을 회복할 목적으로 페레스 평화센터가 조직한 것이었다. 양국은 영토문제로 오랜 세월 동안 분쟁이 끊이지 않았었다. 상호간에 그 어떤 합의점도 발견하지 못했던 양국이 축구에서만은 타협점을 찾았던 것이다. 이 경기에 대한 국제적인 관심도 매우 컸다. 115개국 이상이 이 게임의 방영권을 구입했다는 사실이 이 점을 증명해 준다. 당시 전 세계의 TV는 서로 반목하던 팔레스타인사람들과 이스라엘사람들이 한 마음 한뜻으로 뭉쳐 단일

팀을 응원하던 모습을 방영하여 지구촌 사람들에게 깊은 감동을 안겨주었다 (Israel Today, December 27, 2006).

2) 실증적 사례

스포츠의 통합기능을 증명해 줄 수 있는 실증적 사례는 그다지 많지 않다. 사회통합이 단순논리로 파악될 수 있는 사건이 아닐 뿐만 아니라 장기간을 요하는 작업이기 때문이다. 그럼에도 불구하고 몇몇 학자들은 스포츠의 사회통합기능에 대한 경험적 연구를 시도한 바 있다.

독일의 사회학자 Frogner(1984; 1985)는 1980년대 초반 터키출신 이주민을 대상으로 스포츠참여가 이주민의 사회통합에 기여했는지, 기여했다면 어떤 방식으로 기여했는지 연구하였다. 연구에 앞서 그녀는 통합 개념을 구조적 통합(월수입의 향상), 신분적 통합(체류기간의 연장), 개인적 통합(독일생활에의 만족도), 언어적 통합(독일어구사능력향상), 사회적 통합(독일인과의 접촉빈도 증가)으로 세분화하였으며, 스포츠참여와 각 통합 간의 관계를 밝히려고 시도했다. 연구결과에 따르면 이주민의 스포츠참여와 구조적, 신분적, 개인적 통합 간에는 의미 있는 상관관계가 발견되지 않았으나 언어적 및 사회적 통합 간에는 통계적으로 의미 있는 긍정적 관계가 나타났다고 한다. 스포츠는 정주민과의 접촉빈도를 높여줌으로써 이주민의 언어 및 사회적 통합에 기여할 수 있었다는 것이다.

미국의 사회학자 Janet Lever(1983)는 축구가 브라질국민의 통합에 어떻게 기여했는지 연구하였으며, 축구가 브라질 지역의 모든 차원에서 사람들을 하나로 뭉치게 했다고 결론지었다. 그에 따르면 사람들은 자기 지역에 연고를 둔 축구팀이 다른 지역의 팀에 대항해서 경기를 할 때 자기 팀을 응원하면서 일종의 소속감과 공동체의식을 느끼게 된다고 설명한다.

독일의 사회학자 Christoph Breuer(2009)는 사회통합을 거시, 중시, 미시적 차원으로 세분화한 후 각 차원에 대한 스포츠의 통합기능에 대한 경험적 연구들을 정리한 보고서를 발표하였다. 이 보고서에 따르면 미시적 차원에서 스포츠는 장애아동, 이주아동, 문제아동의 사회통합에 긍정적으로 기능한 것으로 나타났다. 중시적 차원에서 스포츠를 통한 통합에 대한 경험적 연구는 없는 것으로 나타났다. 거시적 차원에서 스포츠를 통한 통합에 대한 경험적 연구는 매우 드문 것으로 나타났다. 기존의 연구들은 대개 스포츠선수의 사회통합과 소수소외집단의 사회통합에 관한 것들이었다. 연구들은 스포츠를 통한 사회통합은 장시간을 요하는 작업일 뿐만 아니라, 이들이 장차 통합되어야 할 사회의 구성원들이 기존에 견지하고 있던 편견과 관습을 약화시켜야 함을 전제해야한다고 결론짓는다.

이상의 세 가지 실증적 사례에서 살펴보았듯이 스포츠는 타인이나 타문화 또는 타국을 이해할 수 있는 계기를 제공해 주며, 이질집단 간의 교류를 촉진시켜주기도 한다. 나아가 서로 반목하고 대립하는 집단에 화해의 계기를 제공해 주고 동료의식을 심어주기도 한다. 또한 개인과 개인을 쉽게 가깝게 만들어주기도 한다. UN 같은 국제조직도 스포츠가 단합과 이해를 촉진시켜주면서 문화적, 정치적, 종교적 차이를 극복하게 하는 실질적인 능력을 지니고 있음을 인정한다. 예컨대 UN총회는 스포츠가 지구촌의 화합과 평화 정착에 기여한다는 사실을 인정하여 2005년을 국제 스포츠와 체육의 해로 정하는 의결안을 낸 바 있다. 이 의결안의 목표는 스포츠를 활용하여 교육, 건강 그리고 평화와 발전을 증진시키는 데 있다(http://www.un.org/sport2005/a_ year/s_peace.

html). 이상의 사례들이 보여주듯 스포츠는 전쟁을 멈추게 하고 국가 간 상호교류 및 이해를 증진시키는 데 크게 기여해왔다. 그 결과 1988년 FIFA의 전 회장인 Havelange가 노벨 평화상 후보로 지명된 바 있으며, 2001년에는 스포츠단체인 FIFA가 노벨평화상 후보로 추천되기도 했다.

4 스포츠의 사회통합기능에 대한 이론적 설명들

스포츠가 개인과 집단의 통합에 기여할 수 있다면 도대체 스포츠의 어떤 특징이 이와 같은 기능을 가능하게 해주는 것일까? Coakley(1986), Heinemann(1990), Yallop(1999), 임번장(1994), 박호성(2002), 최동철(2001), 이아영(2005) 등 여러 학자들이 제 각기 다른 방식으로 그 특징들을 이론적으로 설명하였다. 스포츠의 통합기능은 이와 같은 특징들이 복합적으로 작용한 결과일 것이다. 나아가 이러한 특징들이 적절하게 작동될 수 있도록 만들어준 정치, 경제, 사회 환경의 기여도 무시할 수 없는 요인이다. 이하에서는 여러 학자들이 언급한 스포츠의 통합기능과 관련된 스포츠의 특징을 여섯 가지로 정리하고 각각의 구체적인 의미를 살펴보도록 하겠다.

1) 전 지구적 차원의 인기와 보급

스포츠의 중요한 특징 가운데 한 가지는 국제화이다. 여기서 국제화란 두 가지 의미를 갖는다. 첫째는 전 세계인들의 관심과 사랑을 받고 있다는 의미에서 국제화이다. 음악이나 그림, 무용과 같은 예술 활동도 국경을 초월해서 세계인의 관심과 사랑을 받고 있지만 스포츠만큼은 아니다. 둘째는 전 세계 구석구석에 보급되어 있다는 의미에서의 국제화이다. 전 세계에 스포츠가 보급되어 있지 않은 곳이 없을 정도로 스포츠는 폭넓게 산재하고 있으며, 그만큼 지역과 지역 간 그리고 국가와 국가 간 교류도 활발하게 이루어지고 있다. 스포츠의 국제적 인기와 보급은 그것이 모든 사람들의 공통 관심사가 될 수 있다는 점에서 통합기능을 담당할 수 있다. 인간(들)과 인간(들)이 만나 공동체를 형성함에 있어서 공통 관심사는 언제나 중요한 구심점을 제공해주기 때문이다. 낯모르는 사람들이 처음 만났을 때 고향이나 출신학교, 취미 등을 묻는 이유도 공통관심사를 발견함으로써 상호간의 연결고리를 찾기 위함이다. 스포츠는 전 지구적 차원에서 관심을 끌고 있으며, 세계 대부분의 지역에 보급되어 있다는 점에서 누구에게나 공통관심사가 될 수 있다.

2) 규칙, 가치, 규범의 보편성

축구나 농구, 배구 등과 같은 개별 스포츠종목들의 규칙, 가치, 규범은 세계 어디에서나 동일하다. 이것들이 동일하다는 것은 언제, 어디서, 누구나 함께 어울려 이것을 보거나 하면서 즐길 수 있다는 말이다. 말이 통하지 않을지라도 함께 승리를 기뻐하거나 패배를 아쉬워할 수 있고 함께 경기를 할 수 있다. 예컨대 영국에서 뛰고 있는 박지성이나 모나코에서 뛰고 있는 박주영은 자신이 뛰고 있는 구단이 속해 있는 나라의 언어를 구사하지 못해도 선수 생활하는데 큰 지장을 받지 않는다. 축구규칙을 잘 알고 있고, 경기를 풀어낼 수 있는 좋은 기량을 지니고 있기 때문에 다른 나라 선수들과 소통하며 끈끈한 인간관계를 맺을 수 있다. 이런 맥락에서 스포츠가 "국경, 피부색, 언어, 종교 등의 차이에도 불구하고 사람간의 소통을 가능하게 해주고, 이를 통해 상호간의 이해를 증진시켜주는 보편 언어의 역할을 하고 있다"는 Yallop(1999)의 말은 설득력이 있다. 스포츠는 서로 다른 문화권에서 온 사람들에게 언어의 도움을 빌리지 않고도 소통할 수 있는 기회를 제공해 준다. 이들은 스포츠 속에서 강요 없이 접촉할 수 있으며, 이러한 계기를 통해 서로를 수용하고, 친교하며, 편견과 사회적 거리를 좁힐 수 있다. 이렇게 스포츠는 낯선 문화권에서 온 사람들, 그래서 말과 생각이 다른 사람들의 통합에 기여할 수 있다(Heinemann, 1990; 임번장, 1994; Yallop, 1999).

3) 놀이적 특징

스포츠는 놀이이기 때문에 누구나 부담감 없이 가볍게 만나 함께 즐기며, 쉽게 친교 할 수 있는 계기를 제공해 준다. 놀이는 생존의 문제와 직결되는 진지성의 세계, 부자유의 왕국, 필연의 원리가 지배하는 세계와는 다른 시간과 공간을 제공해준다. 철학자들은 이러한 스포츠의 놀이적 특성을 자유성, 무목적성, 독자적 세계 등으로 표현하기도 했다. 반드시 해야만 한다는 부담이 작용하지 않기 때문에 가볍게 만날 수 있다. 서로 적대적 관계에 있던 국가들이 정치적 협상을 진행하기에 앞서 분위기 쇄신 차원에서 친선경기를 갖는 것도 이와 같은 특성에 기인한다. 1971년 열렸던 중국과 미국 대표 팀의 탁구경기가 대표적인 경우이다. 단체는 물론이고 개인 간의 관계맺음에 있어서도 스포츠는 좋은 친교의 수단이 될 수 있다. 스포츠참여의 주요 동기 가운데 한 가지가 사교와 친교인 것으로 나타나는 이유도 이와 같은 스포츠의 특성에 기인한다. 다문화사회의 이주민과 정주민의 경우도 스포츠에서 부담 없이 만나 친교하며 서로를 더 잘 이해할 수 있고, 편견과 사회적 거리를 좁힐 수 있다. 이런 측면에서 스포츠는 사회통합에 기여할 수 있다.

4) 상징화 및 동일화 기능

Digel(1988)은 스포츠가 사회적 통합을 이루어내는 과정을 상징화(symbolization)와 동일화(identification) 두 개념으로 설명한다. 상징화는 스포츠의 재현 기능과 관련 있는 개념으로서, 어떤 것이 다른 것을 대신하여 표현해 준다는 의미를 지닌다. 즉 국제무대에서 어느 특정 국가의 스포츠 수준이 그 국가의 경제력이나 사회정치체제의 수준을 대신 나타내 주는 경우가 상징화의 한 예이다. 스포츠의 상징적 기능은 스포츠선수 개인의 우수한 성취는 그가 속한 팀, 집단, 지역사회, 국가의 우수함을 표현한다는 논리에 바탕을 둔다. 한편 많은 사람들은 우수한 성취를 거둔 자국 출신 선수와 자기 자신을 동일시함으로써 자신과 자국에 대해 자부심을 갖게 되고, 이를 계기로 우리의식 또는 공동체의식이 싹트고 강화되며, 이와 같은 의식의 생성 및 강화는 필연적으로 국가 또는 전체사회의 통합을 촉진시켜 준다. 이것이 동일화 개념의 의미이다. 요약해서 말하면 스포츠는 상징적 기능을 수행하고, 동일화 감정을 고조시킴으로써 흩어진 개인을 모아주고, 분단된 사회를 이어줌으로써 사회통합기능을 수행할 수 있는 것이다(Digel & Fornoff, 1989).

5) 몸 소통의 직접성

돈의 철학자로 잘 알려진 게오르그 짐멜은 식사의 사회학(Soziologie der

Mahlzeit)에서 공동식사(회식)의 의미를 다음과 같이 설명하고 있다. "함께 밥을 먹으면서, 똑같이 손과 입을 움직이면서 생각과 관점도 하나가 된다" (Simmel, 1957b). 이 인용문이 말하고 있듯이 짐멜은 회식이 강력한 통합력을 지니고 있다고 생각했다. 전통적으로 사람을 사귀거나 집단의 결속력을 다지는데 유독 함께 밥을 먹거나 술을 마시는 회식문화가 많은 이유가 여기에 있다. 함께 하는 신체활동은 상호간의 보이지 않는 벽을 허물어주고, 거리를 좁혀준다. 그도 나와 같은 종류의 인간이라는 인식을 일깨워준다. 상호 이해의 계기를 마련해준다. 집단 구성원의 단결을 도모하기 위한 단합대회도 대부분 함께 음식을 먹는 회식이나 함께 몸을 맞대고 땀을 흘리는 스포츠 같은 신체활동을 중심으로 구성된다. 하룻밤에 만리장성을 쌓는다는 말도 동일한 맥락에서 이해될 수 있다. 서로 사랑하는 사람이 하룻밤을 지내고 나면 이전보다 훨씬 가까워졌음을 느끼게 된다. 몸에 의한 또는 몸을 통한 소통은 말이나 글에 의한 소통보다 훨씬 직접적이다. 감정의 전달과 유대감 형성이 훨씬 용이하다는 말이다. 이렇게 스포츠라는 시간 및 공간에서 이루어지는 몸과 몸의 직접적 소통은 참여자 상호간의 벽을 허물어주고 거리를 좁혀주어 이들을 하나의 공통체로 통합시켜주는 역할을 할 수 있다.

6) 강력한 이항 대립적 관계의 생성

스포츠는 강력한 이항 대립적 관계를 생성시켜줌으로써 집단내적 결집을 유도한다. 스포츠에서 이항 대립적 관계가 쉽게 생성될 수 있는 이유는 상대방의 식별이 용이하기 때문이다. 현실사회의 적은 뚜렷하지 않은 반면에 스포츠에서의 적은 분명하게 나타난다. 선수들은 모두 유니폼을 착용하기 때문이다. 또한 스포츠에서는 승리라는 명확한 목표가 존재하며, 선수는 이기기 위해서 스포츠에 참가하고 경기한다. 그러나 일상생활에서의 삶의 목표는 애매모호하거나 명확히 설정되어 있지 않은 경우가 대부분이다. 그리고 스포츠는 경기의 승패를 점수로 제시하여 주기 때문에 결과가 명확하다. 이와 같은 특성으로 말미암아 스포츠에서는 강력한 이항 대립적 관계가 생성될 수 있다. 분명하게 구별되는 적군과 아군, 뚜렷한 목표, 그리고 분명하게 결정되는 승부로 말미암아 명확한 이항 대립적 관계가 생성될 수 있고 경쟁심이 자극될 수 있다. 이러한 상황에서 관중은 자신의 팀을 적극적으로 응원하게 되고 이 과정에서 소속감이 생겨나 집단내부의 결속력은 극대화되며, 팀과 자신이 속해있는 학교, 시, 도, 국가와 일체감을 가짐으로써 사회통합과 국민통합이 이루어지게 된다. 2002년 6월 온 국민이 하나 되어 한국대표팀을 응원했던 기억은 여전히 생생하다. 임재해는 이러한 맥락에서 "월드컵이라는 세계적인 축제가 국민을 하나로 끌어 모아 하나의 공동체를 형성"(한겨레, 2002년 6월 20일자)했다고 썼다.

5 스포츠의 사회통합기능에 대한 반론의 비판적 검토

지금까지 스포츠가 사회통합에 기여할 수 있다는 기대들, 사례들, 그리고 논리적 설명들에 대해서 알아보았다. 그러나 스포츠의 사회통합기능에 정면으로 배치되는 사례도 있으며, 스포츠의 통합기능을 정면으로 반박하는 학자도 있다. 따라서 이 점을 검토해 볼 필요가 있다.

1) 반대증거의 검토

스포츠의 통합기능에 대한 대표적인 반대증거는 소위 축구전쟁으로 불리는 온두라스와 엘살바도르간의 전쟁일 것이다. 1969년 온두라스와 엘살바도르는 제9회 멕시코월드컵(1970년) 지역예선전에서 격돌하였다. 양 쪽 관중간의 싸움으로 수명의 사망자와 부상자가 발생하였다. 이 사건으로 양국은 일주일 동안 국교를 단절하였으며, 온두라스는 그 나라에서 일하고 있던 10만 명 이상의 엘살바도르인 들을 추방하였고, 이에 불만을 품은 엘살바도르 군대가 온두라스를 침공했다. 양국 간의 전쟁은 일주일가까이 지속되었고 4천 명에 가까운 사상자가 발생하였다. 그러나 이 전쟁의 예를 들어 스포츠가 통합과 평화적 공존에 기여하기는커녕 오히려 분열과 전쟁의 불씨가 될 수 있다고 주장한다면 그러한 주장은 설득력이 약하다. 왜냐하면 축구경기를 이 전쟁의 근본 원인으로 보기 어렵기 때문이다. Galeano(2002)는 이러한 주장에 대해 눈물이 손수건으로부터 오는 것이 아닌 것과 마찬가지로 대부분의 경우에 축구에서 야기되는 폭력은 축구에서 연유하는 것이 아니라고 말한다. 축구는 구실일 뿐 전쟁의 진짜 원인은 따로 있다는 것이다. 또한 이 전쟁은 예외적인 경우이지 일반적인 경우가 아니다. Stormer(2006)는 이에 대해 다음과 같이 말하였다.

> 폭력은 예외적인 경우이지 정상적인 경우가 아니다. 스포츠는 오래 동안 평화적인 교류와 외교수단으로서 징검다리 역할을 해왔다. 간혹 운동경기를 통해 경쟁심이 지나치게 고조되기도 하지만 스포츠교류는 서먹서먹함을 해소시켜주는 안전한 쇄빙선의 역할을 담당해 왔다 (Middle East Time, July 4, 2006).

앞의 장에서 보았듯이 20세기와 21세기 역사를 돌아보면 스포츠가 적대국간의 갈등을 약화시킨 많은 수의 사례들이 존재한다. 펠레의 아프리카방문 시 나이지리아와 비아프라 간의 휴전협정이나 아이보리코스트 정부군과 반군의 정전협정, 이스라엘과 팔레스타인의 화해무드는 결코 예외적인 사태가 아니다. 오히려 빙산의 일각일 뿐이라는 점에 주목해야 한다. 반면에 직접적이든 간접적이든 스포츠가 빌미가 되어 전쟁이 일어난 예는 단 한 차례에 불과하다. 결국 반대증거로 제시된 축구전쟁의 예는 예외적인 경우이지 일반적인 경우가 아니기 때문에 반대증거로서 수용되기 어렵다.

2) 반박논리의 검토

이제 스포츠가 통합보다는 경쟁과 분열을 유발시킨다는 논리를 검토해 보자. Wachter(1983: 256)는 스포츠가 통합이나 이해증진 수단이 아니라 오히려 경쟁을 부추겨 분열과 갈등을 야기시킨다고 비판하였다.

> 필자 개인적으로는 어떻게 스포츠가 직접적으로 개인적 혹은 정치적인 갈등의 해결책으로 공헌할 수 있는지 이해할 수 없다. 이 주장은 사실 장사꾼의 이야기 수준밖에 안 된다. 국제적이고 대규모적인 경기 참여와 확장은 인류의 형제애를 촉진시키기 위해서 필요하고 또 평화를 가져다 줄 수도 있지만, 동시에 이와 정반대로 경쟁을 수행하기 위한 개인과 국가의 부담감이 또 다른 갈등의 원인이 되기도 한다.

Wachter의 주장이 전적으로 틀리지는 않다. 스포츠경기에서 대립하고 있는 두 팀은 서로 통합하기는커녕 분열할 가능성이 높다. 그러나 어느 한 쪽 팀만을 따로 놓고 볼 때 스포츠는 분명 통합에 기여할 수 있다. 스포츠가 통합에 기여할 수 있는 이유는 스포츠경기가 강력한 이항대립적 관계를 만들어내기 때문이다.

> 스포츠는 그 경쟁적 본성 때문에 다른 집단과의 대비 관계 속에서 특정 집단을 하나의 공동체로서 상징적으로 구성해내는 데 매우 유용한 메커니즘이 되어 왔다. 특히 19세기 이래 세계사적으로 민족주의(nationalism)가 확산되는 과정상에서 스포츠는 하나의 상상적 공동체로서 민족의 상징적 경계선을 생산 · 재생산하는 데 적극적으로 활용되어 왔다(황익주, 2003: 363).

Wachter가 지적했듯이 서로 경쟁하는 선수들 간에 협동과 화합을 바라는 것은 무리다. 상대 선수가 적은 아니지만 그렇다고 친구가 될 수도 없기 때문이다. Gaffney(2007: 113)는 이에 대해 다음과 같이 말한다.

> 경쟁관계에 있는 선수들은 친구가 아니다. 왜냐하면 이들은 서로의 에너지를 다 기울여서 더 잔인하게 그리고 더 많이 타자를 좌절시키고 또 그들의 욕구를 무너뜨리기 위해 노력하기 때문이다.

스포츠의 통합적 기능을 이야기할 때 그 대상은 우선적으로 경기에서 서로 대립하고 있는 두 팀이 아니라 그 중 어느 한 팀과 그 팀이 소속된 집단 내에서의 통합을 뜻한다. 대립하는 두 집단 간의 대립 정도가 강하면 강할수록 어느 한 집단의 결집력도 강해진다. 타 집단과의 대립적 관계를 만들어내는데 가장 탁월한 스포츠는 월드컵축구경기이다. 올림픽경기의 경우 수많은 국가에서 출전한 많은 개개인이 한 종목에서 경쟁하기 때문에 국가 간 라이벌 관계의 수준이 비교적 낮은 반면에, 월드컵축구경기는 특정한 지역적 · 문화적 정체성을 대변하는 두 팀을 집단적인 방식으로 경합시키기 때문에 다른 스포츠종목보다 훨씬 쉽게 이항 대립적 특징을 지니게 된다(Giulianotti, 1999). 국가대항전이 만들어 내는 강력한 이항대립적 관계는 선수, 팀, 클럽, 국가 등 다양한 수준에서 강한 연대감을 형성시켜준다.

6 닫는 글

스포츠의 통합기능에 대한 모든 논의들이 공통적으로 전제하고 있는 것은 통합에 대한 긍정적인 평가이다. 과연 스포츠를 통해 창출된 연대감과 공동체 의식은 어떤 경우에든 사회에 긍정적인 결과를 가져다주는 것일까? 꼭 그렇지만은 않다.

집단 내적 차원에서 스포츠를 통해 형성된 연대감, 스포츠를 통해 이루어진 사회통합은 정당하지 못한 정권에 의해 정치적으로 이용될 경우에 오히려 거시적 차원의 사회통합을 위협하는 요소가 될 수 있다. 독재정부가 스포츠를 정치적으로 이용한 사례는 구태여 열거할 필요조차 없을 정도로 많다. 이런 경우에 스포츠를 통해 이루어진 사회적 통합은 참된 의미의 사회통합에 기여하기 보다는 독재정권의 유지나 사회적 갈등을 은폐하는데 기여할 수 있다. 그러나 이와는 다른 민주사회에서 스포츠는 정치적 신념이나 피부색 또는 언어가 다른 사람들을 하나로 묶어 줌으로써 불필요한 갈등과 대립을 줄여주고 상호 이해할 수 있는 계기를 마련해 줄 수 있다. 국민의 정치적 관심을 희석시킴으로써 독재정권의 유지에 기여했던 과거 남미 축구가 스포츠를 통한 사회통합의 부정적인 사례라면, 1998년 프랑스월드컵은 인종이나 계층에 따른 차이와 갈등을 사회통합으로 이끌어냄으로써 사회문제를 해결한 긍정적인 사례라고 할 수 있다. 당시 프랑스대표팀의 절반가량은 순수 프랑스인이 아니라 세계 각국에서 프랑스로 이민 온 가정의 자식들로 구성되어 있었다. 프랑스 팀의 이러한 행로는 당시 민족주의의 성향을 강하게 띠고 있었던 영국과 독일의 언론으로부터 가장 앞서가는 나라라는 찬사를 받았다. 1998년 프랑스월드컵 팀은 배타적 민족주의라기보다 자신의 내부적 다양성과 연대감의 고취를 통해 강한 국민적 공동체의식을 증진시키는 데 크게 기여했다 (Gebauer, 2002; Dauncey & Hare, 1999).

한편 집단 외적 차원에서 상대팀과의 이항대립적 관계를 통해 형성된 연대감이 배타성을 띌 수 있다는 점에서 갈등과 분열을 조장할 수 있고, 이를 통해 집단 간의 평화적 공존에 장애가 될 수도 있다. 이런 이유에서 Wachter는 국가대항전경기에서 쉽게 목격할 수 있는 치열한 스포츠적 경쟁을 매우 부정적으로 생각한다. 그에 따르면 미디어를 통해서 시각적으로 전달되는 스포츠의 국제화의 조직은 점차 경쟁에서 성공하고자 하는 압박감을 만들어낼 것이고, 그 결과 윤리나 교육적인 가치들의 입지를 점점 더 좁힐 수밖에 없을 것이라는 것이다(Wachter, 1983).

그러나 스포츠에서의 대립과 경쟁, 그로 인해 야기되는 갈등이 무조건 나쁘기만 한 것인지, 정말로 윤리적으로나 교육적으로 가치가 없는 것인지 Wachter에게 묻고 싶다. 고대 그리스의 역사가인 Hesiod는 전쟁을 유발시키는 나쁜 투쟁과 경쟁에 동기를 부여하는 좋은 투쟁을 구별했다. 그는 좋은 투쟁을 전쟁과 적대감 보다 훨씬 숭고한 인본성의 표현이라고 주장했다(Heather, 2006). Hesiod의 입장에서 볼 때 스포츠는 좋은 투쟁이 될 수 있다. 왜냐하면 그것은 전쟁이 아니라 경쟁의 동기를 유발시키기 때문이다. Gaffney(2007)도 갈등을 자연적 갈등(natural conflicts), 혼합적 갈등(mixed conflicts), 의미 있는 갈등(meaningful conflicts) 세 유형으로 분류하고 있다. 그는 자연적 갈등의 예로 전쟁을 들었고, 의미 있는 갈등의 예로 스포츠를 언급했다.

Hesiod와 Gaffney가 지적하고 있듯이 스포츠에서의 경쟁은 교육적으로, 윤리적으로 긍정적인 가치를 지닐 수 있으며, 특히 평화의 교육에 좋은 교훈을 줄 수 있다. 경기에 참여하여 기량을 겨룬다는 것은 경기규칙에 대한 고도의 합의를 전제로 한다. 이렇게 볼 때 한 팀을 이룬 선수들 사이의 협동과 다른 한편으로는 서로 경합하는 팀들이 공통적으로 경기규칙에 동의하는 것이야말로 스포츠의 가장 큰 특징이다. 규정에 대한 복종을 상호 전제로 하여 경기에 임한다는 원칙이 스포츠에서 실현되는 것이다. 스포츠의 통합기능에 부정적인 입장에 있는 Wachter(1983: 265)도 이 점에는 동의하고 있다.

> 스포츠는 평화의 교육에 대한 중요한 접점을 제공해 준다. … 왜냐하면 그것은 비록 거칠기는 하지만 평화를 보장하는 절차적 특징이 경기의 규칙 내에서 계속해서 유지되는 경쟁 속으로 자신감 있게 들어가도록 가르치기 때문이다.

이상에서 살펴보았듯이 스포츠 또는 스포츠경기에서 나타나는 경쟁과 갈등은 그렇게 해롭지 않으며, 오히려 우리가 어떻게 평화롭게 공존할 수 있는지 예시적으로 보여준다고 할 수 있다.

10장 건강스포츠의 이해

1 소위 "건강스포츠"의 출현

체육 및 스포츠활동에 대한 대중의 관심이 해를 거듭할수록 커지고 있다. 얼마 전 문화체육부에서 발표한 바에 의하면 우리 사회에서 규칙적으로 체육 및 스포츠활동에 참여하는 인구비율이 지난 10년 사이에 2배 이상 증가했다고 한다. 즉, 주 2~3회 이상 스포츠활동참여인구의 경우 1986년 전 국민의 19.4%에서 1997년 38.8%로, 주 1회 이상 스포츠활동참여인구의 경우 29.1%에서 62.8%로 대폭 증가하였다고 한다(문화체육부, 1997).

사회학자 리트너(Rittner)는 이와 같이 현대 산업사회에서 스포츠의 사회적 의미가 지속적으로 커지고 있는 경향과 관련하여 "스포츠활동과 스포츠성이라는 수식은 보편적 규범으로 정착되었으며, 동시에 현대적 역할표현의 특징으로 기능하게 되었고, 모든 사람들의 보편적인 장식이 되었다."(1985, 137)고 말한 바 있고, 문화학자 카슈바(Kaschuba)는 "스포츠는 과거에 소수의 고 기량 선수들이나 프로선수들, 또는 극소수 부유층만의 전유물이었으나 최근 들어 수백만 명의 평범한 시민들이 참여하는 일상적 활동이 되었으며, 우리 모두에게 자명한 행동양식이 되었다."(1989, 156)고 쓴 바 있다.

현대 산업사회에서 스포츠가 사회적으로 큰 의미를 얻어가고 있는 이유를 묻는다면 건강을 빼놓고는 이야기가 되지 않는다. 건강은 체력, 젊음, 힘, 아름다움 등의 규범과 함께 사회적으로 매우 중요시 되고 있으며, 그러한 과정에서 사람들의 관심은 스포츠로 집중되기 시작했다(Bette 1989, 110). 한마디로 스포츠는 체력, 젊음, 아름다움 등은 물론이고 건강까지도 보장해주는 도깨비방망이와 같은 존재로 인식되고 있는 것이다. 이러한 과정에서 특히 주목할만한 사실은 스포츠수행과 관련하여 건강동기가 크게 강조되고 있으며 오직 건강만을 목적으로 하는 소위 "건강스포츠"가 스포츠 일반으로부터 분화되어 독자적인 스포츠영역으로 자리잡아가고 있다는 점이다.

오늘날 이러한 가설을 뒷받침해줄 만한 근거들은 여러 곳에서 발견된다. 리트너(1985)는 "건강스포츠"라는 독특한 스포츠장르의 출현을 직접적으로 입증할 수 있는 증거로서 다음의 다섯 가지 경향을 제시하고 있다. 첫째, 건강을 목적으로 하는 여가스포츠가 대중화되고 있다. 둘째, 건강은 스포츠센터를 찾는 사람들의 주요 관심사가 되었다. 셋째, 건강한 삶을 영위하기 위해서는 운동을 해야만 한다는 계몽운동(독일의 트림-130 운동, 영국과 호주의 Sport for All 운동)이 세계 곳곳에서 성공하고 있다. 넷째, 건강센터나 재활관련기관에서 건강 유지 및 회복을 목적으로 스포츠를 이용하는 경향이 크게 늘고 있다. 다섯째, 스포츠활동이 건강에 유익하다고 믿는 성인병환자들이 점차 증가하고 있다.

우리는 리트너의 설명에 의존하지 않더라도 일상적인 경험을 통해 스포츠가 건강과 여러 측면에서 매우 튼튼한 연결망을 형성해 나가고 있으며, 나아가 오직 건강만을 목적으로 스포츠를 수행하는 사람들이 지속적으로 증가하고 있음을 잘 알 수 있게 되었다. 이제 우리들에게 건강스포츠의 존재는 자명한 것이 되었다. 한편, 최근 들어 스포츠와 건강의 인과적 관계를 의심하거나 부인하는 연구결과들이 적지 않게 보고되고 있어 “건강에 의해 동기 지워진 스포츠매니아들”을 긴장시키고 있다. 몇몇 연구결과에 따르면 최근 스포츠 활동 중에 심근경색(일명 심장마비)이 원인이 되어 사망하는 사람의 수가 크게 늘고 있고, 운동을 생활화하고 있는 전문적 스포츠인의 평균연령이 일반인의 평균연령에 비해 6~7년 낮다는 보고도 있다.[19] 또한 운동선수 중에는 각종 질환에 시달리는 사람이 의외로 많다는 보고도 있다. 의학 및 생리학적 관점에서도 스포츠는 건강에 치명적으로 작용하는 활성산소의 발생가능성을 높여주고, 스트레스를 해소시켜주기 보다는 오히려 스트레스를 가중시켜 건강에 마이너스로 작용한다는 연구보고서도 있다. 얼마 전 예예원에서 펴내 세인의 관심을 모은 바 있는 카토쿠니히코(1995)의 저서『스포츠는 몸에 나쁘다』는 이와 같은 경향을 적절하게 대변해 주고 있다. 미국에서도 1990년 조깅의 교조로 알려진 제임스 픽스가 조깅 중에 급사한 사건이 발생한 이후 스포츠와 건강의 연관성에 회의적인 눈길을 보내는 경향이 점차 증가하고 있다. 제임스 픽스는 16년 동안 조깅을 계속하고 건강에 대한 운동의 효용을 역설해 전 세계에 조깅 붐을 일으킨 인물이다. 사망 당시 체중은 이상에 가까웠고,

---

19) 일본심장재단 자료를 토대로 작성된 통계에 따르면 1984년부터 1988년까지 5년간 스포츠활동 중 돌연사한 사람의 수가 624명에 달한다고 한다. 카토쿠니히코(1996), 82쪽 참고.

나이도 52세로 비교적 젊은 축에 속했던 그가 운동 중 심근경색으로 사망한 것이다. 이를 계기로 미국인들의 운동방식은 조깅에서 워킹으로 급전환을 맞이하게 되었다.

이러한 경향은 소위 "건강스포츠"가 건강에 득이 되기보다는 오히려 건강에 해가될 수도 있다는 점을, 보다 직접적으로 표현하자면 "건강스포츠"에 문제점이 내재해 있다는 점을 시사해주고 있다. 이 문제점은 생리학 및 의학적 연구만으로는 충분하게 규명될 수 없는 성질의 것이다. 이미 세계보건기구(WHO)가 오래 전에 정의하였듯이 건강은 매우 복합적인 현상이기 때문이다. 세계보건기구는 1946년 보건대헌장에서 건강을 다음과 같이 정의한 바 있다. "건강이란 신체적, 정신적 및 사회적으로 완전히 양호한 상태에 있고, 단순히 질병이나 이상이 없다고 하는 것만이 아니다"(박순영, 1986). 이 정의가 함축하고 있듯이 건강, 나아가 건강스포츠의 문제점을 이해하기 위해서는 생리학 및 의학적 측면에서뿐만 아니라 사회문화적 측면에서도 접근되어져야만 할 것이다. 따라서 이 장에서는 먼저 "건강스포츠"가 출현하게 된 사회 및 이론적 배경을 살펴보고(2절), "건강스포츠"의 문제점을 개인적, 실천적 차원과 총체적, 반성적 차원으로 나누어 서술한 후(3절), 건강한 스포츠수행을 위한 두 가지 전제를 제시함으로써(4절) 논의를 마치고자 한다.

2 "건강스포츠"의 출현의 사회 및 이론적 배경

건강스포츠는 어떤 배경 위에서 출현할 수 있었을까? 다시 말해 왜 사람들은 스포츠를 하면 상실된 건강을 회복하거나 현재의 건강상태를 보다 증진시킬 수 있다고 믿게 되었으며, 오직 건강만을 위해 스포츠활동에 참여하는 사람들이 그토록 빠른 속도로 증가하고 있는 것일까? 건강과 스포츠가 밀접한 관련이 있다는 믿음, 다시 말해 스포츠에 규칙적으로 참여하면 건강해질 수 있다는 믿음은 멀리는 근대 유럽인의 건강관에서 가까이는 최근에 이루어진 의학, 보건학, 생리학 등과 같은 자연과학분야에서 이루어진 연구결과에서 그 근거를 찾을 수 있다.

1) 탈신체화하는 현대사회와 근대 유럽인의 건강관

스포츠의 건강기능이 강조되는 곳에는 언제나 특정한 건강관이 존재하기 마련이다. 이와 같이 지배적인 건강관 가운데 한 가지는 "mens sana in corpore sano"[20]라는 구절이다. 스포츠와 건강의 긍정적 인과관계를 믿는 사람들은 모두 이 구절을 곧 잘 인용하며, 이 말이 얼마나 신뢰할만한 것인지 선전한다. 이 라틴어 문장을 직역하면 "건강한 신체에 건강한 정신이 깃든다"라고 쓸 수 있다. 이 말을 조금 의역하면 육체가 건강하면 정신도 건강하다가 되고, 그 의미를 본 논의에 맞게 재해석하면 육체를 강건하게 만드는 것은 건강을 위한 필수적 전제라는 의미가 된다. 주지하다시피 육체를 강건하게 만드는 데에는 스포츠와 운동이 최고이다. 따라서 위의 라틴어 문구로부터 최종적으로 "스포츠활동은 건강으로 가는 지름길"이라는 명제를 연역해 낼 수 있다.

---

20) 이 라틴어 문장은 기원후 100년경에 살았던 로마의 시인 유베나리스의 시에서 따온 것이다. 근대 유럽인들은 mens(mind; 정신, 마음)라는 단어대신에 anima(soul; 영혼)라는 말을 써서 anima sana in corpore sano(건강한 신체에 건강한 영혼이 깃든다)라고도 표기했는데 두 문장의 의미는 크게 다르지 않다. 후자의 문장에서 각 단어의 이니시얼을 따서 ASICS라는 스포츠브렌드상호가 만들어진 것은 이미 잘 알려진 사실이다.

이러한 건강관은 특히 현대사회가 기계화, 자동화, 분업화되면서 점차 신체의 쓰임이 줄어들게 되고, 그 과정에서 다양한 건강문제가 발생하면서 더욱 큰 설득력을 갖게 되었다. 산업이 고도화되면서 삶의 많은 영역들이 기계화, 자동화, 분업화되었고, 그 결과 일상에서 신체의 직접적인 쓰임이 현저하게 줄어들고 있는 경향을 독일의 스포츠사회학자 베테(Bette, 1989)는 탈신체화(Entkörperlichung)라고 불렀고, 네델란드의 사회학자 안톤 지더벨트(Zijderveld, 1989)는 "추상적 사회"로 개념화한 바 있다. 이와 같이 일상에서 신체운동의 현저한 감소는 운동부족이라는 현대병의 주요원인을 초래하였다. 즉 신체운동량이 신체가 제 기능을 유지하기에 필요한 정도에도 미치지 못하는 사람들의 수가 현대사회에서 점차 늘어가고 있으며, 이러한 운동부족은 이미 많은 의학적 연구에 의해 소위 현대병 또는 성인병의 주요원인으로 지적된 바 있다.

이러한 상황에 접하여 "건강한 신체에 건강한 정신이 깃든다."는 근대유럽인의 건강관은 자연스럽게 설득력을 얻게 되었으며, 그로부터 신체운동과 건강간에 비례적 상관관계가 존재할 것이라는 생각이 일반화될 수 있었고, 이러한 생각을 토대로 스포츠가 건강에 기여할 수 있을 것이라는 대중적인 기대가 나타나게 되었다고 사료된다. 스포츠는 신체운동을 핵으로 하는 인간의 활동양식이다. 현대인들은 스포츠를 수행하는 동안 신체의 각 부위를 들거나, 뻗고, 지르고, 비틀면서 또는 온 몸을 사용해서 뛰고, 달리고, 뒹굴면서 일상에서 소홀했던 신체운동을 보충할 수 있다. 따라서 스포츠는 현대인들의 의식 속에 운동부족으로 쇠약해진 신체를 다시 건강하게 만들어주는 치유제로 각인되었으며, 이러한 인식을 토대로 오직 건강만을 목적으로 하는 소위 "건강스포츠"가 등장하게 된 것이다.

2) 스포츠는 몸에 좋다는 자연과학적 연구의 결과들

또한 최근 수 십 년 사이에 발표된 자연과학적 연구들, 특히 스포츠 의학과 생리학적 연구들은 규칙적인 스포츠참여가 건강유지 및 향상에 대단히 큰 기여를 하고 있음을 여러 가지 통계자료를 통해 입증해 주었다. 스포츠가 건강에 좋다는 학문적 진술은 스웨덴의 생리학자인 에스트란드에 의해 처음으로 나타났다. 에스트란드(Åstrand, 1973)는 1972년 올림픽경기에 대한 평가에서 다음과 쓰고 있다. “문헌들을 가득 메우고 있는 (건강과 관련된) 육체훈련의 긍정적 효과 ....”. 이러한 그의 진술은 그동안 매우 자주 여러 학자들의 공감을 불러일으켰다. 파펜바거(Paffenbarger, 1984)는 스포츠선수 또는 육체활동을 많이 하는 사람이 그렇지 않은 사람보다 평균적으로 1~2년 오래 산다는 연구결과를 발표하였다. 포웰(Powell, 1987)과 그의 동료는 수십 장에 달하는 연구보고서에서 운동을 하지 않는 사람은 담배를 피우는 사람과 동일한 정도로 심장순환계 질환에 걸릴 위험이 있다고 보고하였다. 클라인만(Kleinmann, 1988)은 “달리기는 의학이다”라는 제목의 책자에서 달리기가 건강에 좋은 효력을 줄 수 있는 활동이라고 말하고 있다. 즉 그는 달리기가 별다른 준비 없이 어디에서나 쉽게 할 수 있는 운동이며, 그 건강적 효과 역시 매우 좋다고 말하고 있다. 13334명을 대상으로 약 8년에 걸쳐 실험을 한 블라이어(Blair, 1989)는 스포츠수행과 사망 또는 발병 확률 간에 반비례관계가 성립한다고 보고하였다.

우리나라에서도 스포츠참여가 골격근을 강화시켜주고, 심장 및 심폐기능을 향상시켜줌으로써 건강 유지 및 향상에 크게 기여할 수 있다는 주장과 운동참여가 비만, 당뇨병, 동맥경화, 고혈압 등과 같은 성인병예방 및 치료에 효과적이라는 주장이 여러 차례의 저술과 연구논문에서 제기된 바 있다. 이상철 · 육조영의 저서 "운동과 건강"(1998), 안병철 · 반기봉의 번역서 "운동과 건강"(1992), 조남규 외의 저서 "인간과 건강"(1997)이 그 몇 가지 예이다. 이와 같은 자연과학적 연구들은 모두 현대사회가 인간의 움직임을 매우 협소하게 제한하기 때문에 현대인들은 필연적으로 운동부족일 수밖에 없으며, 이러한 운동부족은 현대인들의 건강을 위협하는 성인병 또는 문명병의 원인이 된다고 진단하고 있다. 따라서 건강하게 살기 위해서는 반드시 일정 이상 강도의 운동을 동반하는 스포츠에 규칙적으로 참여해야만 한다고 처방하고 있다.

이상과 같은 근대 유럽인의 전통적 건강관과 탈신체화하고 있는 현대고도사회에서의 일상적 경험, 그리고 스포츠는 건강에 유익하다는 자연과학적 연구의 결과에 힘입어 현대인들은 스포츠활동 참여는 건강의 유지 및 향상에 필수적이라는 믿음을 갖기에 이르렀으며, 이러한 믿음을 근거로 대중의 스포츠참여가 크게 증가하였고, 그러한 과정에서 오직 건강만을 목적으로 하는 소위 "건강스포츠"가 출현할 수 있었다고 생각할 수 있다.

3 "건강스포츠"의 문제점

1) 개인적, 실천적 차원의 문제점

건강을 위해 스포츠활동에 매진하는 사람들의 믿음처럼 정말로 스포츠는 건강에 이로울까? 스포츠는 건강에 이로울 수도 있지만 그와는 반대로 해로울 수도 있다. 특히 건강만을 목적으로 수행하는 소위 "건강스포츠"는 건강에 그다지 이롭지 못하며, 오히려 치명적인 결과를 가져다 줄 수도 있다.

최근 건강을 위한 스포츠활동 중에 심근경색이 원인이 되어 사망하는 사람의 수가 크게 늘고 있다는 보고도 있고, 운동을 생활화하고 있는 전문적 스포츠인의 평균연령이 일반인의 평균연령에 비해 6~7년 낮다는 보고도 있다. 또한 운동선수 중에는 각종 질환에 시달리는 사람이 의외로 많다는 보고도 있다. 의학 및 생리학적 관점에서도 스포츠는 건강에 치명적으로 작용하는 활성산소의 발생가능성을 높여주고, 스트레스를 해소시켜주기 보다는 오히려 스트레스를 가중시켜 건강에 마이너스로 작용한다는 연구보고도 있다.

스포츠가 건강을 해칠 수도 있는 이유는 여러 가지 측면에서 설명가능하다. 스포츠수행이 가져올 수 있는 위험과 폐해를 고려하지 않고 무조건 스포츠는 건강에 좋다거나 달리기는 보약이라는 생각만 가지고 스포츠를 하게 될 때 그러한 스포츠활동은 건강에 득이 되기보다는 오히려 실이 될 수 있다. 리트너(Rittner, 1985)와 필즈(Pilz, 1991)는 건강을 목적으로 하는 여가스포츠활동이 오히려 건강을 해칠 수 있는 이유를 다음 두 가지로 요약, 정리하고 있다.

첫째, 현대의 사회생활에서 육체의 쓰임은 현저하게 줄어들고 있다. 따라서 현대인들은 육체활동경험이 매우 부족하며, 그 결과 자신의 육체움직임에 매우 미숙해 있다. 이러한 상황에서 건강을 위한답시고 갑작스럽게 운동을 무리하게 하는 사람들이 있는데 이러한 과정에서 사람들은 심리적으로 불쾌한 기분이 들기도 하고, 심한 경우에는 목숨을 잃는 경우도 생겨난다.

둘째, 사람들은 자신의 목적을 이루기 위해 스포츠를 수단화하고, 도구화한다. 이 과정에서 스포츠는 스포츠적이지 않게 된다. 사회학자들은 이러한 경향을 "스포츠의 탈스포츠화"라고 표현한다. 리트너에 따르면 고전적인 의미에서의 스포츠활동, 즉 고전적인 스포츠사회화과정을 수반하는 스포츠활동은 건강에 보탬이 될 수 있지만 탈스포츠화된 스포츠, 즉 고전적인 스포츠사회화과정이 모두 무시된 채 행해지는 스포츠는 오히려 건강에 해가 될 수 있다고 경고한다(Rittner, 1985). 건강스포츠에서는 즐거움이라든가 규칙준수, 경쟁, 승리, 타자와의 어울림, 성취감 등과 같은 전통적인 스포츠사회화형식들이 철저하게 무시된다. 스포츠에토스의 준수가 목표가 아니라 스포츠에 부가된 건강의 약속이 목적인 것이다. 사람들은 오직 건강만을 위해 스포츠를 수행하게 되고, 이러한 목적을 이루기 위해 열과 성을 다한다. 그러나 사람들이 건강을 얻기 위해 신경을 곤두세우면 세울수록 오히려 그러한 집착으로 인하여 목표달성은 더욱 어렵게 된다. 사람들은 건강이라는 목표를 달성하려고 전심전력하면서 결국에는 그로인해 심리적으로 부담을 받게 되며, 그 결과 몸이 경직되고 긴장하게 되고, 이러한 심리 및 육체적 부담은 결국 또 다른 스트레스로 작용하여 오히려 건강을 해치게 되는 것이다.

2) 총체적, 반성적 차원의 문제점

이상에서 논구한 모든 개인적, 실천적 차원의 문제들은 근원적으로 두 가지 총체적, 반성적 차원의 문제로 귀결될 수 있다. 두 가지 총체적, 반성적 차원의 문제란 소유지향적 라이프스타일에서 유래한 건강의 대상화문제와 근대유럽인의 전통에서 유래된 협애한 건강관의 문제이다.

건강은 성취지향적 사회에서 중심적 위상가치를 갖는다. 따라서 파슨스는 건강을 자신에게 부과된 역할과 과제를 효과 있게 충족시킬 수 있을 정도의 적절한 능력을 갖추고 있는 상태라고 표현한 바 있다(Parsons, 1974). 이러한 관점은 매우 주관적이고 개인적인 건강 및 질병관을 내포하고 있다. 또한 건강을 작업을 위한 전제로 이해하는 기능론적 시각을 포함하고 있다. 이와 같이 건강은 점점 더 하나의 상품처럼 취급받게 되고 사람들은 상품을 만들 수 있듯이 건강 역시 만들 수 있는 물건처럼 믿게 된다. 이와 같은 건강의 객관화는 더욱 소유지향적으로 바뀌어가고 있는 우리들의 생활양식이 가져다준 부수현상이다. 자신의 삶을 소유지향적으로 영위해나가는 사람은 자기 자신, 자신의 실존, 자신의 삶의 의미, 자신의 삶의 영위를 자신이 가지고 있고, 가질 수 있고, 더 가질 수 있는 것으로 규정하는 경향이 있다. 이제 소유와 소유욕구의 대상이 될 수 없는 것은 아무 것도 없다. 모든 종류의 물질적인 것들, 타인, 덕목과 가치까지도 소유될 수 있다고 생각한다. 사람들은 명예를 가질 수 있으며, 체면을 가질 수 있고, 특정한 이미지를 가질 수 있으며, 건강과 아름다움과 젊음까지도 가질 수 있다고 믿게 되었다. 소유지향적 욕구는 소유대상(Objekt)을 전제로 한다. 이러한 과정에서 건강은 하나의 소유대상으로 대상화(Objektivierung)된다. 대상화는 주체(자아)와 대상의 분리를 의미한다. 건강의 대상화는 나와 건강의 분리를 뜻한다. 건강이 나로부터 멀어지는 것이다. 즉 건강은 나의 안이 아니라 바깥에 있게 되는 것이 된다.

대상화의 또 다른 특징은 주체의 대상에 대한 태도에 있다. 만일 우리가 어떤 대상을 간절히 원할 때, 즉 간절히 소유하고자 할 때 우리는 그 대상에 많은 관심을 기울이지만 그것을 소유하는 순간 그것에 대한 우리의 관심은 줄어들거나 사라지게 된다. 이제 우리는 우리가 소유했다고 믿는 대상을 등한시 하게 되는 것이다. 건강해지기 위해 그토록 노력하던 사람이 스스로 자신이 건강을 소유했다고 생각하는 순간 그는 더 이상 건강에 관심을 갖지 않게 된다는 말이다.

다음으로 협애한 건강관의 문제 역시 지적하지 않을 수 없다. 앞서 지배적인 건강관의 하나가 "mens sana in corpore sano"라고 하였다. 이 라틴어 문장은 기원후 100년경에 살았던 로마의 시인 유베나리스(Juvernal, ca. 58~140 n. Chr.)가 지은 356어구로 이루어진 시의 10번째 구절에서 인용되어진 것이다.[21] 원문을 살펴보면 앞 문단에서 서술한 내용과 유베나리스의 본뜻 간에는 큰 차이가 존재함을 알 수 있다. 한 마디로 유베나리스의 의도가 2000년의 세월동안 잘못 해석되어왔던 것이다. 유베나리스가 지은 시의 원문에 보면 "...orandum est ut sit mens sana in corpore sano"라고 되어있다. 앞의 문장과 비교해보면 접속사를 제외하고 "ut sit"가 앞 단락에서 쓴 인용문에서 빠져 있음을 알 수 있다. "ut sit"은 소망과 바람, 희망 등을 나타내는 말이다. 소망과 바람의 대상은 일반적으로 현실에 속해 있지 않다. 오히려 현실에 없는 것이 거기에 속하는 경우가 더 많다. 유베나리스는 단순한 육체적 건강이 정신적 건강, 나아가 건강 전체를 보장할 수 없다는 점을 알고 있었다. 그래서 그는 "건강한 신체에 건강한 정신이 깃든다"고 말하지 않고 "건강한 신체에 건강한 정신이 깃들게 하소서"라고 씀으로서 자신의 소망과 바람을 나타냈던 것이다. 요약해서 말하면 신체적 건강이 정신적 건강, 나아가 건강 그 자체를 보장한다는 생각, 유베나리스의 싯구를 잘못 인용한데서 유래한 이 건강관은 그 의미가 아주 협소하고, 일방적이며, 단순하고, 시기적절하지 못하고 말 할 수 있다.

---

21) Juvenal. Saturae X, Satz 356 ff.; Knoche(1950). 103~104를 참조할 것. 유베나리스의 10번째 구절 전문은 다음과 같다. Nil ergo optabunt homines? si consilium via, permittes ipsis expendere numinibus quid conveniat nobis rebusque sit utile nostris./ut tamen et poscas aliquid voveasquid voveasque... orandum est ut sit mens sana in corpore sano. portem posce animum nortis terrorecarentem,

4 건강한 스포츠수행의 두 가지 전제

지금까지 논의를 통해 스포츠는 당연하게 건강에 이롭다는 전제에서 출발하고 있는 건강스포츠가 개인적, 실천적 차원에서 뿐만 아니라 총체적, 반성적 차원에서도 많은 문제를 내포하고 있음을 알게 되었다. 스포츠는 당연하게 건강에 이로운 것은 아니다. 스포츠가 건강에 이롭기 위해서는 최소한 다음의 두 가지 전제가 충족되어야만 한다.

1) "소유(所有)"에서 "존재(存在)"로 의식의 전환

앞서 언급하였듯이 객관화된 건강관은 소유지향적 생활양식이 부수한 결과이다. 객관화된 건강관으로 말미암아 스포츠에서 건강동기가 빗나가는 결과가 초래될 수 있다. 에릭 프롬은 그의 저서 『소유에서 존재로』에서 우리에게 소유지향적 삶의 방식을 포기하고 존재지향적 삶의 방식을 선택하도록 권하고 있다. 건강 및 스포츠와 관련하여 존재지향적 삶은 어떤 의미를 지닐까?

그것은 무엇보다도 "내가 건강을 가질 수 있다"는 믿음의 포기를 의미한다. 건강은 소유의 대상이 될 수 없다. 그것은 총체적인 삶의 과정의 현상으로 인식되어야만 한다. "나"는 건강을 객체화시키거나 대상화시킬 수 없다. 오히려 건강은 나의 한 부분이며, 주관적인 요소인 것이다. 자아와 건강을 분리해서 생각하지 않는 것이 스포츠 및 건강과 관련하여 존재지향적 생활방식의 기본전제이다. 이러한 맥락에서 건강과 관련된 스포츠경험에서 즐거움동기의 강조가 부각되어질 필요가 있다. 스포츠를 하면서 얻어지는 즐거움은 몰입과 자아일치감의 경험을 제공해 준다.

현상학적 연구들은 즐거움으로 가득 차있는 스포츠경험이 어떻게 자아와 육체의 일치로 이끌어가며 이러한 경험으로부터 어떻게 존재지향적 자기체험이 나타나게 되는지 보여준다. 이러한 연관에서 리트너의 말은 큰 의미를 지닌다. “이러한 의미에서 즐거움은 단순한 즐거움만이 아니다. 그것은 인간학적으로 중요하게 되며…, 자아가 서양적인 합리성의 목표를 회의적으로 보기 시작하면서 즐거움은 동시에 대중적인 균형의 비유가 된다”(Rittner, 1982, 49). 그렇다면 즐거움은 어떻게 생겨나는가? 이 물음에 명확하게 답변하는 일은 매우 어렵다. 그러나 그것이 철저하게 개인의 의지에 따라 의도적으로 생겨나는 것이 아니라 우연하게 부수적으로 생겨난다는 말을 할 수 있다. 즐거움은 소유지향적인 의도와는 무관하게 생겨나는 것이다. 예컨대 어떤 활동에 몰입되어 있을 때 자기도 모르는 사이에 즐거운 기분이 생겨나는 것이다. 즐거움은 놀이적인 요소인 것이다. 다음 가다머의 인용문은 이 점을 이해하는 데 도움이 될 것이다. “놀이는 놀이하는 사람의 의식과는 무관한 독자적인 존재를 가진다. 놀이는 거기, 바로 거기, 주체성의 대자적 존재가 주제가 되는 지평을 제한하지 않는 곳, 놀이적으로 행동하는 주체가 없는 곳 …”(Gardamer, 1965, 98). 놀이의 주체는 놀이자가 아니다. 놀이는 오직 놀이자를 통해서 드러난다. 건강도 동일한 맥락에서 이해할 수 있다. 건강은 소유지향적인 인간의 의도와는 무관하게 나타난다. 건강은 놀이적이고 존재지향적이며 몰입된 스포츠활동 속에서 부수적으로 우연하게 나타나는 것이다. 스포츠가 활동 자체가 목적인 놀이로서가 아니라 건강이라는 목적을 달성하기 위한 수단으로 도구화될 때 스포츠가 담지하고 있는 이와 같은 건강 요소들은 사라지게 되는 것이다.

2) 조화로운 건강관의 회복

스포츠와 건강의 관계가 합리적으로 구성되기 위해서는 의식의 변화와 더불어 건강관이 바뀌어야만 한다. 즉 기존의 일면적이고 편협한 건강관이 포괄적이고, 조화로운 건강관으로 바뀌어야만 한다. 여기서 말하는 포괄적이고, 조화로운 건강관이란 앞서 말한 "ut sit mens sana in corpore sano"이다. 앞서 유베나리스의 싯구를 성급하게 해석한 기존의 건강관이 어떤 문제를 야기시킬 수 있는지 설명한 바 있다. 잘못된 해석으로 말미암아 건강을 이해하는 안목이 매우 좁아졌다.

여기에서 조화로운 건강관으로 제시하고자 하는 유베나리스의 원래 문장 역시 아무런 문제가 없는 것은 아니다. 예를 들면 헤커는 그 문장이 육체와 정신의 분리를 전제로 하기 때문에 건강에 대한 직접적이고 통합적인 접근이 방해를 받고 있다고 그 문장을 비판하고 있다(Hecker, 1987, 73). 그러나 유베나리스의 정신과 육체의 개념적 구분을 정신과 육체의 존재론적 구분으로 이해하지 않고 기능적 구분으로 이해한다면, 다시 말해 이 문장에서 육체와 정신이 존재론적으로 나뉘어져 있는 것이 아니라 기능적으로 구분되는 동일한 실체로 파악한다면 해커의 비판은 의미를 상실하게 된다.

실제로 당시에는 생물학적 개념과 심리학적 개념을 즐겨 사용하고 있었다. 유베나리스의 싯구절 "ut sit mens sana in corpore sano"는 필자가 생각하기에 조화로운 건강관을 상징한다. "ut sit"과 "mens sana in corpore sano" 사이에서 우리는 건강의 변증법적 요소를 읽어낼 수 있다. 육체적인 강화와 정신 및 심리적 강화는 "ut sit mens sana in corpore sano"문장에서 변증법적으로 만나고 있다. 후렐만은 이 점에 대하여 다음과 같이 주지시키고 있다. "건강이란 평생 동안 늘 새롭게 공을 들여 만들어 내어야만 하는 조화와 균형의 상태이다. 그것은 고전 의학서에 나와 있는 순수하게 육체적인 개념의 고정이 아니다"(Hurrelmann, 1990, 17).

건강은 육체적인 체력 하나만으로 또는 심리적인 즐거움 하나만으로 얻어질 수 있는 것이 아니다. 그것은 육체적인 건사와 심리 및 사회적 안녕, 감성적 욕구의 충족이 적절하게 조화를 이루고 있을 때 나타나는 현상인 것이다. 다양한 요인들 간의 조화가 건강에서 가장 중요하다. 유베나리스의 문장에서 "ut sit"는 조화를 찾고자 하는 의지를 나타내는 의미로 이해되어져야만 한다. 리트너가 그의 논문 결론부에서 말한 내용은 이 점을 다른 말로 바꾸어 전달해 주고 있다. "스포츠의 건강메카니즘은 스포츠에 문자 그대로 속해 있는 것이 아니다. 오히려 그것은 조심스럽고 정성스럽게 스포츠로부터 발현해 내야만 하는 것이다"(Rittner, 1985, 150)라는 리트너의 말은 "ut sit"의 또 다른 표현인 것이다.

5 요약

요즘 건강을 위해서 체육활동과 스포츠에 참여하는 사람들이 크게 늘고 있다. 왜 사람들은 자신의 건강 회복 또는 유지를 위해 병원이나 의료기관을 찾지 않고 스포츠센터나 운동장 또는 체육시설을 찾을까? 그 이유는 무엇보다도 건강과 스포츠간에 일종의 인과적 상관관계가 존재한다고 믿기 때문일 것이다. 즉, 스포츠를 하면 상실된 건강을 회복하거나 현재의 건강상태를 보다 증진시킬 수 있다고 믿기 때문일 것이다. 이와 같은 믿음은 멀리는 근대 유럽인들의 사고에서, 가까이로는 최근에 이루어진 의학 및 생리학과 같은 자연과학적 연구에서 그 근거를 찾을 수 있다.

한편, 최근 들어 스포츠와 건강의 인과적 관계를 의심하거나 부인하는 연구결과들이 발표되어 "건강스포츠매니아들"을 긴장시키고 있다. 이 연구결과들에 따르면 최근 들어 스포츠활동 중에 심근경색이 원인이 되어 사망하는 사람의 수가 크게 늘고 있고, 운동을 생활화하고 있는 전문적 스포츠인의 평균연령이 일반인의 평균연령에 비해 6~7년 낮다는 보고도 있다. 또한 운동선수 중에는 각종 질환에 시달리는 사람이 의외로 많다는 보고도 있다. 의학 및 생리학적 관점에서도 스포츠는 건강에 치명적으로 작용하는 활성산소의 발생가능성을 높여주고, 스트레스를 해소시켜주기 보다는 오히려 스트레스를 가중시켜 건강에 마이너스로 작용한다는 연구보고서도 있다.

스포츠는 건강에 유익한가 아니면 해로운가? 한편에서는 스포츠와 건강의 인과적 상관관계를 소리 높여 외치고, 다른 한편에서는 양자의 관계를 강력하게 부인하고 있다. 어느 쪽 주장이 옳은가? 여기서 우리가 어느 한 쪽의 입장을 옹호하기 이전에 확인할 수 있는 사실은 양 쪽 모두 건강의 의미나 스포츠의 효과를 신체적, 생리학 및 의학적 측면에만 국한시켜 논의한다는 점이다. 이와 같은 편협한 접근의 문제점은 오늘날 우리의 건강을 위협하는 요인들을 분석해 보면 보다 명확하게 드러난다.

현대인의 건강을 위협하는 요인을 살펴보면 운동부족과 같은 지극히 신체적이고, 생리적인 요인들을 지적할 수 있겠지만, 그에 못지않게 중요한 것은 정신 및 사회적인 요인이다. 인간관계의 합리화과정에서 발생하는 친밀성의 감소는 "대중 속의 고독"을 낳았으며 우리의 정신건강을 해치는 결과를 초래하였다. 작업분화의 결과 파생된 노동의 소외(의미를 상실한 노동과정), 컨베

이어벨트처럼 판에 박힌 듯한 일상생활, 목적합리성이 지배하는 현대인의 의식세계와 복잡다단한 현실은 매우 복합적인 방식으로 우리의 건강을 위협하고 있다. 이와 같은 상황에서 재미없고, 지루하며, 외롭게 수행하는 소위 "건강스포츠"는 결코 건강에 도움이 되지 않는다.

스포츠가 건강에 도움이 될 수 있기 위해서는 무엇보다도 두 가지 전제가 충족되어야만 한다. 첫째는 건강관이 바뀌어야만 한다. 오늘날 우리들은 소유지향적 건강관을 갖고 있다. 이와 같은 건강관을 존재지향적으로 바꾸어야만 한다. 둘째, 스포츠가 놀이적 성격을 회복해야만 한다. 스포츠가 건강이라든가 기록, 체력 등과 같은 "합리적인" 목적으로부터 자유로와 질 때 스포츠 참여의 "부수적 효과"로서 건강이 찾아 올 것이다.

체육론

11장 체육이란 무엇인가? / 220

12장 교육계획에 있어서 체육의 위치 / 228

13장 근대적 체육의 역사적 배경(미국의 체육) / 241

14장 체육의 과학적 기초 / 262

15장 체육의 목적 / 288

16장 체육의 목표와 방안 / 296

17장 체육 활동 계획 / 311

18장 체육을 통한 사회훈련 / 325

19장 경쟁적 운동경기 / 337

20장 체육과 여가 / 350

11장

체육이란 무엇인가?

학문적으로 체육의 문제를 연구하려면 먼저 체육이라는 용어의 정의를 적절하고 타당하게 정한 후 시작할 필요가 있을 것이다. 이러한 절차를 밟아 가는 것이 체육의 분양에서 항상 논쟁이 끊이지 않았던 혼란과 모순과 오해가 줄어들 것이다.

오늘날에도 과거와 같이 체육의 본질과 기능에 관한 여러 가지 생각들이 장해가 되어 전반적으로는 체육의 효과적인 발전에 밀접한 협력이 이루어지지 않기 때문이다. 이것을 증명하는 하나의 예로서 다음과 같은 것을 지적할 수 있다. 즉 체육이라는 개념을 오로지 인간이라는 하나의 유기체(organism)의 순수한 신체 발달 '신체 강화(body building)' 및 '신체적성(physical fitness)'에 만 한정하여 생각하는 사람들은 체육을 주로 근육활동 (muscular activity)에 있어서의 기술(skill)의 발달에 관련되는 과정이라고 생각하고 있는 사람들의 말은 대부분 이해할 수 있을 것이다. 그러나 그와 같이 다른 의견을 가진 사람은 또 다른 사람들 즉, 체육을 좋은 '시민으로서의 자격(citizen-ship)'이라든가 또는 '건강'을 증진시키기 위한 매개가 되는 것이라고 생각하고 있는 사람들의 말과 행동에는 완전한 공감을 얻기는 힘이 들 것이다.

아마도 '체육'이라는 용어에 관한 공통적인 이해에 도달하는 가장 좋은 접근 방법은 모든 교육의 기본적인 목적에 비추어서 이 문제를 생각 하는 것이다. 이것이 제 1장에서 다루고자 하는 문제들이다.

전통적으로 '교육'이라는 것은 학교라는 기관을 통하여 지식을 습득하는 하나의 과정(process)이라고 일반인이나 일부의 선생님들까지도 생각하고 있었다. 그러나 이와 같은 좁은 교육관은 여러 방면에 있어서 그대로 받아들여지지는 않고 있다. 현재는 교육을 선생님들이 '학교에서 가르치는 것'으로만 학생들이 '배우는 것'으로만 이해하지 아니하고, 교육은 학교에서거나 학교 밖에서거나 각 개개인의 외적 또는 내적 환경의 자극이나 현상에 대한 각자의 반응으로 인하여 일어나는 개인의 계속적이며 일평생 지속되는 변화와 수정 또는 조정의 과정이라고 생각하게 된다. 개인의 활동에 의하여 일어나는 이러한 변화는 정신적인 면은 물론, 개인 생활의 신체적, 정서적, 도덕적, 윤리적인 면에도 영향이 미치게 되는 것이다. 그 결과는 보편적 결과에 비추어 보면 바람직한 경우도 있고 바람직하지 못한 경우도 있을 수 있다.

1 기본적인 원리

앞에서 언급한 교육에 관한 사고를 바르게 인식하기 위해서는 다음과 같은 기본적인 여러 원칙들을 면밀히 고찰을 하지 않으면 안 된다.

① 모든 교육적인 변화 또는 수정은 개인 스스로의 활동을 통해서 일어난다. 물론 우리는 개인에게 일어나는 어떤 종류의 변화나 발달이 주로 그 유기체내의 유전적인 힘이 작용한 결과라는 것을 알고 있다. 이와 같은 자연적인 성정과정 속에 포함되는 변화는 교육적인 변화라고 할 수는 없다. 그것은 성숙(maturation)의 과정으로 나타난 현상이다. 교육적인 변화는 교육활동으로 인하여 일어나는 변화를 말하는 것이다. 이 두 가지 과정은 개인의 발전과 밀접한 관련이 있다. 사람들은 정직이라는 것에 대해서 어떤 반응을 보이지 않을 수 없는 상황에 직면하게 되면 각자가 나타내는 반응의 결과로서 정직하게도 되고 부정직하게도 된다. 또 각 개인은 직면하는 상황에 대한 반응에 의하여 타구(打毬)에 숙달되는 것이고 실제 타구하는 자신은 그 상황의 일부에 지나지 않는 것이다. 그것은 근육의 훈련에 의하여 근육을 발달시킨다.

② 앞에서 언급한 교육적 활동(educational activities)은 내적이나 외적인 환경에 의하여 개인에 주어진 자극 또는 상황에 대한 반응이다 '2×2'라는 식은 어떤 상황의 일부분으로서 그 상황에 대해서 '4'라고 대답하고, 쓰고, 생각함으로서 어느 정도 반응하는 것을 배운다. 한 개의 골프공, 클럽(아연 9번 등), 퍼팅 그린(putting green, 홀컵의 주위) 등은 어떤 사태의 여러 가지 상황을 구성하는데, 이 상황에 대해서 개인은 공을 그린위로 올려놓기 위해 반응 하게 된다. 탈의실의 의자 위에 잊어버리고 둔 지갑은 어떤 상황을 형성하게 된다. 그 상황에 대해서 지갑을 습득한 사람은 지갑의 주인을 찾아내려고 하든지 경우에 따라서는 지갑을 자신이 가짐으로서 상황에 반응한다. 몸 안의 수분 결핍은 어떤 상황의 한 부분을 구성한다. 그러한 상황에 처한 마라토너나 산에 오르는

사람들은 물병이나, 우물을 찾음으로서 반응을 보인다.

③ 이와 같은 상황들에 대한 모든 반응은 개인에 대해서 어떤 종류, 어느 정도의 변화, 수정 혹은 학습을 가져오게 된다. '2×2'라는 상황에 대해서 '3'이라거나 '4'라거나 또는 '8'이라고, 부르고 생각하고 또는 기록함으로서 반응한 개인은 그로 인하여 어떤 종류, 어느 정도의 변화나 수정을 받고 있다. 앞에서 기술한 골퍼나 지갑을 습득한 사람이나 목이 마른 마라토너나 사정은 모두 동일하여 각기 보이는 반응의 결과 어느 정도의 변화나 학습을 받게 되는 것이다.

④ 모든 반응은 인간이라는 인체전부(whole human mechanism)를 포함하는 것으로서 가령 팔이라든가, 뇌라든가, 정서라든가 하는 하나의 부분만을 나타내는 것은 아니다. 인간의 모든 부분과 전 기능과의 밀접한 상호관계에 관한 새로운 지식을 기초로 하는 사고방식은 교육의 원리와 실제에 커다란 변화를 가져오게 되었다. 그와 같은 생각이 기초가 되어서 교육이라는 것은 전체로서의 개인(whole individual)에 관련되는 것으로서 개인의 부분에만 관련되는 것이 아니라는 것을 알게 되는 것이다. 가령 반응이 주로 정신적인 영향이든 정서적인 영향이든 혹은 근육에 관련한 영향이든 그 어느 경우라도 그 영향은 결국 그 개인의 삶(Life) 전체에 변화를 미치게 되는 것은 분명한 것이다. 이상의 원칙을 바탕으로 생각하면 모든 교육은 근본적으로 다음 사항에 관련된다는 것을 알 수 있다.

- 개인(individual)
- 상황(situation) 또는 자극(stimulus)을 주는 무대(setting)
- 상황 또는 자극에 대한 개인의 반응(reaction)

- 상황 또는 자극에 대한 개인 반응의 결과로 개인의 내면에 일어나는 변화 또는 수정작용

2 원리의 적용

전술한 원칙과 결론은 어떠한 형태의 교육에도, 교육의 어떤 면에도 인정되는 것과 같이 체육의 현장에서도 적용이 가능하다. 기본적으로는 체육은 개인 상황, 반응 및 수정작용에도 관련을 가지고 있다. 좀 더 자세하게 분석해 보면 체육과 다른 형태의 교육과의 사이에는 다만 하나, 다음과 같은 구별이 있다. 그것은 체육이 주로 근육활동 (muscular activity)을 특색으로 하는 상황 및 반응에 관련을 가지고 있다는 사실이다. 이미 기술한 것과 같이 무릇 개인의 반응은 모두 그 유기체 전체(whole organism)를 포함하는 것이라는 사실을 잊어서는 안 되지만 또한 어떤 종류의 반응은 주로 지적활동(intellectual activity)에 의하여 특징을 나타내고 있으며 또 어떤 종류의 반응은 주로 정서적 활동(emotional activity)을 특색으로 하고 있으며 또 다른 반응은 주로 활발한 근육운동(vigorus muscular movements)을 특색으로 하고 있다는 것을 인정할 수 있다. 그리고 체육이 주로 관련을 가지는 것은 이 세 번째 형태의 활동이다. 이렇게 말한다고 해서 체육은 오로지 근육적인 반응(muscular reactions)이고 그 결과로 일어나는 개인의 생리적, 해부학적 변화에 만 관련을 가진 것이라고 생각해서는 안 된다.

과연 합리적인 근육운동의 다른 여러 가지 효과 중에서도 특별히 성장(growth)과 발달(development)을 촉구하고 근육을 강건하게 하며 근조직을 개

선하고 신체 모든 기관의 강도와 활력을 증가하는 것은 사실이다. 그러나 개인을 정신적 및 정서적 반응(그 결과 당연히 습관, 태도, 숙련 등에 어떤 변화를 일으키는)을 완전히 배제하고 실시 할 수 있는 체육이 있다 하더라도 그것은 지극히 드문 체육의 형태일 것이다. 이와 같은 비능률적인 협의의 체육계획을 가장 빠르게 알기 위해서는 아령 막대기, 악력기(握力), 기마(騎馬), 모터로 움직이는 진동대(振動帶) 등의 수단에 의하여 체육을 습득 한다는 형식을 보면 좋을 것이다.

현실적인 문제로서 모든 조직화 된 교육은 인간의 삶 전체에 관련 되어야 한다는 현대적 자각이 오늘날에 있어서 체육지도자들에게도 영향을 주어 생리적인 반응 뿐 만이 아니라 동시에 정신적, 정서적 반응도 함께 고려하는 상황을 신중히 요구하고 있다. 근대적이고 조직화 된 체육(스포츠) 계획은 이런 상황의 가운데 학생을 두고 교육하여야 할 대표적 교과이다. 이와 같은 체육(스포츠)은 그 참가자인 학생들에 대해서 다만 근육활동을 요구할 뿐 아니라 그들의 지적 발달과 사회적 적응과 도덕 또는 성격교육에 있어서 아주 중요한 의의를 지닌 정신적 반응과 정서적 반응을 끊임없이 요구하는 것이다.

3 정의(定義)

교육을 위해서 기술한 것과 같이 근본적인 의미로 해석한다면 논리적인 결론은 체육을 다음과 같이 정의하는 것이 된다. 즉 체육이라는 것은 교육의 전 과정 중에서 활발한 근육 활동과 거기 관련된 모든 반응에 관한 것이며 또 이러한 반응의 결과로 개인에 일어나는 여러 가지 수정 및 변화작용에 관한 것이다. 이 정의에 비추어 생각하면 학교에서의 교육계획은 기본적으로 특수한 환경으로 성립되어 있다는 것을 알 수 있다. 즉 학생들이 그것으로 인하여 좋게 변화하고 수정을 받고 또는 교육 받을 수 있는 생리적(근육적)인 반응과 그 밖에 다른 반응을 할 수 있도록 기회를 만들어 주기도 하고 유도 되도록 계획된 여러 상황과 자극을 갖춘 철저하게 계획 된 특징을 지닌 환경이다. 수영장, 런닝 트랙, 테니스 코트, 볼, 호각 및 그 밖의 시설과 용구는 교사, 경기 일정 및 어느 학교의 고유한 운동경기 전통과 마찬가지로 환경의 한 부분이 되는 것이다.

어느 한 학교에 있어서나 그 학교 안에 있는 집단의 사람들에 있어서 또는 어떤 개인에 있어서 체육이라는 것이 실제로 어떤 것인가 하는 것은 그 학생에 의하여 일어나는 반응의 형태에 따라서 결정되는 것이다. 그러므로 어떤 학교에서 만일 전반적인 상황이 명령에 의해서 이루어지는 수련 정도의 의미밖에 가지지 못한 경우는 그 학교에서의 체육은 엄밀한 의미에서 「신체수련」과 큰 차이가 없는 것이 되어 있는 것이고 그와 반대로 만일 전체의 사태가 근육형, 즉 생물학적 발달 뿐 만이 아니라 지적, 사회적 및 도덕적으로 바람직한 형태의 반응이 지속적으로 나타나는 경우에는 그 체육계획은 커다란 교육적 의의를 가졌다고 말 할 수 있게 되는 것이다.

4 변화하는 개념

과거 체육은 아주 유감천만하게도 운동이라든가, 숙련이라든가, 근육강화라든가, 발한 작용이라든가, 신진대사라든가, 배설이라든가 하는 말만으로써 표현된 적이 너무도 많았다. 이러한 것들은 모두 체육에 관하여 고찰 할 만 한 하나의 요소이기는 하지만 그러나 그 말들이 체육의 정의로 전체를 대변하기에는 적절할 표현이라 할 수는 없다. 사회가 학교라는 기관을 만든 것은 도덕적으로, 정신적으로, 지적으로, 신체적으로 개인의 발달과 변화 작용을 다소나마 효과적으로 이루어내기를 기대해서 일 것이다. 사회는 교육으로 인하여 다른 어떤 방법에 의하는 것 보다 더 안전하고 효과적인 생활을 개인이 이룰 수 있을 것이라고 생각하였기 때문이다. 체육은 훈련소나 학교 내에 만들어져 있는 하나의 장식물이라고 생각할 것이 아니고 어디까지나 전체의 교육과정중 개인을 대상으로 하는 계획에 필요한 한 개의 과목으로 생각해야 할 것이다. 이와 같은 체육의 본질에 대한 이해가 모두에게 받아 드려질 때 이 문제에 관한 혼란은 훨씬 적어질 것이며 이 분야에 있어서의 학문적인 진보와 발전은 보다 더 활발해 질 것이다.

교육계획에 있어서 체육의 위치

12장

1 물려받은 유산

인류의 역사를 돌이켜 조사해 보면 어느 시대나, 어떤 민족 속에서도 체육에 관한 그 어떤 계통적인 지도계획을 찾고자 하는 요구가 끊임없이 존재해 온 것은 명확한 일이다. 우리가 알고 있는 범위에서 어떤 인류사회에 있어서도 여러 종류의 신체단련이나 체육, 그 가운데는 계획적으로 지도 된 것도 있으며 우연적인 것도 존재했었지만 그 사회의 특징이 내포 된 활동으로 존재한 것도 또한 사실이다.

태고시대에 조직적으로 지도 된 체육이라는 것은 수렵, 전투 및 그 밖의 실용적인 의도를 가진 특수한 기술과 재능의 육성을 목적으로 하고 있었다. 우연적인 체육은 그 당시의 일상생활의 대부분을 차지한 유희나 일과 관련되어 지속되었다. 고대 민족 가운데는 그리스인들이 적절한 체육계획을 찾고자 하였으며 거의 완전한 모습으로 실현하게 되었다. 사실 고대에 있어서 이와 같은 요구에 대해서 가장 효과적으로 또 조직적으로 대응한 공적은 당연히 그들에게 돌아가도록 하지 않으면 안 된다. 19세기 이르러 독일, 스웨덴이나 유럽 형태의 체육계획이 발전하였는데 그야말로 조직적인 체육을 추구하는, 근대사회로 향한 자각의 시작을 알리는 것이라고 할 수 있다. 그러나 이러한 요구가 과거에도 있었고 또 어느 정도 고려되어 온 것은 사실이지만 학문적으로 계획되고 지도되는 체육은 과거 인류 역사의 어느 시대보다도 현대에 있어서 더욱 필요하며 없어서는 안 될 것이라는 사실은 교육에 관심을 가진 진지한 체육 전공 학생들 사이에 널리 인정되고 있다. 이 열정적인 요구는 대개 두 개의 대조적인 관점(① 진화라는 점에서 본 인간의 본능, ② 기계화 시대에 있어서 인류 생존 조건의 변화)에서 일어났다.

수 백 만년 이어온 진화의 과정에서 인류는 신선한 일광 조식(粗食) 다양한 형태의 신체 활동과 다양한 형태의 환경에 적응해 온 생물로써 생존해 왔다. 원래 인간은 자유롭고 속박이 없는 생활에 알맞은 실외(屋外) 동물이었다. 인류의 진화적인 측면에서 보면 인간은 정신집중과 감정의 긴장을 필요로 하는 환경에 놓여 있는 거 보다 끊임없는 신체활동이 요구되는 환경에 처하는 것이 적응하고 발전하는데 훨씬 더 적합하다. 권위 있는 학자들의 일치된 의견은, 정상적인 상태의 인간이 충분한 인체 기능을 다하고 보편적인 성장과 발달을 이루기 위해서는 하루 1시간에서 6시간의 활발한 근육활동이 수반되어야 한다. 물론 근육활동, 즉 운동 시간은 개개인의 나이와 발육상태에 따라 각기 다르다.

인간이 현재의 형태로 지상에 생존하게 된 이후로 수천 년 동안 인간의 생활양식과 물리적인 환경은 생물로서의 인간이 자기의 삶을 영위하기에 필요한 여러 가지 조건으로 효과적으로 작용하였다. 그러나 수천년의 세월 가운데 인간생존의 적합한 환경이 지구상에 형성 되었지만 그것 또한 위에서 해온 설명을 뒤엎을 수는 없다. 원시사회 대부분의 구성원들이 야외생활을 하고 필수적인 노동이나 유희형태로 여러 모양의 격렬한 신체활동을 하였다. 그것은 가령 적당한 음식, 햇볕, 신선한 공기라든가 하는 것과 같이 인간 생존의 필수적인 조건을 나타내는 것이다. 이러한 사실은 현재 발달된 기계화 시대에 앞서 존재했던 문명사회에도 일반적으로 적용될 수 있다. 그러나 현재의 기계화, 자동화 시대에는 보다 위력적인 영향력으로 우리 생활양식의 전반을 송두리째 변화시켜 버렸다.

2 상황의 변화

근대화 이후 현재의 급변한 사회 환경 아래의 인간은 흔히 자연스럽지 못한 생활 형태로 기울어지기 쉽다. 인간 문명의 발전은 인류에게 많은 편익을 가져온 것은 사실이지만 그와 동시에 인류에게 근본적으로 해로운 여러 가지 생활조건을 가져왔기 때문이다. 절대 다수를 차지하는 많은 사람들이 인간다운 생활을 할 수 있는 기본적인 기회도 갖지 못하고 오직 매일의 삶을 긴장과 집중가운데 살고 있다. 도시에서는 빈 땅이 부족하여 아이들도 어른들도 정상적이고 자유롭게 놀고 운동할 수가 없다. 도처에 조성된 지하철, 버스 등의 대중교통 기관의 발달은 걷는다는 것을 잊어버리게 할 정도이다. 어느 가정에서든지 집안일이나 청소나 심부름을 하는 것 등의 일상적인 생활가운데 일어나는 움직임으로는 필요한 운동량을 충족시키지 못하고 있다. 영화, TV나

컴퓨터 앞에 앉아서 즐기는 놀이나 여가활동은 원시적인 사냥이나 낚시, 놀이나 경기와 같은 것을 실제로 도전하여 맛볼 수 있는 기쁨과 순수한 감정적 경험의 대용품으로서 대역적(代役的)인 감정적 경험을 하게 해 줄 뿐이다. 틀에 박힌 노동이 대부분인 기계화 시대는 인간을 공업이라는 차바퀴의 톱니로 만들어 버리는 경향이 있다. 기계화, 자동화로 오늘날의 근로현장은 노동에서 다양성(多樣性)과 의의를 빼앗아 버리고 인간의 근로를 단순한 노역으로 만들어 버렸다. 그와 동시에 공업화로 인한 기계설비의 개선은 인간의 노동력으로 이루어지던 생산 공정의 축소로 오늘날에 있어서는 광범위한 실업이 끊임없는 위협으로 다가 오고 있다. 이러한 상황에 대해서 한 편에서는 취업시간을 단축한다는 공업계 전반의 경향이 다른 수백만이나 되는 사람들에게 적절하게 쓰는 방법도 모르는, 전대미문의 여가를 주고 있는 것이다.

현대의 사회적, 경제적 지수들의 부정적 상태는 여러 가지 좋지 못한 감정적인 긴장을 증가시키고 있는데 이러한 사회, 경제적 상황에 이렇다 할 해결방법, 적절한 대책이 없는 것이 오늘의 사회 현상이다. 이 상태는 많은 사람들에게 장기간에 걸쳐 강한 정신 집중을 요구하지만 인간이란 생물학적으로 이런 장기간의 스트레스에 적절히 대응할 수 없다.

이상은 현대의 문명인이 직면해 있는 생활 조건 변화의 지극히 간단한 개요(概要)이다. 그러나 그것도 단지 다음사실을 강조하기 위해서 쓴 것에 지나지 않는다. 즉 진화에 의해서 특수한 생활 상태에 적응한 동물이 된 인간은 이제는 전혀 다른 조건 속에서 진화되고 기능을 다하지 않으면 안 될 필요성에 강요당하고 있다는 사실이다. 인류의 복지에 관하여 이러한 사태에서 도대체 어떤 결과를 기대 할 수 있겠냐 하는 것은 중요하게 고려해야 할 문제로 다가 오고 있다.

3 상황변화의 결과

이와 같은 사태 전반에 대하여 지극히 피상적인 이해 밖에 가지고 있지 않는 사람들은 인간이란 한 세대나 두 세대쯤 지나면 그런 부자연스러운 모든 조건에 적응하게 되리라고 기대하고 있어도 좋을 것이라고 생각할는지 모른다. 그러나 인간이 오늘날의 모습으로 존재하기 까지 진화하는 데는 수 백 만 년의 세월이 소요되었다는 사실을 생각한다면 인간이 다음 수천 년 동안에 그 생물학적 성질을 어느 정도 가시적으로 변화시킬 수 있다고 기대하는 것은 적절하지 못한 대응이다. 부자연스러운 생활로 축적된 나쁜 영향은 미국의 상황에서 명백하게 볼 수 있다. 그것은 스스로 적극적으로 움직이지 않고 앉아 있는 생활이 하루 일과에 대부분인 중년(中年)에 있어서 만성질환이 놀랄 만치 넓은 범위로 만연하고 있는 것을 보더라도 알 수 있으며 또 일부는 부자연스러운 감정적, 정신적 억압으로 인하거나, 건전한 형태의 자기표현의 기회가 부족하기 때문에 일어나는 정신이상이나 신경질환이 배 이상 증가했다는 것을 보더라도 알 수 있다. 또 건전한 종류의 표현 기회 부족으로 범죄의 증가와 청소년의 불량화, 학교 폭력 등의 여러 가지 반사회적 행위의 증가를 보더라도 명백히 알 수 있다. 그러나 만일 인간이 그런 새로운 형태의 환경이나 생활양식에 적합하도록 그 성질을 바꿀 수 없다면 다른 방법으로 인간 삶의 영위에 해를 주는 현대생활의 부자연스러운 상태를 완화하는 것이다. 사회는 어느 정도 그것을 계획하고 실행하고 있다. 여러 가지 형의 공공 보건시설, 공원, 수영장, 지방자치단체들이 운영하는 스포츠 시설 등은 사회가 그 성원으로 하여금 부자연한 생활양식으로 인해 수반되는 많은 사회문제들을 최소화 하려는 노력의 표시이다.

4 중요한 요소인 체육

오늘날 학교의 체육계획은 널리 일반에 인정받고 있지만 원래는 앞에서 기술한 것과 같은 동일한 상황에서 성장해온 것이다. 확실히 체육계획에 관한 근대적인 사고방식에서는 체육으로 현대생활에 인한 모든 사회문제들을완화하고 경감하려고 하는 기능 이상의 보다 많은 가능성을 요구하고 있는 것도 사실이다. 그러나 그런 생각을 떠나서 생각해 보더라도 운동(근육활동)이 인류의 복지에 있어서 필요 불가결한 것임에도 불구하고 과거 다른 시대의 특징을 나타내고 있었던 것과 같은 여러 가지 모양의 신체활동이 현대 생활에서는 없어져 버렸다는 것을 생각한다면 청소년을 위하여 적정한 체육계획을 세우는 것은 절대적인 가치가 있는 것이다. 물론 어떤 지식인들은 기계화, 산업화 시대에 있어서 행복한 생활을 하려면 지성과 인격이 체력보다도 중요한 역할을 하고 있다는 것을 실감하고 있었다. 그러나 그런 실감과 동시에 지적, 정서적 건전함을 보존하고 유지하기 위하여 건강, 신체 기관의 능력에 연관되어 있다는 것, 또 그것은 힘에 있어서나, 활력에 있어서나 각기 운동(근육활동)을 통해서만이 발달할 수 있다는 인식도 확대되고 있다. 다시 말해 조화롭고 사회화 된 인격의 발달은 운동(근육활동)을 통하여 인간의 신체적 요소와 정서적 요소의 도야(淘鵝)를 포함하는 것이라는 것이 명백하게 되었다.

그와 같은 인간 유기체 내의 여러 가지 요소사이에 될 수 있는 밀접한 상호관계에 관한 지식은 교육자로 하여금 학생 신체의 건강과 발달을 계발할 필요성을 통감 하도록 하였다. 그러므로 오늘날에 있어서 지적 교육에 열중하는 나머지 인간으로서의 완성, 인간 행복의 근원인 신체적 기초를 경시하는 교육 계획이 불합리하다는 것은 말 할 필요도 없다. 다른 무엇보다도 이러한 자각이야 말로 현대의 학교 교과과정에 있어서 체육이 중요한 요소로서 널리 일반에 인정받고 받아들여진 이유를 설명하고 있는 것이다.

5 체육의 기능

부자연스러운 생활에 따르는 사회적 문제들 중, 몇 가지를 완화하고 경감하기 위하여 운동을 시키고자 하는 체육의 기능은 오늘날 학교에서 하고 있는 계획의 가장 명백하게 이해 할 수 있는 목적이다. 그러나 근본적으로 체육은 그런 기능 이상으로 교육적인 것으로 생각 하지 않으면 안 된다. 조직적인 교육은 개인이 생활하고 있는 환경에서 충분히 기능을 발휘 할 수 있도록 개인의 능력을 최대한 발달시켜 주려고 하는 것이다. 그러나 학생들은 비교적 한정 된 시간만 학교 교육 아래에 있으므로 학교가 전력을 다해서 이러한 목적을 달성하기 위해서는 어떤 형태의 교육 계획을 만들어야 하는가 하는 문제가 항상 존재한다. 미국의 학교 기능은 아이들에게 읽기와 쓰기와 산수를 가르치는 것이었다. 그리고 학교 교육 그 밖의 부분은 가정이나 지역 사회의 생활 가운데 이루어지는 것이라고 생각하고 있었다. 그러나 사회 질서가 날로 복잡해지고 고전적 형태의 가정생활이나 지역사회생활이 무너짐에 따라 학교는 청소년의 발달과 훈련에 대해서 보다 더 넓은 범위의 책임을 가지지 않으면 안 되게 되었다. 따라서 가정에서 학교로 교육기능의 위치의 전환은 학교라는 조직에 대해서 원만한 인격 형성, 신경근의 활발한 움직임, 페어플레이 등의 수련과 합리적이고 사회적 습관 및 태도의 형성 등 새로운 책임과 관련하여 적절한 체육계획이 매우 중요한 역할을 하게 된 것인데 거기 관해서는 뒷장에서 상세하게 기술하기로 한다.

현재의 경향으로는 학교는 지식이나 견문을 주입하는 장소라기보다 바람직한 생활에 관한 경험을 쌓는 장소라는 생각을 더욱 강하게 하게 되었다. 현대의 문화생활 그 자체가 인간에게 건전한 인격의 발달, 행복한 공동체 생활 방법의 향상을 기대하였으나 아직은 그 목표를 달성하지 못한 관계로 학교 체육에 보다 유리한 기회와 요구가 주어질 것으로 전망하고 있다. 그리고 그런 요구에 보답하는 방법으로는 학교 이외에 유망한 시설을 찾기가 힘들다는 것은 널리 일반에 인정되어 있다. 지금까지 기술한 이런 책임에 관하여 생각해 보더라도 올바르게 조직되고 관리된 체육은 전 교육계획의 다른 어느 교과목과 비교하더라도 훨씬 큰 가능성을 갖추고 있는 것으로 생각된다. 그것은 현대 체육 계획의 본질을 형성하고 있는 여러 가지 활동의 성질로 생각해 보더라도 분명한 사실이다. 학교의 다른 어떤 교과목도 이만한 의의를 갖고 훈련을 통해서 인간의 기본적인 경향과 정서를 수련하는 것은 없으므로 그런 훈련은 보다 좋은 사회질서에 필요한 습관과 태도와 관념이 발달되도록 할 것이다. 하지만 모두가 이와 같은 실제적인 생각만 하는 것이 아니라 현실적으로 체육은 이제 겨우 교육계에서 인정받은 가치 있는 목표인, 즉 개인을 도와 만족, 기쁨, 깊은 감식(鑑識)을 가져오게 하는 건전한 활동으로 채워진 생활을 가능하도록 하는 목표를 향하여 중요한 기여와 공헌을 하지 않으면 안 된다.

다른 일반사회와 마찬가지로 교육계도 인생은 눈물과 슬픔의 골짜기라는 낡은 인생관에서 벗어 나오고 있다. 그러나 기쁨과 만족으로 가득한 인생을 탐구함에 있어서 인간은 일반적으로 가치 없는 종류의 활동, 즉 그것은 인생을 보다 높은 생활수준에 도달시키지는 못하고 오히려 실망과 환멸로 끝마치

리라는 것과 같은 활동에 매혹될 수 있는 중대한 위험이 상존하고 있다.

체육은 움직임이다. 움직임으로서 생활의 일부가 되는 것이다. 체육이 올바르게 이해되고 인식되면 가치 있는 생활이 되며 「바람직한 생활」 속에 명예와 지위를 차지하게 되는 것이다. 생활의 순화로서 체육의 기여는 스포츠맨 쉽, 협력, 자기통제, 건전한 신체에 깃드는 건전한 정신이라든가 그 밖에 보다 나은 생활에 보다 효과적이라든가 하는 이상을 여러 가지 말해왔지마는 그것이 거의 인식되지 않았다.

위와 같은 정당한 것이 인식되지 않는다는 것은 주로 다음 사유에 기인한다. ① 교양이라는 것은 생활의 순화와 계몽의 의미로 단지 문화, 역사, 철학, 연극, 음악, 미술 등에 관한 지식만으로 성립되는 것이 아니라는 것을 교육자들이 충분히 이해하지 못했다는 것, ② 서양의 학교에서 체육이 시작된 그 시초부터 체육은 정신과 신체라는 이원론적인 생각에 사로잡힌 학교 관리자의 전반적인 지도에 지배되어 있었다는 것, ③ 신체 만 강건하고 판단력과 감성이 부족한 사람들이 많이 체육을 직접 지도하는 지위에 있었다는 것 등이다.

그러므로 체육이 교양의 향상에 충분한 기여를 하게 됨에는 먼저 다음 두 가지 일이 일어나지 않으면 안 된다. 즉 ① 교육지도자들은 교양이라는 것의 중요한 요소로 태도, 감식, 이해, 사교적 행위, 표현과 즐거움의 방법 등, 즉 생활의 모든 방법을 포함하는 것이라는 것을 깨닫게 되지 않으면 안 된다는 것, ② 교양 있는 문화인으로서의 자격이 있는 체육지도자의 양성과 선택에 지금까지보다도 훨씬 더 강하게 중점을 두게 하지 않으면 안 되는 것, 등이다.

바람직한 교육과 미래를 위해서 오늘날의 많은 교육자들은 교양의 참 뜻을 이해하고 우리의 전공인 체육이 보다 나은 생활에 가치 있는 기여를 할 수 있다는 것을 지적하고 있다. 그 가운데서 다음 것들은 특별히 강조해야 할 가치가 있다.

① 풍부한 교양을 지닌 사람은 그 사회 환경에 잘 적응하고 있다. 그는 자기가 만나고 있는 사람들을 여유를 갖고 편안한 마음으로 대할 수 있다. 그는 자기 주위에서 행해지는 여러 가지 활동에 참가하여 충분히 잘 수행 할 수 있다. 스포츠 활동에서는 댄스, 수영, 골프, 배드민턴 등을 잘 할 수 있다는 것, 그와 함께 자기 자신에나 또는 자기와 함께 스포츠를 즐기는 사람에게 기쁨을 줄 수 있는 충분한 기술을 가지고 그것을 할 수 있는 것은 교양을 몸에 지니고 있는 증거이다.

그리고 이러한 스포츠를 즐기면서 스포츠 기술을 다른 사람들에게 가르치므로 정말 그 사회 문화에 기여할 수 있게 된다.

② 교양이 있는 사람은 자기에 알맞은 방법으로서 스스로를 표현할 수 있으며 또한 그렇게 표현한다. 체육 계획 중 모든 활동은 언제든지 자기 속에 있는 생각과 감정을 충분히 올바른 방법으로 자기를 표현할 수 있게 하며 또한 그렇게 표현한다. 체육계획 중의 모든 활동은 언제든지 자기 속에 있는 생각과 감정을 충분히 올바른 방법으로 표현할 수 있는 훈련을 하기 위하여 기회를 제공하는 것이다.

아주 긴장된 게임에 임할 때나 감정이 고조 되어 흥분 했을 때는 훈련 경험이 없는 사람이나 충분한 훈련을 하지 못 한 사람은 흔히 자기의 감정을 예절에 어긋나거나 좋지 못한 방법으로 표현하는 경우가 많다. 이러한 상황에서 체육은 세련된 표현법을 배우고 익히게 하므로 사회 문화에 공헌할 수 있다. 하나의 예를 들면 운동가 다 운 골프 또는 테니스의 플레이어가 경기를 할 때 우리가 볼 수 있는 플레이어의 예절 바른 모습을 떠올리면 된다. 골프나 테니스라는 경기는 전통적으로 신사적, 예절바른 스포츠로 평이 나 있으며 실재 경기에서 신사로서의 예법과 윤리적인 범절을 가지고 있는 것이다. 그리고 이러한 범절이야말로 체육이 널리 다른 스포츠에도 전파시키고 하는 것이다. 현재 여자 체육 계획 중에서 댄스가 중요시 된 것은 여성체육지도자의 공이 크다. 전통적인 심미적 댄스는 다만 포즈인 자세를 가르치기 위한 것으로서 진정한 교양으로서의 가치는 적었다. 그러나 현대무용은기본적으로 신체활동을 통해서 이루어지는 정신적, 정서적, 예술적 표현이다. 포크 댄스를 연구함으로서 여학생들은 다른 나라와 다른 시대의 문화에 대한 지식과 이해를 얻을 수 있다. 요컨대 댄스라는 것은 엄밀한 의미로 문화적인 것이다. 문화적이기 때문에 소년이나 일반 남자의 체육계획 중에서도 댄스는 더욱 중요한 위치를 차지해야 된다고 여러 사람들이 생각하게 되었다.

③ 교양 있는 사람은 자기 자신에게나 자기와 교류를 가지는 다른 사람에게나 관용한 이해를 보이는 것이다. 신체 운동에는 그와 같은 이해와 감식을 발달시키는데 좋은 기회가 얼마든지 있다 무릇 게임이라고 할만한 가치 있는 게임이면 그것을 하고 있는 동안 경기 상대, 자기 동료 또는 스스로에 대해서 여러 가지 평가 하지 않으면 안 될 상황이 끊임없이 생긴다. 경기에 참가하고 있는 자가 경기를 통해서 상대의 기술과 능력에 대해서 또는 자기편의 협력에 대하여 정당하게 평가하고 칭찬할 만한 것은 칭찬하고 신뢰하는 것을 배우고 함부로 거절하고 무리하게 생각한다든지 하지 않고 자기 자신이 게임에 얼마나 영향을 미쳤는가를 정당하게 평가하려고 노력한다면 그것은 바로 자기 자신을 더욱 교양 있는 사람으로 만드는 것이다.

④ 진정한 교양을 몸에 지닌 사람은 편견에 의하여 자기의 감정이나 사고가 지배되지는 않는다. 다른 교과에서는 아직 실현되지 않았던 기회를 학교체육은 그 플레이나 스포츠 참여를 통하여 집단이나 인종에 대한 편견을 타파할 수 있는 기회를 가지고 있다. 청소년들은 좋은 지도자 밑에서 건전한 게임과 스포츠에 열중하고 있으면 종교적 신념, 피부의 색깔로 인한 인종 차별 같은 것은 잊어버리게 된다. 그러한 상태에서는 자기편도 상대방도 벌써 다른 민족 다른 신앙에 속하는 사람이 아니고 순수한 동료가 되는 것이다. 다만 순수하게 그에게서 보여지는 인간으로서의 특질과 게임에 참가하여서의 그의 활동에 의해서만 평가를 받게 된다. 그러나 미국 학교의 경운 스포츠 계획은 그러한 편견을 타파하기 보다는 오히려 조장하는 결과를 가져오는 경우가 많았다. 이것은 자기들이 소속한 단체나 팀이 상대의 단체나 팀보다 인간적으로 우월하다는 생각을 기르는데서 온 것이다. 과거의 학교 운동부의 지도자들은 좋지 못한 성질이나 특징을 어떤 민족이나 집단의 탓으로 돌림으로써 이러한 편견을 더욱 심화시켰다는 점에서 그 잘못을 인정하지 않을 수 없다. 물론 앞으로의 학교체육은 이와 같은 편견을 송두리째 없애버리고 개인으로서나 국민으로서나 교양 있는 행동을 하는데 보다 더 유효하게 활용하지 않으면 안 된다.

⑤ 체육은 또한 청년에게 게임, 스포츠 및 그 밖의 체육활동의 역사와 의의 및 그것이 국가 발전에 수행해온 역할에 대해서 가르치므로 교양을 풍부하게 하는데 상당히 유익하다. 예를 들면 영국에서는 스포츠의 정통과 이상이 영국 역사에서 수행한 역할에 관해 어느 정도의 이해를 가지지 않고는 진정하게 교양 있는 사람이라고는 생각할 수 없을 것이다.

지구 위, 도처에 있는 여러 나라들이 지금에 와서는 지구촌, 이웃사람이라는 생각이 확산되어 가고 있다. 그 때문에 우리는 누구나 다른 국민의 플레이 형태, 즉 그들의 게임, 스포츠 및 체육활동들은 그 국민의 이상과 사회적, 경제적 상태를 반영하고 있다. 다른 국민의 스포츠와 플레이 형태 대해서 이해하려고 학교체육에서 조금이라도 노력을 한다면 젊은이들의 교양은 보다 더 넓어질 것이다.

마지막으로 다음과 같은 예일대학 '엔젤' 전(前) 총장의 견해는 대학에 있어서 체육 계획에 또는 거기 참가하는 모든 청소년에게도 범위를 넓혀서 적용할 수 있을 것이다. 청년의 생명에 깃드는 진실로 훌륭하고 아름다운 많은 것들이 그들의 대교경기에서 담겨져 있으며 그 운동경기는 건전한 성격의 완성을 목표로 하고 있으며 비교할 수 없이 많은 가치를 가지고 있다. 그러므로 지각 있는 지도자라면 대학 체육의 앞날에 관하여 깊은 고려를 하지 않을 수 없을 것이다.

근대적 체육의 역사적 배경(미국의 체육)

13장

학교의 체육 교과과정에 예의를 강조하지 않는 스포츠를 넣게 된 것은 미국의 교육계에서는 비교적 근대에 들어와 새롭게 도입 된 사실이다. 19세기 초, 이미 어떤 부류에 속한 학교나 대학에서는 체육을 교육과정에 도입하려는 노력이 여러 번 시도 된 것은 사실이지만 이 분야에서의 본격적인 도입은 남북전쟁 후가 지나서야 볼 수 있었다. 최초의 조직적인 계획은 1850년에서 1860년 사이에 미국의 몇몇 대학에서 행하여 졌다. 공립학교에 있어서 최초의 계획은 그보다 더 늦게 나타났다. 이와 같은 초기의 도입 이래 학교에 있어서의 체육계획의 발전은 교육원리나 생물학의 분야에서의 발전과 보조를 맞춰서 착실하게 이어져 갔다. 그러나 제 1차 세계대전 중은 예외로서 그 기간에는 징병선발령에 의하여 미국의 청년들 사이에 심각한 정도의 보편적 신체 결함이 발견되어 체육 계획의 현저한 발전을 이루었다.

현재는 체육이 미국의 거의 모든 학교 교과과정 안에 중요한 요소로서 들어 있다. 미국 학교에서 조직적인 체육을 확립시키고 체육의 동향에 자극을 주고 또 체육에 관한 이론과 실천의 결정적인 영향력은 사실 인류 수천 년의 역사에서도 볼 수 있는 것이다. 현제 이 순간에도 이 분야에서의 사고와 행동을 형성하는데 강한 영향력이 작용되고 있다. 이장의 목적은 이러한 영향력에 관하여 개설하고 그리고 또 이러한 영향력이 어떻게 미국 체육에 영향을 주었는가를 보는데 있다.

1 기본적 경향의 중요성

체육이라는 것은 인류의 역사와 함께 시작된 것이라고 하여도 큰 잘못은 아니라고 생각한다. 가장 원시적인 인류라도 식량의 확보라든가 그 밖의 여러 가지 자기 보존의 필요성으로 인하여 젊은이들에게 여러 형태의 신체활동을 가르치려고 노력한 것은 의심할 여지가 없다. 궁술은 수렵시대 뿐 아니라 현재에도 이어져와 일반적인 체육계획에 포함 된 활동이지만 몇 천년 전에 최초의 궁술을 누가, 어디에서 지도하였는가는 아무도 추측하려 하지 않는다. 씨름, 석전 등의 유희적인 활동은 확실히 인류의 역사와 함께 내려온 것이다. 구기의 역사적인 유래들은 옛날부터 우리들에게 전해져 내려 왔다. 기구를 이용하는 어떤 기술들은 인류의 진화와 맥을 함께하는 것들도 있다. 이러한 이유에서 근대체육 가운데 어떤 부분들은 우리의 기억 이전에, 태고시대부터 전해온 것이라는 것을 짐작 할 수 있다. 현대의 체육계획 가운데 우리가 하고 있는 활동의 대부분은 인류의 역사와 함께 전해져 온 것이다. 그러나 지금 여기서 밝히려고 하는 것은 미국의 학교 체육계획에 영향을 준 여러 가지 요소들에 관하여 그 자취를 따라 조사해 보는 것이다. 그리고 그것을 하기 위해서는 기원전 5세기의 고대 그리스에까지 소급해야 한다. 그 이유로 고대의 동양문명인 중국, 이집트, 페르시아 등의 역사는 그리스 문명의 황금시대보다 훨씬 전부터 체계적인 신체단련 계획이 존재하였다는 것 알 수는 있지만 체육이라는 분야에서 그와 같은 동향의 체계가 현대의 우리 체육의 이론과 방법에까지 영향을 주었다고는 생각할 수 없기 때문이다.

2 고대 그리스의 영향

그리스의 교육원리나 이념은 그리스인이 청년의 지성, 신체와 정신의 적절한 훈련을 통해 조화적인 발달을 표방했다는 의미로 체육을 중요시함과 동시에 오늘날에도 교육을 인류의 복지와 운명에 결부시켜 탐구하려고 생각하는 사람들의 마음에 아주 큰 영향을 주고 있다.

교육이라는 영역에서 이 후 세대에서 발달 된 사상이나 방법에 대해 영향을 준 그리스의 이론과 실천의 큰 자극의 대부분은 이러한 이론과 실천이 그리스 시대에 꽃 피운 찬란한 문명에 기인하는 것이라고 말하여도 무방할 것이다. 만일 우리가 세계지도를 펴서 과거에 있어서 문명이 최고도로 발달된 지방을 지도 위에 몇 개의 등불을 세워서 본다고 가정하면 그 불 가운데 작기는 하지만 가장 빛나는 등불은 그리스의 아테네라는 작은 도시국가를 나타낼 것이라는 주장이 있다. 기원전 5세기에 겨우 수천인의 자유 시민으로서 구성된 이 작은 도시는 인류 역사상 최고의 위치에 앉을 만한 인물들을 많이 배출했다. 이 시기의 그리스의 미술, 문학, 철학 등의 괄목할 만 한 성과에 대해서 그와 비등할 만한 시대나 국가나 국민이 그 후 과연 있었으나 하는 것은 아직도 의문으로 남는다. 소크라테스, 플라톤, 아리스토텔레스, 피지아스, 이크티누스, 패리크레스, 에스키로스, 스포크레스, 미론 등 그 밖에 수많은 불후의 인물들을 탄생시킨 민족은 당연히 그 교육 이론이나 실천에나 깊은 탐구가 있었으리라고 생각한다. 그것은 당시의 보편적인 교육체계가 그 시대와 같은 수많은 뛰어나 학자들의 출현에 반드시 공헌한 것이 있었으리라고 생각되기 때문이다.

그리스의 교육에 관하여 연구하는 근대의 학자들은 그리스인이 인간의 조화라는 사상에 중점을 두고 있었다는데 특별히 감명을 받았다. 그리스인이야말로 고대에 있어서 그러한 사상에 도달할 수 있었던 유일한 민족인 것 같이 생각된다. 그들은 인간의 신체적인 면, 지적인 면과 정신적인 면을 인식하는 동시에 이 요소들의 상호의존에 관하여 거의 완전하게 인식하고 있었다. 그들은 또한 교육의 원리는 개인의 모든 힘과 능력을 조화적으로 발달시키는 것이라고 주장하였다. 아테네의 소년교육은 음악과 체조로써 성립되어 있었다. 음악이라고 과정에는 음악의 훈련 뿐 만이 아니라 미술과 문학도 포함하고 있었다. 체조는 소년의 훈련에 쓰이는 체육활동의 전 영역을 의미하였다. 이 체육 활동에는 창던지기, 원반던지기, 경주, 도약, 레슬링과 자유로운 놀이 등이 포함되어 있었다. 소년들의 시간은 대략 비슷하게 음악과 체조로 양분되어 있었다. 바로 이 사실은 일주일에 수 시간 정도의 체육과 음악 시간을 배정하고 대부분의 수업 시간을 지적교육에 할 당 하는 오늘날 조화롭지 못하고 지적교육에 무게를 두어온 현대 교육자들의 생각보다는 보다 더 가치 있게 다가오는 것이다.

그리스인들은 체육을 현대의 많은 교육가들과 같이 장시간에 걸친 과도한 강도의 지적, 정신적 노동의 스트레스를 완화시키려는 작용이라거나 또는 교육의 보조수단이라고는 생각하지 않았다. 오히려 그리스인들의 미적 감각에 매우 강렬한 인상을 남긴 인체의 미나 완전함을 더욱 발달시키는 것과 건강과 체력의 단단한 기초를 쌓는 것으로 체육(신체활동)을 통해서 만 가능하다는 것을 분명히 알고 있었다. 그러나 이러한 결과 이상으로 그리스인은 침착, 자신감, 자제와 용기 등의 개성과 성격적 특질을 발달시키는데 체육계획이 아주 큰 가치가 있는 것으로 명확하게 인식하고 있었다. 이 생각은 플라톤이 음악과 체육은 함께 정신의 발달을 위하여 계획된 것이다라고 함으로써 명백하게 되었다. 고대 그리스인들의 마음속에서 체육과 경기가 얼마나 중요한 위치를 차지하고 있었는가는 제우스신을 찬미하기 위하여 올림피아에서 4년마다 개최된 고대 올림픽경기에 의하여 가장 뚜렷하게 나타나 있다. 이 제전경기 기간 중에는 쓸모없는 당파적인 경쟁심과 도시국가들 간의 전투는 모두 중지 되었다. 그리고 그리스 전 국토와 모든 그리스인들은 그들이 공감(共感)하는 열성적 민족이라는 공통된 것에 결부 되어서 하나의 공동체가 되었다. 올림픽경기는 단순하게 서로의 경기력을 자랑하는 것이 아니고 이 우수한 민족의 정신에 진정 민족을 대표할 만한 종교적, 미술적, 문학적 의의를 가지고 있었던 것이다. 그것은 그리스인들에게는 인생은 단순한 생존경쟁의 장면이 아니고 보다 나은 피안(彼岸)세계에 도달하기 위하여 건너지 않으면 안 될 골짜기도 아니며 진실로 빛나는 모험이요 마음껏 생각하고 표현하고 느끼고 일하고 즐긴다는 요컨대 충실한 삶을 완벽하게 살아가는 기회였던 것이다.

현대 문명, 그 중에 교육의 전 부분, 특별히 체육에 관련하여 아주 많은 것이 그리스적인 이상에서 시작된 것인데 당시의 그리스 도시국가라고 하는 아테네에 있어서는 전체 인구 약 2만 가운데서 겨우 2천명, 즉 1할이 자유인, 청년 남자 시민이었다는 것을 기억하지 않으면 안 된다. 이러한 얼마 안 되는 자유 시민과 그 자식들에 대해서만 그리스의 교육이상은 적용되었다. 그러한 자유 시민과 그 가족을 제외하고 그 밖의 인구는 주로 노예로서 그 노예의 노동에 의하여 자유시민은 모든 일상의 일이나 의무를 면할 수 있게 되어 있었다. 우리가 아무리 잘 상상하더라도 아테네가 그 번영의 정점에 있던 무렵 그리스문명의 전체를 그대로 오늘 미국의 사회적, 경제적 정황(情況)에 맞춰서 생각할 수는 없다. 그리스의 교육계획이 중요한 가치를 지닌 것은 명백하지만 그 계획을 그대로 오늘의 우리 민주주의 사회에 이식하려고 해도 그것은 성공하지 못 할 것이다.

근대에는 모든 사람들에 의해서 이루어지던 일들이 그리스의 국가에서는 노예에 의하여 필요한 대부부의 일들이 이루어졌으며 오늘날에 있어서는 기계가 하게 될 것임으로 현재 우리는 그리스의 이상에 조금 가까워지는 상태가 될 수 있다는 것을 유추할 수 있다. 올림픽경기에 관한 한(限), 그 조직이나 관리에 관한 규정은 초기에 아주 엄격한 것이어서 자유 시민 만 이 경기에 참가할 수가 있었다. 그러나 개종자(改宗者)의 문제와 직업적 경기자의 문제들로 차츰 비난의 소리가 일어며 문제들이 심각한 상태가 되므로, 기원 394년에 올림픽경기를 폐지하기에 이르렀다.

3 중세의 좁은 해석

로마제국의 멸망과 그것에 이어 등장 한 중세를 통해서 인간의 삶과 운명에 대한 아주 좁은 생각이 인간의 사상과 습관들을 모두 지배하게 되어 조화로운 발달과 삶의 충실을 기원하던 그리스인들의 이상을 거의 송두리째 말살해 버리고 말았다. 과연 로마의 교육계획에는 많은 체험이 포함되어 있었던 것은 사실이지만 그것들은 대부분 군사 활동의 능률을 올리는데 유효한 훈련들 뿐 이었다. 로마의 마르티우스 광장은 청년시민의 훈련 장소로 쓰였는데, 그 훈련은 군사적인 성격을 띤 것들 이었다. 근대의 체육이 로마인의 덕을 본 것은 극히 미약하다. 로마인들은 개개인의 가치를 인정하지 않고 인간을 다만 국가와 관련시켜서만 존중하는 개인을 국가의 종속물로 인정 하였다. 그러한 생각은 우리가 제 2차 세계대전에서 전쟁을 통하여 나치스나 파시스트 정권에 관련하여 잘 알게 된 정치원리와 상통하는 것이다. 로마인들은 인간의 완전한 발달을 도모하려고 하는 교육원리는 전혀 발전시키지 않았다. 로마인들의 스포츠에 대한 흥미는 주로 관중으로서의 흥미였었다. 직업으로서의 스포츠나 검투기(劒鬪技)가 그들의 인기를 끌었지만 일반인들이 경기에 참가한다는 일은 없었다. 이러한 것들과 관련하여 현대의 미국 생활에 관한 많은 신진 연구자들이 미국인의 프로야구, 프로권투와 그 외의 프로스포츠에 대해 갖는 흥미 가운데 미래의 미국에 대한 나쁜 예측으로서 프로스포츠에 대한 관중적 흥미의 발달을 본다고 기술하고 있는 것은 여기 기록할 가치가 있는 의미 있는 일이다. 이와 같은 비평가들은 학생 스포츠의 상업화 가운데에서도 동일한 좋지 않은 예측이 가능하다. 로마제국의 붕괴는 「암흑시대」, 「중세기(中世紀)」 또는 「중세」라는 이름으로 부르는 무릇 1천년에 대한 시기의 발단을 이끄는 것이었다. 침략적인 게르만족의 우위(優位)에 의하여 특징지어진 이 시대에는 그리스나 로마의 학문은 대부분 자취를 감춰 버리고 정규적인 교육은 등한 시 되었을 뿐 아니라 일반에게까지 관심 받지 못하였다. 물론 이 시기에도 학등(學燈)은 중세의 수도원이나 대학에서 이어받기는 하였지만 근대적인 의미의 조직적인 교육은 당시에 존재하지 않았다. 그러나 이 암흑시대에서부터 근대체육을 거쳐 오늘날에까지 영향을 준 중요한 의미들이 등장 했다. 체육에 좋은 영향을 준 것들 가운데 첫째는 로마제국에 침입한 게르만족(蠻族)의 성격이고 둘째는 스포츠의 발달, 특별히 영국 민족 사이에 있어서의 스포츠 유행이었다. 민족적으로 튜튼계의 침략자는 신체적으로 강건하고 건장하였다. 그리고 그들은 타락한 로마인들에 비교하여 여러 가지 점에 있어서 우수한 성격적 특징을 가지고 있어 로마인의 지배를 뒤엎어 버렸던 것이다. 몇 세기 동안이나 강건하고 건장한 신체로 야외생활에 익숙해진 이 게르만족은 문명세계에 새로운 활력과 새로운 습관과 새로운 생활양식을 가져왔다.

4 미국 체육의 영향

미국에서의 체육은 중세부터 영국에서 스포츠가 발달한 모든 역사적 영향 가운데 가장 좋은 결과의 하나이다. 오늘날 미국 생활문화의 중요한 부분이 되어 있는 스포츠는 거의 대부분 영국에서 전해 진 것이다. 영국에서는 중세부터 궁술, 축구, 테니스 및 그 밖의 많은 스포츠가 시작되었다. 영국인들의 스포츠 애호 풍토는 근대에까지 이어지고 청교도들이 중심이 된 이주민들에 의하여 신대륙으로 전해져 미국의 근대적인 체육계획의 발달에 커다란 공헌을 하였다. 그러나 중세부터 오늘날에까지 체육이라는 것의 참된 의의를 모든 사람들이 이해하고 인식하려는 경우에 항상 대두되어 장애가 되는 두 개의 철학사상이 함께 나타났다. 그것은 스콜라 철학과 금욕주의다.

스콜라철학

스콜라철학이라는 것은 인간의 신체적인 면을 소홀이하고 경우에 따라서는 부정하며 정신적, 지적인 면을 찬미하고 인정하는 입장에 서는 것이라고 생각된다. 중세의 학자들 사이에 일어난 이러한 경향은, 당시 보편적이었던 무지와 야만성에 대한 반동이었을 것이다. 인간 정신 작용에 어떤 고유한 가능성을 찾고자 했던 이러한 학자들은 정신의 발현에 너무나 매력을 느껴 인간의 다른 면에 관하여 진지한 고찰을 할 만 한 것은 아무것도 없다고 생각하였다. 그리고 이와 같은 정신훈련으로는 아무런 가치도 창출할 수 없다는 사실 조차도 스콜라철학자들의 견해에 지적 생활의 중요성을 감소시키는 효과가 없었다.

「바늘 끝에 몇 명의 천사가 춤을 출 수 있을까?」하는 문제는 인류 복지에 보다 의미 있는 문제들과 비교하면 그다지 적절하다거나 또 중요한 문제라고는 생각되지 않는다. 그러나 스콜라철학자들에게 그러한 문제는 일종의 기계체조의 기구와 같은 것으로 그 위에서 그들 학자들은 눈이 어지러울 정도의 재주를 부리고 그로 인하여 당시의 어리석은 일반 민중들을 아래로 내려다 보는듯한 특권적인 위치에 서 있었다.

스콜라학파의 추종자들에게 지적 능력과 추리력은 우월을 나타내는 징표가 되었다. 여러 경우들에서 그것은 신체적인 능력, 신체적인 편안함과 배치되는 우월적인 사고였다. 실제로 스콜라학자들은 그리스의 철학자들과 경쟁한다고 표방하고 있었지만 고대 그리스인의 이상과 얼마나 멀어져 버렸을까?

스콜라철학이 오늘 사회에 까지 커다란 영향력을 미치고 있는데 관해 체육지도자로서는 심사숙고해야 할 중요한 과제이다. 현재의 학자들 가운데도 가끔 정신과 신체는 서로 용납되지 못하는 별개의 것으로 정신생활과 육체

생활을 대립시키려고 하는 경향이 있다. 더구나 그것은 현대과학의 가장 중요한 발견중의 하나인 사실, 즉 생명은 하나의 통합체이며 그러므로 지성과 신체와 정신을 완전히 분리하는 것은 있을 수 없다는 사실을 인정하지 않는 것이다.

오늘날 중세의 스콜라철학자들과 같은 사고를 가진 사람이 학교 교과과정에 체육을 포함 한다 하더라도 그것은 하나의 완화적인 훈련수단으로, 부득이한 악(惡)으로서 인정할 따름이다. 하지만 이러한 생각들은 차츰 사라져 가고 있다. 그러나 이 때문에 체육지도자들은 고대 그리스인과 같은 이상으로 체육을 받아드릴 수 있도록 일반 대중을 대상으로 지속적인 계몽운동을 전개할 필요가 있다.

금욕주의

오늘날까지 체육지도자들을 괴롭히고 있는 중세 영향력의 두 번째는 금욕주의인데 이후에 그것이 변화한 것이 「퓨리터니즘(Puritanism, 16세기 후반 영국교회에 반항하여 일어난 신교도 운동, 청교도 운동)」이다.

일반적으로 금욕주의는 영혼과 육체를 대립시켜 영혼의 고귀함을 위하여 육체의 퇴화를 인정하는 엄격한 자기부정의 사상이다. 금욕주의는 퇴폐기 로마인의 감각적인 욕망에 탐닉하는 태도에 대한 반항으로 중세(기독교시대) 초기에 발달하여 수도사들의 극단적인 자기부정으로 또 수도승의 독거생활 중에 그리고 후기 청교도의 많은 사람들에서 볼 수 있었던 엄격하고 쾌락이 없는 생활로 계속해 이어져 오고 있었다.

중세 금욕주의 이후, 일반적으로 육체적이다 라는 것을 「육체와 악마」라는 표현으로, 유희(놀이)라는 것은 아이들과 같이 싱겁고 해로운 것이라는 생각으로 그리고 행복은 그것만으로 벌써 죄악이라고 하기에 충분한 증거라는 생각들이 대두 되었다. 금욕주의는 환희 가운데 선(善)을 인식하기는 결단코 있을 수 없다고 하고, 자기표현의 자유를 허용할 수 없으며 신체적인 완성에 가치를 찾아낼 수도 없는 것이다. 이와 같은 정신은 오늘날에 있어서도 청소년들에 대한 근대적 스포츠 교육계획에 투입되는 시간과 금전의 지출에 반영되기도 한다. 또한 이러한 사상은 인간성에 관한 진리를 이해하지 못하고 또 잘 맞지 않는 형식에 무리하게 인간을 맞추려고 하는 노력을 지금도 계속하고 있다.

근대철학의 시초

중세 말, 14~15세기 르네상스의 특징이 된 「문예부흥」은 교육에 있어서 근대적인 이론실천 및 원리의 단서가 되었다. 교육자로서 흥미 있는 것은 문예부흥이 고전작가들에 의해서 기술된 것과 같은 교육에 관한 그리스적인 이상과 실천에 사람들의 주의를 끌게 한 사실이다. 교육학자는 근대적인 체육원리의 자취를 15세기 초, 문예부흥기에서 현대에 이르기까지 쉽게 찾아 볼 수가 있다. 르네상스 시대의 교육자들은 중세의 권위주의와 스콜라철학에서 해방되어 신체훈련, 예법과 도덕의 훈련에 우위를 두는 새 교육계획을 제안하였다. 오늘날 우리 시대에 체육이 학교 교육에서 이 정도로까지 받아 드려지고 인정받게 되기까지는 근대의 선구적인 교육자와 현대에 이르기까지 끊임없이 이어온 그 후계자들에게 감사하지 않으면 안 된다. 지금까지 기술해 온 것과 같은 여러 가지 역사적인 영향은 체육전반에 의의 있는 것이라고 생각되어 진다. 지금 부터는 미국의 조직적인 체육발전에 직접적으로 영향을 준 것들에 관하여 설명하고자 한다.

영국의 영향

미국을 건설한 이주민들은 대부분이 영국계이었으므로 스포츠 애호 풍토와 같은 바람직한 정신의 영향도 많았으나 동시에 많은 스콜라철학과 퓨리타니즘의 냄새가 풍기는 교육적인 전통을 미국으로 옮기게 되었다. 대개 그들의 교육관은 체육에 가치 있는 지위를 부여하지 않았다. 건국 초기 미국 몇 몇 고등교육기관의 학생들에게 게임이 금지 되었다는 사실은 흥미 있는 일이다. 게임과 같은 활동들은 연구하는 학문적 분위기에 위엄을 손상시키고 도움이 되지 않는다고 생각하였다. 어떤 면에서 이것은 스포츠를 통해서 맛보게 되는 흥미와 대학에 입학한 목적과는 서로 맞지 않는다고 생각하는 오늘날의 몇 몇 대학교수들의 입장과 같은 것이다. 그러나 미국을 건설한 사람들 중에는 어떤 스콜라 철학으로도, 퓨리타니즘적 통제로도 절대 무너뜨릴 수 없는, 몇 대에 걸쳐 쌓아 온 영국 스포츠의 전통도 동시에 가져 온 것이다.

현재 미국의 체육계획이 발전해 온 것은 무엇보다도 이 영국 스포츠의 전통을 이어 받은 유산에 의한 것이다.

독일의 영향

대부분의 미국 학생들은 어른들의 통제를 받지 않고 놀 수 있었다. 미국에서 학생들의 신체활동을 지도하려고 한 최초의 조직적 노력은 독일 이주민들에 의해서 시작 되었다. 독일은 19세기 초, 구츠무츠와 얀의 지도를 바탕으로 체계적인 체조가 발달해 왔고 그 후, 교육에 있어서 강력한 영향력이 된 체조가 미국에 소개되었으며, 다시 미국의 공립학교와 고등교육기관에 소개된 것은 1848년 경, 시작된 독일인의 신대륙 이주에 의한 것이라고 말 할 수 있다. 칸사스 시티, 신시나타, 센트 루이스, 다벤 포트 및 그 밖의 독일의 영향이 큰 중심지에서는 체조협회가 조직되고 대단한 열의로 체조가 확산되어 나갔다. 독일에서 학교의 교과과정에 체조가 채택 되고 부터 미국 내의 독일인 사회도 그 영향을 받아 금세기가 시작되기 전에 아주 많은 공립학교 조직에 교과과정의 일부로 체조가 도입되게 되었다.

스웨덴의 영향

이와 같은 초기 미국 체조의 발달기에 독일식 체조와 스웨덴식 체조 체계가 충돌하게 되었다. 스웨덴식 체조 체계는 약 100년 전 얀과 같은 시대의 사람인 링에 의하여 시작되어 발전하게 되었는데 그것은 인체 해부학적인 연구에 바탕을 두고 과학적인 논리를 가지고 있는 것이라 생각되었다. 이와 같은 과학적 근거를 가지고 스웨덴식 체조의 옹호자들은 독일식 체조에 도전하여 유럽과 미국에 이르기 까지 이 두 체계의 상대적인 우열에 관하여 수 십년에 걸쳐 논쟁이 계속되었지만 미국의 학교에서는 많은 경우 타협이 이루어 졌다.

1900년대 초, 미국의 학교와 대학의 체육관에서는 보통 이 두 체계의 체조기계 설비를 볼 수 있었다. 독일식의 안마(鞍馬), 평행봉, 수평봉 등과 스웨덴식 늑목, 횡목, 반등(攀登)사다리, 막대기 평균대, 사망(絲網) 등이다. 가벼운 기구인 밴드, 곤봉, 아령 등도 함께 보통 사용되었다. 1890년에서 1915년 무렵까지 미국의 학교 관계자들은 독일식이나 스웨덴식 체조에 대해서 많은 호의를 보이고 있었다. 이 두 체계는 어느 것이나 커다란 훈련적인 가치를 가진 것으로 인정받게 된 것이다. 이들은 많은 설비가 필요치 않고 특별한 훈련도 필요 없으며 매일 몇 분간의 시간만 있으면 충분 했다. 스웨덴식 도수체조는 특히 시간과 비용에 있어서 경제적이었다. 그래서 이 두 체계가 원래 그대로의 형태로는 신뢰받지 못하게 되어서 버린 후에도 여러 학교에서는 의연히 그 영향이 남아있어 체육의 보다 더 합리적이고 발달 된 진보에 방해가 되기도 하였다.

새로운 사고의 발흥

독일식이나 스웨덴식의 체조는 외국인 사이에 미국과는 다른 사회적, 정치적 조건 밑에서 발달하였다. 그것은 귀족주의와 군국주의의 생산물이었다. 우리들의 현대적 사고에 빛춰 보면 이런 체계는 체육을 학습 과정에 포함시키고자 하는 최선의 방법과는 배치되어 있었다. 체조는 지금도 많은 중등학교와 대학의 체육과정 일부에 포함되어 있지만 독일식, 스웨덴식 또는 정말식의 어딘가를 빌려서 지속적으로 미국화한 모양으로 가르치는 경향이 있다. 체조를 채택하는 곳에서도 대부분은 스포츠에 대한 체조의 관계는 마치 피아니스트가 전체의 음악의 곡을 연주하는데 소절(小節)을 연습하는 것과 같다. 어떤 나라에 있어서도 체육은 그 나라 문화에서 파생하는 것인 이상 미국에 있어서 체육 프로그램의 중요한 부분으로서의 체조의 영향이 적어져 가는 것은 부득이 한 일이다. 미국은 아주 민주적이고 경쟁이 센 사회로서 맹종하는 것을 좋아하지 않고 개인의 자주적인 진취기상을 중요시 하는 아라다 땅은 넓고 여러 사람의 교통도 편리하고 많은 사람이 활동적인 옥외 운동의 참가할 수 있음으로 체조의 형식적 방법에는 점점 매력을 느끼지 않데 되었다. 그러나 미국의 모든 학교에 체육을 창설한데 대한 영예는 독일식 및 서전식의 제안자들에게 주지 않으면 안 된다. 오늘날 미국 체육 경향은 스포츠의 스킬의 교수 및 여러 가지 종류의 스포츠 활동에 참가할 수 있는 준비를 한다고 하는 방향을 향하고 있다. 형식적 체조에서 스포츠의 프로그램으로 조금씩 옮아가고 또 많은 요인에 의하여 옮아갔다. 사회학, 생물학 및 심리학에서 얻은 지식은 교육의 모든 면에서 유효하게 쓰인 것과 마찬가지로 우리들이 학습과정 및 성장과 발달을 이해하는데 유용하게 쓰였다. 20세기에 들어 강과 동시에 유희가 교육적 과정의 중요 부분이라는 것이 교육자 및 심리학자들에 의하여 인정되었다. 20세기는 또 예를 들면 도시화라든가 공업화라든가 하는 아이들에서 유희의 기회와 장소를 빼앗는 경향이 있는 생활환경도 나왔다. 여러 가지 문제를 해결하는데 노력하였지마는 그 중의 하나는 운동장의 건설이 광범위하게 되어 진 것이다. 운동장의 할 일은 학교 일에 통합되지 않는 경우가 많아서 학교에서는 체조를 하고 학교 밖의 시간에 스포-나 게임을 하는 사태가 일어났다. 체육은 한 편에서 성인이 된 후의 생활에도 유용하게 쓰이도록 하는 것을 잊고 있어서 젊을 때 이러한 운동의 기술과 재미를 잘 가르쳐서 교묘하게 학생의 학교 밖에 있어서의 신체적 레크레이션을 조금씩 학교계획에 통합하는 방향으로 걸어 왔다.

5 제 1차 세계대전 이후 미국의 체육형성에 미친 중요한 영향

① 제 1차 세계대전 전 공립학교에서 체육을 필수하고 있었던 곳은 2~3의 주(州) 뿐이었다. 미국의 전쟁 참가 준비로 징집된 남자 중에서 불합격자가 많은데 대한 세상의 반응 및 전문가의 노력에 의하여 여러 주는 공립학교에서 체육을 필수과목으로 하는 법률을 공모하였다. 이 법률을 대부분 「건강」을 주성분으로 하였다. 체육이 사람들을 건강하게 할 수

있다고 생각하는 것은 그릇된 것이지마는 그럼에도 불구하고 체육계획에 다른 어떤 방법으로서도 얻지 못하는 자극을 주었다.

② 체육 필수제도의 결과로 여러 주에서는 체육교원의 면허표준을 높였다. 보다 더 넓고 좋은 교원양성의 과정이 대학에 설치되어서 체육교원의 지도력은 질과 양이 함께 착착 형성되었다.

③ 20세기 초두에 일어난 프레이그라운드 운동의 성장은 제 1차 세계대전에서 계속해서 강력화 하였다. 플레이그라운드에 있어서의 「게임」의 프로그램은 용이하게 학교 체육에 들어가서 체육의 목표와 컬리큐람의 내용에 변화를 가져왔다. 유희에 대한 관심이 넓어진 것이 학교에 있어서의 체육계획을 강력화 하는데 크게 유효했다는 것은 의심할 수 없다. 활발한 레크레이션을 위한 지도자와 시설을 만들기 위하여 도시가 한 역할은 1930년의 공황시대에 연방정부의 보조금 지출과 함께 스포츠의 프로그램을 학교체육에 있어서도 학교 밖의 시간에 있어서와 마찬가지로 일반화 하는데 아주 유효하였다.

④ 1918년 교육기본철개원칙의 선언 - 그 하나에 「여가의 활용」이 있다 - 에 이어 체육은 차츰 활발하게 이 목표달성을 위하여 가능한 공헌을 하게 되었다. 여가의 활용이라는 것은 반(半)공공의 또는 사설의 많은 청년조직 목표 중에서도 중요한 항목이었으므로 이 연간에 있어서의 모든 진보를 직접 학교의 체육 직원에만 돌 릴 수는 없다. 학교 밖의 여러 기관에 설정된 지도가 전체의 프로그램에 자극을 주었다. 보이스카우트, 걸스카우트 Y,M,C,A 및 Y,W,C,A, 등 모든 종파의 교회단체는 활발한 레크레이션 프로그램의 지도와 시설을 준비했다. 다른 모든 기관은 스포츠를 강조하여 스포츠를 불량화의 방지와 관리에 사용했다. 미국 적

십자사가 수영과 수상안전(水上安全)을 강조하여 세상 사람들로 하여금 과연 이것은 학교에서 가르칠 필요가 있다고 생각하게 한 공적도 기술해 두지 않으면 안 된다.

⑤ 체육이 지닌 사회학적 의미의 구체화와 함께 모든 단계의 학교에서 남녀 함께 신체활동을 하는 것이 발달되어 왔다. 남녀공학의 하나의 모습이고 또 최초의 특수한 주목을 끄은 것은 중학교에서부터 교과과정에 짜져여 있지는 않지마는 학교 행사의 중요한 부분으로 인정되고 있다. 남자도 여자도 사교댄스를 할 기회를 찾고 있다. 교육자로서는 건전한 환경을 만들어서 학도들의 필요와 흥미를 충족시켜 줄 책임이 있다.

⑥ 과거 반세기 특히 제 1차 세계대전 이후 여성의 권리와 특전에 관한 국민의 사고(思考)에 결정적인 변화가 일어나고 거기 따라서 신체활동에 적합한 복장 및 신체활동 그 자체에 관한 생각에 변화를 가져왔다. 예를 들면 1900년의 초두와 현재의 체육에 있어서의 여성의 복장과 활동을 비교해 보자 이 기간의 특별히 중요한 발달은 여성에 대한 활동에 볼 수 있다. 댄스는 판에 박힌 운동에서부터 활동과 음악의 결합에 의하여 이상적인 자기표현의 수단을 제공하는 자유롭고 자연스러운 운동으로 변하였다.

⑦ 학교생활 중의 교육적인 원동력으로 경쟁적인 스포츠가 발달한 것은 내용에 상당한 영향을 미치게 하였다. 오늘날의 체육 프로그램은 특히 남학생을 위해서는 경쟁의 기회가 있는 단체 및 개인 스포츠를 많이 포함하고 있다. 체육관과 푸-ㄹ 설계와 건설은 이 운동이 학급의 지도와 교내 경기 및 대교경기의 프로그램에 편입됨으로서 직접 영향을 받았다. 신체검사와 감독을 포함한 안전처치가 개선되고 시설과 용구가 광

범이 하게 고쳐지고 장해를 제거하기 위하여 끊임없이 주의하고 동시에 규칙이 적당하게 변경되어서 모든 것이 체육계획의 성공에 유효하였다.

⑧ 과거 4반세기의 연구가 체육의 발달에 중대한 공헌을 하였는데 그 결과 원리 교과과정 및 방법에 진보적인 변화가 일어났다. 상당한 수효의 생리학적 및 심리학적 연구가 성취되었으며 거기에 따라 인간의 기구(機構)의 효율(效率) 및 비상시에 있어서의 인간의 반응에 관한 이해를 증대시켰다. 신체운동의 학습에 포함되는 많은 문제는 조사되고 과학적 연구 방법을 써서 역사 원리 교수법 관리의 실시 및 교과과정의 내용에 관한 지식의 저장을 많이 붓게 하였다. 대학에서 학위를 얻기 위한 공부가 정해진 것이 체육의 모든 면을 강화하는 전문가들의 태도를 보이고 있다 하나의 중요한 전문적 공헌은 전미협회(全美協會)가 「보건, 체육. 레크리에이션의 연구 방법」을 발행한 것이다. 이 저작은 전 미보건체육 레크레이션협회의 연구과와 연구 위원회의 알선으로 되었으며 저서의 각 제목을 쓴 40명 이상의 사람들의 공동작업의 결과를 발표하고 있다. 이 작은 체육회에 있어서의 연구적 노력을 특징지우는 일의 범위를 보이고 있다.

6 미국 문화 가운데의 체육

20세기에 있어서 미국의 전 스포츠생활에 관해서 조사할 때에는 전체 장면 중에서 학교가 수행한 역할에 대해서 특히 주의할 필요가 있다. 미국 사람이라는 것은 전통적으로 교육에 신뢰를 두고 있다. 그런 만큼 전쟁에 버금하여 미국인이 하는 최대「사업」은 교육이다. 이번 세기의 초두 심리학이 더 알기 쉬운 길이라는 것이 차츰 승인되고「전인으로서」의 아이라는 개념의 자각에서 차침(체육을) 학교 - 현대 미국 체육은 학교에서 나오고 있다 - 에 채용하는 길이 열렸다. 건전한 여가의 추구 및 기능과 기술을 발달시키는 것이 중요하다는 자각의 증대가 전통적인 교육방식 뿐 아니라 학교의 구조와 건축의 외형 및 학교의 주위에 혁명적 영향을 주었다. 그것은 국가의 모든 부분의 법률 또는 입법의 형태에까지 파고 들어갔다.「체육」이라는 말 또는 그 전에 쓰인 몇 개의 말은 과거에 있었고 지금도 있으며 더구나 학교에서 활발한 근육활동을 통하여 또는 근육활동의 수단에 의하여 수행되는 교육의 전체 계획의 특수한 면을 나타내는데 쓰여 왔다. 몇 백만이라는 사람들이 이와 같은 활발한 신체활동을 하고 그것을 신체교육으로서가 아니라 한 층 더 적절하게 말하면 신체적 레크레이션 - 여가에 하는 즐거운 활동이라 생각하고 있다. 지금까지 연구해서 또는 세심히 기록된 관찰에서 이「신체적 레크레이션」은 현대 미국 문화의 아주 명확한 한 요소이고 전체로의 문화에 상당한 영향을 주는 것임은 명료하다. 그리고 이 요소와 다른 문화적 요소 사이에는 상호작용이 있다 이런 사실이 진실인 이상 관심이 있는 학생은 문화의 이 요소가 어떻게 하여 미국에서 일어났던가? 또 어떤 변화가 생겼으며 그리고 그 근저에 있는 원인이 무엇인가를 결정하는데 마음 쓰지 않으면 안 된다. 우리는 이 문화요소를 학교 안과 학교 밖으로 나눠보아도 좋다. 그러나 그것은 얽히고 서로 관련되어 있으므로 다른 면을 무시하고 한 면만을 배우는 것은 전체를 곡해하는 것이 된다. 전문적 문헌은 역사의 여러 시대에 있어서의 거의 불안전한 모습을 그리고 있다. 사회 가운데서 작용하고 있는 사회적 현상이 잊혀지고 등한시 되고 있다. 반일 우리가 진정한 모습을 보려고 하면 다른 문화의 모든 요소에서 「신체적 레크리에이션」을 분리시킬 수는 없다. 활발한 종류의 유희활동은 세계 어느 곳에서 펴져있으므로 세계의 문명과 관련시켜 생각하는 것이 좋다. 그러나 전체적 문제의 제일보는 20세기 초두 이래 미국문화 중에서 유희활동에 기울인 힘의 넣는 법의 변화와 유희활동을 한 자취를 더듬는데 제한해도 좋다. 이 시기는 오늘날의 사고방식과 행동을 형성하는데 최대의 영향이 있었다. 그리고 이 시기에 미국문화가 다른 나라 문화와 얼마간 다른 방법으로 발달한 것 및 신체훈련과 체육의 관하여 언제까지나 구라파식을 계속해서 수입할 수는 없다는 것을 깨달았다. 미국은 지금까지 외국 땅에서 가지고 온 여러 가지 사고며 이상의 도가니였었다. 이 나라에 이주하여 그 민주주의의 부분이 되려고 한 몇 백만 명이라는 사람이 가져온 다른 문화의 모양은 이 아메리카에 통합되었다. 어느 것이 좋고 어느 것이 나쁘다고는 아무도 말하지 않는다. 활발한 신체활동을 취급하지 않으면 안 되며 그것을 주장해 온 문화의 그 부분은 특별한 흥미가 있는 하나이다. 「체육」 또는 차라리 활발한 유희활동에 특징을 가진 교육의 도구의 역사는 학교 안에 있든 학교 밖에 있는 한 하람 한 사람의 리-더-의 전기(傳記)로서가 아니고 또 그 「큰 목적」을 촉진하기 위하여 일한 여러 가지 기관에 관한 기술도 아니고 차라리 그 사회의 형태와 밀접한 관계가 있는 살아있어서 호흡을 하고 있는 것으로써 쓰여 진 것이 좋다. 개인과 기관의 이름이나 시대나 기여는 그 특정한 시대의 사람들의 생활과 밀접한 관계를 가지고 있지 않으면 거의 의미가 없다. 플레이 그라운드협회 (1906년에 창설되었다)에 관한 죠세프 · 리-의 업적은 그 시대에 이 대민주주의국에서 무엇이 진행되고 있었나 하는 것이 알려지고 이해되었을 때에는 보다 더 의의를 가진다. 정말 알려질 필요가 있는 것은 다음과 같은 의문에 관련되는 것이다. 「왜 이 특정한 시대에 플레이 그라운드운동이 일어나게 되었는가?」「왜 인민들이 어떤 요구를 하였으며 그것이 대통령 테디이·루즈벨트와 같이 선견지명(先見之明)이 있는 사람에게 몇 백만이라는 아메리카인의 생명에 영향을 주는 운명을 가진 이 운동에 관심을 가지게 하였는가?」「왜 지도자들이 남녀의 여가활동에 관하여 진지하게 생각하는 것이 중요하였는가?」 이러한 것 및 그 밖의 많은 의문에 대한 대답은 체육학생이 이해해야 항 중요한 일이다. 체육사의 공부는 전체로서의 문화라는 견지에서 연구하면 유리하게 할 수 있다. 아메리카 사회에는 여러 가지 주요한 사회현상이 나타나 있어서 그것이 사람들의 레크레이션생활 양 질 자세 및 기능에 영향을 주고 있다. 만일 체육전문가들이 학교라는 곳에서 기대되고 또 기대되어야 할 일을 한다면 그 영향을 학교 밖에도 세게 느껴진다. 학교라는 것을 이용하여 생활교육을 하는 것은 우리에 있어서는 아주 중요한 일이다. 교사들이 학생에게 학교 밖의 시간에 무엇을 하고 있는가 남녀노소가 어떤 일에 관심을 가지고 있는가 그들의 요구와 그 요구를 충족시킬 수 있다고 생각되는 활동이 무엇인가 하는데 상관없이 기계적으로 조직된 교과과정을 제공해두면 실생활은 어떻게 되리라고 생각하고 있다면 그것은 어리석은 일이다. 예를 들면 고등학교 영어교사는 학생의 독서에 대한 흥미를 몸에 붙여서 그것을 유지하도록 학생에게 그런 동기를 마련해 주고 문예작품에 흥미를 가지도록 하지 않으면 안 된다. 이러한 것에 실패하는 한 영어교사의 일은 전체적으로 성공했다고는 볼 수 없다. 결국 학교라는데에서 실시되는 체육은 학교에서 하는 독서학습이 문예문화에 관련되는 것과 같은 관계를 사람들의 전스포츠생활에 대해서도 가지고 있다.

14장 체육의 과학적 기초

과학적으로 연구하고 조사 한다는 탐구적 정신은 현대 가장 중요한 특징의 하나이며 이러한 탐구적 태도가 확산된 결과 현대 생활의 거의 모든 면을 개혁하였다. 교육상의 이론과 실천도 이 점에 있어서 예외는 아니었다. 청년의 훈련에 관하여 가장 신뢰 되었던 관례도 근대과학의 엄격한 음비를 받은 결과 그 대다수는 부적당 하든지 또한 잘못이라는 낙인이 찍히게 되었다. 그리고 더욱 합리적이고 더욱 인간의 본성과 조화된다고 생각되는 새로운 교육의 이론과 실천이 근대과학의 비판적 연구에서 발전해 왔다. 불행하게도 체육은 과거의 과학적 진보라는 점에서는 일반교육보다 얼마간 뒤떨어져 있었다. 아마 그 이유는 체육이라는 것은 지성 또는 사회적인 관심과는 관계없이 인간의 육체적인 면만을 취급하는 것이라고 정통적으로 생각되어 오는 것에 기인할 것이다. 그러나 어떤 종류의 교육도 인간의 모든 부면과 접촉을 가진다는 사실을 근대과학이 차츰 강조하게 됨에 따라 체육지도자가 자기 직업은 모든 새로운 과학적 지식을 받아 드리고 그 지식을 자기들이 종사하고 있는 일에 될 수 있는 데로 널리 응용하지 않으면 안 된다는 것을 알게 되었다. 이번 장의 목적은 현대의 몇 가지 비교적 중요한 과학적 진보 및 그것이 체육에 대해서 가지는 의의를 간단하게 기술하는데 있다. 현대의 체육의 과학적 기초는 주로 사회학 심리학 및 생물학의 여러 분야, 예를 들면 생리학 해부학 성장과 발달 유전학과 진화론 등의 가운데서 발견된다. 이전에는 체육의 과학적 기초는 오로지 생리학과 해부학에만 찾을 수 있다고 생각하고 있었다. 현재에는 체육계획에 있어서의 사회학적 및 심리학적 요소도 마찬가지로 중요하다는 것이 알려져 있다. 그리고 또 중요한 것으로서 생리학과 해부학의 분야에 있어서조차도 인체기구의 성질이며 기능에 관하여 새로운 지식을 얻기 때문에 체육의 이론이 혁신되었다는 것을 지적해 두고 싶다. 이러한 변천하고 있는 과학적인 개념을 완전히 설명하는 것은 짧은 스페이스에서는 불가능하지마는 그 중에서 비교적 적절하고 중요한 몇 가지를 음미해 보겠다.

1 사회학

이번 세기에 들어서서부터 아메리카에서는 헤아릴 수 없을 만치 많이 사회학의 연구조사 및 실험을 해 왔지마는 그 대부분은 사회 문제의 보다 나은 이해와 사회의 복리증진을 목적으로 하고 있었다. 이러한 연구와 실험을 통해서 밝혀진 가장 중요한 사실은 민주주의에서는 넓은 의미에서 교육이 이러한 사회문제에 영향을 줄 수 있는 유일한 것으로 가장 유효한 영향력을 만들어 낸다는 것이다. 다음 몇 가지 예가 이 결론을 증자할 것이다.

건강문제

국민의 건강문제는 어떤 사람들이 생각하듯이 사회화된 의학이나 무료진료소로서는 해결하지 못할 것이다. 그것은 의학과 진료소가 필요해지기 전에 이미 건강을 유지하기 위한 싸움이 적어도 부분적으로는 패전으로 끝났기 때문이다. 의과, 치과 및 병원의 시설은 모든 사람이 이용하지 않으면 안 되는 것이며 결국은 건강을 유지하기 위한 전투에 이기기 위해서는 건전하고 건강적인 습관 태도 및 지식을 줌으로서 사람들에게 건강을 획득하고 유지하는 방법을 가르치지 않으면 안 된다. 그러한 인식이 높아진 것은 도처에 있는 공공의 보건시설이 공중의 건강교육에 힘을 넣게 되었는 것으로써 알 수 있을 것이다.

사회보장

경제적인 보증을 의미하는 광범위한 「사회보장」의 이상은 다만 법률을 제정하는 것이나 수입을 증가하는 것이나 공비(公費)를 지출하는 것으로는 결코 달성할 수도 보유할 수도 없다. 그 이유는 민주주의에 있어서는 개인 개인이 자기의 수입을 낭비하거나 자기 가족을 소홀히 하거나 자기의 경제적 실력을 파괴하는 것 같은 생활을 하고 있을 경우 그것을 방지하기 위하여 권한을 행사할 수 없기 때문이다. 범죄 법률에 의한 강제적인 집행기관만으로는 범죄나 부량행위에 적당하게 대처할 수 없다. 왜 그런가 하면 죄인이나 부량청년은 일반적으로는 그 사람이 받은 사회교육의 산물인데 그 사람을 효과적으로 재교육하는 것은 일반적으로는 그를 감금하고 있는 형벌기관의 능력을 넘고 있기 때문이다.

편견

사악한 집단적 편견과 반항신은 그것을 단죄함으로서 그것을 근절할 수는 없지마는 많은 자칭 유식자는 이 사실을 좀처럼 모른다. 이런 편견이 그릇된 것이고 또 해로운 것이라는 것을 가르침으로서도 그것을 제거할 수는 없다 그와 같은 편견과 반항심은 개개인이 동정 관용 이해의 태도를 발달시킴으로서만 제거할 수 있다.

잔인

냉혹한 것과 정말 잔인한 것은 사회적 책임이라는 감각을 발달시키는 교육을 통해서만 없앨 수 있다.

오락

해롭고 저속한 오락의 유행은 그것을 나쁜 것이라고 단정함으로써 쇠하게 할 수는 없지마는 건전하고 유익한 오락과 레크리에이션의 즐거움을 사람들에게 가르침으로써 쇠하게 할 수 있다.

교육의 기능

미국에 있어서의 사회적인 모든 조건을 개선하는 교육의 일반적인 역할은 요약하면 사회의 개선은 결국 사회를 구성하는 개인의 신체적, 정신적 및 사회적인 자질의 개선에 의하는 것이라는 데는 재론할 여지가 없다. 법률이나 규칙이나 공비의 지출은 그 자체로는 직접적으로는 그다지 사람들을 변화시키는 것은 아니다. 교육만이 넓은 의미로 사람을 변하게 하고 그에 의하여 효과적이고 또 영구적인 사회의 개선으로 이끌 수 있다. 사회의 진보와 관련하여 교육이 최고의 중요성을 가진 것을 인식하게 된 결과 근년 학교에 있어서의 사회교육의 필요성이 차츰 실현화 되고 거기 따라서 교과과정과 방법이 근본적으로 변혁되었다. 직업적 훈련 가정경제 안전교육 학교가 후원하는 클럽 및 스포츠와 경기의 계획은 학교에 있어서의 사회의식의 두서너 가지의 증거다. 아이들의 집단이 「렛슨을 받고 있다」는 것 보다는 공동사업에 관하여 교실에서 함께 작업하고 있는 것이 학문적으로나 사회적으로나 중요한 현대교육의 특색이다 적당한 지도자 밑에 있는 학교의 축구팀은 신체적인 발달의 수단으로서 보다는 사회교육을 위한 연구실로서 더 많은 중요성을 가지고 있다.

학교의 한계

불행하게도 사회교육의 대행자로서의 학교는 어떤 근본적인 제한 때문에 아주 불리하다는 것을 안다. 첫째, 학교는 사회교육이 그 이전에 아주 많이 진행시켜야 했을 5~6세까지의 아이들을 그 지도 밑에 두지 않았다. 또 학교는 아이들을 날마다 몇 시간 밖에 그 통제아래 두어 두지 않는데다가 수개월 동안 계속되는 휴가 중에는 그 통제력을 전연 잃어버린다. 학교 밖의 시간 중 아이는 가족과 소속해 있는 다른 집단의 강한 영향을 받고 있는데 그 영향은 가끔 학교의 영향과 명확하게 대립되어 있는 것을 알 수 있다. 둘째, 사회적인 기관으로서의 학교는 개인의 권리나 자유라는 민주적 이상에 의하여 그 실행이 한정된다. 개인이 국가에 속하는 재산으로서만 평가되어 있는 전체주의국가에서는 관리당국자가 국가의 복지에 공헌하는데 제일 편리하다고 생각하는 시민의 틀에 각 개인을 끼우는 것 같은 교육의 계획을 규정해 두고 그 계획을 효과적으로 실행하는 것은 비교적 간단한 일이다. 그러나 정치에 관한 철학을 이해하면 명백한 일이지마는 교육에 있어서도 또 다른 어떤 경우에 있어서도 권력에 추종하는 것은 좋은 민주주의 사회의 질서를 쌓는 건전한 토대는 되지 않는다. 그것은 시민을 어떤 틀에 박으려고 하는 시도는 모두 진정한 민주주의의 기본적 원리를 거부하는 것인 이상. 당연한 것이다 그 결과는 학교는 두 가지의 약간 서로 용납되지 않는 책무에 당면하게 된다 하나는 (a) 각 개인이 개성을 가진 인간으로서 발전할 수 있는 최고의 단계에 도달하는 것을 도우는 것이고 다른 하나는 (b) 각 개인이 자기 단련을 배우고 민주사회의 존속에 절대로 필요한 협력의 정신을 획득하는 것이다.

체육의 기여

이러한 제한과 불리한 조건에도 불구하고 일반적으로 인정되어 있는 설은 가정생활과 지역사회의 생활이 붕괴하여 그 고유한 사회가치가 상실되어 감에 따라 다시 또 도회화의 현저한 진행과 오늘날의 공업화된 시대의 놀랄만한 발전을 고려할 때 학교가 사회악의 교정에는 가장 효과 있는 교육을 실시할 수 있다는 것이다. 체계화된 교육은 사회문제와 관련되는데서 빠져나갈 수 없으며 체육은 학교의 다른 활동이나 일과 협력하여 그 의도를 도우는 데는 아주 편리한 입장에 있다. 사회개선에 공헌하기 위하여 체육이 가진 기회중에서 다음의 것은 중요하다. 체육은 직접 국민의 부(富)와 수입의 불평등한 분배를 바꿀 수는 없지마는 각 개인의 기능력이나 활력의 개선을 도우기도 하고 더 좋은 개성의 발전과 적응성을 촉진하기도 하며 자존심을 향상시키고 청결 운동, 좋은 영양, 기타 건장적인 생활의 습관을 가지게 됨으로서 개인 개인이 경제적 성공을 얻을 기회를 많이 할 수는 있을 것이다. 체육은 수입이 적은 사람들의 한 사람 한 사람을 도와서 적은 돈으로 건전한 레크리에이션이며 오락을 즐기게 함으로써「보다 높은 생활수준」에 도달시킬 수 있고 또 실제로 하고 있다.「즐거운 때」라는 것은 돈이 드는 쇼 나 나이트클럽이나 또는 연회에 출석하는 것이 모든 계급 사람들 사이에 유도되어 있지마는 그것은 가장 슬퍼할 현대 사회현상의 하나이다. 체육이 전력을 기울여서 싸우지 않으면 안 될 것은 불합리한 파괴적 사상이다. 거기 관련하여 근년에 생긴 하나의 희망 많은 사회적인 증조는 잘 조직된 지역사회에 레크리에이션 계획이 발달된 것과 산업계가 고용자를 위한 조직화된 레크리에이션에 관심을 가지게 된 것이다. 모든 체육지도자는 그 발달에 관심을 가지고 또 힘을 빌려 주지 않으면 안 된다. 장차 우리는 체육지도자들과는 별도로 레크리에이션의 지도자를 양성하기 위한 많은 계획을 세우는 일이 있겠지마는 레크리에이션의 활동은 체육 분야에 있어서 항상 큰 역할을 수행할 것이므로 모든 체육지도자는 레크리에이션의 지도력을 몸에 지녀야 할 것이다. 범죄 불량화 및 일반적으로 사회적 행동에 관하여 결국 우리가 이해한 것은 사람들이 그런 행동을 취하는 주된 이유는 그들이 사회적으로 더욱 좋은 방법으로 행동하는 것을 배우는데 좋은 기회를 가지지 않았다는 것이었다. 또 우리는 보통 개인의 기본적 사회적 훈련의 대부분은 유년 시대의 유희활동을 통해서 얻은 것인 것을 알고 있다. 그런 활동은 아이들에 대해서 거의 끊임없이 사회적으로 의의 있는 상황 - 거기 대해서 그가 반응하지 않으면 안 될 사태에 둔다. 그리고 그렇게 반응함으로써 사회적으로 중요한 태도 및 행동의 방법을 배운다. 여기 관련해서 우리는 아이들의 유희생활은 만일 방임된다면 해롭고 부도덕한 활동에 타락하기 쉽고 가끔 불량화나 적극적인 범죄에까지 이를 수 있는 것이고 또 실제에 되어 있는 것을 배워왔다. 이 지식에서 청년을 위한 조직화된 여러 레크리에이션활동에는 좋은 성인의 지도가 필요하다는 세상이 다 아는 인식이 생긴다. 그것은 도회 생활에 강하게 만연되어 있는 「갱」을 경기 팀이나 리그나 그 밖의 레크레이션의 조직으로 대치함으로써 그런 것을 없앨 필요를 보이고 있다. 경찰당국이 경기 팀이나 르-그의 후원을 하고 있는 것과 보호시설이 부량소년을 위하여 이런 활동을 중요한 것으로 생각하고 있는 것은 부량화의 방지와 그들을 다시 사회로 되돌아오게 하는 수단으로 당국이 스포츠나 경기를 얼마나 높이 평가하고 있는가를 보이는 것이다.

건강

국민의 건강문제의 적당한 해결에는 학교도 포함시킨 많은 기관의 불요한 노력과 협력이 필요할 것이다. 건강교육을 실시하는 것은 가장 유효한 하나의 행위이며 학교는 그와 같은 교육의 중요한 중추가 되지 않으면 안 된다. 현대의 학교에서는 적당한 기회가 있을 때마다 언제든지 또 어디서든지 건강교육을 실시하지 않으면 안 된다. 체육은 건강의 습관과 건강의 태도와 건강의 지식을 그 활동계획과 관련시켜서 가르치는데 특별히 편리한 지위에 있다.

이상의 소론을 요약하면

① 넓은 의미에서 교육은 민주주의에 있어서의 사회복지 증진에 대한 가장 중요한 일이다.

② 학교는 사회교육에 대해서 큰 책임을 지지 않으면 안 된다.

③ 체육은 학교 전채의 노력에 대하여 큰 기여를 해야 할 아주 편리 지위에 있다.

④ 교육은 그 목적에 대해서 충분한 기여를 할여면 사회적으로 의의 있고 개인에게 집단의 일원으로서 행동하는 기회를 주는 유희활동을 될 수 있는 대로 많이 계획 속에 싸 넣는 것이 좋다. 그리고 집단 활동에 있어

서의 사회성의 학습에는 좋은 경우에도 나쁜 경우에도 있을 수 있다는 것을 생각하여 숙련된 총명한 지도자를 배치하고 그로써 더욱 좋은 사회질서에 유효한 자질과 특성의 발전을 보증하는 것이 좋다.

2 심리학

교수나 학습에 응용되는 심리학의 분야에는 이번 세기에 들어서서부터 근본적 성격의 변화가 요였다. 이 변화는 원래가 심리학자 아닌 교육학의 학도 사이에 혼란을 일으키기 쉬었다. 그것은 자기의 교수법의 지침이 될 만한 심리학적 원리의 하나의 체계를 세우면 곧 심리학의 어떤 다른 새 진보에 적용시켜서 그 교수법을 변경하지 않으면 안 되기 때문이었다. 우리의 방법을 거의 완전에 가깝다고 생각되기까지에 「연합」심리학 내지는 행동심리학에 적응시켰는가 하면 곧 「인간」의 학습에 관하여 근본적으로 가른 학설을 가진 게슈타르트 심리학, 즉 유기적 심리학이 나타난다. 더구나 그런 새로운 학설은 중요한 의의를 가진 실험으로써 증명된 것인 관계상 향학심이 풍부한 교육자는 교육에 큰 성공을 가져오는 가망이 있는 어떤 생각이든지 자기 일에 이용하려고 하면 주도한 용의를 가지지 않으면 안 되는 것이다. 이와 같은 심리학외의 계속적인 변화 때문에 많은 실제적인 사람들은 모든 과제가 싫어져서 내던져 버렸다. 그러나 모든 심리학자 중에서 체육의 좋은 실행에 유용할 만한 요소를 찾아내어 그것을 학습자가 보다 빠르게 효과적으로 배우는데 유효하게 쓰도록 하는 것이 더욱 합리적인 태도라고 할 수 있다. 현대 심리학의 중래한 착종(錯綜)은 체육 분야에 있어서의 지도자아 학습과정에 영향을 주는 것이므로 거기 관하여 여기서 간단하게 그리고 편견 없이 지적해 보자 과학자가 뇌의 작용 근육의 수축 또는 신경선유의 자극의 전달 등 문제에 완전한 해답을 얻지 못하는 이상 여러 심리학설은 당연히 가설로 보지 않으면 안된다는 것을 미리 연구자에게 주의해 두는 것이 좋을 듯하다. 「연합」심리학과 스킬의 습득 과거에 있어서는 복잡한 근육활동의 고수 및 학습에 관한 학설은 주로 「연합」 심리학과 「학습의 법칙」에 의거하고 있었다. 이런 학설의 창조자들이 주장하는 것은 우리는 연습에 의하여 신경계통 중에 적당한 통로와 결합을 만들고 거기에 의하여 신경계의 자극이 틀림없이 이 특정한 통로를 거쳐서 적당한 근육을 자극하게 되었을 때 또는 신경계통을 신경자극의 타이밍과 강도를 완전히 통어하도록 훈련하였을 때 협응(協應) 작용이 완성된다는 것이다. 그들은 숙련의 습득은 최초에는 시행착오(試行錯誤)의 과정이라고 논하고 있다. 훈련의 초기에 있어서의 많은 다소 협응하지 않는 근육운동 중에서 성공하고 또 만족을 줄만한 것을 보존하고 다시 계속하여 훈련하는 동시에 성공할 것 같잖은 요소의 실행을 포기하고 다른 것을 시도 하려고 하는 것이다. 이 형성의 과정에서 우리는 드디어 우연히 적당한 결합을 발견하고 또 신경의 자극의 강도와 방향을 조정하는 것을 알고 그 결과 가장 유효한 행동을 완성하는 것이 된다. 이와 같은 방법에 의하여 만족을 얻으면 우리는 다시 그것을 반복하려고 한다. 스킬과 협응 동작을 습득하는 과정에 남아있는 것은 이 전 과정을 완전히 신경 속에 스며들게 하여 지나친 연습- 이짜임이 아주 자동적으로 되게까지 틀림없는 올바른 반응의 방법을 반복 연습하는 것이다. 이 과정에 의하여 우수한 골프 선수는 골프의 스윙에 포함되는 근육의 운동을 적당하게 통어할 수 있도록 자기의 신경조직을 훈련하고 그에 의하여 못을 만드는 기계가 한 개의 정확한 10페니-의 못(역주01000개로써 10

파운드의 무개가 되는 못)을 만드는 것과 같은 정확성을 가지고 18번 그린에까지 정확하게 볼을 쳐 보낼 수 있다고 생각되고 있다. 오랫동안 이 협응 동작에 관한 학설은 거의 모든 교육자에도 심리학자에도 고집 되었다. 단순한 실지의 심리학자에 불과한 골프 클럽 제조업자까지도 이 학설을 인정하고 여러 거리에 따라서 쓴 모두 적당하게 어울리는 많은 종류의 골프의 클럽을 만들고 그에 의하여 골프 선수 어떤 숏트를 하는데도 같은 타법(打法)을 쓸 수 있고 이와 같이 하여 골퍼가 핸디를 적게 하기 위하여 배우지 않으면 안 될 여러 가지 협응 동작의 수를 아주 경감하였다. 이런 학설에 의하여 서는 기초를 이루는 학습의 법칙도 마찬가지로 학습의 모든 분야에 있어서의 실천을 지배하고 있다. 행동심리학「연합」심리학 보다 약간 늦게 발달한 행동 심리학 또는 조건부 심리학은 학습과정 중에 어떻게 마음이 작용하고 무엇이 신경계 속에 나아가 있는지를 이론화하는 것을 아주 단념하고 있다. 진정한 과학체계로서의 행동심리학의 주요한 특징은 실험에서 결론을 끄집어 내고 그리고 그 결론이 다른 과학자에 의해서 점증될 수 있다는 사실에 있다. 그 가장 중요한 결론은 학습이라는 것은「조전부」의 과정이라는 것이 되는데 그 의미는 어떤 특정한 행동의 양식을 특별한 자극과 결합한 결과로 사람들은 그 양식으로 행동하는 것을 학습한다는 것이다. 게슈타르트학설, 즉 유기심리학자는 이러한 학설을 완전히 포기해버렸다. 그들의 학설에 의하면 학습이라는 것은 결코 시행착오의 과정은 아니다 보통 의미의 연습은 처치의 속에는 들어가지 않는다. 신경조직 중에는 연습에 의하여 만들려진 결합이나 경로는 존재하지 않으며 스킬이라는 것은 결코 자동적인 것은 아니다. 한 편 어떤 사태에 대한 제일 불 협응한 반응이라도 뒤죽박죽인 또는 시행적인 행동은 아니다. 그 행동은 분화되어 있지 않은지 모르지마는 전체적으로 포촉 되어「최단로(最短

路)」 소위 「최소 활동의 법칙」에 의해서 목적을 달성하려도 시도하는 (예를 들면 18번 그린에서의 정확한 타구)하나의 정비로서의 전체적 인간의 노력을 보이는 것으로 된다. 우리는 정확하게 같은 방법으로 한 가지 행위를 두 번 되풀이 할 수는 없으므로 정말로 「반복연습」한다는 것은 절대로 있을 수 없다. 만일 우리가 그 행동을 실제에 반복 연습 했다고 하면 언제든지 그것과 같은 불완전함으로써 반복하고 있는 것이 되므로 결코 진보할 수는 없다. 스킬의 발달은 「통찰(洞察)」 즉 사태의 파악에 의하여 이루어진다. 우리가 「연습」 - 행동의 반복 - 에 의하여 얻을 수 있으리라고 생각하고 있던 진보는 실제에는 「통찰」의 증대 즉 전체적 사태 또는 「자극형태」의 이해에 기인하는 것이다. 협응은 여러 부분에 대한 전체의 「체제화」에 의하여 얻어진다. - 학습의 과정은 전체를 구성하기 위하여 부분을 가한다는 것보다는 차라리 전체를 부분에 「분화하는」데서 왔다. 스킬의 정도는 연습과 실습의 양에 의한 것을 아니고 「통찰」의 정도에 의한 것이다. 완전한 협응이라는 것은 신경조직의 자동적 기능을 나타내는 것은 아니고 완전한 「개념적 포치(布置)」 즉 전체적 사태의 이해를 표시하는 것이다. 협응한 반응이라는 것은 「포치적」이며 즉 경기계의 속어인 「피치」 「허니-」 또는 「다브」 - 어느 것이나 「잘한다.」 「대단하다」 등에 해당한다. - 이다 왜냐하면 일단 위로서 기능하고 있는 개인은 (될 수 있으면 홈런은 우측 관중석으로 넘겨 보낸다) 이미 가능한 최단 선에서 골에 도달해 있기 때문이다. 모든 학설의 비교 이와 같이 하여 심리학의 학파는 「복잡한 근육활동에 있어서의 스킬은 어떻게 해서 연습할 수 있는가 그리고 우리는 학습자가 그것을 습득하는데 어떻게 해서 조력할 수 있는가」라는 출발점에 다시 부닥쳤다 체육지도자는 심리학자가 거쳐 온 여러 길에 대해서 심리학자한테서 배우는데 관심을 가지고 있다. 그는 수많은 자기 학생을 데리고 여행

할 것을 계획하고 있다. 그는 제일 쉽고 빠른 길을 알고 싶어 하고 있다. 그래서 그는 심리학자들한테서 듣고 들을 때 마다 한 가지 설명과 다른 설명을 헤아려 본다. 즉 비교하고 분석한다. 그에게는 심리학자들의 견해는 근본적으로 다르지마는 길은 실제에 있어서 그만치 분산되어 있지 않는 것 같이 느껴진다. 아마 거기를 통과해서 그가 학생을 데리고 가도 좋을 부분이 몇 군데 있는지도 모른다. 거기 대해서 조사해 보자. 복잡한 근육활동에 있어서의 (협응)을 습득하는 방법에 관하여 심리학의 각 학과가 모두 일견해서 서로 조화될 수 없게 생각된다. 일설의 의하면 이미 습득한 것에 새로운 학습의 요소를 차츰 첨가함으로써 마지막에 전체의 스킬을 완성한다고 말한다. 이것은 「경험의 법칙」및 「효과의 법칙」과 일치되며 그리고 첨가의 과정이다 다른 설(게슈타르트)은 치밀하지 못하고 협응적이 아닌 것이기는 하지마는 초심자의 전체적 반응을 문제 삼고 그리고 학습자가 「통찰」즉 전체적 사태에 대한 이해를 얻을 것을 도우는 과정에 의하여 반응을 세련하고 결국 협응이 완성되어서 앞의 경우와 같은 스킬에 달한다고 한다. 제일의 방법은 활동에 있어서의 반복연습을 요구하고 있다. 제이의 방법은 학습에 있어서 우리가 번마다 다른 행동을 함으로써 진보해 가는 이상 「반복 연습」에 의하여 배운다는 것은 있을 수 없다고 하고 있다 그러나 체육지도자로서는 어떤 의미에 있어서 「반복 연습」은 어느 경우에도 필요한 것은 명백하다. 즉 제일의 경우에서는 사태와 올바른 반응의 사이의 관계를 강화하기 위하여 또 제이의 경우 (게슈타르트)에서는 우리가 항상 「비결을 배운다」든가 「육감을 기른다」든가 하는 필요한 통찰 또는 이해력을 학습자로 하여금 얻도록 하기 위하여 반복연습이 필요해진다. 학습과정에 관한 이런 학설을 비교해서 알 수 있는 것은 체육지도자는 자기의 「방법」을 검토하여 자기의 학생이 목적에 맞는 방법으로 「연습」하고 있는가, 어떤가 또 그들이 활동자체를 포함하여 사태의 모든 면을 완전히 이해하는 것을 자기가 도와 왔나 어떤가를 결정하지 않으면 안 된다는 것이다. 그것은 단순한 반복은 진보를 보증하지 않는 것은 뻔한 일이기 때문이다. 신경이나 자극전도부에 무엇이 일어났는가는 확실치 않지만 그러한 지식은 지도자가 학습 중의 학생에게 충분한 조력을 주고 있다는 확신에 비교해서는 그다지 중요한 것은 아니다. 이 비교는 교육의 주요한 관심이 지식의 습득인 경우에도 또 사회적 도덕적 사태에 대한 좋은 반응을 발달시키는 경우에도 통용한다. 이러한 경우와 마찬가지이다. 그 관계의 몇 가지는 뒤에서 기술하겠다. 「효과의 법칙」은 당분간 엄격한 비판을 받았다. 그리고 우리는 드디어 「만족」을 가져오는 반응은 반복하는 경향이 있으나 「혐오(嫌惡)」는 가끔 생각해 온 것 만치 학습을 방해하는 효력을 가졌나 어떻냐에는 많은 의문이 있다는 것을 결론짓지 않으면 안 될 것이다 「준비의 법칙」은 개인이 그 반응이 자기 능력 내에 있을 경우 및 그 반응이 필요하다고 생각되었을 경우에만 그 사태에 성공과 만족을 가지고 반응할 것이리라는 뜻으로 해석된다. - 그런 사실을 우리는 항상 인정해 오고 있다. 체육에 관한 심리학의 중요한 공헌 그러면 현대의 심리학의 다른 면에 눈을 돌리면 심리학의 모든 합리주의의 학파는 여러 가지 중요한 점에 있어서는 본질적으로 일치되어 있는 것이 인정되는 것은 기쁜 일이다.

① 우리는 행위 하는 것 또는 사태에 반응함에 의하여 학습한다. 흡수함으로써 배우는 것은 하나도 없다. 결국 우리는 누구든지 정말 아무것도 「가르친다」는 것은 안 된다는 것을 발견하였다.- 지도자로서 우리가 할 수 있는 모든 일은 학생이 어떤 방법으로 반응하고 그와 같이 반응하므로 인하여 배우는 것과 같은 사태를 준비하는 것뿐이다. 지도자로서의

우리의 목적은 이와 같은 노력에 의하여 학생에게 조력하는 것이다. 만일 우리가 제공한 사태가 너무 무의미해서 학생에게 반응을 일으키지 않는다면 우리가 지도할 때의 노력은 반응 없이는 학습이 있을 수 없다는 이유로서 실패이다. 이 일반적인 심리학의 원리는 학습의 모든 다른 분야에 있어서와 마찬가지로 체육의 지도법을 혁신하였다. 체육에 있어서는 성인의 견지에서 아이들 위해서 기획된 활동계획은 교육적인 활동으로서 받아 드려지지 않고 실패의 운명에 있는 것이 알려졌다. 체육의 교육과정의 과정에서 아이에게 무엇을 가르치려고 하면 아이들에게 정말 흥미 있는 활동을 장려하지 않으면 안 된다. 이것에 실패하면 우리는 진정한 학습을 시키는 반응을 일으키는데 실패한 것이다. 이 심리학적 사실만이 서전식의「일과체계」와 그 밖의 형식적체계의 신체훈련을 구성하고 있는 운동체계를 타파한다. 체육지도자에게 부과된 책임은 아동이 정상적인 반응을 나타내는 활동을 이용하는 것 또는 학생이 좋은 반응에 도달 할만치 흥미 있는 예정 계획을 세우기 위하여 무대를 준비하는 것이다.

② 현대의 심리학은 형식 또는 능력 도야의 학설을 부정한다. 아 즉 현세기의 초두에는 형식적 또는 인위적 훈련과 그것과 비슷한 방법에 의하여 어떤 일반적인 성질과 능력 예를 들면 용기 정직 인뢰 순종 추리력 관찰력 등을 개인 안에 발달시킬 수 있다는 생각이 널리 믿어지고 있었다. 이 학설은 또 신체적 스킬과 협응이라는 것은 체육관에서의 일련의 조련과 형식적 운동에 의하여 어떠한 개인에도 발달시킬 수 있는 일반적인 성질이라고 보고 있었다. 이 형식적 훈련의 학설은 지금은 거의 완전히 타파되었다. 학습은 아주 특수한 것이라고 생각하게 되었다. 수학을

공부하고 있는 사람은 수학을 배우고 있는 것이지 「의지의 힘」을 세게 하려고 하는 것도 아니고 또 수학이외의 추리의 능력을 증강하려고 하는 것도 아니다. 마찬가지로 도수체조 시간의 학생은 협응과 일반 신체적 스킬의 축적을 증가시키려고 생각하지 않는다는 것은 물론이다. 그는 도수체조를 배우고 있는 것이지 골프나 야구나 스키-를 배우고 있는 것은 아니다. 이 심리학상의 발견을 한 결과 학생이 체육의 계획을 통하여 어떠한 특수한 학습을 하는 것이 좋은가를 어느 정도 정확하게 결정하는 것이 필요해지고 또 학생이 특수한 스킬과 반응의 방법을 배우는데 관하여 기회와 조력을 주는 것이 필요하게 되었다. 그것은 현대 심리학은 형식도야의 설을 포기함과 함께 연습효과의 보편적 전이(轉移)의 신념도 폐기하였기 때문이다. 종래는 어떤 사태로 배운 반응은 다른 사태에도 마찬가지로 잘 기능을 발휘하는 것이라고 생각되고 있었다. 즉 도수체조시간에 온순한 자는 교실에서나 가정에서나 온순하다고 하였고 야구에서 안타를 치는 것을 안 소년은 그로 인하여 골프의 볼도 잘 친다고 되어 있었다. 현대 심리학은 이 훌륭한 학설을 완전히 엎어 버렸다. 지금 우리는 한 가지 사태에서 다른 사태로 학습이 전이하는 일이 있을는지 모르지마는 그것은 두 가지 사태에 유사점이 있고 학습자가 그 유사를 인정하였을 때에만 일어나는 것이라는 것을 믿고 있다. 바꿔서 말하면 야구의 치는 것을 배우고 있는 자는 골프 · 볼을 친다는 활동이 그것과 유사한 한 골프 · 볼을 치는 것도 교묘해진다. 다만 이 특별한 예에 있어서 전이가 일어날 정도로 유사가 있는지 없는지는 의심스럽다. 이러한 발견을 고려하여 체육지도자는 다른 교육과 마찬가지로 자기들의 계획이 성격훈련에 얼마마치 유효한가 하는데 관하여 불합리한 요구를 하지 않도록 주의 또 학습자에 스킬의 일반성을 함양할 수 있다는 자신을 지나치게 가지지 않도록 하는 것이 필요하다.

③ 현대 심리학의 다른 중요한 발견을「개인차(個人差)」에 대해서다 종래는 모든 인간은 그 성질과 요구가 근본적으로는 닮았다고 하는 생각이 가져지고 있었다. 현재에서는 각 개인은 어느 정도 호악(好惡), 흥미 감식 재능, 요구가 타인과 다르다는 것이 인정되어 있다. 이 개인차의 생각은 개인을 군중의 한사람으로서 보다도 개성 있는 사람으로서 생각하는 필요성을 강조하고 있다. 이 생각에서 좁은 활동계획을 집단 전체에 명령해서는 안 된다는 것을 차츰 알게 되었다. 실제 현재 우리가 하고 있는 것과 같이 인간이라는 집단을 위한 활동계획을 명령해서는 안된다. 차라리 각 개인의 특수한 요구에 응하여 특수한 계획이 있지 않으면 안 된다. 이러한 방법은 집단 활동을 배격하는 것은 아니고 그것은 특수한 활동에 종사하는 모든 사람은 특수한 이유가 있어서 그렇게 하는 것이고 집단을 만드는 것은 관리를 단순화하기 위해서가 아니라는 뜻이다. 현대 심리학의 여러 가지 학설은 지도법을 혁신해 버렸다. 지도자는 벌써 경험으로써 얻은 방법에 의해서 전진할 수는 없다. 지도자는 때어 맡아서 학생이 의미 있는 사태에 놓이고 그 사태에의 반응에 의하여「신체의 발달」과 마찬가지로 좋은 학습을 하도록 하지 않으면 안 된다. 지도자는 각 학습자가 이러한 좋은 반응을 하기 위하여 조력을 줄 수 있는 한 어디서든지 조력하지 않으면 안 된다. 이것은 어려운 일이고 학생은 성실하고 총명한 지도자를 구하는 것이다. 그 보상은 가르친다는 것이 좁(job)이 아니고 하나의 기술(art)이 되어 온 것이다.

3 생물학적인면

진화 많은 오래된 교육의 이론과 실천은 인간이 본래 더 완전하였던 조상에서 신체적으로나 도덕적으로나 퇴화한 자손이라는 신념에 기인해 있었다. 이 견지에서 교육의 기능은 주로 훈련적인 방법에 의해서 인간을 그 본래의 완전에 접근시키고자 되돌아오게 하는 것이었다. 현재 모든 과학자에 의하여 원리적으로 인정받고 있는 진화론은 이상의 개념을 전연 포기해 버렸다 진화론이 가르치는 바에 의하면 본래 완전한 조상의 퇴화된 자손이 문제가 아니고 실제는 더 정도가 낮은 생명의 형태에서 고도로 진보해온 것이다. 현대의 과학자는 이 학설이 인간성을 모독하고 그 품위를 낮추는 것이라고는 조금도 생각하고 있지 않는다. 반대로 인간이 나락의 밑바닥으로 떨어져가는 과정에 있는 것보다는 밑바닥에서 올라오고 있다는 견해가 인류의 운명을 주시하고 있는 모든 사람들에게는 희망과 영감의 원천이 된다. 이 견해의 변화는 교육에 아주 큰 의미를 주었다. 지금 인간 개인 개인은 퇴화 가운데서 훈련받을 것이 아니라 지성과 더 아름다운 고귀한 생활의 광명을 찾아서 오랜 향상의 노력 가운데 있어서 조력을 부르짖어 구하고 있는 것이다. 이 인간의 본성과 운명에 관한 현대의 개념이 새로운 체육에 찾고 있는 것은 인간의 각 개인이 그 가능한 범위에 있어서의 지선지고의 존재에 도달하려고 하는 노력에 손을 빌려주는 것이다. 개인의 유전적 특성과 경향을 기초공사로 하여 그 위에 교육으로 건축을 하지 않으면 안 된다는 것이다. 또 그것은 기품과 위엄과 유용성과 진가는 개인 활동을 통해서 발달 하는 것이므로 우리 기능은 금지나 억압보다는 차라리 계발과 유도에 있다고 가르치고 있다. 이것을 좀 더 명확하게 말하면 진화론이 체육지도자에게 가르친다는 것은 인간은 나면서부터 일광 신선한 공기 흥미 있는 신체 및 정신의 활동 유전적 경향 정서를 표현하는 기회 등은 담구하고 또 이런 것을 획득하지 않으면 안 되는 생물이라는 것이다. 그것은 이러한 생래의 요구가 달성되지 않을 경우 인간은 자기 능력의 최대한까지 성장하고 발전하고 번영하는 것이 될 수 없기 때문이다. 형식적 또는 훈련적인「연습」과 운동으로는 어떤 체계라도 인간이 나면서 가진 어떤 가능성에 도달하는 것도 도우는 것은 기대할 수 없다. 새로운 체육은 인간을 아즉 도달해 있지 않은 신체적 정신적 사회 도덕적 완성을 향하여 올라가고 있다고 생각하지 않으면 안 되며 또 이 숭고한 모험에 대하여 합리적인 원조를 제공하는 활동 계획과 지도를 끊임없이 준비하지 않으면 안 된다. 발생학 멘텔과 그 후계자들에 의하여 주장된 유전의 새 학설은 체육에 아주 흥미 있고 중요한 많은 사실을 가져왔다.

개인의 어떤 정신적 및 신체적 성질은 유전에 의하여 그의 구조 가운데 나면서부터 물들어 있는 것을 알았기 때문에 벌써 지도자는 학생의 신체적 구조와 지성의 전반적인 형을 근본적으로 개조한다는 무의미하고 쓸데없는 노력에 자기 자신 및 학생의 시간과 에너지를 낭비하는 것이 없어졌다. 조직화된 교육은 과거에 있어서 유전적 성질을 고려하지 않았기 때문에 개개의 학생을 취급하는데 있어서 여러 가지 큰 실패를 거듭해 왔다. 유전은 생명의 여러 면에 있어서 개인이 도달할 수 있는 궁극의 가능성의 한계를 정하는 한편 환경은 개인이 이 한계에 얼마 만 큼 접근하는가를 결정하는 것을 우리는 알기 시작하고 있다. 여기 관련해서 우리는 교육의 기능은 한 집단의 방법에 의하여 모든 아이들을 같은 틀에 끼어 박는 것이 아니고 각 개인이 유전에 의하여 거의 것이 되어 있는 가능성의 극한에 도달하는 것을 원조하는 것이라는 것을 알게 되었다. 체육은 신장과 에중과 신체활동에서 성취하는 표준을 정해 가지고 일정한 나이의 아이들을 그것에 일치 시키려고 하는 낡은 방법의 잘못을 깨닫게 되었다. 목축업자는 벌써부터 태마(駄馬)의 새끼로 경마에 쓰는 말을 만들려고 하거나 닥크스훈트로 포인트를 만들려고 하는 잘못을 알고 있었다. 체육은 그 목적을 달성하기 위해서는 이이들을 취급하는데 있어서 더욱 널리 이 교훈을 고려하는 것이 좋을 것이다. 성장과 발달 인간의 성장과 발달에 관한 최근의 연구는 아동체육의 낡은 체계의 철저한 개정을 요구하고 있다. 그 중 어떤 것은 주로 생리학적으로 또 다른 것은 심리학적 또는 사회학적으로 중요성을 가지고 있다. 이 연구의 중요성을 보이기 위하여 다음 여러가지 점을 인용한다. 오늘날 정상적인 심장은 운동에 의하여 영구적인 손상을 입을 턱이 없다고 일반이 믿고 있지마는 많은 아이들이 유전성 질병으로 격렬한 운동을 하는 것은 아주 위험하다는 정도로 심장이 손상되어 있는 사실이 있다. 그러므로 모든 아이들에 정기적으로 심장검사를 하고 제한이 필요한 아이들을 위해서는 신체활동의 프로그램의 감시를 세심히 할 필요가 있다. 청년 전기의 성장의 급속한 시대에 관한 지식이 발달되어 체육지도자와 의사가 이 시대에 힘든 경기를 시키는 것은 어떨까? 하는 의문을 깊게 하고 있다. 많은 사람들은 미숙한 뼈와 관절에 대한 위험을 걱정하고 있다. 정상적인 아이들은 최고의 성장과 발달을 위해서는 나이에 따라 하루에 2시간 내지 6시간의 신체적 활동이 필요하다고 알려져 있다.

이 발견은 나이 어린 학동은 하루 10분에서 15분의 「운동」이 필요하다는 옛 생각을 어리석은 것이라고 하였다. 그 결과 강조되는 체육지도자의 임무는 아동이 방과 후에도 하고 싶어지는 종류의 근육활동을 학교의 과업 중에 아동의 흥미를 일으키게 하고 훈련하는 것이다. 역년령(曆年齡)은 아동의 발달 요구 특성 등을 표시하는 것으로는 아주 신용하기 어려운 것이라는 것을 알게 되었다. 아동을 현명하게 취급하려고 하면 우리는 차라리 아동의 정신 연령 및 생리적 연령을 고려하지 않으면 안 된다. 많은 아동을 지능과 신체의 발달에 관하여 같은 역연령의 다른 아이들 보다 아주 진보되어 있으므로 이 양 쪽 집단에 다 같이 재미있고 유익한 활동계획이 있을 수 없다는 것은 확실하다 경쟁을 할 때 아동을 팀으로 나누는 「지수(指數)」시스템은 이 해석에 기인되어 있다. 이 시스템은 보통 아동의 연령 체중 신장 등을 고려하고 있다. 이것은 연령만을 기준으로 하는 옛 척도보다는 진보되었지마는 완전하다고 할 만하기에는 아직 멀다. 아동은 유년초기의 극단적인 자기중심적 시기에서 청년시대의 「깽」의 시기까지 사회적발달의 어떤 일정한 단계를 지난다. 이 사실에 의하면 체육계획을 집단에 있어서 표시되는 사회적발달의 단계에 적응시키는 것이 체육에 부과된 의무가 된다. 교육의 중요한 기능의 하나는 아동초기의 개개의 「사(私)」의 의식에서 민주주의 사회에서 본질적인 넓은 「우리들」의 의식에까지 모든 가능한 방법으로 학생의 사회적 발전을 진행시키는 것이다.

체육은 그 취급하고 있는 특수한 집단에 의하여 표시되는 사회적 발달단계에 적응한 집단 활동의 계획을 세움으로써 상기한 기도를 크게 도울 수 있는 것이다. 그리고 팀. 워크 또는 협동 작업에 관하여 너무 쉽거나 너무 어렵거나 한 활동을 집단에 주는 것은 헛일이므로 이와 같은 계획을 세울 때는 아동의 사회성을 잘 이해하는 것이 중요하다. 청년전기는 급극한 신체의 성장이 공통된 특징이고 그 결과 「치밀하지 못한 시대」라고 부른다. 거기 대해서 체육은 이 곤란한 시대를 성공과 만족으로 보낼 수 있는 종류의 신경근의 스킬을 얻도록 하는데 성실한 노력을 하지 않으면 안 된다. 그와 같은 위험기에 체육이 동정적 원조를 주는데 실패하면 의심할 여지없이 일평생 「치밀하지 못한」

생활을 하게 되고 또 영구히 신체적 활동에 대해서 편견을 가지게 된다. 청년기에는 아주 자주 정신적 및 정서적 혼란이 일어나므로 체육은 청년에게 건전하고 열중할 수 있는 신체활동의 흥미를 줄 필요가 있다. 모든 권위자는 이 위기를 통하여 정상한 정신적 정서적 적응성을 증가하기 위하여 신체활동에 대한 흥미가 유효한 것을 인정하고 있다. 집단 활동과 팀 활동은 개인이 고독하거나 내성적이거나 또는 비사교적인 타입이 되는 것을 방지하는데 효과가 있다. 아동의 정신생활이 서서히 열린다고 하는 현대의 생각은 체육에 많은 시사를 준다. 유아에는 주의의 계속이나 집중은 불가능하고 또 추상적인 말로 사고하는 것도 못한다. 이러한 특성이 있기 때문에 도수체조나 고도로 조직화된 게임이나 작전적(作戰的)요소를 많이 가진 활동은 프로그램에 제거하지 않으면 안 된다. 그리고 교수법에 있어서도 아이에 대해서 많은 주의력과 추리력을 요구하는 것은 실패하므로 방법을 가감하지 않으면 안 된다. 한편 청년기에는 지성은 거의 완전히 발달되고 주의력은 아주 증대되고 추리력과 추상적 사고에 흥미를 느끼게 된다. 이 상황은 새로 발견한 이러한 힘을 행사하는 기회를 주는 활동을 요구하고 진보된 형의 지도법도 써도 무방하게 된다. 이상의 논술은 결코 체육에 있어서의 성장과 발달과 방법과의 사이의 관계의 완전한 설명은 아니다. 그러나 이런 종류의 과학 분야가 우리가 현재 취급하고 있는 과제에 중요성을 가지는 것을 표시함에는 충분할 것이다. 적어도 체육이 아동의 가장 완전하고 훌륭한 성장과 발달을 촉구하는 목적에 유효하게 쓰이기 위해서는 아동에 관한 모든 현저한 사실을 주의 깊게 고찰하지 않으면 안 되는 것만은 명백한 일이다.

4 생리학과 해부학

새로운 생리학은 인체기구의 성질과 기능에 관하여 아주 많이 중요한 사실을 가져왔으므로 그것에 대하여 논하고 또 체육에 미치게 한 중요성을 보이는 것은 거의 불가능하게 생각 된다. 그러므로 이하에 다시 몇 가지 예를 들기로 하겠다. 아마 인체기구에 관한 현대의 현저한 발견은 신체의 모든 부분과 기능과의 사이에 있는 아주 밀접한 관계를 새로 알게 된 것이다. 인체의 전 기구에 걸친 아주 복잡하고 효과적인 상호의 전달 작용 협응 작용 및 통제 작용의 체계는 그 기초를 신경계통과 내분비선에 두고 인간생명의 가장 놀랄만한 가장 현저한 현상을 형성한다. 인체의 각 부분과 기능사이의 밀접한 관계에 관한 새로운 지식은 낡은 많은 교육학설의 개정을 필요로 하였다. 즉 생명의 하나의 국면(局面)을 다른 국면과는 전영 관계없이 편리하게 훈련하고 교육할 수 있다는 훌륭한 학설을 버리는 것을 필요로 하였다. 인제 우리는 개인이 반응을 일으킬(생각하고 느끼고 행하는)때에는 그는 그 전 기구로 반응하는 것으로 결코 뇌나 심장이나 근육조직 등이 있는 특수부분만으로써 반응하는 것이 아니라는 것을 알았다. 이 사실은 모든 교육에 있어서 그 일이 개인의 심정이나 근육이나 도덕의 어느 면에 좋은가 어떤가 보다는 차라리 전체로서의 개인을 위하여 좋은가 어떤가를 결정하기 위하여 우리의 방법과 활동을 충분히 고찰할 필요가 있다. 어떤 형식의 훈련이라도 가령 그것이 개인의 특수부분을 목적으로 하고 있더라도 그것은 개인 전체에 좋고 나쁜 것 또는 그 어느 쪽에도 속하지 않는 어떤 영향을 주고 있는 것은 확실하기 때문이다. 그러한 견해에서 체육은 순수하게 근육훈련 또는 「신체훈련」으로만 볼 수는 없다. 모든 근육운동은 궁극적으로는 얼마간이라도 전체의 생명기구에 영향을 주는 반응을 나타내는 것이다. 피로했기 때문에 마음의 예민성이 감퇴되고 등이 굽어지고 교회에서 졸게 되는 것은 틀림없다. 두통은 급성편평족 (扁平足)에서 일어날지도 모른다. 구기자(球技者)가 화를 내었기 때문에 볼을 잡지 못하거나 삼진(三振)할는지 모르고 때로는 삼진 했기 때문에 화를 낼지도 모른다. 골프에서 벙커(골프장에서 주위보다 움퍽하게 하여 모래를 깐 곳)로 친 늬브릭크(골프를 치는 막대기의 일종)한 타스는 전 가족의 그날의 즐거움을 헛되게 해 버릴지 모르며 소화부량의 원인은 너무 어려운 수학 과제를 주었기 때문인지도 모른다. 이러한 사실로 생각해서 우리가 제안하는 활동과 계획과 지도가 학생들에게 주리라고 생각되는 전체적 영향을 고려하는 것이 좋으리라는 주의는 체육의 경우 지극히 중요한 일이다. 보통 경우의 「굽은 등」의 교정은 만일 그 아이가 일평생 열등감을 가질 듯하면 문제 삼을 가치는 없다. 인간이 「기형」이나 신체적 열등감의 의식에 일평생 고민하기 보다는 차라리 어떤 일정한 표준적 자세보다 얼마간 달라져 있는 것이 훨씬 행복하다. 학생은 보통으로 조화되어 있는 느낌이 드는 정구 선수- 또는 할프 · 빽인 편이 「스타」가 되어서 아마 영구히 유익한 일생을 「스포일」해 버리기 보다는 행복할 것이다. 우리가 하는 것 또는 하려고 하는 것이 주로 연습에 쓰는 부분과 기능에 관하여만 평가되는 것이 아니고 전체적인 인체기구와 그것에 관련되는 부분 및 기구에 관해서 평가되어야 한다는 것이 일반적으로 자각 된다면 체육의 실천은 곧 진보될 것이다. 새로운 운동생리학은 인체의 에네르기-원(源)근육활동에 있어서의 화학변화 피로의 성질 원인 및 그 결과 등의 문제에 관한 풍부한 지식을 우리에게 개방하였다. 여기서는 지면의 제한 때문에 이 새로운 지식에 관하여 논할 여유가 없지마는 말할 수 있는 것은 근육활동에 관한 생리학상의 최근의 발견은 그것에 의하여 최대한으로 개인에 이익을 주고 동시에 과도한 압박과 긴장과 그리고 일시적이건 영구적이건 상해를 주는 피로를 막는 신체활동의 형식과 양을 정하려고 노력하고 있는 체육지도자에게 아주 필요한 지침이 되었다는 것이다. 현대생리학에 의하면 신체의 중요 생활기관에 힘과 활력의 발전을 촉구하는 유일한 근원은 유전 이외에는 근육활동이 있을 뿐이다. 이 사실만이 학교의 체육계획을 진전시키기 위해 모든 논설 중에서 가장 유력할 설의 하나가 될 것이다. 다시 또 이 사실은 체육지도자에 대하여 강한 심장과 건정한 소화력과 강인한 신경계통의 발전을 촉구하는 계획을 세워서 처리한다는 중대한 책임을 부과하고 있다. 영양 특별히 비타민 단백질 무기염(無機鹽)에 관한 현대의 지식은 체육에는 중요한 것이어서 이것으로써 우리는 적당한 음식이 아니면 개선되지 않는 아동의 신체적 결함을 운동으로써 교정한다는 희망 없는 책임에서해방 되었다. 다시 이 지식은 또 신체적 복지를 고도로 올리든 우리 노력에 많은 원조를 주었다. 그것에 의하여 우리는 활동계획을 목적수행에 어울리는 식이법(食餌法)애 관한 지도로써 보충 할 수 있기 때문이다. 근대 세균학이 여러 질병의 원인이며 인체에 있어서의 박테리아에 의한 전염병의 생리학적 영향 등을 밝혔으므로 체육은 단순한 근육수련에 의하여 사람들을 병들지 않게 한다는 의망 없는 책임에서 해제 되었다. 다시 이 학문은 우리가 개인의 상태(특히 전염병 회복기에 있는 사람들의)에 운동을 적응시키려고 하는 노력을 도우고 그 결과 최상의 신체적 상태를 회복하도록 그 사람들을 도우는 것이다. 산소는 몸 안에 저장 되지 않고 필요에 따라 빨려 들어간다는 발견은 구식 「호흡 운동」을 믿지 못할 것으로 만들었다. 근대과학은 우리에게 인류의 복지에 관계를 갖는 많은 지식을 가져왔다. 이 지식의 대부분은 체육지도자 및 관리자에 의하여 고려되지 않으면 안 된다. 이 장에서 논술한 것은 이와 같은 지식의 극히 작은 부분에 불과 하지마는 그 정도만 기술하면 나날이 진보하는 그 방면에 관하여 체육을 전문으로 하는 독자의 연구를 한 층 더 고무하는데 충분하리라고 믿는다.

15장 체육의 목적

오늘날 다양한 인종과 문화가 공존하는 미국에서도 미국 내 어느 정도 평판이 높은 학교는 물론 대부분의 학교에서 조직적인 체육교과의 우월한 존재 이유와 목적에 대해 이의를 제기하는 체육지도자는 찾기가 어려운 것이다. 그러나 체육계획의 목적에 관하여 이 부문에 종사하고 있는 사람들 조차도 현재 널리 퍼져있는 혼란과 모순을 찾게 되면 놀라고 아연할 수 밖에 없다. 만약 모순이 목적을 말하는 표현 방법의 차이라면 이러한 상황에 대한 우리의 걱정은 아주 작아 질 것이다. 그러나 이번 장과 이후에 기술한 바와 같이 이러한 문제들은 벌써 안개 속에 빠져 버린 듯 한 느낌이 든다. 실제 체육의 목적에 관한 혼란에 대해 인지하게 된다면 현재의 체육 교육과정이 이토록 일반적이고 대중적인 과정이 되었다는 것에 놀라지 않을 수 없을 것이다. 아마 그에 대한 명쾌한 답은 그 목적과 정의에 관하여 어떠한 혼란이 있더라도 체육에는 중대한 가치가 있다는 것을 많은 일반인들에게 인정받았기 때문이다.

체육계의 이름 있는 사상가들은 체육을 직업으로 하는 여러 사람들에게 체육의 목적에 관한 일반적인 이해를 구하는데 성공하고 있다. 이는 그나마 다행스러운 일이다. 그 이유는, 현재와 같이 시간이 중요한 시대에 목적에 관한 일반적인 기준의 혼동으로 쓸데없는 시간과 자금을 낭비하지 않게 해 주었기 때문이다.

이 장에서는 체육의 목적 및 목표에 대해서 현재 존재하고 있는 혼란이 어떤 것인지, 이 문제를 해결하는데 도움이 될, 현대에서 가장 높은 사상적 경향이 무엇인지 이야기 하려 한다. 체육의 목적에 관한 오류 중 '건강'에 관해서는 다음의 문장이 잘 표현하고 있다. 「체육은 사람들을 건강하게 하는 것을 목적으로 한다.」 이것을 바꿔 말하면 「체육의 목적은 건강한 생활을 촉진시키는데 있다.」고 하는 것이다. 사실 과거에 이 주장은 체육계획에 대해서 지지를 얻기 위한 가장 일반적인 주장이었다. 그러나 우리가 건강이 무엇인가를 밝히면 밝힐수록, 또한 질병에 대해 명확하게 알면 알수록 보통 쓰이는 것과 같이 표현된다면 이 주장을 체육의 근거로 하는 것은 한층 더 위험하게 생각 된다. 「건강」에 대한 이 같은 해석을 승인한다면 우리는 체육의 목적이 사람들을 언제나 「건강」하게 하려는 것이라는 설을 확신 할 수 있다. 그 주장에서 체육은 그 어느 면에 있어서도 건강을 목적으로 하고 있기 때문이다. 체육의 주된 목적이 '건강'이라는 주장을 하는 학자들은 근육운동을 통하여 사람들을 질병에서 보호 할 수 있다는 전제를 내포 한다. 그러나 이와 같은 일반적인 주장에는 과학적인 근거는 없다고 단언할 수 있을 것이다. 운동으로 사람을 홍역, 장티부스, 말라리아, 성병 및 그 밖의 여러 전염병에서 보호할 수 있다는 생각은 오늘날 아주 바보 같은 것이라는 것은 명백한 일이다. 그와 같은 전염병에 대한 면역성은 아주 특수한 것이어서 근육활동과는 거의 또는 전혀 관계가 없는 것이다. 장티부스를 앓기 싫은 사람은 면역접종을 하지 않으면 안 된다. 또 인간의 배설물로 더럽혀진 음식을 먹지 않도록 알게 해야 한다. 초로기(初老期)에 있는 사람들의 사망자 중에서 적어도 10인에 한 사람은 암에 인한 것인데 근육활동에 의하여 암의 이병률을 끌어 내리려고 하는 것은 아주 어리석고 무지한 행위라고 할 수 밖에 없다. 확실히 합리적인 운동이 근조직의 형성, 대사작용, 배설작용이나 그 밖의 생리적 기능이 퇴화하는 것을 예방하는데 도움이 된다는 것은 인정할 수 있다. 그러나 현대 위생학에 의하면 주로 질병의 예방, 특히 전염병의 예방에 관해서는 근육활동에 의하여 체력을 강하게 하는 것 보다는 차라리 위생처치를 하는 것과 면역접종을 하는 것과 보균자를 격리하는 것이 옳은 방법이라는 것을 우리에게 가르쳐 주고 있다. 체육과 건강과의 관계에 대한 견해는 현재 여러 가지 혼란이 보이는데, 그 이유는 건강과 체육을 명확하게 구별하고 있지 않았기 때문이다. 교육의 이 두 면이 같은 것이라고 생각하거나 혹은 그 중의 어느 하나를 다른 쪽의 일부라고 생각하거나, 그 중의 어느 하나를 다른 쪽의 일부라고 생각하는 것이 보통이지만 이것은 옳지 않은 생각이다. 앞에서 저자는 체육이라는 것이 활발한 근육활동과 관련되어 일어나는 교육의 일면으로 사고되지 않으면 안 된다는 것을 지적하였다. 건강교육은 개인의 건강에 대한 지식, 건강의 습관, 건강에 대한 태도 등이 우리 몸에 어떤 기여를 하는 지를 학습하는 것이다. 건강교육과 체육은 서로 연관을 가지며 나아 갈 수 있는 것이다. 이것은 스포츠에 탁월하려는 욕망을 가진 사람이 좋은 건강의 습관을 몸에 지니려고 노력하며 건강한 생활에 대한 지식을 얻으려고 노력하는 경우에 일어나는 현상이다. 그러나 어떻게 연관을 지으려고 하더라도 일정한 위생학의 과정을 그대로 체육이라고 생각할 수는 없다. 음식을 먹기 전에 손을 씻는 습관을 가지도록 하는 것은 건강교육에 있어서 가치 있는 과제이기는 하지만 체육과는 거의 관계가 없는 것이다. 건강교육과 체육, 그 사이에 공통점이 많다는 것은 곧 알 수 있다. 귀중한 건강에 대한 지식, 습관과 태도를 배우는 기회를 주지 않는 체육은 효과 없는 잘못 된 방법일 것이다. 이런 것을 충분히 고려한 뒤에 체육은 건강교육과 건강한 생활에 중요한 공헌을 할 수는 있지만 사람들을 건강하게 하고, 항상 건강을 유지 하는 것(「건강」이라는 말이 병이 들지 않는 것)이 체육의 첫째 목적이 아니라는 결론을 내려도 문제되지 않을 것이다.

신체 결함의 교정, 체육의 목적에 대한 또 하나의 그릇된 견해는 체육의 주된 목적이 신체결함을 교정하는 것이라는 설이다. 그러한 목적을 주장하는 사람들은 지극히 많은 미국 학생들이 신체 결함에 대한 교정수단을 체육에서 찾고 있다는 사실과, 청년의 병역 부적격자의 수가 아주 높다는 사실을 근거로 들고 있다. 그러나 이 상황에 대해서 체육에 어떤 비난을 퍼붓거나 또는 그 책임을 가지도록 하려면 오히려 사고의 혼란을 조장만 하는 결과가 된다. 학동의 신체 결함 중에서 가장 많은 것은 치아 질환이며 시력과 청력의 결함도 많은 비율을 차지한다. 또한 전염병으로 인하여 평생 상처를 갖게 된 심장과 소아마비로 불구가 된 팔과 다리와 영양불량으로 인하여 발육의 부진과 불완전한 신체 등은 악성유전과 양친의 무지와 비참한 생활상태 등과 마찬가지로 항상 우리 신변에 있는 것으로서 이러한 것이 모두 앞서 기술한 문제에 첨가되어 있다. 그러므로 어떤 사람들이 주장하는 것과 같은 그런 상태를 방지하고 교정하는 것이야말로 체육에 부과된 책임이라는 것은 체육을 보건, 위생에 까지 확대 해석한 결과로 볼 수 있다. 이것은 사회조직 전체가 함께 해결해야 할 과제로서 어떤 특정 집단에게만, 교육자에게만 책임을 전가할 수 있는 일은 아니다. 이러한 논리는 병역부적격자의 문제에도 적용 할 수 있다. 제 2

차 세계대전 동안에 병역부적격 판정의 최대의 원인은 「정신적 결함」이었다. 학생들 사이에서도 정신적 결함이 발견되었고 그 외에 천공성고막염, 호흡기 질환, 성병 등 체육으로서는 도저히 해결할 수 없는 결함이 존재하였다. 오늘날 근육활동과 신체교정술에 의하여 어느 정도 교정할 수 있다고 생각되는 것 또한 사실이다. 그러나 그러한 결함의 절대다수는 체육교육자의 조력보다도 내과, 정형외과, 외과, 치과, 안과 전문의사나 학교보건 교사 등의 조력이 필요하다. 체육지도자는 이런 전문가의 역할까지 다하려고 하다가 결국 자기의 지위까지 떨어뜨리고 문제의 근본적인 해결을 방해하는 경우가 많다, 가령 건강한 생활에 대한 지도가 필요한 경우라도 체육지도자가 그 분야의 자격이 없으면 그러한 지도는 건강교육 전문가가 하는 것이 좋다. 이러한 이유에서 체육의 주된 목적은 신체 결함의 교정은 아니라고 단언하여도 무방할 것이다.

체육은 치료학적인 작용이 아니라 하나의 교육이다. 체육은 교육적인 방법에 의해서 촉진할 수 있는 좋은 변화를 개인 속에 일으키는데 관심을 가지는 것이 좋다. 내과, 외과 또는 양호의 영역까지 침범할 것은 아닌 것이다. 정식적인 교정방법에 대한 책임을 맡기지 않으면 안 될 경우는 그 일을 특수한 것이라고 생각해야 한다. 물론 체육전문가들도 그 부분에 대한 자격을 갖추는 것에 힘을 써야 하지만, 전문 분야에 대한 것은 전문가의 조력을 얻는 자세도 필요하다.

체육의 목적에 대한 또 다른 잘못 된 의견은 체육의 목적이 「체격을 만드는 것」에 있다고 하는 것이다. 이 설이 주장하고 사람들에게 호소하는 점은 체형의 발달은 관찰하고 측정하는 것이 용의한 점과 근육의 발달은 어찌되었던 건강과 능률과의 어떤 척도가 되어 있다는 그릇된 개념을 기초로 두고 있다.

지금까지의 주장 중 이 주장이 가장 비논리적인 주장이다. 근육조직이나 근육을 능률적으로 쓸 수 있는 능력은 중요한 요소이기는 하지만 근육의 크기와는 밀접한 관계가 없다. 체육의 목적에 대한 이 그릇된 개념은 주로 신체수련의 체계(보디빌딩 혹은 웨이트트레이닝)를 지지하는 사람들에 의하여 일반 대중사이에 전파되어 왔다. 그들은 그들의 주 수입원이 근육의 외형이기 때문에 양질의 근육을 가지는 것을 목표로 하는 것이다. 하지만 양질의 근육을 가지지 못했다고 해서 건강하지 못한 것은 아니며, 큰 근육을 가졌다고 해서 건강하다는 것도 아니라는 것을 우리는 알고 있다. 이제 우리들은 체육의 주된 목적이 커다란 근육을 만들어 내는 것이라는 생각을 던져 버려야 할 때다. 그러나 또 근육은 체육활동의 결과로 생기는 것임을 기억하지 않으면 안된다.

체육은 신경근의 전반적인 협응성(우아한 아름다움이나 신체적 능률로 표현되기도 하는)을 발달시키는 것을 그 주된 목적으로 한다고 생각하는 것 또한 마찬가지로 그릇된 것이다. 말할 것도 없이 체육은 그 결과로 기술을 습득하고 또 개인이 기술을 습득하는데 따라 우아한 아름다움이 표현되고 신체적 능률이 올라가도록 되어야 하는 것이다. 그러나 신체구조와 해부에 대한 새로운 지식도 전반적인 협응성, 우아한 아름다움의 발전을 위하여 길을 열어 놓지는 못 하였다. 기술은 아주 특수한 것이다. 우리는 골프의 스윙 자세를 우아한 아름다움으로 취급할 줄은 알아도 그것으로 스케이트를 타는 방법도 안다고는 할 수 없다.

체육의 목적에 대한 또 다른 형태의 주장이 있다. 그 발상은 매우 흥미로우나 기준이 모호하여 완전히 신뢰할 수 없고 주장을 뒷받침할 지침도 마련하기 힘들다. 그것은 바로 '바람직한 시민의식'의 양성을 주된 목적이라고 주장하는 부류이다. 하지만 '바람직한 시민'의 정의가 신체적, 정신적, 사회적으로 발달된 사람을 지칭하는 것이라면 그 의미가 한 없이 포괄적이어서 더 세분화된 설명이 필요하다. 합리적인 문제해결의 방법을 찾기 위해 체육의 주목적에 관하여 현존하고 있는 여러 가지 혼란된 생각에 대해서 기술했지만 이제 우리는 문제 해결 방안을 좀 더 합리적으로 풀어나가야 한다.

과거에 있어서 일반 교육에 대한 경우와 마찬가지로 체육이라는 주제에 관하여 말하는 사람들은 보통 목적이라는 말과 목표라는 말을 거의 큰 차별 없이 써 왔다. 어떤 체육지도자들은 예를 들면 위생적, 레크레이션적, 발달적, 교육적 등과 같은 몇 가지 목적을 인식해야 한다는 주장을 하였다. 또 다른 어떤 사람들은 목적이라는 말을 전연 무시해 버리고 오로지 목표에 대해서만 말하였다. 그러나 오늘날의 사고방법은 관리상의 견지에서 보아 체육이 당연히 그 방향으로 행해야 한다는 통합적이고 포괄적인 궁극적 의도에 대한 설명을 계통 세워서 기술하는 것은 가능할 것이며 또 그 성명은 체육의 목적을 뚜렷하게 만드는데 유효하여야 할 것이라는 생각을 향하고 있다. 그러나 논리적으로 생각해서 목적이 없던지 또는 그 반대로 목적이 너무 많아서는 무언지 곤란하고 조화되지 않고 확연한 의도를 결정지울 수 없는 것도 인정하고 있다. 체육계에서 명석하게 사물을 생각할 수 있는 사람들이 체육의 목적에 대하여 그와 같은 근본 관념에 생각을 숨기고 있는 것은 매우 흥미깊은 일이다. 그런 것 중에서 두 가지가 가장 중요한 의의를 가지고 있어서 대표적이다.

① 교육은 외부에서 유입된 모든 것들에 대한 그 자신의 반응의 결과로 그 개인에 일어나는 변화 또는 수정의 과정이다.

② 조직적인 교육은 일생동안 모든 면에서 가능한 한 최대한의 발달이 가

능하게 하고 또 현실적으로 살아 있는 이 세계에 가장 적합하게 적응 할 수 있도록 개인을 수정을 촉진하는데 관여하는 것이다.

체육계에 권위 있는 저자들은 체육의 목적과 관련하여 각 개인에게 근육활동 혹은 그와 관련된 활동을 할 기회를 제공하는 것을 강조하고 있다. 그들은 좋은 성장, 발달과 적응성을 조장 발전시키는 것이 가능한 교육활동의 중요한 요소로서 적절한 시설과 지도력을 역설하고 있다. 이와 같은 논리로 체육의 목적을 다음과 같이 정의할 수 있을 것이다.

조직적인 체육은 인간의 모든 면에 있어서 개인이 가지고 있는 가능성을 가장 최적의 상태로 까지 발달시키는 것을 목적으로 하여야 하며 그 방법으로는 이 목적에 도달할 수 있는 환경을 제공하는 것이다. 만일 우리가 체육계획을 매개로 하여 개인의 발달 성장 및 적응에 최대한의 기여를 한다는 이 생각을 확고히 한다면 우리는 언제든지 교육일반의 부 목적과 항상 일치되어 있는 것을 느낄 것이다.

교육은 스스로 서서 살아가는 인간을 만들어 내는 것이다. 이는 정신적으로 평화롭고 신체적으로 건강하고 타인과의 교제에는 균형이 취해져 있으며 그가 소속한 사회집단에 관한 문제를 자각하고 있어서 자기 동료에게는 동정적이며 인생의 보다 더 아름다운 것을 분별할 수 있는 눈을 가진 사람을 만들어야 한다. 즉 한마디로 말한다면 교육은 완전한 전인적인 인격을 만들어 내어야 한다.

16장 체육의 목표와 방안

체육을 연구하는 학자들의 대부분은 하나의 목표를 제시하려고 한다. 그리고 그러한 목표는 일반적으로 목적에 접근하는 단계하고 생각하고 있다. 목적에 대해서 잘 나타내고 있는 논의들은 근본적으로는 일치하고 있지만 연구자들은 다소의 혼란에 빠질 수 있다. 그것은 연구자들이 목적을 나타낼 때 한 가지 관점이 아니라 다각도로 연구하여 같은 의미라 할지라도 다양한 모습으로 표현될 수 있다. 뿐 만 아니라 목적, 목표, 형태, 방안, 의도, 표준 등의 단어로 구별 없이 사용하여 학생들이나 연구자들에게 혼동을 줄 수 있다. 그러므로 학생들이나 연구자들은 이러한 상황을 정확히 인식하여 체육계에서 의미가 표준화 될 때 까지 학자들의 의도를 잘 파악해야 한다. 교육적 목표와 관리 방법상의 목표라는 말에서 일어나는 혼란은 다음과 같다.

① 우리들이 바라고 있는 정신적, 육체적 변화, 적응 및 발달은 체육 프로그램에 참가한 결과로서 생기는 것이다. 그것은 「교육적 목표」이다.

② 관리상의 방안과 실천은 거기 의하여 일연의 교육적 목표에 도달하는 것이고 또 그것을 학생들의 의미 있게 활용하도록 하려는 것이다.

이러한 혼동을 방지하기 위해 「목표」라는 말은 이 장에서는 「교육적 목표」라는 뜻으로만 쓴다. 「방안」이라는 말은 관리면의 제목을 논할 때에만 사용한다. 대개 체육의 「교육적 목표」를 간결하게 서술하려고 하는 사람들은 다음과 같은 방법으로 시작한다. 첫째 교육의 목적 또는 궁극적 의도를 몇 개의 일반 목표로 분석하여 보통 다음과 같은 뜻을 제시한다.

① 신체 기관의 힘을 발달시키는 것

② 체육활동에 있어서 필요한 기술을 학습시키는 것

③ 좋은 사회적 습관과 태도를 형성하게 하는 것

④ 페어플레이 정신과 체육활동(레저스포츠)의 흥미를 유지, 증진시키는 것

이러한 일반적 목표는 다시 몇 개의 특수 목표로 세분화 된다. 예를 들면 위의 둘째 대목에서 대학생을 위한 특수목표로 다음 것을 들 수 있다. 먼저 학생들은 최소한, 하나의 팀에 가입하여 팀 경기나 개인 경기를 잘 할 수 있도록 배운다. 다음, 특수목표는 다시 특수 항(項)의 목표 도달점들을 만들 수 있다. 예를 들면 골프에 참여한 학생들이 평균적으로 골프, 공 5개 중 4개를 100피트 거리에서 그린에 올려놓도록 하는 목표를 세울 수 있을 것. 이 처럼 체육의 모든 가능한 목표를 상세하게 쓸 수 있다. 현실적인 체육수업을 앞두고 제시해도 좋을 정당한 목표의 수는 무수히 있어도 좋을는지 모른다. 목표의 주요부가 있어 조직된 체육의 하나하나의 면에 상세하게 관련되고 그 범위는 유아의 놀이에서 성인의 여가생활에까지 영향을 미치게 되기 때문이다. 만약 두 사람이 있으면 그 특성이나 필요가 정확하게 같을 수는 없으므로 궁극적이고 이상적인 결론을 얻을 때까지 목표를 연구하여 학교에서는 한 사람 한

사람의 학생에 적용할 수 있는 세분화된 목표를 만들어야 하며 이는 특수목표가 되는 것이다.

관리방안과 교육적 목표와의 관계에서 체육계획의 관리자는 교육적 목표를 세워야 한다. 목표는 그 계획에 포함되는 개인의 필요에서 발생함으로 어떤 필요가 있는 가를 명확히 해야 한다. 다음으로 필요를 결정하여 목표를 세우고 목표를 달성할 수 있는 프로그램을 기획하여야 한다. 또 이 목표를 이루기 위해 자신 혹은 전문가가 세운 관리방안이 필요하게 된다. 이런 문제의 분석은 다음 질문에서 시작된다.

① 교육받을 개인의 성장 발달 및 적응에 관하여 무엇이 필요한가?

② 이러한 필요를 채우는데 어떤 활동이 가장 효과적인가?

③ 이와 같은 활동을 위한 환경적 특성은 무엇인가?

개인의 요구 분석을 위해 먼저, 교육받을 개인의 발달 및 적응에 관해 생각을 해보면 어느 개인에게 특수요구가 무엇인가를 정확하게 알기 위해서는 일연의 방책이 필요하다는 것을 곧 이해하게 될 것이다. 이것은 아주 중요한 문제다. 과거의 여러 교육방법은 개인의 능력이나 특징에 차이를 두지 않고 획일화된 교육만을 강조하여 실패 하였다. 우리는 이제, 개인은 각각 그 능력과 요구를 달리하는 것을 알고 따라서 현명한 교육방법은 이러한 차이를 고려해야 된다는 것을 알고 있다. 예를 들면 축구는 18세 되는 어떤 소년에 있어서는 아주 좋은 활동이라고 볼 수 있지만 다른 사람에게는 아주 파괴적인 운동이 될지도 모른다. 특수요구의 결정에 관한 방안은 충분히 다루어지지는 않았지만 다음과 같은 시사들을 이야기 해 볼 수 있다.

① 각 개인에 대해서 최소 1년 마다 정밀한 신체검사를 하고 그 기능적 해부학적 상태, 결함 및 요구를 분석 할 것

② 각 개인의 근육활동의 기술과 신체운동을 조정하는 능력에 대해서 자주 측정 할 것

③ 개인의 사회적 특징과 요구를 평가할 것(객관적 테스트가 없기 때문에 평가는 지도자, 동급생 및 다른 관찰자의 판단에 기준을 두어야 한다.)

④ 다른 흥미와 관련하여 개인의 체육활동에 대한 흥미를 평가할 것(관찰을 토대로 하여)

⑤ 체육환경에서 벗어났을 경우 그 개인이 소속된 사회적, 직업적 상황을 평가할 것

⑥ 개인이 장차 어떤 종류의 레크레이션이나 운동이 필요할 것 같은가를 결정하는 첫 걸음으로서 장래에 그 사람이 나아가리라고 생각되는 사회적 직업적 지위를 가능한 명확하게 결정할 것

⑦ 현재와 장래에 있어서 사회적, 경제적 변혁을 인간의 요구라는 조건에 비춰서 평가할 것.

개인의 경우 어떤 요구가 발견되는가는 물론 예측 할 수 있다. 그러나 대부분의 아동들에게 공통적으로 볼 수 있는 여러 가지 발달상 및 적응상의 요구를 실 예로서 인용하는 것이 바람직 할 수도 있다.

생리학적, 해부학적 요구

① 도시화, 기계화는 전(前)시대의 특징으로서 현재까지 존속해 온 모든 신체 활동을 배제(排除)하는 경향이 되어 많은 청년들이 기능력(機能力)과 기력을 발전시키는 유일한 수단인 근육활동에 관한 필요성을 잊어버리고 또 그 기회조차 축소되었다.

② 근육활동 양이 부족하여 발생하는 근육조직의 부족과 그에 따르는 자세의 결함.

③ 많은 활동이 필요한 유년기에 충분한 활동을 하지 못해 정상적인 성장 발달에 나쁜 영향을 준다.(일반적으로 아동은 활동하기에 나쁜 환경에서도 놀고 또 운동을 하지만 활동의 양이 제한되고 활동의 형식이 유익하지 못한 경우가 많다. 이러한 점들은 도시생활에서 더 확대되어 영향을 준다.)

④ 현대인들의 생활은 건강유지에 필요한 최소한의 운동과 규칙적인 운동습관을 잃어버리고 말았다.

심리학적 요구

① 정서를 제어하는 능력을 향상시키고자 하는 요구

② 각종의 의도적 신체운동을 제어하는 능력을 향상시키려는 요구

③ 언제 일어날지 모르는 긴급한 상황이 닥쳤을 때 신속하고 정확한 정신적 반응 능력을 향상시키려는 요구

④ 자아를 건전하게 표현하고자 하는 기회의 요구

⑤ 삶의 행복을 위해, 현대생활의 억압과 속도에서 일어나는 정신적, 정서적 스트레스의 해소를 위해 건전한 레크레이션 활동에 대한 흥미를 발달시키는 요구

사회적 요구

① 항상 다른 사람의 권리와 복지를 생각하는 공정한 태도를 함양하려는 요구

② 공익 실현을 위해서 의도된 일에 협력하는 태도를 함양하려는 요구(인간에 결여되어 있는 덕(德)으로서 이것만을 강조하는 것은 아니지만 이런 것은 사회 복지를 위하여 가장 중요한 것)

③ 라디오, TV, 영화 그 밖에 앉아서 하는 형식의 여가활동에 대항하기 위

하여 강한 정서적 요소를 지닌 자극적 활동에 흥미를 가지고 참가하는 것을 발전시키려는 요구

④ 청소년들의 반사회적 경향을 방지하기 위한 건전한 여가활동을 촉진시키려는 요구(사회적 활동에 참가하는 좋은 기회)

⑤ 청년기에 필요한 근육활동이 수반되는 레저스포츠 기술을 배우려는 요구

⑥ 현대사회의 변화에 잘 적응하기 위하여 다름 사람의 의도를 신속하게 파악하고 적절한 활동을 할 수 있는 능력을 발달시키는 요구

생리학적

어떤 경우에 어떠한 활동을 해야 하는가에 대한 정답은 없다. 상황에 따라 우리는 요구라는 관점에서 최선의 판단을 기초로 선택을 한다. 한편 교육자들은 일반적인 요구는 모두 자연적 근육활동 및 거기 따르는 활동에 의한 경험을 통하여 해결된다는 의견을 제시했다. 자연적 활동이라는 것은 아동이 어떤 형식을 취하더라도 스스로를 시도하고 극화(劇化)하고 운동의 리듬을 즐기고 투쟁하고 쫒고 쫓기고 하며 강함, 경쾌, 속도, 지구력, 민첩성 등을 필요로 하는 활동으로써 다른 사람과 경쟁하고 사물을 만진다는 인간적인 경향에 그 자취를 발견 할 수 있다. 이러한 활동은 적절한 성장의 촉진, 기능력 및 활력의 발달, 근육조직의 강화와 유지에 가장 적합하다고 여겨진다. 즉 그러한 활동은 전 근육조직들을 움직이게 되는 것이 많고 또 그것이 자연적으로 인간에 있어서 흥미가 있기 때문에 맨손체조나 준비운동과 같은 형식을 갖추어 만들어진 활동보다 자유롭게 지속적으로 행할 수 있기 때문이다. 마지막으로 자연적 활동은 평생을 두고 운동의 습관이 되기 쉬운 것인데 성인이 되어서 즐

길 수 있는 활동의 기술을 청년기에 습득하였을 때는 더욱 강하게 나타난다.

심리학적

교육자들은 한 결 같이 다음 사실을 인정하게 되었다. 인간행위의 적당한 지도는 인생에 있어서 될 수 있는대로 빠른 시기에 시작 하는 것이 좋으며 유아기나 아동기의 단체 놀이가 그 후의 교육에 좋은 영향을 준다는 사실이다. 또 그들은 아동들이 자기표현에 조금이라도 부자연스럽게 되면 대부분은 중대한 인격적 결함이 되리라는 것을 알고 있다. 민첩, 독창, 솔선, 기지 등의 정신적 성질은 아동기의 자연적 놀이에서 항상 필요한 것이다.

모든 종류의 신체운동을 제어하는 능력은 이러한 자발적인 활동을 통해서 가장 잘 발달한다. 신경적 긴장에서의 해방은 근육활동을 통해서 어느 정도 해소할 수 있다. 그러나 교실과 같은 부자연스러운 환경 속에 갇혀 있는 아동들에게 짧은 시간동안 맨손체조를 실시하여 아동들을 그 신경적 긴장에서 벗어나게 하려고 하는 생각은 어리석고 동정심이 없는 어른들, 교육자들의 잘못된 생각이다. 오늘날 다행히도 그러한 생각에서 급속히 벗어나고 있다. 성인들도 마찬가지로 긴장을 해소하기 위해서 자연스러운 재미를 일깨우는 스포츠에 열중하는 것이 종래 사람들이 맹신(盲信)해 온 「일과 체조」보다는 스트레스를 완화하는데 훨씬 효과적인 것을 알게 되었다.

사회학적

사회적 견지에서 여가를 즐기는 것이 학교의 어떤 교육 보다 학생들의 성격도야에 좋다는 것은 교육자들 사이에 일반적으로 의견이 일치되어 있다. 좋은 환경에서 활동을 한다면 이러한 활동은 공정, 페어플레이, 협동 등의 태도를 양성하고 청소년들의 비행화를 막는데 도움을 준다. 단체 활동은 개인을 끊임없이 단체의 한 구성원으로 본다. 즉 단체 활동은 다른 사람의 권리나 복지를 인정하는 것과 같은 사회적 반응을 요구하기 때문이다. 단체 활동은 자기표현 정서의 도야 및 타인의 동기 행위 의도에 적응하는 훈련 등에 좋은 기회를 주는 것이다. 아동기에 이와 같은 활동에 적극적으로 참가하는 것은 과도한 학습이나 컴퓨터 게임 등으로 앉아서 보내는 생활이 대부분이 학생들의 생활을 개선해 줄 수 있다. 바르게 계획되고 지도된 경기의 참여는 서로 주고받는, 양보하는 사회질서에 적응하는 능력을 배양해 준다.

다음의 문제에 대해서 마지막 단계로 우리가 고민해야 할 것이다.즉 피교육자인 개인 또는 단체의 요구에 가장 적합하다고 생각되는 반응 또는 활동의 촉진과 적합한 지도를 위한 가장 좋은 체육환경의 특징은 어떠한 것인가? 하는 문제다.

가장 좋은 체육환경의 특징

이 문제의 분석에 관해서는 우리는 가장 중요한 하나의 방안을 기초로 하지 않으면 안 된다. 결국은 환경의 영향과 인간의 생득적(生得的)인 경향이 함께 작용하여 활동 또는 반응의 형태와 그에 의하여 일어나는 개인의 수정(교육 효과)이 결과로 나타나기 때문이다. 체육계획을 시행하고자 할 때 기대하는 환경은 해당되는 피교육자, 즉 어느 개인 또는 단체의 특수요구에 응하여 수용할 수 있는 것이 아니면 안 된다는 것은 당연하다.

미식축구는 대학생이라는 특정한 단체(집단)의 요구에 알맞은 활동이라고 생각된다. 그리고 이 생각에 동의한다면 환경조성에 대한 관리 방안은 충분한 운동장, 충분한 시설, 적절한 지도, 주기적 의료 관리 시스템, 스포츠맨쉽을 유발시키는 지도자의 배치에 있다고 말할 수 있을 것이다. 한편 신체적 제어능력을 발달시키는 기회가 먼저 필요하다고 생각되는 취학하기 전의 아동들의 집단에 대해서 고려하자면, 우리 방안은 사다리, 미끄럼대, 그네, 늑목이나 그 밖에 놀이용 시설들을 제공하는데 있을 것이다.

이론적 근거에 기반을 두고 체육환경에 관한 방안의 완벽한 계획을 작성하는 것은 어렵지만 모든 조건에 맞는 어떤 일반적인 기술을 하고 방안을 제의할 수 있다. 그리고 체육환경의 구성에 있어서 생각해야 할 중요한 점은 주로

① 불필요한 요소 제거

② 적절한 시설과 정비

③ 적합하고 숙련된 지도자 확보

④ 학생집단의 적정인원과 통제

체육환경의 불필요한 요소

모든 종류의 불필요한 요소들을 제거하는 것은 좋은 교육환경에 있어서 가장 중요한 선결과제이다. 교육계획의 실천과정에 이러한 요소들을 제거하지 않으면 효과적인 실천을 기대할 수 없기 때문이다. 제거해야 할 요소는 신체적, 심리적, 사회적 장해 요소로 분류할 수 있을 것이다.

신체적 장해 요소는 다음과 같은 것을 들 수가 있다. 즉 우발적인 신체적 장해를 일으키기 쉬운 위험한 용구 또는 시설 피교육자인 개인 또는 집단에 적당하지 못한 자세를 주기 쉬운 시설이며, 자질이 부족한 지도자 및 비위생적 환경 등이다.

심리적 장해 요소에는 다음과 같은 예를 들 수 있을 것이다. 기술 습득에만 중점을 두고 지적 감각에 우둔한 지도자, 피지도자를 억압하는 지도 분위기,

개인에게 적절하지 않은 집단 편성과 거기서 오는 흥미와 목표의 모순 충돌 및 인생문제에 관해서 학생에게 그릇된 지식을 얻게 하는 것과 같은 지도자의 무지 등이 그것이다.

또한 일반적인 사회적 장해 요소에는 다음과 같은 것이 있다. 좋지 않은 사회적 또는 도덕적 습관과 태도 및 이상을 가지고 있는 지도자, 좋지 못한 사회적 태도를 가진 다른 개인 또는 집단의 영향, 좋은 사회적 훈련을 이해하지 못하고 또는 그와 같은 훈련에 대한 책임을 지지 않는 지도자 등이 그것이다.

이상의 입장을 반영한 방안

이상의 논의들을 바탕으로 다음과 같은 방안을 설정할 수가 있다. 방안에 따르면 불필요한 장해의 걱정이 없는 체육적 환경의 정비에 한 발 더 가깝게 다가 갈 수 있을 것이다.

① 가능한 한 완전한 시설을 갖추고 규칙적으로 검사하여 항상 안전한 상태로 유지 할 것.

② 개개인의 체력, 순발력, 지구력, 민첩성과 유연성 등에 적합한 운동형식을 실시할 수 있는 시설과 지도자를 배치 할 것.

③ 위생적인 환경을 조성할 것. 예를 들면, 비위생적인 물먹는 장소는 개선하도록 한다.

④ 체육의 실천 환경에 동질적(同質的)인 집단들로 구성 할 것.

⑤ 충분한 자질과 현명한 인품을 가진 지도자를 선발 할 것. 예를 들면,학생들이 원만한 대인관계를 유지하게 하고 신체적인 면 뿐 만 아니라 지적인 면도 존중하며, 심리적, 정서적 스트레스를 해소할 수 있는 인관관계로 유도할 수 있는 지도자.

⑥ 좋은 사회적 습관, 태도 및 이상을 바탕으로, 사회적 훈련의 기술에 관한 지식을 가지며 적정한 책임감을 겸비한 지도자를 선발 할 것.

⑦ 좋지 못한 사회반응이나 태도를 조장하기 쉬운 외적(外的)영향을 없앨 것.

시설에 관계있는 방안

「장해」 대목에서 기술한 것 이외의 중요한 방안은 다음과 같다.

① 특정한 집단과 개인에 의하여 요구되는 활동형식에 가장 적합한 시설을 갖출 것.

② 동기유발을 극대화 할 수 있는 시설을 갖출 것.

③ 전 학년에 적절한 시설을 갖출 것.

지도자에 관한 방안

지도자에 관해서 우리가 목표로 삼는 것은 다음과 같은 자질을 갖춘 지도자를 육성, 선발하는데 있다. 원만하고 매력적인 인격, 좋은 사회적 습관, 태도, 이상, 책임감, 지성, 열정, 도덕성 등을 포함하는 최고의 교육이론을 제공할 능력 등이 그것이다.

사람이란 지도자에 임명 되었다는 그 자체로 지도자가 되는 것이 아니고 지도자로서의 자질을 가지고 있기 때문에 지도자가 된다는 것을 명심해야 할 것이다. 항상 이 생각을 염두에 두고 지도자를 선택하는 것이 중요한 일이다.

역사적으로 알 수 있듯이 지도력(리더쉽)이 인간의 행위에 미치는 영향은 어마어마하다. 그러므로 우리가 만든 환경에서 지도자의 영향을 절대 가볍게 보아서는 안 된다.

인원의 통제

각 개인에 미치는 환경적인 요인들은 타인의 존재에 의하여 영향을 받는다. 그러므로 우리의 방안은 피교육자들을 적절한 집단으로 나누어야 한다. 체육의 목적달성을 위하여 구성원들의 질이 다른 집단을 만드는 일반적인 방법은 더 이상 선택하지 않아야 한다. 이와 같은 집단의 전원에 대하여 동일한 활동이 좋다고 생각될 경우라도 체력이나 지구력이나 또는 사회적 발달에 있어서의 능력차는 있을 수밖에 없으므로 이로 인해 최고의 효과를 얻을 수는 없는 것이다. 성숙하지 못한 학생들이 사회적 습관과 태도에 의문이 있는 상급 학생들과 교류하는 것에는 많은 위험성이 내포 되어 있다. 이와 같은 위험은 숙련된 지도자라 할지라도 반드시 없앨 수 있다고는 말 할 수 없다. 하지만 원숙하고 여러 면에서 발달이 빠른 동급생이나 상급생과 좋은 환경도 갖지 못하고 발달이 늦은 동급생나 하급생들의 교류는 많은 도움을 줄 수 있다. 일반적으로 우리들의 방안은 기회비용을 줄이기 위해 체육환경에 있어서 같은 흥미 요구 및 능력을 가지는 집단을 함께 두어야 한다는 것이다. 다만 그 집단은 같은 역연령(曆年齡)의 집단일 필요는 없고 신체적, 정신적 또는 사회적으로 거의 동일한 발달 단계에 있는 집단인 것이 좋다. 특별한 교정운동이 필요하다고 보이는 집단이나 개인을 다른 집단과 분리시키는 것은 일반적으로 하고 있지만, 이 방법은 그런 것에 대해서 부자연스럽고 좋지 못한 환경을 만들기 쉽고, 장기적으로는 그와 같은 방법에 의해서 얻는 생리적, 해부적으로 얻게 되는 이득 보다 심리적, 사회적 성격에 해가 되는 반작용을 가져오게 되는 수가 많다. 교육계획의 현장에서 실행 할 수 있는 한(限) 자연스러운 활동을 정상적인 자연 환경에서 행하고, 그것을 신체적 결함의 교정에 이용하여야 한다.

여기에서 학생의 목표, 즉 우리가 학생들의 목표에 대해서 심사숙고하기를 게을리 하면 이 논의는 불충분한 것이 되어 버릴 것이다. 이장에 있어서의 목표와 방안의 분석은 오로지 관리적이고 지도적인 입장에서 논의 하여 왔다. 그러나 많은 교육자들은 어떤 교육목표의 작은 지표라도 그 계획의 대상인 학생의 요구가 반영되어 있지 않으면 그것은 완전한 것이 아니라는 점을 강조하고 있다. 그러나 여기에서는 이 문제들에 대해 충분한 논의를 거친 후 학생들의 완전한 지표를 만들 생각은 없다. 사실 관련 연구도 충분하지 않기 때문에 체육계획에 관하여 학생들이 어떠한 목표를 가지고 있는가를 명확하게 판단 할 정도에까지는 이르지 못하고 있다. 학생의 목표를 결정하기 위하여 진행한 연구의 종류 중 하나는 질문지법(質問紙法)으로 연구자가 목표를 제시하고 학생에게 가장 중요하다고 생각되는 것을 지적시키는 방법을 채택한 것이므로 그 결과를 그대로 신뢰하기는 어렵다. 이 방법은 학생이 체육계획에 관하여 실제에 어떠한 목표를 가지고 있는가를 결정하는 방법이라고 하기보다는 차라리 체육원리에 관한 지식을 테스트하는 것이라 생각된다. 그러나 실제로는 학교의 체육계획에 교섭을 가지면 모든 학생들이 보다 분명한 목적을 가지는 것이 용이해질 것이다. 체육지도의 경험에서 보면 학생들의 목표는 범위가 크고 다양하다고 생각한다. 바람직한 일은 아니지만 학교 당국과의 마찰을 피하기 위해서라는 목표에서 보면 학년을 올라가려고, 친구들과 함께 놀고 여러 가지 재미있는 게임을 한다는 등의 일반적이고 바람직한 목표에 이르고 있다. 체육계에는 정상적인 학생의 목표는 관리상의 목표 및 지도자의 목표와 일치 되어야 한다는 보수적인 선생님이나 관리자가 있다. 따라서 지도자가 농구수업을 통해 공정한 태도를 발달시키려고 계획한다면 학생은 농구수업에 임할 때, 명확한 목표의 하나로 '다른 사람에게 공정할 것'

을 배우지 않으면 안 된다는 것이다. 그러므로 학생이 지도자와 동일한 목표를 가져야 한다는 사고방식은 필요하지 않을 뿐 아니라 바람직하지 않다고 할 수 있다. 농구에서 공정을 가르칠 때 숙련된 지도자이면 학생이 경기 참가에 대해 강한 욕구를 가지며 다른 사람과 함께 플레이를 하고 싶다는 강렬한 마음을 가지고 '경기에 참가하고 싶다' 는 소망을 가지는 것만을 학생들에게 요구하면 충분하다. 이러한 상황에서 현명한 지도자는 학생이 그와 같이 하려고 하는 의식적 요구 없이도 스스로 공정함 배우기 위해 최선을 다 할 것이다.

도덕적 의미로 많은 지도자들은 학생들이 더욱 좋은 청소년이 되고 싶다는 요구에 따라 체육을 한다고 고백하면 그것을 그대로 받아들이지는 않을 것이다. 청소년기의 정상적이고 자연스러운 목표는 다음과 같은 목표와 관계가 있을 것이다. 재미있기 때문에, 여러 사람 사이에 함께 하고 싶어서, 경기를 더 많이 알고 더 잘 하고 싶어서, 힘세고 잘 견딜 수 있게 되기 위해서 등이며 남학생들의 경우 팀에 들어가고 싶어서, 몸 짱이 되고 싶어서도 많이 있으며 또 스타일을 좋게 하고 싶어서, 공부에 따르는 구속에서 한 때 해방되고 싶어서 등도 있다. 체육선생님들이 학생들이 갖고 있는 이러한 목표를 알 수 있다면 공동의 목표 설정에 많은 도움이 될 것이며 수업을 통해 그 목표를 행복하게 달성하게 될 것이다. 학생이 그와 같은 동기를 가지고 있음에도 불구하고 지도자가 학생에게 갖고 있는 목표에 도달하지 못한다고 질책해서는 현명한 지도자라고는 할 수 없다. 지도자는 젊은 학생이 갖게 되는 다음과 같은 목표에 대하여 아주 관심을 가지고 있다고 고백하는 것을 듣게 된다면 혼란에 빠지게 될 것이다. 즉 좋은 스포츠맨이 될 수 있도록 배울 것, 운동기능과 활력을 증강 시킬 것, 성인이 되었을 때 할 수 있는 스포츠를 습득 할 것, 병에 대한 저항력을 기를 것, 공손하고 관대한 마음가짐을 배울 것 등인데 경험이 많은 지도자는 이와 같은 학생의 목표는 부자연스러워서 정상적인 것이라고는 생각하지 않을 것이다. 결국 그들에게 좋은 생활을 성취시키려면 항상 아동과 청소년의 정상적이고 자연스러운 자극을 통하여 이루어 지지 않으면 안 된다. 우리는 학생이 체육계획에 관하여 어떤 목표를 가지고 있는가에 주의를 기울여야 한다. 그것을 안 뒤에는 우리는 학생을 우리 목표에 맞는 목표규정으로 전향시키는 것이 아니고 오히려 이러한 정보를 반영하여 우리 자신의 목표를 재평가하고 우리 목표를 학생들의 목표에 동조시키도록 힘써야 한다. 이러한 목표 설정을 통하여 궁극적으로 우리는 학생들과 모든 가치 있는 노력에 협력 할 수 있게 되는 것이다.

5장과 6장의 소론이 경향은 다음 것을 표시하는데 있었다. 즉 체육의 목적, 목표 및 방안을 구성하는 시도는 단순히, 우연히, 직면하는 대로 하는 것 보다 교육의 근본원리에 의하여 달성되어야 한다는 것. 체육은 다른 교육과 마찬가지로 개인의 수정의 과정이라는 것을 명기할 것. 모든 교육적 수정은 내적, 외적 환경의 자극과 사태에 대한 개인의 반작용에서 생기는 것이라는 것. 체육은 피교육자인 개인 또는 집단에 가져올 수정의 결정 및 그 수정이 가장 잘 이루어지도록 하는 것으로 근육적 및 기타 활동 형식의 선택으로 시행된다. 또 이와 같은 활동을 소기한 결과에까지 가장 잘 촉진되도록 하고 인도하는 환경을 구성하는 것에 관심을 가지는 것이다. 이와 같은 견해에서 우리 방안은 피교육자의 요구를 결정하는 방법, 요구에 가장 적합한 활동의 선택 및 이와 같은 활동의 촉진과 적당한 지도가 이루어지도록 최선의 환경을 설정하는 것에 관한 것이다.

17장 체육 활동 계획

활발한 근육활동은 체육계획의 가장 중요한 요소이다. 다시 말해 근육활동은 체육계획의 진수(眞髓)이고 본질이다. 왜냐하면 근육활동은 직접적으로 근육운동으로 나타나고 그것을 통하여 개인은 건강한 신체를 가지게 된다. 그리고 건강한 신체는 인격과 지성의 형성에 긍정적인 영향을 끼친다. 그러나 지도자나 관리자가 오로지 근육적인 면에만 지나치게 몰두하고 다른 중요한 요소를 보지 못하는 것은 좋은 일이 아니다. 지도자가 개인 또는 그룹의 특정한 요구를 충족시킬 활동을 선택하기 위해서는 반드시 관심을 가져야 한다. 이 책 다른 곳에서도 언급했듯이 이 장에서는 활동의 선택 및 평가에 관한 문제 전체에 대하여 조금 더 상세하게 논할 것이다. 「목정 방책」의 장에서 기술한 것과 같이 활동을 선택할 때는 교육을 받고 있는 개인 내지 그룹의 목표를 기본적으로 고려해야 한다. 최선의 계획이라는 것은 이 목표를 달성할 가능성이 가장 큰 것이다. 그러므로 활동의 선택 및 평가에 관한 문제의 핵심은 바로 계획의 선정이다. 많은 체육 지도자들이 이러한 내용을 알고는 있지만 만족할 만한 해결책을 내놓은 사람은 많지 않다. 왜냐하면 아동의 특성이나 흥미를 고려하지 않고 오로지 성인의 입장에서만 해결책을 찾으려 하기 때문이다. 체육지도자들은 아동의 생리적 성장과 발달을 촉진하기 위해서는 상당한 양의 근육활동이 필요하다는 것을 알고 있다. 하지만 목이 마르면 갈증이 나는 것처럼 아동들은 자유로운 자발활동에 갈증을 느끼며 이 '갈증'을 해소할 수 없는 해결책은 아무런 소용이 없다는 것을 그들은 잘 모른다.

1. 활동선택에 있어서의 요인

이와 같이 생각해 보면 활동 내지는 활동계획을 선택할 때 특수한 개인 이나 집단의 요구를 충족시키기 위하여 이 문제에 포함되는 모든 요인을 적당하게 고려하지 않으면 안 된다는 결론에 도달한다. 다음과 같은 것은 특히 필요한 것으로 들 수 있다.

① 발달의 모든 단계에 있어서의 아동 생활의 흥미와 특질. 이 점은 이미 서술한 것이고 이 장 뒤 대목에서도 자세히 설명한다. 그리고 이장 끝에서 이 선에 따른 연구를 위한 참고서를 들 작정이다.

② 해당그룹에 있어서의 기본적 기술의 수준. 가령 지도자는 어느 정도 축구를 할 줄 아는 그룹이 아니면 그에게 축구를 가르쳐서 효과적인 훈련을 하기 힘들다.

③ 개인의 신체상황. 전 학생은 계획에 참가하기 전에 신체검사를 받아야 한다. 이것은 교사가 아니고 전문적 교육을 받은 의사가 하여야 한다.

일반적으로 법률은 교사가 의사 면허를 가지고 있지 않는 한 이와 같은 검사를 하는 것을 금하고 있다. 일반적인 활동을 하는 것이 부적당하다고 보이는 자에 대해서는 특수한 과제를 제시하고 있다. 일반적으로 초, 중학교 시기는 인간의 생애 중 가장 효과적으로 교정적 처치를 할 수 있는 시기이다.

④ 취급할 그룹의 인원, 학교관리자가 연령의 차이가 많고 발육상태가 여러 층인 아이들을 하나로 뭉쳐서 체육수업을 받게 하는 것은 흔히 있는 일이지만 결과가 좋지 못한 방법이다. 그러나 그와 같은 사태에 직면한 지도자는 전원에 알맞은 활동을 찾아내던지 또는 선택의 범위를 넓힐 것이다.

⑤ 특별히 10세 이후의 성별(性別)을 고려할 것. 그러나 체육에서는 남녀를 가르는 것은 이제까지 너무 지나친 감이 있다. 성인이든 아동이든 남녀 혼성 그룹으로 효과적으로 할 수 있는 체육활동은 얼마든지 있다.(이 장 뒤에 나오는 「공학활동의 조직 및 지도에 관한 원리」를 보라)

⑥ 바랄만한 가치. 어떤 활동에는 다른 관점 이상으로 생리적, 사회적, 레크리에이션 적으로 가치 있는 것이 있다. 가령 기계체조는 고등학교의 남자에 대한 생리적 가치로 본다면 높이 평가할 값어치가 있을지 모르지만 사회적 및 레크리에이션적 가치에 관해서는 훨씬 낮은 가치 밖에 없을런지 모른다. 여기서는 어떤 활동의 사회적 생리적 레크리에이션적 가치가 학습자의 연령 수준에 따라 변하는 것을 명기 하여야 한다. 예를 들면 일반적으로 권투나 레슬링은 대학생에게 시킬 때는 모든 점에서 꾀 높은 평가를 줄 수 있지마는 초등학생의 활동으로는 전문가들 사이에서는 아무런 가치도 인정받지 못하고 있다. 제 2차 세계대전 중

모든 단계의 학교에 있어서 신체의 조정 및 적성이 중시된 것은 아동들에게 장래에 일어나라고 예상 되는 필요에 응하여 학교계획이 세워진 좋은 예이다. 그러나 현명한 체육지도자는 생리적 가치를 강조하는 동시에 사회적 레크레이션적 가치도 유지해야 한다는 것을 인정한다.

⑦ 지도자 부담. 학교는 수업시간에 지도자에게 담당 시키려는 학생 수를 고려해야 한다. 가령 야구를 가르칠 때는 20명이 적당하지만 골프에서는 동시에 20명을 효과적으로 가르칠 수는 없다.

⑧ 위생적 배려. 건강에 적당치 못한 환경. 가령 어둡고 지저분하고 환기가 안 되는 체육관에서 하는 운동은 좋은 것만은 아니다.

⑨ 플레이하는 장소의 넓이. 좁은 장소에 100명의 아동을 넣어서는 야구는 할 수 없다. 그러나 이와 같은 제한된 공간에서 어떤 가치가 있는 활동을 할 수 있는가를 생각해 보는 것도 중요하다.

⑩ 이용할 수 있는 용구. 만일 50명의 학생이 공을 2개 밖에 사용할 수 없다면 전원에게 동시에 포구(捕球)나 투구의 기술을 효과적으로 가르칠 수는 없을 것이다. 이런 경우는 그룹을 나눌 필요가 있다. 그리고 한 그룹이 포구나 투구 기술을 배우고 있을 동안 다른 그룹은 그 종목의 다른 여러 가지 요소를 배워야 한다.

⑪ 시간 배당. 100분보다 200분을 계획할 때 더 많은 내용변화를 줄 수 있다. 휴식시간 점심시간 방과 후가 체육목적에 이용될 경우는 그 계획은 수정된다.

⑫ 지리적 기후적 조건. 연중 옥외활동을 할 수 있는 남부지방에 적합한 활동계획은 장소를 북부의 추운 곳으로 옮겨 실행할 때면 반드시 수정해야 한다.

⑬ 학생의 지도력을 발전시키는 지도자의 능력. 만일 지도자가 학생의 리더십을 어떻게 발전시키고 사용할지를 잘 이해하고 있으면 훨씬 넓은 범위의 교육이 가능하다.

만일 학생의 좋은 리더십을 이용할 수 있다면 야구나 체조는 100명이상의 소년의 집단을 효과적으로 운영할 수 있을 것이다. 그러나 이와 같은 원조 가 없다면 지도자는 그 수효의 거의 몇 분의 일의 인원수 밖에 만족시킬 수 없다. 계획을 작성할 경우 고려해야할 모든 요인의 방대한 표(表)를 보면 지도해야 할 그룹의 진정한 목표에 이상으로 적당한 활동을 선택하는 것이 아주 어려운 문제라는 것을 알 수 있다. 경험을 쌓은 지도자가 알고 있듯이 이와 같은 사고방법은 충분한 근거가 있다. 이 문제에 관하여는 많은 연구와 조사가 있었다. 각 연령별의 아이의 특성은 잘 구별되어 있다. 정상아의 실제적 요구는 완전히 분석 되어 있다. 이 분야의 전문가들이 마련한 기준에 따라 여러 종류의 일반 활동에 등급이 붙여졌다. 전문가들은 취학 전에서 대학까지의 모든 연령층에서의 전체 발달 사회 훈련 레크레이션적 가치 등에 어떻게 기여하는가에 따라 활동을 구별하고 평가해왔다. 어떤 경우에는 10점 만점 또는 100점 만점의 수로 표시했다. 또 다른 연구자는 활동을 처음부터 끝까지 차례로 그 가치에 따라 단계를 나누었다. 학교에서 짜여 진 특수한 부분에 관해서는 그 가치에 기준을 두고 평가하는 시도를 하였다. 라 포-트가 주재하는 대학 교과과정 위원회의 연구는 이 선에 따른 조사의 좋은 예다. 다음은 위원회에서 14년 동안 연구한 내용이다.

① 신체적 지적 사회적 안전 및 레크레이션적 기여에 대한 상대적인 가치에 기준을 둔 교과과정에 있는 운동의 평가

② 흥미에 기준을 둔 학년 수준에 맞는 활동 선정

③ 활동에 할당할 적정한 시간

④ 각 활동의 기본적 요소의 분석과 초보자 수준 과 숙련자 수준에 있어서 이러한 각 요소를 지도하는데 필요한 시간

⑤ 체육 전문가 100인의 의견을 기초로 체육활동에 있어서의 중심계획 몇 선택 계획의 각 활동의 시간배당을 해놓은 예시.

지금까지 연구해 온 것은 대부분은 다만 정상아만을 고려한다는 것, 시설, 놀이터의 넓이, 시간의 배당이 적당한 것, 위생시설이 있는 것, 유능한 지도자를 이용할 수 있는 것,「지도자의 부담」이 적당한 것이 가정되어 왔다. 이러한 가정은 문제를 (a) 특정한 그룹의 특성 및 요구 (b) 그 요구에 응하는 기여라는 점에서의 활동의 평가라는 설문에 집약(集約)했다.

2 발달의 각 단계의 특징

취학 전 유야 3세~5세의 근육활동에 대한 열망, 신체운동 제어능력의 결핍, 활발한 호기심과 상상력, 강한 모방 경향, 자기중심적 독립적 자기주장, 협력의 결여, 도덕기준의 결여, 창의력 생성, 잡기놀이에 대한 흥미, 리듬 및 노래의 애호는 아이의 근육활동에의 부족함을 없애는 자유로운 운동의 계획을 시사하고 있다. 즉 음악 리듬댄스를 포함하는 단순한 활동, 모방을 포함하는 활동, 나무 쌓기와 같은 비교적 크지마는 가벼운 물건을 취급하는 것을 포함한 활동, 모래사장에서 삽이나 물통 등의 기구를 사용하는 활동이 그 예다. 이 시기는 아이들에게 둘이서 한 개의 놀이 감을 이용한 놀이에 아이를 협력적인 모습으로 끌어내는 시기다.

소학 하급 아동 6세~8세 현저한 특징

체력부족, 강렬한 운동욕구, 완만한 신체적 발달, 더 진보된 운동근의 협응과 기본적 기술의 발달, 강렬한 호기심 및 모방심, 개인주의 자기주장은 다소 감퇴하고 협력심이 보이기 시작한다. 리듬에 대한 흥미, 투쟁적 경향, 잡기놀이에의 애호, 한 층 더 진보된 조작 및 제작의 흥미, 이야기에 대한 흥미 등 이러한 특성은 이야기놀이, 리듬활동, 연극역할 및 각종 구기 같은 도구의 사용을 유도하는 간단한 조직의 정기적 게임 을 요구하는 것이다.

소학교 상급 아동 9세~12세 현저한 특성,

운동근 협응성의 급속한 발달, 완만한 발육, 개인주의 및 자기주장성의 감소, 모험욕, 투쟁 수렵활동에 대한 흥미, 지구력의 결여, 대항심과 군거성(群居性)이 심화된다. 협력심, 동료애 발생, 남녀 분리에의 욕망, 여자의 리듬 활동에 대한 강한 흥미에 대한 기초적인 기술의 적절한 학습이 강조되어야 할 시기다. 수영은 이시기에 가르치는 것이 좋다. 야구 축구 농구 및 그 밖의 팀 스포츠 중에서 현재 및 후일에 쓸 수 있는 기술을 이 시기에 발달시켜야 한다. 이 시기에 이런 기초적인 기술을 배우기 시작하지 않는 소년소녀는 고등학교 체육에서는 문제아가 되고 대학에서는 운동불능자가 되기 쉽다. 소녀에게는 춤이나 리듬을 장려하는 것이 좋다. 그러나 그것이 게임 활동의 제외를 의미하는 것은 아니다. 서서히 한 층 더 어려운 사냥, 게임, 경기적 게임이 이 시기에 행해진다.

중학교의 학생 13세~15세 현저한 특징,

급속한 성장, 주의력 결핍, 피로 누적, 추상적 추리력의 발달, 주의력의 증대, 까다로움과 공상성은 극히 일반적 현상이다. 감정은 세지만 충분히 제어하지 못한다. 여러 가지 게임보다 소수의 게임을 더 깊이 좋아하게 된다. 소녀의 포크댄스 및 연극 댄스에 대한 강한 흥미, 남자는 더 높은 조직을 가진 팀 경기를 강조하는 계획을 희망한다. 이 시기 전반에는 기초를 다지는 것에 힘을 실어야한다. 남자를 위한 덤블링 집단이나 여자를 위한 여러 가지 특수 댄스그룹과 같은 교내활동을 위한 클럽 조직이 중요하다. 리듬이나 댄스는 여자를 위한 프로그램에서는 아주 보편적이지만 일반적으로 남자에게는 특별히 좋은 영향을 끼칠지는 알 수 없었다. 그러나 남자에게도 동등한 기회를 주지 않으면 안 된다. 수영장이 갖추어져 있으면 수영은 남녀 모두 할 수 있도록 하는 것이 좋다. 이 시대의「전위(轉位)」활동의 지도에 고려해야 한다. 이 활동은 성인생활에 있어서의 레크리에이션 및 여가활동에 유효하게 이용 된다. 육상경기에서는 전문화보다 기능의 전반적 발달이 강조 되어야 한다. 축구 또는 농구 같은 격렬한 경기를 너무 지나치게 하게 되면 지구력이 모자라기 때문에 상해를 입기 쉬우며, 또 근골의 급속한 성장에 의한 완벽하지 못한 동작 때문에도 상해를 입을 수 있다. 이와 같은 시합으로 인하여 일어나는 필요 이상의 정서적 긴장도 이 시기에는 위험하다. 하지만 고도의 스포츠맨십이나 명예심은 모든 시합에 필요하다.

고등학교 학생 16세~18세 현저한 특징

성욕이 왕성한 것, 속도, 강도, 지구력, 협응성의 현저한 발달, 신체 운동 제어능력 향상, 주의력과 추리력의 증대, 자아 정체성 확립, 한층 더 제어가능한 정서. 흥분과 모험에 대한 강한 애호심, 경쟁심의 고도의 발달. 점차적으로 개인의 독립심이 강해진다. 흥미가 한 층 전문화 되는 경향이 있다. 이 시기에는 전 학생을 포괄하는 교내 경기 계획의 발전에 특별히 신경써야한다. 여자를 위한 계획 중에는 리듬운동, 육상경기, 수상운동, 개인운동 같은 것이 중요하다. 표현력을 중시하는 현대무용은 여자에게는 없어서는 안 되는 운동이다.

남자를 위한 계획 중에는 기계체조, 격투기 등 한층 더 격렬한 경기 등이 있다. 남녀가 함께 하는 활동은 그 중요성을 강조하지 않아서는 안 된다. 여러 가지에 대해서 남녀의 강조점을 다르게 하지 않으면 안 된다. 이 시대에는 남녀 어느 쪽에나「전위」활동능력에 대한 상당한 정도의 숙달이 필요하다. 이러한 기술의 습득이 늦으면 커다란 핸디캡이 되는 것이다. 더구나 수많은 고등학교 학생들이 대학에 입학하지 못하므로「전위」활동의 기술을 숙달하는 것을 미루는 것은 좋지 않다. 이 시기의 학생은 사회 도덕적 습관과 태도를 확립하는데 있어서 가장 중요한 시기이므로 좋은 습관과 태도가 이 시대에 강화 되는 것이 바람직하다. 이 시기를 지나서도 남아있는 좋지 않은 운동습관은 없애버리기 힘들다.

대학생 19세~22세 현저한 특징

신장의 증가가 적다. 체중과 근육강도의 왕성한 발육, 지구력 증가, 높은 지성을 특징으로 하는 특수한 그룹 형성, 정서적 제어능력 발달, 소속욕은 이해관계를 고려하여 가감되는 일이 잦다. 운동경기에 대한 강한 흥미, 은동경기에 있어서 전문화하는 경향의 증대. 소속에 대한 충성심을 보이지만 때에 따라 충성을 요구하는 개인 및 원인에 대하여 비판적 평가도 할 줄 아는 강한 경향을 가진다. 대학시대는 남녀 모두 더욱 격렬한 팀 게임 및 개인 운등에 참가하는 것이 요구되고 나아가 그에 의한 기능력과 체력의 성장 발달이 촉진된다. 하지만 대학의 학생을 충분히 발육한 성인이라고 보는 것은 잘못이다. 신체발육은 대학시대의 뒤까지도 계속되는 것이다. 대학시대의 초기에 좌식 생활에 들어 간 학생은 신체적 발달의 현저한 결함을 보이기도 한다. 팀플레이를 통해서 양성되는 사회적 자질은 이 시대에 발달하여야 한다. 대학의 축구는 가장 적합한 것이라고 말 할 수 있다. 이 시대는 스포츠의 전문화가 그 정점에 도달할 때이다. 일반적으로 남학생에 대한 대학체육의 큰 착오는 축구, 야구, 농구, 육상경기와 같은 운동으로 전문화 하는 경향이다. 이와 같은 운동은 사회 발달적 견지에서는 아주 좋고 대학생활에서는 중요한 기능을 가질 수도 있다. 그러나 학생이 레크리에이션 또는 여가 활동으로 이용할 수 있는 스포츠나 운동을 제외하고 이러한 전문 스포츠와 운동으로 가는 것을 방치해 두는 것은 중대한 잘못이다. 그래서 대학 체육의 중요한 임무의 하나는 양궁, 배드민턴, 수영, 정구, 볼링, 댄스, 골프, 핸드볼과 같은 운동에 모든 학생이 참가 하는 것을 촉진 시키는 것이다. 대학은 학생에게 하나 또는 그 이상의 운동을 즐길 능력을 어느 정도에 까지 발달시키는데 책임을 가져야 한다. 이러한 능력을 몸에 지니고 있으면 장래 에 그들은 반드시 그 운동에 흥미를 가지기 때문이다. 대학 체육의 또 하나의 중요한 기능은 남학생처럼 여학생에게 여러 가지 팀과 개인 스포츠 등 교내 시합의 기회를 주는 것이다. 이러한 교내활동의 대부분은 남녀공통이라고는 하더라도 양자 별개의 계획을 세워야 한다.

3 공학 또는 공동레크리에이션 활동

1930년 무렵 이전, 전문가들 사이에는 체육활동의 목적을 위해서는 남녀는 10세 이후 곧 분리시키지 않으면 안 된다는 전통적인 사고방식이 있었다. 이 사고는 생리학적 기초를 기반으로 여자의 안전성에 기준을 둔 것이다. 남녀가 젊을 때 뿐 아니라 일평생을 통해서 함께 놀고 함께 일하지 않으면 안 되는 이상 청년기에 있어서 이와 같은 훈련이 레크리에이션 활동에서 주는 것은 마땅히 정당하고 논리적이라고 말한다. 그 결과 우리는 1930년 대의 활동에 주목하게 되었다. 전에는 거의 몰랐지만 이제야 우리는 사회적 적응이은 교육의 중요 부분이고 체육은 적응에 기여하는 중요한 가치가 있는 것을 체득하였다. 공학 활동의 분야에서 과거 20년 동안에 행한 실험에서 남녀가 함께 하는 활동의 지도에 관한 주요원칙이 나타났다. 만일 이러한 활동에서 성과를 거두려고 하면 모든 지도자들은 이러한 원리를 주시 하여야 될 것이다.

4 공학 활동의 조직 및 지도에 관한 원리

① 공학 활동 계획은 전 계획 중의 일부 면에 지나지 않는다. 하지만 공학 활동의 미점(美點)에 빠져서 전반적 계획의 중요한 부분을 등한시하는 일이 일어날 가능성이 있다.

② 공학 활동 참가는 자발적이어야 하며 강제적이어서는 안 된다. 지도자는 참가율을 높이려고만 유도하다 보면 교과로 기대한 가능성을 상실할 수 있다.

③ 공학 활동의 기호는 다양한 시간에, 희망자는 누구든지 그것을 이용할 수 있도록 해야 한다. 이러한 활동이 모두에게 유익하므로 그 계획은 모든 학급 또는 단체가 그 희망에 따라 참가할 수 있는 신축성을 가져야 한다.

④ 활동은 양성에 고르게 충분히 적합한 것이어야 한다. 이러한 원리로 당연히 남녀의 신체적 접촉을 포함하는 활동은 제한한다. 양성이 서로의 능력을 확인할 기회를 제공한다. 여자에게 균등한 기회를 주기 위하여 게임에 따라서는 규약을 수정할 필요가 있다. 필요에 따라 혼합팀을 만

들 기회도 있다. 이 때 에는 주의 깊게 안을 세우는 것이 필요하다. 가능한 활동은 다음과 같다. 활동계획으로 양궁, 테니스, 배드민턴, 포크댄스, 농구, 골프, 창던지기, 핸드볼, 여러 가지 수정한, 각종 테이블 게임, 볼 게임, 수영, 정구, 탁구, 배구, 사교댄스 등이 있다.

⑤ 방과 후 간단하게 편성하여 할 수 있는 활동을 선택 하는 것이 좋다. 또 유능한 지도자 밑에서 이러한 활동이 조직 되도록 해야 한다.

⑥ 복장은 활동에 알맞아야 한다. 남녀 어느 한 쪽의 편의에 치우쳐선 안 된다. 거창한 복장은 활동에 방해를 준다. 활동에 맞는 준비품목도 필요하다.

⑦ 성장과 발달에 의한 성별구별은 바람직하다. 예를 들어 사교댄스에서는 14세 소녀와 16세 소년이 양 쪽이 모두 14세의 그룹인 경우보다도 더 좋은 호흡을 맞출 수 있다.

⑧ 같은 수로 성별을 나누어 놓는 것이 좋다. 한 쪽이 너무 많으면 곤란해 질 수도 있다.

⑨ 공학 활동의 지도는 일종의 협동 작업이다. 바꿔 말하면 남녀의 지도자는 자기들의 역할을 충실히 수행하여야 한다. 과거에는 주로 개인이 이 일을 담당 하였으나 계획이 필요하면 남녀모두 지도하고, 또한 설비도 갖추고 있어야 한다. 양성을 취급하는 새로운 기술은 남녀 지도자가 모두 체득해야 한다.

⑩ 학생 리더의 조력은 조직하는데 있어서 많은 도움을 준다. 학생 리더의 조력은 방과 후의 레크리에이션 활동에 있어서도 편리하다.

교과과정 설계 제 1장에서 기술한 것과 같은 교육은 아이의 활동에 의해서만 볼 수 있다. 지도자의 능력은 아이들의 필요 및 흥미에 따라 지도하고 아이들이 최대한의 성장을 하도록 신체활동 프로그램을 조직하는데 있다. 다음의 지도원칙은 지도자가 커리큘럼을 입안할 때 반영 될 것이다.

① 교과과정은 유동적이어야 한다. 커리큘럼은 모든 조건을 항상 장기 계획에 비춰 보아야 하고 때때로 개인의 필요에 따라 그 내용을 변형시켜 가야한다. 이 계속적 과정은 관리자 뿐 아니라 많은 집단의 사람들(지도자, 학생 및 부모들)과 함께 준비하여야 할 것이다. 그 과정은 다음을 포함하고 있다.

a. 어떤 원리(철학)의 공식화

b. 아이들의 기본적 필요, 흥미 및 의도의 결정

c. 학습이 행해지는 무대면의 연구

d. a,b,c에 따른 목표의 결정

e. 그 목표에 응하여 프로그램에 넣은 모든 경험의 선정

프로그램은 급진적으로 바뀌지 않고 점진적으로 변화된다.

② 체육에 있어서의 커리큘럼의 모든 과정은 그 학교의 목적 뿐 아니라 민주주의의 목적에도 명확한 관련을 가지고 있어야 한다. 이것은 프로그램의 흥행적인 면만을 너무 강조하는 것을 주의하라고 말한다. 그리고 또 그 활동 중에서 사교 관계(동성 및 이성과의 관계)가 중요한 역할을 하는 경우에 크게 주의해야 할 필요가 있다고 말한다. 체육지도자는 신체활동이 지니는 자연스러운 흥미유발을 이용하여 아이들에게 사교의 가치와 의의를 지도하여야 한다.

③ 체육은 전인적 인간을 양성하는 것에 목적을 두고, 여가활동에 필요한 행동의 경우에 있어서, 집단 생활에 있어서, 학교 밖에 인간관계에 있어서 될 수 있는대로 많은 경험을 체험하기 위해서 포괄적 범위의 각종 활

동을 제공하여야 한다.

④ 학생들에게 활동을 선택하게 하는 것 뿐 만 아니라, 활동을 조직하는데도 기회를 주어야 한다. 그렇다고 하여 프로그램 편성의 전적인 책임을 학생들에게 지게 하는 것은 아니다.

⑤ 지도자는 개인화된 프로그램을 입안하는 기회를 가져야 한다. 이와 같은 프로그램은 단순히 현재의 수요 뿐 만 아니라 그 개인이 학교라는 환경을 떠난 뒤의 수요도 고려해야 한다. 그것은 그 집단의 크기가 적절하지 않으면 불가능하다. 요즘처럼 80명 내지 100명을 함께 묶어 체육 수업을 하게 되면 개인화된 프로그램을 실시할 수 없다. 이와 같은 대조직에서는 학생들의 자발성, 판단력 및 개인의 선택에 의한 교육적 효과를 발휘할 수 없다.

18장 체육을 통한 사회훈련

1 정의

사회적 훈련에 관해서 논의 할 경우「습관」「태도」등과 같은 누구에게나 같은 의미를 전할 수 없는 말이 나오므로 처음에 이런 말 몇 가지에 대해서 정의를 내릴 필요가 있다고 생각 한다. 물론 이 정의는 결정적인 것이 아니고 단순히 이 책에서 쓰고 있는 말에 대해서 그 뜻을 표시하는데 지나지 않는다. 사회적 훈련이라는 것은 인간관계를 포함하는 모든 장면에서 개인이 취하는 행동을 수정하는 어떤 교육수단이다. 습관이라는 것은 하나의 평범한 사태에 당연한 하나의 반응을 하는 것 습관적 반응은 정신활동을 포함하지 않는다. 사태와 반응의 결합의 생리학적 성질에 대해서는 아무런 관계도 없다. 태도라는 것은 개인이 기본적으로는 같은 것이라고 생각하는 어떤 일연의 사태 또는 그 모든 것에 대해서 필연적으로 나타내는 정신반응의 형이다. 태도는 사태에 대한 정신적 반응이다. 사태에 대한 신체적 반응은 태도와 일치되는 수 도 있고 일치 되지 않는 수 도 있다. 태도는 정신적 반응에 따르는「감정」즉 정서적 반응의 강도에 크게 좌우되기 때문이다. 정서적 태도라는 것은 센「감정」을 수반하는 태도 즉 정서적 반응이다. 정서적 태도는 좋은 행동을 가장 잘 보증하는 것인 것 같다. 정서적 태도에 있어서는 이성이 감정에 의하여 강화 된다. 성격이라는 것은 습관 및 태도에 의하여 확립된 개인의 행동경향의 총화(總和)다. 감식이라는 것은 사태활동 경험에 고유한 또는 이것과 결합되어 있는 가치의 공감적 이해다. 학습의 전이(轉移)라는 것은 사람이 어떤 사태에 대한 반응을 함에 있어서 영향을 받는 과정이다. 수반(隨伴)학습이라는 것은 직접으로는 다른 것을 학습하려고 계획된 활동과 결합해서 하는 학습이다. 문제라는 것은 사람이 만족할만한 반응을 곧 찾아 내지 못하는 사태다 자연활동이라는 것은 인간이 보통 임의적으로 하는 활동이다. 사회기관으로서의 학교 현대 교육학자의 견해에 의하면 현대의 사회적 질서를 전연 개혁 해 버린 경이적인 변화라는 점에서 생각하여 학교는 지극히 중요한 기관의 하나이며 학교에 감으로써 청소년은 더욱 좋은 집단생활을 하기 위한 기초가 되는 사회적 습관과 태도의 진실로 효과적인 교육을 받을 수 있다. 학습과정의 심리를 모르는 사람은 형식적 기도라는 수단으로 청소년에게 좋은 사회적, 도덕적 자질을 가르칠 수 있다고 항상 믿고 있었다. 이와 같은 잘못은 수 백 년 동안 존속되었으며 끝없는 노력의 낭비와 무한한 실망의 원인이 되었다. 그러나 학습과정을 연구하고 있는 사람은 인간은 어떻게 행동하고 생활해야 하는가를 입으로만 가르치기 때문이 아니고 더 좋은 행동 또는 생활을 지향하는 사회적 사태에 반응하는 방법을 그들 자신의 활동을 통해서 몸에 지님으로써 더욱 좋은 행동과 더욱 좋은 생활을 배우는 것을 알고 있다. 그리고 생활의 「실천」이 항상 도처에서 계속되어 있는한 사회적, 도덕적 훈련도 항상 도처에서 계속되고 있다. 학교를 사회적 훈련의 기관으로 이용하려는 문제는 다음 두 가지의 한 의의(疑義)에 의해서 복잡하게 되어 있다.

① 일반적으로 더 좋은 태도, 더 좋은 행동 더 좋은 생활에 최대한도의 공헌을 하려면 학교생활을 어떻게 이끌 것인가

② 시간적 요소에 의하여 극도로 제약되어 있는 학교는 그 영향을 좋지 못한 사회적 훈련을 하는 학교 밖의 기관에 대해서 어떻게 하여 우월하게 할 것인가 이 장의 논의는 제 1의 문제에 관한 것이다.

이 문제의 해결에는 아직도 멀다. 그러나 우리는 해결을 시도하는 경우에 고려하지 않으면 안 될 어떤 사실을 알고 있다. 이 사실의 하나는 이미 기술한 것과 같이 더 좋은 행동의 방법내지 행동은 반응을 통해서 배울 수 있다는 것이고 또 하나의 사실은 어떤 하나의 사태에 있어서의 학습은 다른 사태에 전이 될 수 있다. 그러나 그것은 두 가지 사태에 상사성(相似性)이 있고 그것이 학습자에 뚜렷하여 그것이 제 2의 사태에 대한 그의 이해를 도울 때에 한한다는 것이다. 이러한 두 가지 사실에 대한 지식을 기초로 하여 현대 교육은 다음과 같은 주장을 한다. 즉 만일 학교에서 일반사회의 복지를 촉진하는데 효과적으로 사회적, 도덕적, 자질을 청소년에게 가르치려고 하면 형식적인 수업 한 줄기보다도 차라리 학교를 학생이 실제생활의 경험을 얻도록 생활에 알맞은 환경으로 만들지 않으면 안 된다. 체육은 모든 교육과 마찬가지로 이러한 중대 사실의 의미를 아는데 장구한 시일이 걸렸다. 1900년데 초기에는 체육지도자가 주저하지 않고 다음과 같은 주장을 하는 것은 극히 보통이었다. 즉 형식적인 체조에 의하여 학생의 성격가운데 지극히 많은 좋은 특성이 양성되고 장래에 이 특성이 생활의 모든 면에서 행위의 지표가 되는 것이 기

대된다는 것이다. 이와 같은 간단한 방법으로 획득할 수 있다고 생각한 중에는 권위에의 복종, 정확, 철저, 판단, 용기, 협력, 주의력 등이 있었다. 일견해서 좋을 듯이 보이는 이 설은 지금까지는 전연 내어버려졌다. 도수체조나 축구의 훈련을 받고 있는 사람은 그런 한계 안에서 어떤 방법으로 그런 운동을 배우고 있는 것을 우리는 이해하고 있다. 활동에 어떤 의미가 포함 되어 있다면 활동을 통해서 그것을 배우는 것이라는 것은 알고 있기 때문이다. 그러나 이 같은 사람이 팔, 다리, 몸의 운동, 태클, 브록크, 또는 볼 패스 기술과 동시에 달리 무엇을 배우고 있는가를 확신을 가지고 말하려는 것은 어리석은 일이다. 그는 전체적인 사태에 반응하고 있는 것으로써 표면에 보이는 것보다도 아주 많은 것을 근육활동 모양으로 배우고 있는 것을 우리는 알고 있다. 그러나 그가 운동에 대한 애호를 배우고 있는지 또 경감되지 않는 고역의 모양으로써 거기 대한 혐오(嫌惡)를 배우고 있는가는 반드시 알 수 없다. 그리고 존경할 만한 지도자에 의하여 대표되는 권위에 대한 존경을 배우고 있는지 또는 건방진 훈련자나 잔인한 축구 코치에 의하여 대표되는 모든 권위에 대한 증오를 배우고 있는지도 모른다. 다시 경기를 할 때 상대에 대한 공정한 태도를 몸에 지니고 있는가? 그렇지 않으면 단순히 내심으로는 부정한 짓을 하는데 편리한 모든 기회를 이용 하려는 결의를 덮어 숨기면서 표면적으로만 규칙을 지키고 있는 것인지도 모른다. 수반학습(隨伴學習) 이러한 수반 학습은 항상 체육활동 특히 스포츠를 할 때 나타나며 개인 생활에 있어서의 기본적 및 정서적 요소를 포함하고 개인의 성격과 행동을 크게 좌우하는 정서적 태도의 형을 궁극적으로 결정하는 것이다. 다시 궁극적으로 이러한 수반학습의 성질이 체육계획을 통해서 나타나는 사회적 훈련의 실제적 가치를 대부분 결정하는 것이다. 수반학습의 성질과 이 학습이 어떻게 해서 나타나며 어떻게 하여 개인의 성격 속에 들어가 하는데 대한 일반적인 이해의 부족은 체육지도자가 체육을 통해서의 성격 훈련계획을 명확하게 하고 효과적인 것으로 하려고 노력 할 때에 가끔 걸리는 함정이 되어 있다. 똑똑하게 생각해 보면 우리는 다음과 같은 것을 고려하지 않으면 안 된다.

① 체육 환경에 있어서의 사태를 일상생활에서 부딪히는 사태와 동일한 것으로 만들려면 어떻게 하면 될 것인가

② 생활의 다른 면에 전이 시키고 싶은 습관 정서적 태도의 형을 확실히 습득 시키도록 계획을 수행함에는 어떻게 하면 되는가?

③ 이러한 학습의 실제의 전이를 촉진 시키려면 어떻게 하면 되는가?

2 체육환경의 생활화

플레이를 하려는 경향은 정상적인 인간에 보편적인 것이다. 플레이의 장면에는 보통 리더 추수자(追隨者), 비견자(比肩者) 동료 및 경쟁자가 포함되어 있다. 거기에는 극복해야 할 난관, 성취해야 할 성공, 도달 목표 그리고 획득해야 할 상이 있다. 그것은 또 인간 활동의 거의 모든 모양-신체적 정신적 정서적의-에 의하여 플레이를 하게 한다. 그것은 「삶」의 상태로서 이기심과 이타심 친절과 잔인 협동심과 개인주의 발현에 동등한 기회를 주는 것이다. 상기한 모든 점에서 플레이의 장면은 성인의 지도자가 아무것도 안하더라도 실생활과 같이 되는 경향이 있다. 그러나 성인의 지도자가 없으면 현상으로서는 행복한 집단생활에 필수한 수준보다도 훨씬 낮은 생활에 가까워지는 경향이 있는 것이다. 그래서 지도자에 대해서 첫째로 중요한 문제는 플레이 생

활의 수준을 현대에서 요구되는 성인 생활의 수준에 비견할 수 있을 정도에까지 끌어 올리고 그와 동시에 플레이를 인위적이라고 하기 보다는 차라리 생활적인 것으로 하는 플레이 사태 중의 모든 요소를 보유하고 증강하는 것이다.

3 지도자에 대한 시사

우리는 이 목표를 어떻게 하면 달성할 수 있는가 이 물음은 대답을 요구하지마는 이것을 독단적으로는 대답할 수 없는 것이다.

① 플레이를 지배하기 일수인 전제적 지도를 배격 할 것, 질서 있고 행복스러운 집단생활은 법률에서나 규칙에서는 발전할 수 없다는 것은 이제야 아메리카 민주주의도 명확하게 인정하고 있다. 우리는 올바른 권위에 대한 존경하는 마음을 발전시키지 않으면 안 되지만 그러나 운동장에서나 또는 국민생활 지역사회생활에 있어서나 「이것을 해라 저것을 해라 이것을 하지 말라 저것을 하지 말라」고 하는 방식으로서는 존경하는 마음은 발전하지 않는다.

② 우리는 운동장에서 실시되는 모든 행사에 흥미를 가지고 협력 하는 정신을 고무하고 환기 하지 않으면 안 된다. 현대의 상황 아래에서는 일반생활에는 상호의존 및 협력적 노력이 고도로 포함되어 있다. 운동장에서의 활동은 지도자의 것이 아니고 학도와 그 집단의 것이라고 학도들로 하여금 생각하도 하는 것이 아니면 안 된다. 학습자가 활동을 성공적으로 이끄는 행위의 모든 책임이 지도자에 있다고 생각하는 것은 허용

될 것이 아니다. 이와 같은 상태가 의존하는 것을 허용하는 것은 플레이하는 장면을 생활하는 장면과 다른 것으로 하는 것이 된다. 특히 학습자는 플레이 장면에 침투하여 있는 사회적 도덕적 기풍에 대하여 책임의 대부분이 자기 자신에 있는 것을 통감하지 않으면 안 된다. 아메리카인의 생활은 이와 같이 개인이 책임을 지는 것을 요구하고 있으며 우리는 플레이 하는 장면에서 이 생활적 특성을 발전시키는 것은 지극히 중요한 것이다.

③ 지도자는 학습자가 당면하는 모든 문제의 해결을 급히 서둘러서는 안 된다. 현하의 생활에서는 개인이 일신상의 문제에 기쁘게 부닥치는 열의와 그것을 해결하는 다소의 능력이 있는 것을 보일 필요가 있다. 학도가 당면하는 모든 문제와 어려움이 학도가 아무런 노력도 하지 않고 지도자에 의하여 제거되는 플레이의 상황은 실 생활적이라는 할 수 없다. 지도자가 학도에게 주는 원조는 해결 그것보다도 차라리 문제를 해결하는 기술에 관한 것이 아니면 안 된다.

④ 우리는 운동을 하는 사람에 있어서 본래 흥미 있는 운동을 이용하지 않으면 안 된다. 「인생은 진실하다 인생은 진지하다」이다. 운동장을 실생활과 유사한 것으로 하려면 거기서 하는 운동은 「진실」이고 거기 참가하는 것은 진지하지 않으면 안 된다. 형식운동은 이 법칙을 만족시키지 않으며 성인의 흥미에 기준을 두고 아동을 위하여 선택된 「자연활동」도 마찬가지다. 아동은 그 발달단계에 따라서 흥미를 바꿔 가는 것이고 그 순간의 활동은 자연스러운 흥미에 일치된 것이 아니면 안 된다. 그렇지 않으면 플레이의 장면은 「진실」하고 생활적인 것이 되지 않는다.

4 좋은 학습의 확보

앞에 기술한 것에 적당한 관심을 가지고 플레이 장면을 생활적인 것으로 할 수 있었다고 하면 다음에 플레이 생활의 형 또는 방향 문제에 당면한다. 거기서부터 일반생활로 전이 시키고자 생각하는 행동과 태도의 모양에서 여러 가지 학습이 생겨나도록 되지 않으면 안 된다. 전이 되어야 할 학습이 좋은 것이라는 확신이 없으면 훈련의 전이는 명백하게 좋은 것은 아니기 때문이다 어떤 종류의 학습이 행하여지며 전이되기를 바라는가는 결국 우리가 지도자로써 가지는 사회적 도덕적 표준에 의하여 또는 사회의 요구에 대한 우리의 이해에 의하여 결정되는 것이다. 여기서는 좋은 모든 태도나 행동의 유형의 리스트를 만드는 시도는 일체 하지 않는다. 차라리 개인에나 일반사회에나 일반적으로 가치가 있다고 인정되는 어떤 태도의 유형 및 청년의 플레이 생활에 있어서 특히 양성되기 쉬운 어떤 태도의 유형을 지적하여 보자.

문제 또는 일에 대한 태도

사물을 완전하게 「완수」한다. 굴하지 않고 한다. 손쉬운 계획을 성취한다는 결의(決議)

상대자 또는 경쟁자에 대한 태도

사전의 성공에 최선을 다하는 태도. 그러나 동시에 상대자 또는 경쟁자를 존경하고 공명정대한 태도. 타인의 의견을 존중하고 허심탄회한 태도.

협력자 또는 자기편에 대한 태도

공동의 노력에 대하여 자기가 어떠한 공헌을 할 수 있는가를 고려하는 태도. 개인적 이기심 또는 명예심 없이 사건에 대해서 최선을 다하는 태도

올바른 권위에 대한 태도

법률의 자귀정신에 복종하려는 태도.「규정」에 따라 경기하고 행동하는 태도. 공익을 위하여 설정된 타당한 제한을 존중하는 태도. 이 리스트가 운동장에서 실실시키고자 생각하는 사회적 학습의 종류를 대표하는 것이라면 이와 같은 학습을 실제로 확실하게 하도록 하려면 다음과 같은 것을 고려할 필요가 있을 것이다.

① 그것에 의하여 수반학습이 나타나는 체육활동은 광범한 효과를 미치게 하려면 한사람 이상의 사람을 포함해야 한다. 자기 혼자서 활동하고 있는 개인은 자기 자신에 대한 좋은 태도 또 자기의 문제 현재의 임무에 대한 좋은 태도를 배울지도 모르지마는 팀 · 메이드 협력자, 상태, 경쟁자에 대한 태도를 배우고 있다고는 할 수 없을 것이다.

② 태도를 효과적으로 가르치려면 활동은 강한 정서적 요소를 포함하고 있지 않으면 안된다. 행위의 방법 또는 태도는 개인의 생활에 진실로 효과적인 것이 되려면 정서 생활과 결합되지 않으면 안 된다. 그 이유는 지금까지에 적응방법을 만들지 않는 태도에 있어서 무엇을 하는가는 결국은 우리가 그 사태에 대해서 어떠한 느낌을 가지는가에 의하여 결정되는 것이 보통이기 때문이다. 예를 들면 돈을 훔쳐서는 안 된다는 것을 배웠으나 정직, 부정직에 대해서 아무 느낌도 발전시키지 않았던 사람은 능금이나 연필이나 금강석을 훔칠지도 모른다. 그와 반대로 금이나 능금이나 연필을 훔치는데 센 반감을 기른 사람은 금강석에 대해서 어떤 경험을 가지고 있나, 없나에도 불구하고 금강석을 훔치지 않는 것을 신용할 수 있을 것이다.

③ 활동과 결부하여 진행하는 수반적인 사회성의 학습이 좋은 것이 아닌 것은 아니고 차라리 확실히 좋은 것으로 하는 것은 문제에 대한 학습 원

리의 정당한 적용에 관한 것이다. 상술한 분석에 의하여 사회성의 학습이 이 여러 법칙에 의하여 좌우되는 것은 마치 산수의 학습이나 골프의 올바른 몸의 학습이 그런 것과 마찬가지다. 지도자는 운동장의 사태에 응하는 좋지 못한 사회적 적응법을 학습자가 발견하도록 조력하여야 한다. 이전에는 이것은 「효과의 범제」를 적용함으로써 성공할 수 있다고 생각하였다. 그것은 협력을 거부한 결과로써 「스탠드 · 플레이」교정하고 협력적 반응에 만족감을 얻게함으로써 그와 같은 반응을 강황할 수 있다고 생각하고 있었다. 그러나 그와 같은 사태에 있어서 만일 우리가 그가 여전히 좋은 반응을 나타내는 것을 기대한다면 우리는 그가 사태전체의 이해를 얻도록 조력을 주는데 아주 노력하지 않으면 안 된다는 것은 뚜렷한 일이다. 대개 우리는 개인에게 사태 전체의 이해를 얻도록 하는 필요에 대해서는 항상 이해하고는 있었으나 사회적 훈련에 대해서는 그것은 반드시 충분히 고려하지 않았다.

5 훈련의 전이 또는 전이의 촉진

이미 지적한 것과 같이 한 사태에서 다른 사태로의 전이는 두 사태 사이의 상사점의 유무에 달려 있다. 운동장의 사태 아닌 학교 전체의 환경을 될 수 있는 한 생활하지 않으면 안 된다는 논은 이 가정에 기초를 둔 것이었다. 어떻게 하면 이것을 할 수 있는가에 대해서는 이미 기술 하였다. 이제야 다음의 최후의 문제에 대한 해답이 남아 있다. 「운동장의 사태를 생활화 하고 또 좋은 학습을 촉진 하도록 활동을 지도한 후에 이와 같은 좋은 반응의 방법을 학생의 일상생활에까지 미치도록 하기 위해서 다시 무언가를 할 수 있을 것인가」라는 것이다. 이 문제에 대한 답은「있다」이다 지도자는 늘 운동장의 사태와 일상생활에서 부딪히는 사태와의 사이에 비슷한 점이 있는 것을 학도에게 알리도록 유의하고 있지 않으면 안 된다. 한 분야에서 다른 분야로 훈련의 효과를 전이 시키려고 할 때 전이를 확실하게 하려면 두 사태의 사이에 유사성이 있는 것만으로는 충분하지 않는 것을 명기하는 것은 지극히 중요하기 때문이다. 사태에 당면한 개인이 이 유사한 요소를 인식하는 것이 절대로 필요하다. 효과적 지도는 이런 사태 사이의 간격을 연결 하는데 유용하게 쓰인다. 위반하면 처벌되니까 규칙을 지키고 경기 코치가 가르쳐서는 올바른 권위에 대한 존경을 일반생활에 전이 시키는 것은 거의 불가능할 것이다. 그러나 규칙을 지키는 것이 자기들에게나 상대에게나 학교에나 경기에나 결국은 좋은 일이라고 해서 규칙을 지키는 것을 경기자에게 가르치고 또 전 생활에 있어서도 이러한 태도가 필요하다는 것을 경기자가 알도록 하는 코치는 당연히 상당한 정도의 전이를 기대해도 좋다. 학생이 공공안전 촉진을 위하여 계획된 교통정리에 당면하였을 때 이 장면의 요소가 운동장에서 당면한 사태의 요소와 같은 것을 느끼고 운동장에서 받은 훈련을 반영한 반응방법을 한다는 좋은 기회가 있기 때문이다. 운동장에서는 플레이 사태와 생활사태가 비슷한데 대해서 학습자의 주의를 환기하는 기회가 거의 무수히 있다. 지도자는 학습계획의 다른 면에 너무 열중하는 결과 이러한 기회를 놓치지 않도록 하는 것이 중요하다. 지도자가 이러한 일을 하고 있는한 가령 운동장에서 올바른 행위를 촉진시키려고 모든 양심적인 노력을 했다고 하더라도 지도자의 계획은 생활향상을 위해서는 거의 아무런 공헌도 할 수 없을 것이다.

6 이 문제를 해결을 위해서 하여야 할 기여

체육에 의한 사회적 훈련의 과제는 완전히 해결함에는 아직도 멀다. 다음 것은 우리가 과학적 입증이 필요한 것이다.

① 개인의 사회적 자질을 어떻게 해서 측정하는가?

② 사회적 자질의 발달을 어떻게 하여 측정하는가?

③ 좋은 학습의 전이를 어떻게 하여 촉진 시키면 좋은가?

④ 전이가 되는 범위를 어떻게 하여 측정 하는가?

이런 것은 모두 그 자체에 있어서 지극히 중요한 문제이며 그 중에서 어느 하나든지 잘 해결할 수 있었던 사람은 가장 중요한 기여를 하였다고 생각할 수 있을 것이다. 이런 문제를 해결하기 위하여 몇 가지 시도를 하였다. 그러나 정확한 객관적 측정이 발달되어 있지 않았기 때문에 그 노력은 충분히 성공되지 않았다. 해결은 과학적 절차에서 나올 것이다. 이와 같은 과학적 절차는 학고를 써서 실제로 실험해 보는 것을 포함하고 있으며 그리고 이러한 것은 대조군을 가진 실험이 아니면 안 된다. 이와 같은 일을 하지 않으면 안된다는 데 해결은 어려움이 있다. 어떤 과학자에게 한 집단 100씩의 학생으로 된 두 개의 유사적 집단이 주어져서 이런 집단을 자유롭게 실험할 권한이 부여되고 학도의 생활을 통어한다는 좋은 기회가 주어져서 외부에서의 팀이나 영향을 배제할 수 있으면 다분히 이 모든 문제에 대한 최후적 해결에 도달할 수 있을 것이다. 그러나 현재는 이와 같은 절차는 불가능 하다 그럼에도 불구하고 방법이 발견되고 다시 해결에 접근하게 되는 것을 우리는 바라지 않을 수 없다. 고우관계 측정법을 체육에 적용해서 실시한 근래의 실험은 이 분야에 있어서 더 정확한 측정이 가능한 것을 시사하고 있다.

경쟁적 운동경기

19장

1 인간의 특유한 행동 특성

인간의 특유한 행동의 대부분은 여섯 가지 범주의 기본적 경향에 의하여 설명할 수 있을 것이다.

① 인간은 근거성을 지닌 동물이다.

② 인간은 경쟁심을 지닌 동물이다. 다른 사람 보다 우월하려는 경향은 거의 보편적인 것이라고 생각해도 좋다.

③ 놀이(play)는 자연 발생적인 것이다. 아동의 유희적 성격의 놀이는 유기체의 필요에 대한 자연적 반응이며 기본적으로 모든 운동 경기는 이와 동일한 자연적 기초를 가진다.

④ 인간은 스스로에게 만족을 가져오는 정신적, 정서적 신체적인 행동을 반복해서 학습하고자 하는 경향이 있다.

⑤ 인간은 도덕적, 윤리적 행위의 규범을 그 인간이 속한 사회의 문화적 배경을 바탕으로 후천적 교육을 통해 학습되어진다.

⑥ 인간은 모방성을 지닌 동물이다. 타인에게 시사된 반응을 관찰하고 있는 그대로 받아 드리는 경향이 있다.

만약 위의 여섯 가지 사실을 개인적 혹인 타인과의 상호관계에서 충분히 고려한다면, 우리는 경쟁적인 운동경기의 촉진과 통제에 관하여 일어나는 거의 모든 기본적 문제와 과제에 대해서 해답을 얻을 수 있을 것이다. 이와 반대로 우리가 이러한 사실을 충분히 고려하지 않는다면 결코 해답의 실마리를 찾을 수 없을지도 모른다. 이러한 사실은 체육활동을 함에 있어서 그룹(group) 활동의 중요성과 교육적 영향력을 반영하는 것이다 . 체육 지도자의 말과 행동이 미치는 영향력과 팀 내의 페어플레이정신의 정도는 경기에서 스포츠맨십의 발휘정도를 결정하는 중요한 요소이다. 이는 운동경기의 과도한 상업주의에 따른 문제점을 반영하고 있는 것이다. 이런 기본적인 사실에 유의하면서 몇가지 문제점에 대해서 간단하게 논하여 보자. 만일 인류가 집단생활의 필요성에 대한 인지 없이 스스로 하나의 완전한 유기체라면 교육은 그룹 활동의 중요성을 강조할 필요가 없을 것이다. 오히려 만역 인간이 꿀벌과 같이 완전한 유기적 협동체라면 교육은 경쟁적 활동의 가능성을 가지지 않을 것이다. 그러나 인간은 원래 경쟁적이고 선천적으로 근원적 성향을 지니기 때문에 사회질서가 근본적으로 인간의 이러한 모든 특성에 기초를 두고 있다. 따라서 교육은 개인 및 집단의 발전을 위해 인간의 근원적 충동성을 조전하는 방법을 연습하는 기회를 청소년기에 제공하는데 중대한 관심을 가지고 있는 것이다. 다행하게도 인간은 어떤 조건 하에서는 경쟁적이다. 그러므로 협력적 반응과 경쟁적 반응의 양쪽 모두가 개인적 성장과 집단적 발전에 공헌하도록 협력적인 반응을 촉진하고 경쟁적 반응을 적절하게 수정하는 것이 집단의 경쟁적 활동의 교육적 기능이다. 이러한 사실은 미식축구나 농구는 주로 신체적, 정신적 발달에만 기여하는 것이라고 생각하는 것이 보통이다. 그러나 이러한 운동들의 더욱 중요한 역할은 바로 사회적 기능이다. 체육 및 모든 체계적 교육은 집단 활동을 통한 교육이 사회에서의 집단생활을 향상시키는 학습의 주된 요인이라는 것을 인정하고 있다. 또한 집단 활동은 다른 방법으로는 잘 발휘될 수 없는 생태적인 경향과 정서를 표현하는 기회를 줌으로써 개인의 행복에 기여하는 것이라고 생각해도 좋을 것이다.

2 경쟁적 스포츠의 위험성

스포츠에서 경쟁이란 합리적으로 조직화된 규칙 안에서 승리하려는 시도이다. 그러므로 경쟁은 정해진 규칙의 범위 안에서 이기려는 시도이다. 그러나 스포츠에 내재되어 있는 승리지상주의로 인해 지나친 경쟁을 유발했다. 이러한 위험성이 내포된 스포츠 경기에서 체육 지도자의 역할은 그의 교육관과 계획에 의해 구성된 신체활동을 통하여 청소년기 학생들에게 영향을 미친다. 따라서 경쟁성이 체육수업을 통해 적절하게 조직되고 통제되면 청소년의 신체적, 정신적, 정서적 자기표현의 기회를 제공할 뿐만 아니라 동시에 그것은 인간의 다양한 정서를 포함하고 있으므로 윤리적 도덕적 사회적 습관 및 태도의 형성에 큰 영향을 끼칠 것이다. 이와 같이 스포츠에서 경쟁의 장점의 이면에는 경쟁에 따른 부작용의 우려가 있다는 것을 간과해서는 안 된다. 운동경기에 있어서는 타인과의 협력을 배우는 것과 마찬가지로 무자비한 이기

주의를 배울 수 있으며 수 있으며 때로는 정직 보다 부정직함이 필요하다는 것을 체험하게 될지도 모른다. 통제가 없는 운동경기의 계획은 위험성을 지닌다는 것을 인지하지 않으면 안 된다. 적절한 통제가 없는 경쟁적 운동경기 계획의 주된 위험에 대해서는 이미 기술 하였다. 즉 좋은 반응 보다는 오히려 나쁜 반응을 배우고 있는지도 모른다는 위험성을 지닌다는 것이다. 운동경기 중 선수가 흥분하여 경기에서 상대에게 지나친 공격성을 표출할 때 지도자가 그릇된 정서를 적절히 통제한다면 좋지 못한 사회적 태도를 습득하지 않아도 될 것이다. 각 나라에서 시행되고 있는 전국 선수권대회에서 승리를 얻기 위한 경쟁에 주의를 집중하고 있는 학교와 대학의 관계자는 대부분 반사회적인 성격의 경쟁적 태도를 발달시키고 있을 것이다. 사회의 유익한 경쟁적 태도의 발달은 궁극적으로는 어떤 특정한 그룹의 이해에 대한 좁고 맹목적인 충성심 보다는 차라리 넓은 협력적인 정신에 의해서 얻어지는 것이다. 통제 없는 계획은 그 계획에 관계를 가지는 모든 사람의 신체적 복지도 또한 위험에 빠트리는 것이다. 경쟁적 요소를 지나치게 강조하면 선수의 신체적 안전을 희생시키고 지도자는 이와 같은 불필요한 희생을 묵인 하도록 할 것이다. 「승자」의 머리위에 쓰여 진 명예와 「패자」가 맛보는 부당하게 심각한 패배감과 열등감 등은 자존감을 떨어드리고 선수의 생명도 단축시키는 결과를 초래한다. 경쟁적 경기에서 발생하는 부당한 정서적 긴장감은 바람직하지 못한 정서적 반응이므로 유익한 것은 아니다. 어떤 흥미나 어떤 형태의 활동에 장시간 격렬하게 정신을 집중하는 것은 때로는 바람직한 흥미와 활동을 저해하고 가치 있는 생활과 양립하지 못하는 편협한 프로정신을 가진 인간을 양성하는 것일지도 모른다. 따라서 운동선수와 거기 관계있는 다른 사람들에게 전달된 강한 경쟁심은 그들의 가치를 전도시키고 그 결과 스포츠정신과 상반되는 상업주의와 그로인한 문제점을 발생시키게 된다. 이상야릇한 형의 전향을 만들어 낸다. 그리고 경쟁과 승리를 부당하게 강조하면 결국 지도자는 우수한 그룹에 주의력을 시중시키게 되고 그 결과 대다수 사람들의 흥미와 스포츠 참여를 등한시하게 될 것이다.

3 이상적 계획의 특징

운동경기의 이상적 계획은 다음과 같은 특징을 가지고 있다.

1) 다양한 기회를 제공한다.

① 개인의 흥미, 체력정도, 발달단계, 경험 및 기술에 적합한 활동을 계획하고 시행하도록 하여 운동경기의 다양성을 가지게 한다.

② 충분한 시설과 용구를 준비한다.

③ 다양한 실력을 갖춘 집단에 대해 지도자는 수준별 맞춤 교육을 실시 할 수 있도록 한다.

④ 보통 정도의 능력을 갖춘 참여자가 흥미를 잃지 않도록 엘리트 선수를 양성하는 방식의 훈련을 시키지 않는다.

⑤ 다양한 수준의 경기가 여러 집단의 흥미를 유지하도록 경쟁을 평준화 시킨다.

2) 신체적 안전을 증진한다.

① 돌발적 신체 상해의 방지에 주의를 기울인다.

② 경기 중이나 연습 중, 경기자의 신체적 안전을 희생하는 것을 허용하지

않는다.

③ 활동에 관계된 건강법을 지도한다.

3) 경쟁심을 교육적 목표로 향하게 한다.

① 승리에만 치우쳐 이기기 위해서 중대한 책임을 개인에게 지우지 않는다.

② 선의의 경쟁을 위한 페어플레이 정신, 스포츠맨십을 위해 노력하는 것이 경기에서의 승리보다 더 중요한 가치를 지닌다는 것을 체험을 통해 배우도록 한다.

③ 레크레이션적 가치를 희생하지 않는다.

④ 학문적 관심 기타 가치 있는 흥미에 대해 존중하는 마음을 기른다.

4) 사회적 훈련을 강조한다.

① 사회적으로 좋은 행위에 대한 만족감과 낮은 수준의 스포츠맨십에 대한 자각에 눈 뜨게 한다.

② 운동경기를 장려하기 위한 운영지도 및 관리에 있어서 스포츠 정신에 어긋나는 기만적인 행위는 결코 묵인하지 않는다.

③ 상대에 대한 존경과 우호의 관념을 기른다.

④ 정서적 통제를 강조한다.

⑤ 지도자는 습관 태도 및 행위에 있어서 모범을 보이도록 한다.

⑥ 그 집단이 스포츠맨 답지 않은 상대와 경쟁할 필요가 없도록 보호한다.

⑦ 승리 또는 참가에 대하여 물질적 대가를 지불하지 않는다.

⑧ 경기자에게 생활 장면과 플레이 장면과의 유사성을 이해시키도록 노력한다.

4 모든 학생들을 위한 경기

중등학교나 대학에는 일반적으로 남학생의 우수한 그룹에 집중적으로 경쟁적 경기를 강조한다는 경향이 있다는 것은 주지하는 사실이다. 이 우수한 그룹이 팀을 구성하고 학교대항시합에 참가한다. 최근에는 모든 학생들에게 경쟁적 스포츠를 장려하는 경향이 중요하게 인식되게 되어 졌다. 이런 인식에서 교내경기로 알려져 있는 경기 형식이 발달되어 온 것이다. 중등학교나 대학에 있어서 좋은 교내 경기 조직에서는 학생들의 요구와 흥미에 부합시하고자 여러 형태의 활동을 준비하고 있으며 학교의 팀에 속하는 우수한 그룹을 제외함으로써 경쟁을 평균화 하고 있다. 교내 경기 조직은 대개 참가자의 책임감과 훌륭한 스포츠맨십을 특색으로 하는 활기찬 경쟁을 촉진시키는 것이다. 그러나 교내 경기계획은 참가자의 기량을 신장시키기 위한 조력을 하지 않으며 건강과 안전에 대한 지배가 이루어지지 않고 있다는 것, 더 많은 일반 학생의 참가를 자극하는 방법이 충분히 고려되지 않고 있다는 점 등이 여전히 미흡한 사항으로 지적되고 있다.

5 남녀에 따른 계획의 차이점

재미있게도 미국의 중등학교나 대학에서의 여자의 경기는 대개 남자의 그것 보다 더 합리적인 발전 형식을 취하고 있으며 따라서 여자에 알맞은 경쟁적 운동경기 계획은 이 장에서 기술하고자 하는 문제와는 관련이 없다. 이 두 가지 계획사이의 상위는 대부분 그 기원과 발달의 상위에 기인하는 것이다.

남자에게 알맞은 경기의 학교계획은 전세기의 60년대, 70년대, 80년대에 시작되어 발달의 초기단계를 거쳐 왔다. 그 당시는 중등학교나 대학은 대개 교장이 운동경기에 대한 권한을 지니고 있었으며 경기를 필요악(惡) 정도로 여기며 그 의의를 인정하지 않았다. 이러한 조건하에서 스포츠 계획은 당연히 학생 스스로가 주도하여 관리되고 발달해 왔다. 그 후에 경기에 관심을 가진 졸업생이 모교의 경기의 성쇠에 흥미를 가지게 되었고, 즉흥적이고 빠른 변화를 추구하는 학생들을 통제하는 업무가 복잡해져서 대학에서는 졸업생이 관리하는 제도가 발달하였고 거기 따라 졸업생 코치 또는 직업적 코치가 발달 하였다. 이 제도의 발달에 따라 그것이 학교 당국의 감독아래 있지 않았기 때문에 여러 가지 폐해와 분쟁이 발생하였다. 이러한 폐해와 분쟁은 학교 자체에 반영되어 여러 가지 비판과 곤란한 문제의 원인이 되었다. 이와 같은 진전의 결과 경기의 관리를 학교의 지도 감독 아래에 두는 것의 필요성을 인식하게 되었다. 이러한 움직임을 25년 동안 지속되어 왔고, 현재 대개의 중등학교나 대학은 운동경기 계획을 교육과정의 일부분으로 인정하고 지도자에게 직원의 지위를 주고 모든 활동의 지도와 관리에 관한 권한을 학교에서 담당하고 있다. 그러나 아직까지도 소수의 학생과 졸업생에 의한 간섭과 통제가 남아있는데 이것은 초기의 학생과 동창들이 주도했던 시대의 유물이다. 여성경기의 역사는 남성과는 다른 경향을 나타내고 있다. 운동경기가 활성화되기 시작하던 시대에는 여자에 대한 사회통념으로 인해 여자는 이런 활동에는 참가 할 수 없었다. 크로켓 경기가 시작되었지만 이것은 여자에게 허용된 가장 격렬한 운동이었을 것이다. 극소수가 아주 부드러운 형태의 정구를 하였다. 정숙한 여성에 대한 사회적 통념에 위배 되는 몸에 딱 붙는 운동복으로 인해 정구 경기에서 과감한 플레이에 장애가 된다고 여겨졌다. 여성이 자유를 획득하고 운동경기를 조직하는 권리를 가지기 시작할 무렵 대학당국은 경기 관리에 관한 종래의 경험에서 아주 인상적인 교훈을 얻고 있었으므로 여자 스포츠경기에 관련하여 곤란한 문제가 일어나지 않도록 아주 경계하였다. 초기 대학이나 고등학교의 여자팀 사이에 극히 분화된 경기가 발달하여 상당히 많은 대학대항경기가 포함되어 있었다. 학교당국은 이러한 풍토에서 발생하는 폐해와 문제를 발견하고 빠르게 대응하였음으로 오늘날 여자의 운동과 경기에 대한 학교계획은 거의 대부분 효율적으로 관리되어 왔다 남자의 경기에 있어서 증명된 것과 같은 모든 부수적인 폐해에 관한 학교대항 경기에 대해서는 잘 알려져 있지 않다. 여자의 경기에 있어서도 여전히 다른 관계자들에 의하여 부당하게 이용되고 있지만 교육기관에서 여자의 스포츠를 담당하고 있는 사람들이 단호히 이런 종류의 부당함에 대항하고 여자 경기의 발전을 위해 노력하였다. 미국의 학교에 있어서 여자의 스포츠 및 경기의 계획은 일반적으로 남자의 계획보다 하나의 탁월성을 지니고 있다. 즉 지도자는 우승이라는 중압을 수반하는 학교대항 경기의 틀 내에서 경기계획에 의해서 저해되는 것이 없도록 더욱 합리적인 방법으로 그 직분을 수행할 수 있게 되었다. 또한 모든 학생들이 운동에 흥미를 가지도록 한층 더 고려되고 힘써서 자신이 흥미 있는 종목의 기술을 배울 수 있는 기회를 마련해 주기 위하여 노력하고 있다. 그리고 경쟁심은 합리적인 범위에서 보유되고 협력이라는 한층 더 넓은 정신이 강조되고 있다. 협력이 정신은 플레이 데이(play day)에 의하여 대표되고 있다. 즉 당일은 2개 이상의 학교의 그룹이 경기의 스케쥴의 진행에 있어서 상대팀으로서가 아니라 같은 팀으로 생각하고 협력하는 것이다. 미국 학교에서 여자의 운동경기는 일반적으로 높은 교육수준에 속한 집단에 의해 주도되어 왔다. 이는 여러 가지 문제점을 내포하고 있으며 하나의 위협으로 인식되고 있다. 그중 다음과 같은 점들이 대표적이다.

① 골프, 수영, 정구, 배드민턴, 궁술, 야구, 그 밖의 스포츠에서 지역 내 여자 아마추어 선수권 대회 및 대학교 대항 경기의 수요와 인기의 증가. 이와 같은 경기가 명백하게 일반에 시인되어 있는 것, 경기자를 유명하게 만드는 것, 주최자가 표면적으로는 고상한 듯 한 것, 여자의 사회적 지위를 높이고 있다는 것 등의 사실은 운동에 본래적, 내재적 가치와 즐거움은 말할 것도 없고 여자 경기자에게 학교가 후원하는 것과 같은 형식의 경기가인 도대체 어떠한 폐단이 있는가? 라고 질문하는 원인이 된다. 이러한 질문은 학교의 대항경기에 있어서의 현재의 폐해에 관한 역사적 배경을 이해하지 못하고 있으며 또는 이러한 폐해를 무능한 경영자의 탓으로 돌리고 결국은 자기가 절대적으로 옳다고 생각하므로 매우 답하기 곤란하다.

② 많은 여자 선수가 대학대항경기의 기회가 주어지지 않는 학교의 팀에 속해 있는 경우 경기의 기회를 찾아서 다른 학교로 간다는 사실은 본래 자신이 속한 학교에서 경기의 기회가 주어지는 편이 훨씬 좋지 않을까 하는 논리적인 의문이 일어난다.

이 질문의 대답 또한 쉽지 않다. 이러한 모든 고려에도 불구하고 저자는 여자체육은 앞으로도 표준과 실천을 기반으로 삼아야 한다고 생각하고 있다. 급격한 변화 속에서 현재의 우수한 가치를 잃어버리지 않으면서 새로운 변화를 이끌어 내야 할 것이다. 학교경기에 부수적인 거의 모든 문제는 학교대항경기를 폐지하면 무조건 해결 될 것이라고 생각하는 사람이 많다. 만약 대학대항 경기의 관리 감독을 보다 철저히 하여 이를 잘 통제 할 수 있다면 이러한 경기 평태를 지속 시켜 더욱 발전된 방향으로 나아갈 수 있는 잠재적 가치가 있다고 믿고 있다. 학교대항 범위를 제한하고 선수권을 강조하는 것을 억제하고 참가자격의 수준을 높이고 지도자에게 적용하는 행위와 태도의 기준을 높이고 선수, 지도자, 학교관계자 및 일반대중에 대하여 학교대항 경기의 진정한 의의를 인식시키는 것을 목적으로 하는 교육적 운동을 함으로써 학교대항 경기의 잠재적 가치는 높아지며 폐해는 근절 될 것이다. 그러나 이러한 경기가 주로 영리를 위하여 학교광고를 위한 수단으로 유지 되어 지고 있는 한 진보는 바랄 수 없을 것이다.

6 경기에 대한 사안(私案)

현재 하고 있는 대교경기 계획의 형식에 대치되는 것으로서 아직 수정은 필요하지마는 다음과 같은 것을 제안한다. 대교경기와 교내경기라는 뚜렷하게 다른 형의 두 가지 계획을 진행하는 대신 이 둘을 하나로 결합하고 참가 가에게 원래계획이 가지고 있는 시점을 더욱 잘 체험시키고 동시에 두 계획의 결점과 폐해를 최소한으로 하려는 것이다. 이 안에서는 모든 운동경기의 시-즌 활동을 3기에 구분할 필요가 있다. 즉 제 1기는 교내경기에 제 2기는 대교 및 교내경기에 제 3기는 대교경기에 충당한다. 이 계획에 의하면 스포츠 시즌의 제 1기는 예를 들면 농구의 학교 내, 여러 팀의 조직과 훈련에 충당하고 그 후 이 팀 사이의 경기의 스케줄을 실시하는 것이다. 이 교내경기 시-즌을 끝마치면 계속해서 소정한 어떤 학교의 각 교내경기 팀이 한 학교 내지 수개학교로 된 상대교의 대응하는 팀과 일연의 대교 교내 경기를 한다. 시즌의 이 국면이 끝나면 각 학교는 자기학교의 여러 교내 경기팀의 맴버에서 대학팀을 선발한다. 그래서 이 학교 대표팀이 한 학교 내지 여러 학교의 상대교에서 선발된 같은 팀과 단기간의 몇 번의 시합을 하게 되는 것이다. 이 방식은 다음 이유에서 대교경기의 문제해결에 크게 유효할 것이다. 즉 그것은 대교경기의 범위를 근본적으로 한정하는 것이다. 이와 같은 형태의 경기는 일반적으로 같은 형이고 공통된 스포츠 이상을 가진 3~4 교 이하의 학교의 일단에 한정되는 것을 필요로 하기 때문이다. 또 그것은 가까운 학교와의 경기에 한정되며 그 때문에 여행으로 인한 많은 시간적 손실을 피할 수 있다. 이 방식은 더 많은 학생에게 스포츠와 신체단련에 대해서 올바른 교수를 받을 이익을 준다. 그것은 지도자가 최후에 자기 학교를 대표시키고자 생각하는 형의 「학교 대표팀」을 내기 위해서 교내경기의 집단에 있어서의 다수의 참가자에게 교수하는데서 부터 시작하지 않으면 안 되기 때문이다. 이 방식은 또 더 많은 참가자에 대하여 대교경기의 이익을 준다. 그것은 범위를 한층 더 넓힘으로써 학교간의 경쟁의식의 강도를 감소시키는 경향이 있고 또 그 성공이 이 안을 촉진하고 유지하는 일단의 학교사이의 밀접한 협력이 걸려있기 때문에 이 안은 상대교 서로 사이에 한층 더 협력을 기르게 된다. 이 경기에 관한 사안(私案)에 대해서 나올듯한 이론에 대답하여 그 효용은 서로 적당한 거리에 있는 것 같은 형의 2~3 또는 4교의 집단들을 찾아낼 가능성에 달려있는 것을 지적하지 않으면 안 된다. 현대의 교통기관을 이용하면 이런 방법은 국내 대부분에서 어렵지 않을 것이다. 이 안은 거기 참가하는 많은 학교에 있어서 스포츠의 통제를 받고 있는 자가 정해진 규칙을 지극히 공명정대하게 양심적으로 지키는 것을 요구한다. 그러나 이 최후의 조항은 경기의 가치 있는 계획에는 어떤 계획에도 없어서는 안 될 것이다. 이 안을 채택하던 다른 안을 채택하던 대교경기를 합리적 제한 내에 또 교육계획의 범위 내에 머물게 해 두기 위해서는 불요불굴의 현명한 노력을 필요로 하는 명백한 이유가 있다. 이 두 가지 한계 밖에까지 학교경기를 가지고 가려는 강력한 작용이 현재 움직이고 있다. 사실 많은 대학의 축구 경기는 많은 교육적 의의를 가지는 것을 포기하고 모든 직업적 경기가 소속하는 직업적 행사의 영역에 옮아가고 있다. 오늘날 스포츠와 경기가 어떤 특수한 과정을 밟는다 하더라도 다음 것을 명기하고 있는 것은 가장 중요한 일이다. 즉 인간은 경쟁적 동물이며 운동경기는 수 백 만년 이래의 인간의 근본적인 요구의 표현이고 장래에 있어서도 청년은 항상 경기를 할 것이며 우리는 이런 표현을 매개로 하여 청년에게 가치 많은 또는 좋지 못한 사회적 습관과 태도를 가르쳐 줄 기회도 가진다는 것. 그리고 또 지도자로서의 우리가 이 문제 전체에 대해서 가지는 견해는 장래의 사회질서의 성격을 결정하는데 큰 역할을 하리라는 것. 이런 것을 명기하는 것은 극히 중요하다.

20장 체육과 여가

1 여가에 관한 현재의 문제

여가의 이용에서 일어나는 여러 가지 문제에 대한 세상의 주목은 상당한 기간에 걸쳐 차츰 증대해 갔다. 1930년대 초기에 1주 40시간제가 실시되고 여가의 선용이 다 같이 관공사립 기관의 창의를 요하는 문제로 되었다. 이와 같은 주 노동 시간 수가 장래에 지속되리라는 것은 사정의 설명으로는 사양해서 하는 말이다. 그것은 가까운 장래에 있어서 다시 기계의 발달, 새로운 동력원의 이용, 더욱 공립한 일의 배분 등에 의하여 일반시민이 생활비를 얻기 위하여 소비하지 않으면 안 될 시간의 량이 체감하리라는 것은 제법 안심하고 예언 할 수 있다고 생각할 수 있기 때문이다. 사려 있는 사람들은 많은 시간 「현재 가지고 있는 시간」이 사회질서에 위험을 가지고 올 가능성이 있는 것을 인정하고 특히 이 20년 이래 이러한 문제와 관련해 왔다. 그러나 이 문제의 해답은 개인이 여가를 선용하려고 하는 기분이 있는 인생관을 획득하는 것을 도우고 또 어떻게 하여 이 인생관을 일상생활에 실현하는가를 가르치는 교육 이외에는 있을 수 없다. 모든 인간에게 조직적, 공공적 레크리에이션의 시설을 준비하는 것은 곤난하다. 그래서 각 개인이 각기 방책을 강구하지 않으면 안 된다.

2 여가와 교육

교육을 실생활 및 전체로 보아서 사회복지와 관련시켜서 생각하는 사람들은 조직적인 교육을 적절히 가치 있는 여가의 이용에 관련시켜 생각하는 것이 점점 많아져 간다. 종래의 교육은 직업적 능률의 훈련에 중점을 두고 왔지마는 학교는 여가교육에 중대한 관심을 가지는 편이 훨씬 더 중요하다고 하는 사람들조차 있다. 체육지도자에 있어서 아주 흥미 있는 이 논의는 진정한 생활은 활동이라는 것으로서 정의해야하며 여가활동은 개인의 가치 있는 생활에 있어서는 직업 활동과 마찬가지로 중요한 것이라고 해도 좋다는 철학적 개념에 그 타당성이 있다. 이 논의 다시 다음과 같은 명백한 사실에 의하여 그 타당성을 가지는 것이다. 즉 사랑은 여가 시간 중 어떤 형식의 활동을 하는 것은 확실하다는 것. 그리고 이 활동의 성격이 그 집단의 복지에 궁극적으로 크게 영향을 미친다는 것이다. 그러나 개인은 여가시의 오락의 선택에 지도를 필요로 한다. 이 지도가 신체적 레크레이션과 마찬가지로 라디오, 영화, 텔레비전, 문학 등에 있어서도 최선을 향해서 그를 인도하는 것이 된다. 여러 공립, 사립의 사회기관은 여가의 건전한 이용의 촉진과 신전에 중대한 관심을 가지고는 있지마는 그러나 최후적으로 생각해 보아서 학교가 청소년의 레크리에이션생활에 주역을 맡지 않으면 안 된다. 학교는 청소년 사이에 평생을 두고 계속될 흥미를 발전시키기 위하여 교과활동 및 교과외 활동의 기회를 제공하는 것이 좋다. 학교에는 시설이 있고 더구나 학교는 오로지 청년의 사용에만 제공되는 유일한 기관인 경우가 많다. 그러므로 레크리에이션 활동의 촉진은 학교의 정상적인 기능으로 인정하여야 한다. 학교는 지금까지 너무 사회생활의 주류에서 떨어진 고도로서 존대해 왔다. 그리고 이 섬에서 훈련받은 청년이 본토에서 생활한다는 기묘한 모순을 보여 왔다. 만일 학교가 충분히 사회에 봉사할 것이라면 학교는 그 사회에서 불가결한 부분으로 취급되지 않으면 안 된다. 그러면 만일 우리가 여가 선용을 위한 교육이 차츰 학교의 중대한 책임이 되는 것을 인정한다면 우리는「학교는 무엇을 어떻게 가르쳐야 하는가?」또는「학교에서의 조직적인 체육은 도대체 어떻게 하여 이 책임에 응하는 도움이 되겠는가?」라고 물어도 좋을 것이다. 이러한 의문에 대답하는 어떤 지적인 시도도 사람이 할 수 있는 각종 형의 가치 있는 여가활동의 연구와 분류를 포함하고 있다. 명백하게 이런 활동이나 관심은 상세하게 나누면 거의 무수이지마는 그것을 다음과 같이 분류하는 것은 합리적인 것 같다.

주로 지적인 것- 독서, 습자, 연구, 조사, 탐구, 수집 등

주로 사회적인 것- 회화, 게임, 담화, 복지적인 사업, 정치 등

주로 예술적인 것- 미술, 문학, 음악, 연극, 제봉, 구슬 세공, 나무 조각 등

주로 신체적인 것- 공작, 수렵, 낚시질, 하이킹, 소풍, 원예, 개인 및 단체적 운동경기 등

이와 같은 리스트에서 개인은 의의와 희열과 만족과 감상 등으로 자기의

생활을 풍부하게 하는 가치 있는 여가활동을 선택하지 않으면 안 된다고 생각하는 것은 당연한 일이라고 생각된다. 이와 같은 가치 있는 활동에 흥미를 찾아내지 못할 경우는 사람은 의심스러운 활동이나 명백하게 악질적인 활동을 한다고도 생각할 수 도 있을 것이다. 그러나 개인이 전연 모르는 활동에 흥미를 가진다고는 생각할 수 없다. 그러므로 여가 교육에 관한한 학교의 첫째 임무는 개인에게 될 수 있는 대로 형편 좋은 여러 가지 활동을 소개하는 것이다. 더구나 그 활동이라는 것이 차츰 더 높은 수준에 써서 일평생 계속되는 가치 있는 활동계획으로 이끄는 방향을 향하여 흥미를 발달시킬 수 있다는 희망을 가질 수 있는 것이다. 이 관점에서 생각한다면 소위 현대교육의「장식」은 어떤 종류의 전통적 교과 보다 더 중요한 것 조차 될 수 있다. 미술, 음악, 클럽활동, 운동경기 수집 및 옥외활동 등은 결국은 더 엄밀한 실리적 교과 보다는 훨씬 더 풍부하게 개인의 충족한 효율적인 생활과 집단의 복지에 기여할지도 모른다. 이러한 소론은 경제적 능률에 대한 교육의 필요성을 부정하는 것이라고 해석해서는 안 된다. 문제는 과거의 교육이 너무 경제적 능률에 중점을 두고 생활상의 흥미나 감상이 직업적 활동의 좁은 범위에 국한되어 있는 것 같은 형의 인간을 만드는데 향해 있었던 점이다. 직업적 환경 밖을 내디디면 자기 자신으로 어떻게 하면 좋은가를 모르는 사람이 너무도 많다. 확실히 이런 사람들은 여러 방면에서 조력을 받으려면 되지마는 그들은 이전에 그런 활동에 참가 했다는 배경을 가지고 있지 않으므로 조력을 구하는데 도달 할 만 한 충분한 흥미를 환기하는 것이 매우 곤난하다. 그러므로 학교는 우리가 후일의 생활에까지 가지고 가는 것을 원하는 여가의 흥미를 발전시키는 주요한 역할을 수행하지 않으면 안 된다. 그러나 만일 학교가 학도에게 문자 그대로 이와 같은 가치 있는 여가활동에 흥미를 가지도록 하려면 그런 활동에「친절하게 지도」한다는 생각을 충분히 고려하지 않으면 안 된다. 많은 젊은 학생은 무지한 영어교사가 일찍이 그에게 꽃에 부치는 시라든가 별 하늘에 보내는 시라든지 하는 것을 무리하게 쓰도록 하고 또는「일 · 펜세로소」<역주-영국의 시인 존 · 밀톤의 시>의 현미경적 태부로 실증이 나도록 골탕을 먹었다는 이유만으로 일평생 문학에 관해서는 아무것도 감상하지 못하도록 하는 마음을 조장시켜 왔다. 또 다른 여러 사람은 선의에서 나온 것 이기는 하지만 시시한 도수체조 훈련 때문에 모든 체육활동에 절망적인 혐오감을 조장해 왔다, 여가 교육에의 노력에서는 학교는 학생을 빗의 주요한 구분 즉 예술적, 지적, 사회적, 체육적의 4구분의 각각 부분에 있어서의 여러 가지 활동에 좋은 지도를 하여야 한다. 이러한 흥미가 극단적으로 좁은 경우는 완전한 생활을 조장하는 것이라고 생각되지 않는다. 체육지도자로서는 학교는 모든 수단을 통하여 개인에 알맞은 신체활동에 대하여 일평생 계속될 흥미를 발달시키도록 하여야 될 것이라고 생각한다.

3 체육의 관심

이러한 활동에서 성장할 귀중한 감상은 아무 광범위 하다. 많은 스포츠는 정신에 강렬한 자극을 준다. 거기 포함되어 있는 사회적 요소는 아주 현저하다. 그래서 우수한 동료관계와 우인관계의 참다운 가치를 알고 인간성에의 날카로운 통찰을 하도록 인도하지 않으면 안 된다. 고래 희랍의 예술가는 그 영감의 최대의 원천의 하나를 위대한 운동가의 신체적 완전 가운데서 발견하였다. 그리고 여러 가지 경기 종목으로 국가적 선수가 하는 연기를 예술적 감상의 깊고 진지한 감격 없이 볼 수 있는 인간이 있었다면 그야말로 목적이다. 공리적인 생각을 하는 사람으로는 골프는 작은 고무의 한 조각을 그 때문에 졸렬하게 만드는 기구로 먼 지면의 구멍을 향하여 넣기 위한 방향이 다른 손일의 일종이다. 그러나 많은 골퍼들로서는 골프는 좋은 동료관계를 즐기고 완전한 리듬에 마음이 날뛰고 푸른 들, 기복하려는 두덕, 뜬 구름, 종달새의 노래, 저녁노을 등의 영광을 마음껏 감상할 수 있는 것이다. 이러한 의의와 감상에 덧붙여서 체육활동은 신체적 복지의 발달에 기여하는 것이고 더구나 생명에 더욱 더 잘 조화되어 있으며 또 실생활을 더욱 유효하게 할 수 있 식도 수반되는 것이다.

4 체육의 기여

만일 우리가 위에서 기술한 것과 같이 여가를 위한 체육활동에 흥미를 기르는 노력을 하는 것이 올바른 것이라고 믿는다면 학교계획은 어떻게 하면 이 목적에 최상의 기여를 할 수 있는가에 대해서 잘 생각하지 않으면 안된다. 즉 체육은 어떤 여가 활동을 가르치는 것을 기도해야 하는가? 언제 그것을 가르쳐야 하는가? 어떻게 하면 가장 효과적으로 가르칠 수 있는가 하는 것 등이 그것이다. 첫째 물음에 대해서 여가 활동은 개인이 성인이 되었을 때 할 수 있는 것뿐이라고 하는 것은 공통된 잘못이다. 이런 생각은 멀리 진리를 떠난 것이다. 모든 나이의 아이들은 각기 여가를 가지고 있다. 그리고 그들이 그런 시기에 유익한 활동을 하는 것이 중요하다. 이 사실은 아동체육의 제 일보에서 각각 발달단계에 있는 아이들에게 본질적인 가치가 있는 활동을 가르치는 것을 필요하게 한다. 그리고 이런 활동이 여가 활동으로서 곧 이어서 일어나는 아이의 생활에 파고 들어가도록 하는 것이다. 어떤 때는 초등 및 중등학교에 있어서의 계획의 기능은 학생에게 근육활동의 발달 효과를 실현시키도록 학생에게 운동을 시키는 것이라고 생각하고 있는 체육지도자가 있다. 이것은 첫째의 기능이기는 하지마는 그러나 어떤 종류의 원리를 보지 못한 것은 중대한 잘못이다. 체육활동의 계획은 아동에게 만족을 주기 위하여 아동이 방과 후에도 이런 활동을 하고 싶어 하는 타입의 것이 아니면 안 된다. 정상적인 아동이 학교의 제약을 받지 않는 이런 시간에 어떤 종류의 신체적 활동을 하는 것은 당연한 일이며 또 학교가 올바른 아동생활을 위하여 할 수 있는 최상의 공헌의 하나는 가치 있고 위의 있는 활동에 전이하도록 흥미를 기르는 것이다. 그리고 인위적인 운동은 말할 것도 없고 경기조차도 인위적 방법으로는 이 중요 목적을 위해서는 유용하지 않을 것이다. 배운 운동은 아동의 정신적 발달에 가치가 있을 뿐 아니라 또 아동 그때의 흥미를 주의 깊게 고려하여 선택하지 않으면 안 된다. 그와 동시에 또 하나의 다른 고려에 대해서도 상당한 주의가 필요하다. 즉 운동에 있어서의 아동의 흥미는 끊임없이 변화하므로 장래의 요구를 예지할 필요가 있으며 그리고 이런 요구에 응하는 준비가 필요하다는 것이다. 가령 아이들은 장기놀이나 이와 같은 정도의 활동을 하여 얼마동안은 재미있게 할지 모른다. 그러므로 우리는 과외시간에 아동들이 그것을 하리라는 확신을 가지고 그러한 활동을 스킬을 아이들에게 가르친다. 그러나 그와 동시에 우리는 2~3년 중에 이런 활동에 대한 아동의 흥미는 감퇴하고 다시 고도의 조직을 가진 팀 경기로 세게 변해가는 것을 아는 현명한 지도자는 이 사실을 유의하여 뒤에 고도한 조직을 가진 경기에서 요구되는 스킬을 차츰 가르침으로써 장래 효과적으로 만족하여 참가할 수 있도록 길을 개척하여 가는 것이다.

5 언제 여가활동을 가르치면 좋은가 ?

이것은「우리는 언제 전위 즉 여가에 하는 활동을 가르쳐야 하는가?」라는 둘째 물음에 부딪친다. 우리는 어떤 의미로 이것은 아동의 학교생활을 통해서 계속해서 하지 않으면 안 된다는 것을 밝혀왔다. 그러나 그 물음을 좁혀서 보통 의미로 되돌아와서 우리는 개인이 성인이 되어서 흥미와 가치를 발견할 것을 바라는 특수 활동을 언제 가르치는가 하는데 대해서 고려해서 좋을 것이다. 이것은 확실히 소학교 계획에서는 직접 고려 할 것은 아니다. 소학교에서의 플레이는 아이의 플레이로서 성인의 것은 아니다. 성인의 활동이라는 견지에서는 우리는 그 개인이 노는 것을 배우는 것, 유희에서 커다란 만족을 얻는 것, 달음질이나 나무에 올라가는 것이며 평균운동과 조약과 리듬운동 등에 포함되는 기초적인 신체운동의 스킬을 될 수 있는 대로 고도로 발달시키는 데만 관심을 가지고 있다. 중간 학년의 단계에서 하는 일은 성인의 활동의 견지에서 보아 한걸음 전진한 플레이의 흥미 및 수영을 포함한 기초적 스킬의 발전 약간 더 진보해서는 볼, 라켓, 클럽 등 보통 성인의 활동에서 쓰이는 기구의 사용을 포함한 더 고도의 스킬에 진보하는 것이다. 플레는 아이들의 것이지 아직 성인의 것은 아니다. 중학에서는 우리는 성인이 되어서 하는 전위활동의 지도에 주의 향하게 시작한다. 우리는 이것을 중학교에 있어서의 주목표로는 하지 않지만 만일 우리 계획이 만족 할 만 한 것이면 모든 학생은 이 시대에 정구, 수영, 배구, 골프 및 기타 성인적인 종류의 흥미를 가진 종류의 활동에 들어가는 기회를 줄 것이다. 고등학교에서는 이런 고려에 대해서 차츰 주의를 증대하지 않으면 안 되며 한편 전위적 요소는 아마 대화 프로그램의 가장 중요한 목표로서 거의 전반적으로 평가 될 것이다.

셋째 물음은 중요한 것인데 어떻게 하여 활동을 가장 효과적으로 지도해야 되는가 묻고 있다. 즉 그 뜻하는 것은 이런 활동이 개인의 장래생활에 있어서 실제의 기능을 수행하리라는 가장 센 자신에서다. 이 물음에 관한 대답은 인간은 순수한 흥미를 느끼고 만족과 즐거움을 얻을 수 있는 활동을 추구하는 경향이 있다는 사실에 집약된다. 학교생활에서 성인생활에까지 지속되는 형의 활동을 촉진 시키려는 모든 것이 효과적으로 되려면 이런 심리학적 원리에 일치되지 않으면 안 된다. 이것은 인간이 선천적으로 흥미를 가진다고 아는 활동형식에 학도를 이끌어 넣지 않으면 안 되는 것을 의미한다. 그리고 우리는 다음 이유에 의하여 이와 같은 종류의 활동에 학도를 도입하도록 기도하여야 한다. 즉 마음가짐, 소질, 노력 등의 개인차가 있기 때문에 대체 어떠한 활동이 결국에 있어서 어느 특정한 경우에 가장 잘 부합되는가를 예언하기는 곤난하다. 우리는 학도를 도와서 활동의 실제적 스킬을 습득시키지 않으면 안 된다. 스킬 습득의 실패는 아주 가끔 인간을 「부진아」교실에 맡기게 될 것이다. 그리고 부진아도 우수한자 보다 더 스포츠에서 만족을 얻는 것이 잘 있다는 것을 어떻게 설명해 듣고도, 사실은 아주 많은 사람들이 진보가 없다든가 스킬에 부족 하다던가에 따르는 실망 만으로서의 이유로서 이러한 흥미를 모두 포기해 버리게 된다. 학교의 체육계획은 활동을 성인생활에 전이시킨다고 하는 목표의 달성에는 가끔 실패해 왔다. 그것은 성인의 흥미와 용납되지 않는 활동을 강조하며 성인이 일상 생활에서 하는데 적합 되지 않는 형의 스포츠나 경기 만에 열중하는 것을 허용하였기 때문이다. 고등학교나 대학의 계획은 이 점에 있어서 실패하고 있다. 그것은 남자학생에게 그들의 시간과 주의를 모두 축구, 육상경기, 농구, 야구, 레슬링 및 기타 그것과 유사한 활동에 소비하게하고 아니 차라리 장려하고 있는 상습에 의하기 때문이다. 체육연구자로서 이와 같은 운동경기가 가진 사회적, 발달적 가치를 부정하는 것은 한사람도 없다. 대학졸업생의 말에 의하더라도 그들이 이런 활동을 아주 존경하고 있는 것을 알지마는 동시에 고등학교 및 대학의 의무로써 전 학도에게 골프, 수영, 정구, 핸드볼과 같은 성인의 여가 활동에 알맞은 활동경험을 적당하게 주는 것이 강조 되고 있다. 현대 아메리카생활의 성격으로 보아서 우리가 이상에서 개관해 온 책임을 학교가 이 이상 어떻게 피할 수 있는가는 곤난하게 보인다. 가끔 논의되는 것은 만일 체육계획에 있는 활동이 흥미가 있고 이익이 있는 것이라면 강제하지 않더라도 모든 학생을 그 프로그램에 끌어 넘을 수 있을 것이라는 의론이다. 그러나 이 의론을 성립시키지 않는 2,3의 사실이 있다.

현재의 아메리카에 있어서의 교육기구에서는 아주 많은 학생들이 스포츠나 경기에 실제 경험이 없이 고등학교나 대학에 입학한다. 이것은 부형들의 무지와 편견의 결과이며 교육자나 교사들의 무관심의 결과이고 또한 라디오, 영화, 텔레비전 및 자동차와 같은 근대적인 형의 앉아서 즐길 수 있는 오락에 끌리는 결과다. 만일 소, 중학교 시대에 전아동과 학생이 적당한 체육활동의 프로그램으로 적절하게 지도 되었다고 하면 그들은 체육활동을 하려는 마음을 먹고 고등학교나 대학에 들어감으로 체육을 강제할 필요는 없을 터이다. 그러나 그런 시대가 올 때까지는 필수를 그만 두면 많은 학생이 인생에 가치있는 일평생 할 운동에 적당하게 친함이 없이 학교를 떠나서 성인생활로 들어간다는 결과가 될 것이다. 당분간 교육자는 어른의 생활에까지 가지고 들어가는 종류의 것(어른이 동정적 이해있는 지지를 보장하는)을 확보하도록 운동프로그램을 실시할 의무가 있다.

참고문헌

(국내서)

곽형기 외(1994). 『한국체육사』. 지식산업사.

권오찬(1989). 제95차 IOC총회: 철저한 반도핑 활동 결의. 『월간 체육』, Vol. 255, No. 1, 32~22.

김건열(1992). 92바르셀로나 올림픽③ 도핑: 승리를 추구하는 선수들의 금지된 '유혹'. 『월간 체육』, Vol. 282, No.1, 20~25.

김건열(1996). 아틀란타올림픽 도핑문제: 새로운 도전, 「도핑」과의 전쟁은 안전한가? 『월간 체육』, Vol. 316, No. 1, 26~31.

김건열(1999). 세계도핑금지 국제정상회의 세계 「도핑」금지 국제기구(WADA)발족의 의의. 『월간 체육』, Vol. 330, No. 1, 50~57.

김건열(2002). 도핑문제로 얼룩진 동계올림픽. 『월간 체육』, Vol. 338, No. 1,. 36~38.

김수은 역(미하엘 유르크스, 2005). 『크리스마스 휴전 큰 전쟁을 멈춘 작은 평화』. 예지.

나현성(1985). 『한국체육사연구』. 교학연구사.

남수영(1988). 국제스포츠계의 도핑규제: 「비열한 속임수」로 추방위기에 직면. 『월간 체육』, Vol. 239, No. 1, 108~109.

문화체육부(1997). 『국민생활체육 참여실태조사』. 서울대학교 사범대학 체육연구소.

박순영(1986). 『현대인의 건강관리』. 밝은사회문제연구소.

박정희(1962). 『우리 겨레가 나갈 길』. 동아출판사.

박정희(1977년 10월 10일). 제58회 전국체전 개회식 축사.

박호성(2002). 국제 스포츠 활동과 사회통합의 상관성, 가능성과 한계. 『국제정치논총』, 42(2), 93~110.

쇤케 보르트만(2003). 베른의 기적. 영화.

안민석(1998). 남북체육교육 활성화 방안 연구. 한국 체육과학연구원 연구보고서 98~03.

안병철 · 반기봉(1992). 『운동과 건강』. 태근문화사.

연합뉴스(2003. 01. 25; 2003. 03. 06; 2003. 05. 11; 2003. 08. 09).

윤재삼(2010년 6월 13일). 제13회 영호남 친선축구대회 개회식 축사.

이동연 외(1998). 『스포츠, 어떻게 읽을 것인가』. 삼인.

이상철 · 육조영(1998). 『운동과 건강』. 홍경.

이아영(2005). 스포츠저널리즘과 사회통합에 관한 문헌고찰 연구. 미간행 석사학위논문. 중앙대학교 대학원, 서울.

이윤희(2003). 2002년 월드컵 길거리 응원의 축제 공동체적 특성. 『사회와 이론』, 3, 125~156.

이진수(1996). 『한국고대스포츠연구』. 교학연구사.

이학래(1990). 『한국근대체육사연구』. 지식산업사.

임번장(1994). 『스포츠사회학개론』. 동화문화사.

임수원, 송은주(2007). 영 · 호남 지역감정 극복과 스포츠 교류. 『한국체육학회지』, 46(2), 105~115.

임수원, 이근모(2003). 영 · 호남팀 프로야구가 지역감정에 미치는 영향. 『한국스포츠사회학회지』, 16(1), 73~92.

정동성(1998). 『스포츠와 정치』. 사람과 사람.
정범모(1993). 국민체육진흥과 국가발전. 『제12회 국민체육진흥세미나 자료집』.
조남규 · 최덕구 · 정일규 · 이준수 · 윤진환(1997). 『인간과 건강』. 서울 : 홍경.
안톤 지더벨트(윤원일 역, 1989). 『추상적 사회』. 서울: 종로서적.
체육부(1984). 『체육 한국』. 체육부.
체육부(1986). 『국민체육진흥장기계획』. 서울대학교 사범대학 체육연구소.
체육부(1986). 『체육연감』. 체육부.
최동철(2001). 미디어 스포츠의 사회통합 기능에 관한 연구. 미간행 박사학위논문. 강원대학교 대학원, 춘천.
카토쿠니히코(1995). 『스포츠는 몸에 나쁘다』. 예예원.
콘라드 로렌츠(송준만 역, 1996). 『공격성에 관하여』. 이화여자대학교 출판부.
한겨레(2002년 6월 20일자 기사).
황 렬(2000). 드러난 도핑사례-스포츠무대의 불공정행위 이젠 그만. 『월간 체육』, Vol. 333, No. 1, 52~61.
황익주(2003). 초국가시대와 스포츠 민족주의. 『제35회 한국문화인류학회 정기학술대회논문집』, 363~368.

(외국서)

Adami, N. R.(1983). *Geistervorstellungen im traditionellen Korea.* in:

『Kulturmagazin Korea』, No.4.

Åstrand, P.O.(1973). *Physiological Basis for Sport at Different Ages.* in: O. Grupe, et al.(ed.). 『Sport in the Modern World』, New York.

Bauer, J.(Herg.)(2009). Evaluation des Programms "Integration durch Sport". Gesamtbericht Band I, II. Potsdam Universitaet.

Bette, K.-H.(1989). 『Körperspuren. Zur Paradoxie moderner Körperlichkeit』, Berlin.

Blair, S. N., Kohl, H. W., Paffenbarger, R. S., Clark, D. G., & Cooper, K. H.(1989). *Physical fitness and all-cause mortality.* in: 『Journal of American Medical Association 』, No. 262, 2395~2401.

Buber, M.(1962). Das Problem des Menschen. in: 『Werke. Erster Band. Schriften zur Philosophie』, München/Heidelberg.

Cashmore, E.(2000). 『Making sense of Sport』, New York: Routledge.

Coakley, J. J.(1986). Sport in Society: Issues and Controversies. Times Mirror/Mosby College Publisching.

Dauncey, H & Hare, G.(1999). "Conclusion: The Impact of *France 98.*" *In France and the 1998 World Cup,* H. Dauncey & G. Hare (Eds.). London: Frank Cass.

Deutscher Bundestag(2006. 12. 04). Sportbericht der Bundesregierung.

Digel, H. & Fornoff, P.(1989). Sport in der Entwicklungszusammenarbeit. Darmstadt.

Digel, H.(1988). 『Sport im Verein und Verband』, Schorndorf.

Edsman, C. M.(1957). 『Buddhismus. Die Religion in Geschichte und

Gegenwart』, Bd. 1, Tübungen.

Eliade, M.(1975). 『Schamanismus und archaische Ekstasetechnik』, Frankfurt a.M.

Elias, N.(1982). 『The Civilizing Process, vols. 1, 2』, Basil Blackwell.

Elias, N.(1986). 『Sport im Zivilizationsprozeß』, Münster: Lit-Verlag.

Elias, N. & E. Dunning(1986). 『Quest for Excitement: Sport and Leisure in the Civilizing Process』, Blackwell.

Eeiden, K./Blasius, H.(2002). 『Doping im Sport: wer - womit - warum』, Sturrgart.

Frogner, E.(1984). Die Bedeutung des Sports fuer die Eingliederung auslaendischer Mitbuerger. Sportwissenschaft, 14, 384~361.

Gaffney, P.(2007) The Meaning of Sport: Competition as a Form of Language. In W. J. Morgan(Ed.). Ethics in Sport(2nd Ed.). Champaign, IL: Human Kinetics, 109~118.

Galeano, E.(2002). Soccer in sun and shadow. Korean trans. Wang Mu Yoo. Seoul: Ye-Lim Publishing Co.

Gardamer, H. G.(1965). 『Wahrheit und Methode』, 2.Aufl., Tübingen.

Gebauer, G.(2002). "FußballL Nationale Repräsentation durch Körperinszenierungen." In: *Sport in der Gesellschaft des Spektakels,* G. Gebauer. Sankt Augustin: Academia Verlag, 172~187.

Gerhardt, V.(1991). Die Moral des Sports. in: 『Sportwissenschaft』, 21, 125~145.

Gerstmeyer, Th.(1995). *Doping-der Name der Tat und ihre sportphilosophische*

Realdefinition zur Schaffung einer praktisch handbaren Rechtsgrunglage. in: 『Sportwissenschaft』, Vol. 3, 292~298.

Giulianotti, R.(1999). Football: A Sociology of the Global Game. Cambridge: Polity Press Ltd.

Guttmann, A.(1979). 『Vom Ritual zum Rekord: Das Wesen des modernen Sports』, Schorndorf: Hofmann.

Guttmann, A.(1996). 『The Erotic in Sports』. Columbia Univ. Press.

Hecker, G.(1987). *Sport und Gesundheit - Reflexionen zu gesundem Sporttreiben,* in: H. Allmer/N. Schulz(Hrsg.). 『Gesundheitserziehung - Wege und Irrwege』, Sankt Augustin, 67~81.

Hollmann(1985). *Unheilsamer Drang.* in: 『Der Spiegel』, April 8.

Hurrelmann, K.(1990). *Sozialisation und Gesundheit.* In : Schwarzer, R.(Hg.). 『Gesundheitspsychologie』. Göttingen. pp. 93~101.

IOC(2004). *'Olympic Charter: In force of from 1 September 2004'* from Homepage of IOC(http://www.olympic.org).

Kaschuba, W.(1989). *Sportivität: Die Karriere eines neuen Leitwertes.* in: 『Sportwissenschaft』, Vol. 19, 154~171.

Kim, J.-M.(1982). 『Die Krisensequenzen und der Wandel des politischen Systems im Modernisierungsprozess - dargestellt am Beispiel suedkoreas』, Frankfurt a.M.

Kleinmann, D.(1988). 『Laufen ist Medizin』, Düsseldorf.

Knoche, U.(Hg.)(1950).『D. Junius JUVENALIS -Saturae』, München.

Kunzmann, P. u. a.(1993). 『dtv-Atlas zur Philosophie』, 3.Auflage. München.

McBride, F.(1975). Toward a non-definition of sport. 『Journal of the Philosophy of Sport』. Vol. II, 4~11.

Paffenbarger, R. S., Hyde, R. T., Wing, A. L., & Steinmetz, C. H.(1984). *A natrual history of athleticism and cardiovascular health.* in: 『Journal of American Medical Association 』, Vol. 252, 491~495.

Parsons, T.(1974). *Religion in Postindustrial America. The Problem of Secularization,* in: 『Social Research』, Vol. 41, 193~225.

Pawlenka, C.(2004). *Doping im Sport Spannungsfeld von Natürlichkeit und Künstlichkeit.* in: C. Pawlenka(Hrsg.). 『Sportethik: Regeln-Fairneß-Doping』, Paderborn: mentis, 292~308.

Pilz, G. A.(1991). *Sport und Gesundheit : Anmerkungen aus soziologischer Sicht.* in: D. Küpper/L. Kottmann. 『Sport und Gesundheit』, Schorndorf: Hofmann, 109~126.

Pound, R. W.(2004). *Anti-Doping Code in WADA* homepage (http://www.wada-ama.org).

Powell, K. E., Thompson, P. D., Caspersen, C. J., & Kendrick, J. S.(1987). *Physical activity and the incidence of coronary heart disease : The karelia project,* in: 『Annual Review Public Health』, Vol. 8, 250~287.

Rittner, V.(1985). *Sport und Gesundheit. Zur Ausdifferenzierung des Gesundheitsmotives im Sport.* in: 『Sportwissenschaft』, Vol. 15, 136~154.

Rittner, V.(1986). *Veränderungen der Gesundheitsvorstellungen und des*

Sports im gesellschaftlichen Kontext. in: E. Franke(Hg.). 『Sport und Gesundheit』, Reinbek, 62~74.

Röthig u. a.(1992). 『Sportwissenschaftliches Lexikon』, Schorndorf: Verlag Karl Hofmann.

Sehling et. al.(1989). 『Doping im Sport: medizinische, sozialwissenschaftliche und juristische Aspekte』, München.

Stormer, N. "Viewpoint: Soccer - much more than a game." In: *Middle East Time,* July 4, 2006.

Simmel, G.(1957). Soziologie der Mahlzeit. In Simmel, G. Bruecke und Tuer. Stuttgart, 243~250.

Stüwe, G., Peters, F.(1984). Lebenszusammenhänge von Auslaendern und paedagogische Problematik. Zur Kritik traditioneller Lernorte und Bespiele aktivierender Sozialarbeit. Bielefeld.

스포츠와 체육의 인문학적 이해

초판 1쇄 발행 2012년 8월 31일
초판 3쇄 발행 2025년 3월 14일

지은이 송형석 · 박영호
펴낸이 신일희
펴낸곳 계명대학교 출판부
(704-701) 대구광역시 달서구 달구벌대로 1095
TEL: (053)580-6233
FAX: (053)583-6235
홈페이지: www.kmupress.com
출판등록: 1970. 9. 1(신고번호 제347-1998-1호)

ISBN 978-89-7585-599-3 93690 정가 15,000원
* 잘못된 책은 교환하여 드립니다.